Wird Corporate Language zum Bestandteil der Unternehmenskultur, werden nachhaltige Rentabilitätssteigerungen erzielt und die Marktposition des Unternehmens verbessert.
Dr. Ralph Jahnke (Senior Manager, Accenture Deutschland)

Die Menschen finden über die Sprache eine persönliche Brücke zur Marke.
Simon Ellis (Director International Professional Partner Services, Schwarzkopf Professional)

Für mich ist sprachliche Kreativität eine Überlebenstechnik für Marken.
Thomas Wallek (Brand Manager, British American Tobacco)

Wir nehmen Corporate Language immer wichtiger. Weil wir sehen, dass wir über die Sprache Inhalte, Werte und Ziele des Unternehmens besser ausdrücken können.
Jörg Kordes (Leiter Corporate Messages, BASF)

Eine Marke ist nichts ohne wettbewerbsfähige Unternehmensleistungen. Und diese Leistungen sind nichts, wenn sie nicht zur Sprache gebracht werden.
Klaus Brandmeyer (Geschäftsführer, Brandmeyer Markenberatung)

Eigentlich müsste jedes Unternehmen über Corporate Language nachdenken.
Detmar Karpinski (Geschäftsführender Gesellschafter, KNSK Werbeagentur)

Armin Reins' Corporate Language

Im Verlag Hermann Schmidt Mainz

CORPORATE LANGUAGE
von Armin Reins.

WIE SPRACHE über Erfolg oder Misserfolg von Marken und Unternehmen entscheidet. Im Verlag Hermann Schmidt Mainz.

Danke

An Veronika. Für Dich und überhaupt.
An Karin und Bertram. Für Geduld und Vertrauen.
An die beteiligten KundInnen. Für Mut und Offenheit.
An die beteiligten TexterInnen. Für Zeit und Ideen.
An alle beteiligten GesprächspartnerInnen. Für Kraft und Ausdauer.
An Matthias Ballmann, Oliver Dzierzawa, Nina Eberlein, Ilona Gente, Detlef Gerlach, Roxanne-Alice Frey-Marian, Nicole Steffen und Sabine Zierl.
Für Unterstützung und Zuversicht.

Copyright-Hinweis
Das in diesem Buch vorgestellte Konzept der Corporate Language ist urheberrechtlich geschützt. Die Begriffe CL-Sprach-Stilgruppen, CL-Sprachbank, CL-Manual, CL-Farbmethode, CL-Sprachpositionierung, CL-Sprachzwiebel, CL-12-Schritte-Methode und CL-Copy-Check sind registrierte Wort- und Bildmarken.

Alle Rechte, auch die des auszugsweisen Nachdruckens in Teilen, Vervielfältigungen im Ganzen oder der Verwertung in Seminaren vorbehalten, mit Ausnahme des im UrhG geregelten Zitaterechts mit vollständiger Quellenangabe. Jede weitere Verwertung nur mit ausdrücklicher Genehmigung des Urhebers.

Inhaltsverzeichnis

8 Marke, sprich!
Starke Marken erkennt man an ihrer charakteristischen Sprache.

12 Vor Wort.
Eine Reise zur erfolgreichen Sprache.

14 Squeezing millions from a phrase.
Wie *The Voice* zur Sprachmarke wurde.
Ein Interview mit *Michael Buffer*.

20 Die Macht bildhafter Sprache.
Wie *O. J. Simpson* mit einem einzigen Satz seinen Kopf aus der Schlinge zog.

22 »Die Rolle der Sinne bei der Wahrnehmung von Sprache haben wir sehr lange dramatisch unterschätzt.«
Wann speichert unser Gehirn Texte ab?
Ein Interview mit *Prof. Dr. David Pöppel*.

30 Emotionale Sprache.
Der wichtigste Baustein der Corporate Language.
1. Wie kommen die Texte in unser Gehirn? Und wie bleiben sie da drin?
2. Visuell, auditiv, kinästhetisch – die drei Wahrnehmungssysteme.
3. Wie funktioniert Lernen?
4. Vom Wir zum Sie.
5. Die Herausforderung heißt 1,5 Sekunden.

92 Bringen Sie Ihre Leistung zur Sprache.
Dr. Klaus Brandmeyer über das Ende der sprachlosen Gesellschaft.

102 Gute Texte sind Verführer.
Was Texter von *Giacomo Casanova* lernen können.

116 Texten mit allen Sinnen.
Dr. Jan Kruse geht der Frage nach, welche NLP-Regeln sich vom gesprochenen Wort auf den geschriebenen Text übertragen lassen.

134 Das Sprach-Stilgruppen-Modell der Corporate Language.
Wie man seine Zielgruppe sprachlich präziser erreicht.

158 Ein Wasser. 5 Texter. 5 Kampagnen.
Das CL-Sprach-Stilgruppen-Modell im Praxistext.

180 Der Wein-Etiketten-Test.
Wie schnell man sprachstilgruppengerecht texten lernt.

184 **Wie kommt man zu einer Corporate Language?**
Zwölf Schritte und ein Modell: Die CL-Sprachzwiebel.

190 **Das Farbmodell der Corporate Language.**
Arbeitsbeispiele aus der Textinventur.

202 **Böblingen ist überall.**
Aufbau einer Corporate Language am Beispiel
eines mittelständischen Unternehmens.

206 **Corporate Language. Zeitplan, Kosten, Durchsetzung und Glaubwürdigkeit.**

211 **Das Corporate-Language-Manual.**
Die Beispiele BKK Gesundheit und GU.

214 **Claim-Findung nach der Corporate-Language-Methode.**
Über den Sinn und Unsinn englischer Claims.
Der Ablaufplan zum richtigen Claim, am Beispiel *Piper Verlag*.

220 **Die Rentabilität der Sprache.**
Dr. Ralph Jahnke beantwortet die Frage: Rechnet sich eine Corporate Language?

Corporate Language Fallbeispiele

232 **Das Wort arbeitet den Nutzen heraus.**
Thomas-Bernd Quaas und *Thomas Ingelfinger* über NIVEA.

246 **Wir sollten eigentlich viel mehr Briefe vom Anwalt bekommen.**
Benny Hermansson über IKEA.

258 **Die Sprache muss heute das Konzept führen.**
Jörg Kordes über BASF.

270 **Was wir machen ist »Intelligente Tiefdenke«.**
Lothar Korn und *Alexander Schill* über Mercedes-Benz.

282 **SIXT fragen.**
Regine Sixt über SIXT.

286 **Spätestens an der Sprache merkt man,**
ob eine Marke weiß, woran sie glaubt.
Wolf Heumann über die Bedeutung des Textes in der Agentur.

298 **Die Leute interessieren sich nicht für Banken.**
Die Leute interessieren sich für Geld.
Dirk Huefnagels über die HypoVereinsbank.

310 **Ich glaube ja, dass Denken unglaublich viel Spaß macht.**
Thomas Wallek und *Robert Philipp* über Gauloises.

320 **Einen Freund belügt man nicht.**
Andreas Grabarz über das Schreiben für einen Kunden wie VW.

324 **Hinter der Sprache verbirgt sich der Charakter.**
Jürgen Henrichs über Volkswagen.

336 **Sprache ist der Träger unseres Produktes.**
Klaus Fabri und *Michael Rosenberg* über die Victoria Versicherung.

346 **Mit sieben Zeilen eine kleine Geschichte erzählen.**
Robert Schenck über die Kunst, eine Sprache zu erfinden.

350 **Die Sprache muss das Feuer sein.**
Simon Ellis über Schwarzkopf Professional.

358 **Merger-Matsch.**
Veronika Classen zeigt auf, welche Bedeutung Sprache bei Unternehmensfusionen spielt.

366 **Das Produkt ist der Held meiner Arbeit.**
Wie Texter arbeiten wollen. Ein Interview mit *Rainer Baginski*.

376 **Ich schreibe wohl, wie ich selbst spreche.**
Interview mit *Detmar Karpinski* über die richtige Sprache für Marken.

382 **Die Checklisten der Corporate Language.**
»Der CL-Best-Copy-Index« und »Benötige ich eine Corporate Language?«

388 **Impressum**

MARKE, sprich!

An welche Marke denken Sie, wenn das Wort *Pflege* fällt? Welcher Autovermieter kommt Ihnen in den Sinn, wenn Sie die Headline *Endlich, der Push-up für Männer!* lesen? Welche Automarke verbinden Sie mit *Vorsprung?* Welche mit *Freude?* Welche Fastfood-Kette wirbt mit *Liebe?* Welche Versicherung ist *der Fels in der Brandung?*

Spüren Sie es?

Starke Marken erkennt man nicht nur an ihrem Logo, an ihrer klaren Farbgebung oder ihrer unverwechselbaren Typografie. Starke Marken erkennt man auch an ihrer charakteristischen Sprache.

Aber machen wir uns nichts vor. NIVEA, SIXT, Audi, BMW, McDonald's und die Württembergische Versicherung (die Beispiele oben) sind noch immer die großen Ausnahmen, wenn es darum geht, Sprache als markenbildenden Faktor einzusetzen.

Sprache ist der am stärksten vernachlässigte Teil der Corporate Identity.
Können sich Marken und Unternehmen diesen Zustand heute noch leisten? Der Wettbewerb wird immer härter. Zehntausende Markenartikel im Regal – aber immer schmalere Media-Etats. Täglich zigtausend Werbeimpulse – aber immer weniger Kaufwirkung und Markentreue. Dazu die manische Suche des immer kritischeren Verbrauchers nach dem immer günstigeren Angebot.

Wie reagieren Marken darauf? Sie versuchen verstärkt, ihrer Positionierung ein unverwechselbares, einheitliches Profil zu geben. Allein 2005 gaben sie für Corporate Design rund 780 Millionen Euro aus. So viel wie nie zuvor in einem Jahr.

Richtig gemacht, liebe Marken. Denn das relevanteste Unterscheidungsmerkmal liegt für den Verbraucher in einem glaubhaften, klar erkennbaren, durchgängig erlebten Firmen- und Markenimage. Wer sofort erkennbar ist, wer ein klares Bild von sich abgibt, setzt sich durch. Wirklich alles richtig gemacht, liebe Marken? Genügen heute dem Verbraucher zur Unterscheidung von Marken Optik, Image und Emotion? Wenn das Portemonnaie schmaler wird, will der Kunde mehr konkrete Informationen über das Produkt. Er will schwarz auf weiß lesen, warum Marke A besser ist als Marke B. Warum er für angeblich mehr Qualität mehr Geld ausgeben soll. Er will Argumente, warum er seinem Bauchgefühl vertrauen soll.

Bei aller Arbeit an Logos, Farben, Typografie, bei aller Suche nach emotionalen Mehrwerten und Fotowelten wurde das wichtigste Unterscheidungsmerkmal vergessen: die Sprache. Wie eine Marke oder ein Unternehmen spricht, ist entscheidend im Wettbewerb. Nur wer eine klare, eindeutige Sprache spricht, wird gehört. Dafür muss man auch in seiner Sprache wiedererkennbar sein.

Sprachlich wiedererkennbar sein, heißt nicht nur *unverwechselbar sein*. Sprachlich wiedererkennbar sein heißt, *einen eigenen Charakter haben* – und ihn strahlen lassen. Darum mögen wir NIVEA mehr als Oil of Olaz. Darum ist uns SIXT sympathischer als Hertz, und darum träumen wir eher von einem Mercedes als von einem Mitsubishi.

Definition Corporate Language:
So wie eine Brand durch Corporate Design ein einheitliches grafisches Gesicht bekommt, so verleiht ihr Corporate Language eine charakteristische, unverwechselbare Sprache. Mündlich wie schriftlich konsequent um- und eingesetzt, wird eine Marke durch Corporate Language zu einer wiedererkennbaren Persönlichkeit.

Erst durch den einheitlichen Sprachauftritt bekommen der Verbraucher oder der Handel ein merkfähiges Bild vom Image, von den Werten, den Visionen und der Angebotsqualität eines Unternehmens oder einer Marke. Aber wie sieht die Wirklichkeit aus? Werden Texte in Unternehmen nicht oft nur als Grauwert gesehen? Dabei dienen Texte dem Verbraucher als wichtigstes Unterscheidungsmerkmal. Denn was kann die Positionierung eines Unternehmens besser zum Ausdruck bringen als ein guter Text? Was kann Markenwerte wie Beratung, Kompetenz, Qualität, Vertrauen besser transportieren?

Was ist näher am Produkt als die Sprache?
Wenn – wie es zurzeit aus Kostengründen im Handel geschieht – das Personal immer schlechter ausgebildet oder ganz abgebaut wird, dann wird der Text in Anzeigen, Katalogen, Flyern und Mailings zum einzigen verlässlichen Verkäufer.

Sprache berät. Beratung führt dazu, dass der Kunde kauft. Da wir kein persönliches Verkaufsgespräch führen können, halten wir den Dialog schriftlich. Wir machen schriftlich, was sonst mündlich geschieht: Wir sprechen den Kunden an, wir geben ihm gute Argumente und nicht zuletzt ein gutes Gefühl. Neben der Marken-Profilierung ist es die wichtigste Aufgabe der Corporate Language, dem Kunden das Gefühl zu geben, dass die Marke, das Unternehmen, ihn bestens versteht. Seine Sprache spricht.

Corporate Language signalisiert Verlässlichkeit.
Eine starke Marke tritt optisch nicht heute so und morgen so auf. Genauso wenig artikuliert sie sich jeden Tag anders. Hört sich gut an. Aber in der Realität herrscht weiter Schwalldeutsch. Powered by Ingenieuren und Vorstand. Kopiert und verbreitet von Marketing, PR und Agentur. Da wird in der Anzeige der Tankinhalt zur »magazinierten Umweltkomponente« und im Katalog das Gepäcknetz zum »Flex-Organizer«. Da werden in der Pressemitteilung »die Herausforderungen der Zukunft durch maßgeschneiderte Innovationen gemeistert« und im Mailing die »Renditepotenziale mit Nachhaltigkeit optimiert«. Da steht über der Coffee-Lounge »alles auch to go«. Der Stadionsprecher wünscht einen schönen »Pausensnack bei den Suppliern des HSV«. Und weil es bei Esso auf der ganzen Welt in der Waschstraße eine *Tiger Wash* gibt, wird sie hierzulande gehorsam mit *Tiger-Wäsche* übersetzt. Was der gemeine deutsche Autofahrer sofort als Katzenwäsche enttarnt.

Jeder von uns hat ein feines Gespür dafür, was sich gut anhört und was nicht. Trotzdem verhalten sich die meisten Unternehmen sprachlich wie Neandertaler. Schlimmer noch: Wer als Manager eine klare, verständliche Sprache spricht, gilt in vielen Unternehmen als unprofessionell. Da rettet man sich lieber ins Technokraten-Chinesisch, Verklausulierungs-Kisuaheli, Denglisch oder Floskel-Latein. Nach dem Motto: Nur nicht auffallen! Schließlich möchte man ja als Marketing-Mann sicher gehen, dass der Text vom Chef abgesegnet wird.

Kommunikationswissenschaftler wie Klaus Brandmeyer und Sprachwissenschaftler wie Leo Sucharewicz schätzen, dass allein durch unverständliche Wortwahl jährlich Milliarden Euro aus dem Fenster geworfen werden.

Wie kommen wir raus aus dem Teufelskreis? Alle kümmern sich um das Finden von Bildwelten, dadurch wird das Texten an Junioren delegiert, dadurch bekommen Texte schlechte Lesewerte, dadurch verkaufen sich die Produkte schlechter, dadurch entsteht die Mär, dass Texte heute keine Bedeutung für den Verkaufserfolg haben, weil Texte sowieso keiner mehr liest.

Wie schreibe ich Texte, die gelesen werden? Was muss ich tun, damit Texte im Gehirn gespeichert werden? Wie erzeuge ich durch Texte Emotionen? Wie entwickele ich einen Company-Claim, den sich jeder sofort merken kann? Wie kann ich für mein Unternehmen oder meine Marke eine Sprache entwickeln, die so lebendige Texte hat, dass der Verbraucher nach der Botschaft aktiv wird? Wie schaffe ich es, dass meine Sprache eine so hohe Wiedererkennungskraft hat wie mein Logo?

Die Antwort heißt Corporate Language.

Der Weg zu ihr basiert auf einer Methode, die ich in den letzten fünf Jahren durch Corporate-Language-Projekte für Banken und Versicherungen, internationale Handels- und Versandunternehmen, Verlage, Organisationen, große Markenartikler und mittelständische Business-to-Business-Unternehmen entwickelt habe. Ergänzt durch Gespräche und Projekte mit Sprachwissenschaftlern, Gehirnforschern, Neuro-Linguisten, Researchern, Controllern und Unternehmensberatern entstand die *CL-12-Schritte-Methode*. Der erste methodische Weg zur unverwechselbaren Unternehmenssprache. ■

VOR WORT.

Eine Reise zur *erfolgreichen Sprache*.

In diesem Buch nehme ich Sie mit auf eine Reise.

Sie beginnt in Los Angeles bei einem Mann, der allen sprachinteressierten Menschen ein Vorbild sein sollte. Schließlich schafft er es jedes Jahr, mit nur einem Satz 750 Millionen Dollar zu verdienen. Wir bleiben in L.A. Wieder geht es um nur einen Satz. Aber diesmal sorgt er für den überraschendsten Freispruch in der Geschichte der Justiz.

Von Amerika geht es direkt in unsere rechte und linke Hirnhälfte. Wir erfahren von einem der führenden Gehirnforscher die neuesten Erkenntnisse, warum wir manche Texte ein Leben lang speichern … und es anderen Texten nicht einmal eine Sekunde lang gelingt, unsere Aufmerksamkeit zu gewinnen. Durch das lang geschwungene ›S‹ unserer Lesegewohnheiten begeben wir uns dann auf die Erkundung unserer Wahrnehmungssysteme. Haltepunkte: visuelle, auditive und kinästhetische Sprache. Nach einem Zwischenstopp bei den Lernerfolgen unserer Kindheit stelle ich Ihnen die vier Fenster vor, durch die ein Text muss, wenn wir ihn uns merken sollen. Wir besuchen die Bedarfspyramide des Verbrauchers.

Die Reise geht weiter. Sind wir auf der Spur einer neuen AIDA-Formel? Wir steigen tief hinab in die Insights der Verbraucher. Von hier ist es nicht weit zur Welt der Kurtisanen und Verführer. Wir begeben uns ins Venedig des Jahres 1789 – und erfahren, was Texter von Casanova lernen können. Und wo wir schon bei den Verführern sind: Machen wir doch unter sicherer Führung einen kurzen Ausflug in das Gebiet der Neurolinguistischen Programmierung (NLP). Kann man NLP-Erkenntnisse vom gesprochenen ins geschriebene Wort übertragen? Dann wird es Zeit, dass ich Sie mit fünf interessanten Typen bekannt mache: den Sprach-Stilgruppen der Corporate Language.

Plastisch vorgestellt werden sie Ihnen von den meiner Meinung nach fünf besten Copy Writern Deutschlands. Sie haben – damit frisch konfrontiert – die Neueinführung einer Marke einmal durch alle Sprach-Stilgruppen dekliniert.

Das höchst vergnügliche Resultat leitet uns direkt zum Höhepunkt der Reise – zu der schon erwähnten *CL-12-Schritte-Methode:* der CL-Sprachzwiebel. Folgen Sie mir durch der Phasen der CL-Sprachpositionierung, der Insight- und Sprach-Stilsuche, durch Sprach-Erlebnisfelder, zur Sprach-Inventur und Tonality-Findung hin zu Formulierungs-Korridoren, zur CL-Sprachbank, zu Mustertexten und dem CL-Manual. Lernen Sie dabei die Arbeitsschritte kennen, den Aufwand, die Kosten, die Chancen und Risiken. Und natürlich die Einsparungspotenziale, die uns der Senior Manager eines weltweit agierenden Consulting-Unternehmens messerscharf ausrechnen wird. Erfahren Sie, warum für englische Claims harte Zeiten angebrochen sind. Und wie man heute zu einem Slogan kommt, den morgen die ganze Stadt pfeift.

Lernen Sie auf dieser Reise aufregende Begleiter kennen. Lassen Sie sich zeigen, wie man Marken durch Sprache aufbauen und auch wieder vernichten kann. Werfen Sie einen Blick in die »sprachlose Gesellschaft«. Begegnen Sie den Machern und Verantwortlichen von zehn der besten Unternehmenssprachen in Deutschland. Erfahren Sie an den Beispielen SIXT, Mercedes-Benz, VW, IKEA, NIVEA, BASF, Victoria Versicherung, HypoVereinsbank, Gauloises und Schwarzkopf Professional, was richtig ist, um mit Sprache brand building zu sein. Lernen Sie vom Vater vieler großer Texter, wie Kunden mit dem sensiblen Wesen des Texters umgehen sollten und wie Texter gebrieft werden möchten. Und erhalten Sie von einem führenden Sprachrohr auf Agenturseite Antwort auf die Frage: In wie vielen Sprachen muss ein Texter schreiben können?

Enden wird die Reise auf Ihrem Arbeitstisch. Zur Rechten: »Wie gut sind meine Texte?« Der schonungslose CL-Copy-Check, mit dem Sie ausrechnen können, wie gut Ihre bisherigen Texte sind. Direkt vor Ihnen: »Benötige ich eine Corporate Language?« Eine Checkliste, die Ihnen jetzt hilft, die richtige Entscheidung zu treffen. Wie Ihr Unternehmen oder Ihre Marke durch eine prägnante Sprache noch erfolgreicher werden.

Ich bin gespannt auf Ihren Reisebericht.

Las Vegas Mandaley Bay Resort Hotel. Kurz bevor der Gong zur ersten Runde des Kampfes Vitali Klitschko vs. Danny Williams ertönt, ergreift ein großer, schlanker, tadellos angezogener Mann in einem Tuxedo-Anzug im Kampfring das Mikrofon. Einige allgemeine Ankündigungen folgen, und dann kommt der Moment, auf den jeder in der Arena gewartet hat: »Und jetzt, für die Tausenden von Gästen und für die Millionen von Zuschauern, die uns im Fernsehen überall auf der Welt verfolgen: Let's Get R-R-R-Ready to Rumble-e-e-e-e ... « Die Menschenmasse brummt in einer Pawlow'schen Reaktion. Der Kampf beginnt.

SQUEEZING MILLIONS *from a phrase.*

Wie *The Voice* zur Sprachmarke wurde.
Ein Interview mit *Michael Buffer.*

Was macht eine starke Marke aus?

Nur 20 Sekunden dauert der Auftritt von Michael Buffer. Aber er macht ihn wieder um 5 000 Dollar reicher.

Michael Buffer ist zur Ikone der Sportwelt geworden. Er ist wahrscheinlich der einzige Mensch auf der Welt, der mit nur einem Satz auf einen Jahresverdienst von 750 Millionen Dollar kommt. Ich musste Michael Buffer besuchen. Ich wollte erfahren, wie aus dem – nach eigener Aussage – »schlechtesten Autoverkäufer der Welt« das Vorbild einer Marke wurde: absolut unique und wiedererkennbar in der Sprache – und dadurch weltweit erfolgreich.

Nach ungefähr einem halben Jahr Bewerbung für ein Interview mit ihm und seinem Bruder und Manager Bruce bekomme ich endlich einen Termin. Aus der eingeräumten Stunde werden vier und ein gemeinsames Abendessen.

Armin Reins: Michael, wie wird man zur bestbezahlten Stimme der Welt?

Michael Buffer: Jeder ist in der Lage, Erfolg in seinem Leben zu haben. Das Problem liegt jedoch darin, dass die meisten Menschen nicht wissen, welche Fähigkeiten in ihnen stecken und welchen Weg sie einschlagen sollen. Ich habe immer die Tatsache akzeptiert, dass ich faul bin. Ich war ein lausiger Autoverkäufer und ein noch schlechteres Modell für Herrenanzüge. 1982 habe ich mir mit meinem Sohn einen Boxkampf im Fernsehen angeschaut. Der Ring-Announcer versaute komplett das Endurteil, und da sagte mein Junge: »Dad, das kannst du besser!« Ich habe daraufhin sofort eine Bewerbung an 80 Prozent der Hotels in Atlantic City rausgeschickt. Und das Playboy-Resort hat mich genommen.

AR: Wie war das »erste Mal«?

MB: Ich erinnere mich noch sehr gut daran. Die Veranstaltung wurde im Fernsehen übertragen. Ich hatte entsetzliche Angst, obwohl ich davor hunderte Male geübt hatte, was ich sagen musste. Ich war grottenschlecht. Einfach nur grauenvoll. Ich dachte: Das war's. Mein glänzender Traum, je Ring-Announcer zu werden, ist ausgeträumt. Aber sechs Monate später bekam ich eine neue Chance, bei einem Fight im Hotel *The Sands* aufzutreten. Ich habe der Frau des Veranstalters vorgeschwindelt, dass ich Erfahrungen habe...

AR: Wie kam es zu »Let's Get Ready to Rumble«?

MB: Ich glaube, es war 1984. Ich schaute mir damals gerne Filme von alten Boxkämpfen im Fernsehen an. In den früheren Zeiten pflegten die Box-Announcer nur die Namen der Kämpfer anzukündigen, als diese noch in ihren Kabinen warteten. Einige Jahre später beinhaltete die Präsentation sogar die Namen der Kommissionäre, der zuständigen Sportbehörden, der beiden Ringärzte, Time-Keepers, Ehemänner und Ehefrauen, sogar von Indianerhäuptlingen. Das hat alle gelangweilt. Ich war bemüht, meinen eigenen Stil zu erfinden.

Ich schaute mir die anderen Presenter an und lernte viel von dem, was ich die »Unfähigkeit, die Massen zu begeistern« nenne. Indem ich mich dann selbstkritisch betrachtete, habe ich versucht, alles an mir zu verbessern, was sich verbessern ließ.

Ich suchte – wie jede Marke – nach einem anfeuernden Spruch, wie »Gentlemen, start your engines«. Eine starke Hook-Line musste ich haben, die die Leute begeistert und die Atmosphäre in der Arena in Sekundenschnelle elektrisiert.

Ich habe mit unterschiedlichen Sprüchen herumexperimentiert: »Man at your battle stations«, »Batten down the hatches« oder »Fasten your seat belts«, aber keiner hat so richtig funktioniert. Dann erinnerte ich mich an Muhammad Alis Spruch: »Schwebe wie ein Schmetterling, stich wie eine Biene, rumble, young man, rumble.« Daraus wurde irgendwann

»Let's Get Ready to Rumble.«

> **AR: Und wurde immer mehr verfeinert.**
> **MB:** Ja, mit der Zeit habe ich das Tempo und die Betonung der Worte immer wieder verändert. Ich begann, die »R« zu rollen und die »L« und »M« so lange zu dehnen, bis alle in der Arena regelrecht auf die »magischen Worte« warteten.
> **AR: Dann kam plötzlich das Schicksal ins Spiel.**
> **MB:** Der Zufall wollte es, dass ich meinen verlorenen Stiefbruder Bruce wieder getroffen habe. Bruce wurde mein Manager.
> **Bruce Buffer:** Michael Buffer wurde zu dem, was man Marke nennt. Wir haben sein »Let's Get Ready to Rumble« als geschützte Marke eingetragen. Er ist der Einzige, der diesen Satz sagen darf. Für immer und ewig. Das war am Anfang ein sehr spezieller Fall für alle Beteiligten, weil kein Präzedenzfall existierte. Man hatte zuvor nie Worte als Marken eingetragen. Aber wir konnten beweisen, dass wir *unique* sind, und letztendlich haben die Behörden eingewilligt.
> Über die Jahre hat Buffer seine Magie bei allen Spielen der World Series, bei Stanley Cup Finals, NBA-Meisterschaften und NFL-Playoffs versprüht. Er tritt bis zu 80 Mal im Jahr als Announcer bei weltweit übertragenen wichtigen Live-Kämpfen auf. Er war etliche Male Gast bei *The Tonight Show* mit Jay Leno, auch bei David Letterman, er trat in der TV-Filmserie *The Simpsons* auf, und war Stargast in den Hollywood-Spielfilmen *Rocky V* und *Ocean's Eleven*. Es gibt die Box-Videogames der Marke *Ready to Rumble*, es gibt »Let's Get Ready to Rumble«-Produkte wie T-Shirts, scharfe Chilisoßen, Hüte, Schlüsselanhänger, Action-Figuren, einen sprechenden Wrestling-Ring, Mikrofone,

Rumble-Roboter. »Let's Get Ready to Rumble«-Slotmaschinen werden in allen Casinos der Welt zu kaufen sein. All diese Lizenzprodukte zusammen machen zurzeit im Retailverkauf einen Umsatz von brutto 750 Millionen Dollar. Langfristig wollen wir das erste Unternehmen sein, das eine Milliarde Dollar an Lizenzumsätzen generiert. Squeezing millions from a phrase.

MB: Deswegen können meine Ex-Ehefrau und ich es uns erlauben, Mercedes-Cabrio zu fahren.

AR: Für welche Values steht die Marke Michael Buffer?

BB: Bei »Let's Get Ready to Rumble« geht es ja nicht nur ums Kämpfen. Hier geht es um »sein Bestes geben«. Es geht darum, »Bester im Wettbewerb zu sein«, egal, was man tut. Sei es im Sport oder bei jeder anderen Tätigkeit – Michaels Auftreten lässt jeden wünschen, der Beste zu sein. »Let's Get Ready to Rumble« steht für Premium. Das ist der Grund, warum viele Produkthersteller für ihre Kommunikationszwecke hinter ihm her sind. Immer nach dem Motto: »Unser Bier schmeckt am besten, unsere Autos sind die besten.« Wal Mart zum Beispiel hat eine Menge Geld dafür bezahlt, um Michael auf einer ihrer größten Eröffnungsveranstaltungen in einem riesigen Convention Center dabei zu haben.

Wann immer Michael rausgeht, er ist die »Legitimation für ein wahrhaft großes Event«.

AR: Er ist die Stimme der Champions.

BB: Deshalb darf er nie in der zweiten Liga auftreten. Was ich will, ist, ihn in verschiedenen demografischen Gruppen zu positionieren, auch in verschiedenen Entertainment- und Sportarten, so dass er in diesen Segmenten weiter wächst. Aber immer auf First Class Level. Andy Warhol hat mal gesagt: »Jeder hat seine 15 Minuten Ruhm.« Dies spiegelt auf wunderbare Weise die Quintessenz unserer Marketing-Idee wider.

In einem sehr begrenzten Zeitfenster muss man fähig sein, mit dem, was man tut und wofür man bezahlt wird, buchstäblich die ganze Luft aus dem Raum *herauszusaugen*, um an ihrer Stelle anschließend den ganzen *Entertainment-Wert* in den Raum zurückfließen zu lassen. Michael gibt den Menschen diesen *Entertainment-Wert*. Er nimmt ihnen erst die Luft weg, und »Let's Get Ready to Rumble« pumpt die mächtige Aufregung gleich wieder zurück in den Raum. So wird ein intensives Tempo bei der Veranstaltung erzeugt. Ab jetzt können sich alle in ihren Sitzen zurücklehnen und voller Aufregung denken: »Hey, das ist genau das, wofür wir unser Geld gerne ausgeben. Wir zahlen, um Michael Buffer zu sehen und ›Let's Get Ready to Rumble‹ zu hören. Und wir zahlen, um diesen Kampf richtig zu genießen.« Danach kann die Veranstaltung beginnen.

MB: Das Gleiche gilt für die Boxer. Sugar Ray hat mal zu mir gesagt: »Junge, wenn du diese Worte sagst, werde ich zum Kampfstier!«

AR: Gibt es viele, die versuchen Michael Buffer nachzumachen?

BB: Imitation ist eine hohe, jedoch sehr schmerzvolle Form der Schmeichelei, und gleichzeitig eine Form von Diebstahl, die wir bekämpfen müssen. Selbstverständlich haben viele versucht, unsere Marke zu kopieren. Sony Pictures wollten eine ganze Kampagne rund um »Let's Get Ready to Rumble« gestalten. Deswegen bin ich etliche Male vors Gericht gezogen, bis sie gezwungen waren, uns einen Vergleich anzubieten. Eine andere Geschichte war es mit Jack Lemon und seiner Filmgesellschaft. Es ging um einen Film, in dem alte Männer zum Rumba-Tanzen animiert werden sollten. Sie hatten überall auf den Bussen die Reklame: »Let's Get Ready to Rumba.« Ich musste sie leider dazu zwingen, die Kampagne innerhalb einer Woche zu stoppen, weil es zu nah an unserer Marke war.

MB: Ein anderes Beispiel war Disney. Haddies, eine Figur im Cartoon-Film *Herkules*, sagte: »Let's Get Ready to Rumble.« Disney hat den Spruch für die Promotion-Kampagne genutzt, und in Videos, die schon vor dem Filmstart auf dem Markt verkauft wurden. Bruce sagte ihnen dann: »Wisst ihr, wir lieben Disney seit unserem Kindesalter und wir wollen – weiß Gott – nicht die brutale Masche bei euch anwenden ...«

AR: Kann es sein, dass »Let's Get Ready to Rumble« auf Frauen eine ganz bestimmte Wirkung hat?

BB: Die Frauen sind aus verschiedenen Gründen sehr wichtig geworden. Schau, Michael ist ein bisschen auch ein Sexsymbol. Ich bekomme E-Mails und Briefe von Fans: »Meine Frau mag Boxen nicht besonders. Der einzige Grund, warum sie dennoch Boxen schaut, ist Michael Buffer. Sie liebt ihn. Oh, dieser tolle Typ mit der sexy männlichen Stimme, ich will ihn sagen hören: ›Let's Get Ready to Rumble‹ ...« Unglaublich, oder?

MB: Ob du's glaubst oder nicht, das erlaubt Männern in den USA, sich völlig entspannt an einem Samstagabend zurückzulehnen und sich in aller Ruhe die Kämpfe anzuschauen. ▬

MICHAEL BUFFERS FAHRPLAN ZUM ERFOLG.

#1   Schau dir die Konkurrenten an. Höre darauf, was Champions sagen.

#2   Und vor allem, wie sie es sagen. Achte auf die Phonetik!

#3   Wenn du deine Sprache gefunden hast, dann feile an ihr, bis sie rund ist.

#4   Wenn du dich entschieden hast, Premium zu sein,
     kämpfe niemals in der zweiten Liga.

#5   Wenn du einen Claim hast, dann prüfe, wie du ihn schützen kannst.
     Und lass dich von niemandem kopieren!

Der Autor, Bruce Buffer und Michael Buffer (von links): »Ich habe immer die Tatsache akzeptiert, dass ich faul bin.«

Wir bleiben in Los Angeles. Wir sitzen im Gerichtssaal und verfolgen den vielleicht spektakulärsten Prozess aller Zeiten. Den Prozess um O. J. Simpson.

Die Macht BILDHAFTER SPRACHE.
Wie O. J. *Simpson* mit einem einzigen Satz seinen Kopf aus der Schlinge zog.

O. J. Simpson ist ein berühmter Football-Spieler. Er ist angeklagt, seine Frau ermordet zu haben. Jeder glaubt daran, dass er es getan hat. Außer er selbst.

Der Staatsanwalt hat Tonnen von Beweismaterial gefunden. Zeugen sagen glaubhaft aus, dass O. J. Simpson jahrelang seine Frau verprügelt hat. Er ist deshalb von Nachbarn immer wieder bei der Polizei angezeigt worden. Die Polizei kam sogar vorbei, um ihn verschiedenste Male zu verhaften und einzusperren. Der Staatsanwalt zeigt Bildmaterial des misshandelten Gesichts seiner Frau. Es gibt Briefe, in denen sie geschrieben hat: »Er wird mich umbringen, und wenn ich sterben sollte, dann war er es.« Und es gibt jede Menge DNA-Beweise, dass es sein Blut war an ihren Verletzungen.

Der Prozess läuft im Fernsehen. Er dauert ewig. Die Medien sind sich hundertprozentig sicher: O. J. Simpson ist schuldig.

Aber wie sehen das die Geschworenen? Die Jury? Es ist Teil des amerikanischen Rechtswesens, dass die Jury von der öffentlichen Meinung abgeschlossen ist, keine Informationen hat, keine Zeitungen lesen kann, keiner Medienbeeinflussung ausgesetzt ist.

Wir kommen zur Schlüsselszene im Prozess. Da gibt es einen Handschuh, der gefunden wurde, den zweifelsfrei der Mörder getragen hat. Der Handschuh ist voll mit Blut – mit O. J. Simpsons Blut, aber auch mit dem Blut anderer. Und der Ankläger sagt: »Das ist O. J.s Blut, er hat diesen Handschuh getragen, und daher ist er schuldig.« Und O. J. sagt: »Das ist gar nicht mein Handschuh, ich hab' den noch nie gesehen, der gehört jemand anderem, nicht mir.« Da verliert der Staatsanwalt für einen kurzen Moment den Verstand. Er zuckt vor Wut und sagt: »Euer Ehren, lassen Sie ihn diesen Handschuh jetzt anziehen.«

Jeder andere Anwalt in Amerika hätte das zu verhindern versucht. Nicht so O. J.s Anwalt. Er willigt ein. Zuerst kriegt O. J. einen Operations-Handschuh aus Gummi übergestreift, dann geben sie ihm besagten Handschuh. Wie erwänht, der Prozess dauert schon ein ganzes Jahr. Der Handschuh war nicht lange blutgetränkt. Er hat seitdem in einem staubigen Kellerverschlag in einer Schachtel gelegen. Das Leder ist zu diesem Zeitpunkt trocken, brüchig, eingelaufen, O. J. nimmt also den Handschuh und versucht ihn anzuziehen. Aber er schafft es nicht, den Handschuh wirklich anzuziehen. Er dreht sich zu den Geschworenen und sagt: »Das geht gar nicht, ich kann den gar nicht anziehen, der Handschuh passt mir nicht. Viel zu klein.« Und nun steht sein Anwalt, John Copland, auf, dreht sich ebenfalls zu den Geschworenen. Schaut jedem einzelnen ins Gesicht und sagt: »If the glove doesn't fit – You have to quit.« Wenn der Handschuh nicht passt, dann müssen Sie ihn freisprechen.

Wir kommen zum Ende des Prozesses. John Copland kommt zum Schluss-Plädoyer. Copland tritt vor die Geschworenen und sagt: »Ihr habt viele, viele Beweismittel gesehen und das monatelang, aber ich möchte euch bitten, auf eines zu achten: Wenn ihr in euer Beratungszimmer geht und euch hinsetzt und gegenseitig anschaut und es Zeit wird, eine Entscheidung zu treffen, möchte ich, dass ihr daran denkt: If the glove doesn't fit – You have to quit.«

Und tatsächlich sprechen sie ihn frei.

Nach dem Prozess versammeln sich die Medien mit ihrem kompletten Equipment, Mikrofonen, Fernsehkameras, außerhalb des Gerichtsgebäudes. Sie warten drauf, dass die Geschworenen endlich herauskommen und dass sie mit ihnen sprechen dürfen. Der erste Geschworene kommt raus und stellt sich vor das Mikrofon. Der Reporter sagt: »Sie haben doch so viele Beweismaterialien gehabt, so lange Zeit, sich das alles anzuschauen, wie ist es möglich, dass Sie ihn freisprechen konnten?« Der Geschworene sagt: »Um das haben wir uns eigentlich überhaupt nicht mehr gekümmert.« Und der Reporter fragt: »Warum nicht?«

Und der Geschworene dreht sich zur Kamera und sagt: »If the glove doesn't fit – You have to quit. Wissen Sie, das hat uns einfach überzeugt.«

Von Los Angeles geht es direkt in unser Hirn. Denn wir wollen uns genau ansehen, warum sich die Jury im O.-J.-Simpson-Prozess diesen einen Satz gemerkt hat. Wir wollen Antworten finden auf die Fragen: Wie nehmen wir Sprache wahr? Woran liegt es, dass wir uns manche Texte merken und andere sofort wieder vergessen? Ich treffe mich dazu mit Dr. David Pöppel, Professor an der University of Maryland, USA. Einem der bedeutendsten Gehirnforscher unserer Zeit.

»Die Rolle der Sinne bei der WAHRNEHMUNG VON SPRACHE *haben wir sehr lange dramatisch unterschätzt.«*

Wann speichert unser Gehirn Texte ab?
Ein Interview mit *Professor Dr. David Pöppel*.

Prof. Dr. David Pöppel untersucht im Kernspintomografen, wie Sprache von unserem Gehirn gespeichert wird.

Armin Reins: Herr Professor Dr. Pöppel, in Ihrer wissenschaftlichen Publikation *Cognitive Science* (Kognitive Wissenschaft) sprechen Sie von einer »neuen Anatomie der Sprache«. Gibt es wirklich neue Erkenntnisse über die Art, wie Sprache vom Gehirn verarbeitet wird? Sie nennen das »neurolinguistische Computation der Sprache«.

Prof. David Pöppel: Das Arbeitsgebiet hat sich sehr verändert in den letzten 20 Jahren. Die Beschäftigung mit Sprache und Gehirn ist eigentlich der Ursprung der Neurowissenschaften. Eine der großen Erkenntnisse der Neurowissenschaften kommt aus dem 19. Jahrhundert, von Paul Broca, dem Neurologen, der als Erster eine Korrelation dokumentiert hat zwischen einem bestimmten Muster von Schlaganfall und Sprechstörungen. So hat eigentlich die moderne Gehirnforschung begonnen: mit der Untersuchung von Patienten, die nach einem Schlaganfall nicht mehr richtig sprechen konnten.

AR: Bei denen ein ganz bestimmter Teil des Hirns ausgefallen ist ...

DP: Ja. Diesen Teil nennt man heute das *Broca-Areal*. Kurz danach hat ein anderer Neurologe namens Carl Wernicke ein anderes Areal (heute das *Wernicke-Areal* genannt) im hinteren Schläfenlappen entdeckt, wo Sprache *verstanden* wird. Wenn dieses Areal beschädigt wird, kann man Sprache zwar noch wahrnehmen, aber nicht mehr verstehen, das heißt, semantisch korrekt interpretieren. Seit 1861 hat man also argumentiert: Es gibt einen Teil im Gehirn, der für die Sprachproduktion zuständig ist. Und einen anderen Teil, der für die Sprachwahrnehmung zuständig ist.

Heute wissen wir: Sprache ist ein viel komplexerer Prozess. Der entscheidende Impuls war die Arbeit von Chomsky Mitte der 50er Jahre, die die so genannte Cognitive Revolution ins Leben gerufen und die gesamte Sprachforschung völlig verändert hat. Ein wesentlicher Bestandteil ist die Aussage, dass die Sprache kein Monolith ist, sondern eine komplexe Struktur, die aus mehreren Subkomponenten konstituiert ist.

Eigentlich gibt es keine Sprache. Es gibt nur Unterteile der Sprache, zum Beispiel die Phonologie (wie die Laute organisiert sind) oder die Morphologie (die interne Struktur von Worten) oder die lexikalische Semantik (die Bedeutung von Worten) oder die kompositionelle Semantik (wie die Bedeutung von Sätzen zusammengebaut wird).

Das heißt, jede Verallgemeinerung, die man über die Sprache macht, ist gefährlich, weil all diese Bestandteile wenig miteinander zu tun haben. Man muss also exakt darüber nachdenken, über welchen Bestandteil der Sprache man spricht – und sehr vorsichtig mit der Erkenntnis umgehen, dass all diese Subkomponenten unterschiedlichen biologischen

Gesetzen unterliegen. Die zweite wichtige Entwicklung, die alles sehr verändert hat, ist die Entwicklung der bildgebenden Verfahren. fMRT und PET sind hämodynamische Verfahren. Die machen Bilder vom Gehirn durch Blut-bedingte Kontrastmechanismen.

AR: Kann man damit sehen, wann *gedacht* wird?

DP: Man kann sehen, wo gedacht wird. Ich sage zum Beispiel irgendein Wort und kann mit diesen Verfahren sehr genau messen, wo was los ist. Das Ziel ist aber zu wissen, wann und wo im Gehirn genau welche Komponenten im Sprachprozess aktiv werden.

AR: Was wissen Sie über die beiden Gehirnhälften im Umgang mit der Sprache? Ich dachte immer, dass auf der linken Seite des Gehirns unser Wörterbuch ist und auf der rechten unser Bilderbuch – um es ganz plastisch zu beschreiben ...

DP: Das ist als *first approximation* auch so. Man ging früher davon aus: Sprache lebt links, und Bilder werden rechts verarbeitet. Das hat sich mittlerweile sehr verändert. Eine der wirklich neuen Einsichten der bildgebenden Verfahren ist, dass nicht nur die klassischen Hirnareale, sondern unglaublich viele andere kleine Gehirnteile eine wesentliche Rolle bei der Sprachverarbeitung spielen – *und* die andere, die rechte Hemisphäre eben auch.

Wir leiden immer noch unter einem linkshemisphärischen Imperialismus.

Nach den neuen Erkenntnissen der Wissenschaft spielt die rechte Gehirnhemisphäre eine ganz wesentliche Rolle für verschiedene Aspekte der Sprachwahrnehmung.

AR: Das ist unser Problem in der Werbung. Die meisten Texte werden für die linke Hälfte geschrieben, sind sehr abstrakt und werden selten verstanden.

DP: Wir wissen mittlerweile sehr gut Bescheid darüber, dass man Information viel besser verarbeitet, wenn sie visuelle und auditive Komponenten beinhaltet.

Solche Experimente machen wir auch in meinem Labor. Das sollte man aber nicht verwechseln mit der Hemisphären-Spezialisierung. Die beiden Hemisphären errechnen unterschiedliche Sachen. Eigentlich ist alles ziemlich durchmischt. Es stimmt zwar schon, dass die meisten Teile der Sprachproduktion tatsächlich links angesiedelt sind. Es ist aber nicht der Fall, dass bildliche Information nur rechts verarbeitet wird. Die Verarbeitung ist eigentlich bilateral.

Was sich in den letzten Jahren geändert hat, ist die Erkenntnis um den Wert der vielen sensorischen Modalitäten. Das haben wir uns in unseren Experimenten sehr genau angeschaut und uns gefragt: Was passiert eigentlich im Hirn, wenn man einen Laut nimmt und noch irgendeinen visuellen Reiz dazu? Beispiel: Ich nehme irgendeinen Sprachlaut:

»bah!« und messe die Gehirnreaktion dazu. Dann nehme ich wieder denselben Laut »bah!« und zeige irgendein Gesicht dazu. Da sind die Reaktionen unterschiedlich. Nur durch die Präsenz des Gesichts selber – das nicht einmal affektiv geladen sein muss – verändert sich die Reizantwort des Gehirns. Wenn ich das noch variiere durch emotionale Gesichter, haben wir eine noch stärkere Reaktion. Diese *Multi-Sensory Interaction,* die Rolle der verschiedenen Sinne bei der Wahrnehmung von Sprache, haben wir sehr lange dramatisch unterschätzt. Sie ist im Moment eine *hot area* in der Forschung. Da geht es um alles: um Gehörsinn, Sehsystem, Tasten. Wir sind erst am Anfang, die Experimente werden immer komplizierter, und wir haben einen langen Forschungsweg vor uns.

AR: Das größte Problem in der schriftlichen Kommunikation ist, dass Techniker technisch schreiben, dass Steuerbeamte in einer komplizierten Sprache schreiben. Dass Geschäftsbriefe, Versicherungs- und Gesetzestexte unendlich abstrakt und dadurch schwer zu begreifen sind. Mein Ansatz ist: Schreibt kürzer, schreibt klarer, schreibt bildhafter, hörbarer, anfassbarer und fühlbarer. Erzeugt plastische Assoziationen durch Sprache. Weil diese Sprache von unserem Gehirn besser abgespeichert wird.

DP: Noch wissen wir nicht sehr viel darüber. Aber Ihre Intuition ist sicherlich richtig. Das Wenige, das wir schon wissen, ist, dass Information, die stärker emotional behaftet ist, effizienter abgespeichert wird. Das sind die so genannten *flash-bulb memories* – recht berühmt in der Psychologie. Irgendein Ereignis, das sehr stark mit emotionellen Komponenten behaftet ist, wird relativ schnell, praktisch sofort enkodiert. Die Intuition, die alle vertreten, ist: Je mehr konvergente, akzeptable Information einem Ereignis zugeordnet ist, desto leichter wird es auch gespeichert. Zum Beispiel: Das Wetter ist schrecklich, die Situation ist traurig, die Stimmung ist furchtbar, und ich habe auch noch Bauchweh. Diese Informationen passen zusammen, ich merk' mir das, weil alles sich addiert und sich gegenseitig bestärkt.

Viel interessanter ist natürlich die Alternative. Nämlich, sich die Informationen zu merken, die nicht zusammenpassen. Es ist möglich, dass es viel eindrucksvoller ist, wenn man irgendetwas sieht oder liest, und es auf den ersten Eindruck gar keinen Sinn macht. Wir nennen es *cognitive dissonance* oder *mismatch*. Nehmen wir ein Experiment, in dem ich einen Hammer in die Hand nehme und in die Luft schwinge. Wenn er kurz vor der Tischoberfläche ist, erwartet man natürlich gleich ein bestimmtes Geräusch. Einen Schlag. Bleibt dieses aus oder kommt was anderes, Unerwartetes, ein Vogelzwitschern zum Beispiel, bekommt man ein *mismatch,* weil der visuelle Eindruck der Hammerbewegung intern suggeriert, dass ein bestimmtes Geräusch folgen muss. Wir haben ein so genanntes *internal forward-model* (internes Vorwärts-Projektionsmodell). Es gibt übrigens keine passive Wahrnehmung. Alles wird nach vorne projiziert. Es gibt nur Zukunft. In der Wahrnehmung gibt's keine Vergangenheit, sondern nur Vorwärtsprojektion. Das Gehirn generiert die ganze Zeit eine gewaltige Erwartungshaltung. Mit jedem Wort, jeder Silbe, jedem Buchstaben-Segment, das ich sage, verengt sich die eigene, interne Vorhersage. Zum Beispiel fange ich an mit »Der …«, und Sie wissen schon, was als Nächstes kommen könnte. Es könnte »Der Hund« sein oder »Der hungrige Hund« (mit Adjektiv) oder »Der sehr hungrige Hund« (mit Adjektiv und Adverb) – aber das war's auch schon. Im Deutschen kann nichts anderes kommen an kategorialer Information. Dadurch, dass ich die Sprache kenne, trage ich in mir ein Modell rum, was ständig nach vorne projiziert: »Was sind denn plausible Sachen, die jetzt kommen könnten?«

AR: So wie die T9-Eingabehilfe-Funktion bei den Handys.

DP: Genau. So funktioniert es auch in der Sprache, unabhängig davon, ob wir Deutsch, Englisch, Spanisch oder eine andere Sprache sprechen. In meinen eigenen Forschungen zeigen wir, dass es bei den einzelnen Lauten genauso ist. Mein Spezialgebiet ist die Dekodierung des Sprachprozesses. Oder: Wie kommt man »from vibration in the ear to the abstraction in the head«? Sagen wir, Sie sehen mein Gesicht, und meine Lippen sind fest zusammengepresst. Was kann denn da rauskommen? Es gibt nur drei Möglichkeiten für Anfangslaute: B, P oder M. Mehr kann es nicht sein. Und das ist sehr nützlich. Warum? Weil es unglaublich schnell geht. Man kann sich gar nicht vorstellen, wie schnell die Sprache abfließt.

Wenn die Information nicht wie erwartet kommt, sind wir irritiert. Und das ist meistens eine positive Irritation, denn sie erhöht unsere Aufmerksamkeit und die Bereitschaft zum Speichern.

Wenn ich eine Banane nehme und darüber »Kiwi« schreibe, habe ich eine höhere Wahrnehmung in der Kommunikation, als wenn ich über eine Bananen-Abbildung »Banane« schreibe. Dieser *mismatch* ist anscheinend ein stärkerer Reiz fürs Gehirn als die »normale« Information. Es sagt dem Gehirn verstärkt: »Speichere mich ab!«

AR: Das bedeutet: Um etwas Neues abzuspeichern, muss ich in bekannten, alten Strukturen etwas zerbrechen?

DP: Man muss das Neue als *interessant* markieren. Die meiste Information wird von unserem

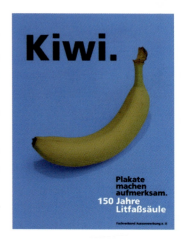

Hirn herausgefiltert, weil sie nicht interessant ist. Warum ist sie nicht interessant? Sie bekommt nicht den so genannten *attentional focus*.

AR: Ich nenne das einen *Trigger*.

DP: Das ist die gleiche Idee. Dass wir unsere Aufmerksamkeit auf bestimmte Sachen lenken. Das ist sehr spannend, und es wird gerade unglaublich intensiv erforscht, wie unsere Aufmerksamkeit funktioniert.

AR: Das gibt's in der geschriebenen Sprache auch. Wenn ich in einer Headline Worte wie »Gott« oder »Schuss« oder »Sex« oder »Umsonst« einsetze, erzielt es eine höhere Aufmerksamkeit als alles andere, was man grade liest.

DP: Es ist, als wenn man Kontrastkomponenten in die Kommunikation einbaut. Aufmerksamkeitsfenster, damit die Aufmerksamkeit der Zuhörer nicht nachlässt.

AR: Ein Firma wie Procter & Gamble ist der Meinung, dass man den Menschen alles beibringen kann, wenn man eine Sache nur oft genug wiederholt.

DP: Aus biologischer Perspektive ist es plausibel, dass die Wiederholung die tatsächliche physische Verknüpfung biologischer Elemente verstärkt. Aber es gilt, dass das, was sehr stark reingedrückt wird, nicht unbedingt gerne abgerufen wird. Zuerst einmal muss das Bewusstsein da sein: Das, was ich lernen soll, bringt mir auch einen Nutzen. *Maximizing utility* ist das Stichwort. Es bringt mir was.

AR: Kann dieser Nutzen auch ein Liebes- oder Glücksversprechen sein?

DP: Das ist nicht auszuschließen.

AR: Und technische Features, also Dinge, die spontan keinen Nutzen versprechen, müssen wir die *einüben*?

DP: Wenn sie geübt werden, behalten wir sie auch. Es ist eine Frage der Nutzung. Es gibt eine starke Interaktion zwischen dem Rezeptiven und dem Produzierenden. Effizient wird es, wenn eine Beziehung zwischen Produktion und Rezeption hergestellt wird. Darum funktioniert Sprache so effizient: Weil wir sie die ganze Zeit sowohl rezipieren als auch produzieren. Es ist sogar so, dass wir die Mechanismen der Produktion bei der Wahrnehmung benutzen *(Analysis-by-synthesis)*. In der Kunstgeschichte hat Gombrich es *the beholder's share* genannt. Das heißt, was muss der Teilhaber dazugeben?

Überexplizite Information ist nicht interessant. Weniger Information ist also mehr.

Interessant bei der Wahrnehmung ist, was man selbst als Subjekt beiträgt. Sowohl in der Wahrnehmung als auch in der Interpretation. Die Signale, mit denen wir arbeiten, sind eigentlich miserabel. Sie kriegen eine Vibrationswelle. Die kommt bei Ihnen im Ohr an. Dann kommt dort irgendein Gerüttel als Reaktion. Trotzdem verstehen Sie alles. Sie müssen also eine sehr große *beholder's share* einbringen. Die Information muss sehr stark interpretiert werden. Was man selber beiträgt, ist das wirklich Interessante.

AR: In der Werbekommunikation nennt man das den *Insight*.

DP: Auch in der Sprache gilt: Der größte Beitrag kommt nicht von außen, sondern von einem selbst. Der größte Beitrag ist intern generiert von dem, was man in seinem Inneren herumträgt. Es ist die gesamte Erfahrung, die man hat, und die kognitiven Mechanismen, die die Basis dieser Erfahrung sind. Wenn die Information dann auch aktiv benutzt wird, ist es per Definition viel effizienter, weil man viel detaillierter mit der Information gearbeitet hat.

AR: Das wissen wir aus Promotions, in denen die Leute einen Slogan - den sie wohlgemerkt lernen sollen - niederschreiben müssen, um etwas zu gewinnen. Es gibt kaum eine bessere Methode, Menschen etwas in der Werbung lernen zu lassen. Etwas, das man selbst aufgeschrieben hat, behält man leichter.

DP: Das überrascht mich nicht. Wenn man eine Verbindung herstellt zwischen *perception* und *production,* wird die Information sehr viel besser dekodiert. Noch besser ist es allerdings, Sie lassen den Slogan singen. Und die Verbraucher singen ihn nach.

AR: Gibt es eine Maßeinheit, mit der wir messen können, welche Information wie schnell in unser Gehirn gelangt? Gibt es Informationen, die wir auf die Überholspur nehmen, um sie schneller abzuspeichern?

DP: Das ist eines der Themen, die ich in den letzten Jahren bearbeite. Die Granularität der Zeiteinheit. Was ist die Körnigkeit der Wahrnehmung? Alles sieht so aus, als ob sie kontinuierlich wäre, aber die Granularität, die Zeiteinheit der Wahrnehmung, ist unterschiedlich. Es gibt ein schnelles Zeitfenster von 20 bis 30 Millisekunden, in dem die Information analysiert wird, und es gibt auch ein langsameres Zeitfenster von 200 bis 300 Millisekunden, in dem die gleiche Information analysiert wird. Und in beiden Fällen kommt etwas anderes dabei raus. Das sind die so genannten *multi-resolution systems.* Ja, ich würde sagen, Ihre Aufgabe ist es, auf diese Überholspur zu kommen. Aber wie das geht, das müssen Sie selbst herausfinden... (lacht).

AR: Was bedeutet im Zusammenhang mit Sprache »Kreativität«?

DP: Es ist sehr schwierig. Das Problem besteht schon seit Descartes und nennt sich »The creative aspect of language use«. Das heißt, warum ist jeder Satz undeterminiert? Alle Worte, die wir heute Morgen gesagt haben, sind brandneu. Trotzdem verstehen Sie sie alle. Zumindest im Sprachbereich muss es wohl so sein, dass das Neue aus den alten Elementen zusammengesetzt ist. Wir können uns nicht unterhalten und dauernd lauter neue Worte benutzen. Wie hört sich das an: »This blicket quite daxes you«? Sie würden sagen, der tickt nicht ganz richtig.

AR: Ich könnte aber aus der Art, wie Sie lächeln, oder ob Sie ein böses Gesicht machen, schon einiges ableiten.

DP: Aber nicht den Inhalt.

AR: Aber wie kommt man dazu, völlig neue Worte zu erfinden - wie das Wort *daxes*? Haben wir im Gehirn so eine Art Kaleidoskop, das wir drehen, und dabei entstehen immer wieder neue Dinge?

DP: Das ist eine unfair schwierige Frage. Meine banalste Intuition (und ich bin weder Psychologe noch Philosoph noch Künstler, aber Vater, der sieht, wie Kinder funktionieren) ist die unerwartete Verknüpfung von Sachen. Sprachliche Kreativität ist die Neuverknüpfung von Dingen, die man sonst nie verbindet. Warum war Picasso kreativ und innovativ? Es ist immer noch ein Blatt Papier, worauf er malt. Die Farbe ist auch nichts Unbekanntes. Aber die Verbindung der Materialien zu einer Art der Repräsentation, von der er sich dann frei macht, ist neu. Aber das funktioniert *neu* nur, weil man das Alte kennt.

Ich würde daher sagen, Kreativität ist die unerwartete Verbindung des Gewussten. Oder die neue Verknüpfung von Bewusstem.

AR: Oder indem man sich entgegen dem bewegt, was vorher schon da war?

DP: Das ist eine Art von Kreativität, die gar nicht so kreativ ist. Das machen wir alle ständig: »Out with the old, in with the new.« Oder: »The queen is dead, long live the queen.« Das ist ja sogar eine Grundhaltung in der Wissenschaft zu sagen: »Diese Theorie war Quatsch. Und jetzt kommt meine coole neue Theorie.« Die Anti-Haltung ist eine relativ simple Art der Kreativität. Die interessantere Frage ist: Wie kommen Ptolomäus oder Keppler oder Kopernikus oder Newton dazu, völlig neue Dinge zu entdecken?

Zum Beispiel das physikalische Prinzip von *Action at a distance*. Dass Sachen sich gegenseitig beeinflussen, die keinen Kontakt miteinander haben. Das heißt, ohne *contact mechanics*. Unser gesamtes Leben ist *contact mechanics*. Ich drücke hier drauf, ich schüttle Ihre Hand... Unsere gesamte physikalische Intuition ist das. Und da kommt jemand zu uns und sagt: Wissen Sie, dieses ganze Zeug hier hat einen Effekt auf irgendetwas, das eine Million Kilometer entfernt ist? Ja, wie soll denn das gehen? Das heißt, in vollkommen neuen Zusammenhängen zu denken. Wie das wirklich funktioniert, ist unglaublich schwierig zu erklären. Wie entsteht ein Gedanke? Und wie kommt man vom Gedanken zum gesprochenen Wort? This for another time...

Von Maryland zurück ins alte Europa. Nach der Theorie zur Praxis. Im Folgenden möchte ich Ihnen zeigen, was Professor Dr. Pöppel meint mit »Texte auf die Überholspur in unser Gehirn bringen«. Wie schreiben Sie Texte, die nicht nur gelesen werden, die nicht nur im Gehirn abgespeichert werden, sondern die eine Reaktion erzeugen? Die besser überzeugen und verkaufen?

Der wichtigste Baustein der CORPORATE LANGUAGE:

Emotionale Sprache.

1. Wie kommen die Texte in unser Gehirn? Und wie bleiben sie da drin?

Ein paar Dinge wissen Sie vielleicht noch aus der Schule. Der Mensch hat zwei Gehirnhälften, eine linke, rationale, und eine rechte, emotionale. Lange dachte man, diese beiden Hälften arbeiten getrennt voneinander. Seit drei bis vier Jahren weiß die Neurowissenschaft jedoch, dass beide Hälften vernetzt denken. Als eingespielte Partner.

Die schlechte Nachricht vorweg, liebe Vorstände, Ingenieure und Controller: Die emotionale Seite entscheidet früher. Fünf Sekunden bevor unsere rationale Gehirnhälfte überlegt, ob wir aus dem Spaghetti-Soßen-Regal die vierte Soße von links kaufen sollen, weil sie 40 Cent günstiger ist, hat unsere emotionale Gehirnhälfte schon entschieden, dass wir die zweite Soße von rechts kaufen. Weil ihr Etikett in uns Bilder von »echt italienisch, nach Mamas Art und Toskana« wachruft. Woran liegt das?

**Die Kaufentscheidung hängt davon ab, welche Bilder und Vorstellungen wir mit einem Unternehmen oder einer Marke verbinden. Und welche wir davon sekundenschnell abrufen können. Je intensiver es ein Unternehmen oder eine Marke schafft, sich mit einem eindeutigen (visuellen wie sprachlichen!) Bild im Gehirn der Käufer zu verankern, umso sicherer wird dieses Unternehmen oder diese Marke beim Kauf berücksichtigt.
Bilder allein genügen dabei nicht: Sie gelangen zwar schneller in unser Gehirn, Sprache verankert Informationen jedoch besser.**

Willkommen beim Versuch, die Sprachspeicherung unseres Gehirns zu entschlüsseln. Unsere linke Gehirnhälfte birgt unser rationales Wissen. Links im Gehirn wohnen – ganz populär ausgedrückt – Wissen und Logik. Hier sind Dinge gespeichert wie die Fähigkeit zu lesen, zu organisieren, logisches Denken, Mathematik, Planung, Analyse, Moral und alle Details wie Formeln, Regeln, Zeichen, Symbole, Abkürzungen. Wir haben hier zum Beispiel gespeichert, was ABS bedeutet. Wir erinnern, dass man nicht bei Rot über die Ampel geht. Wir wissen, dass ein Dentist ein Zahnarzt ist.

Links befindet sich auch unser *Wörterbuch*. Das Verständnis von Sprachen, das Erinnern von Wörtern. 60 000 bis 100 000 Worte hat ein durchschnittlicher Bürger hier gespeichert. Regelmäßig benutzt er davon circa 14 000 Substantive, Verben und Adjektive. Dieses *Wörterbuch* ist direkt verbunden mit der rechten Seite unseres Gehirns.

Unsere rechte Gehirnhälfte speichert weitestgehend unsere Emotionen. Diese Hirnhälfte befähigt uns zum analogen und visuellen Denken, zur nonverbalen Kommunikation, zur Körpersprache. Hier befindet sich unser Bild-, Geräusch-, Geschmacks- und Geruchsarchiv. Hier befindet sich unsere Fähigkeit, ganzheitlich zu denken. Hier speichern wir Erfahrungen, Erlebnisse und Personen …

Wichtig für unsere Sprachspeicherung: Zu jedem Wort der linken Gehirnhälfte haben wir auf der rechten ein Bild abgespeichert (zu *fast* jedem, aber dazu komme ich später). Unsere 100 000 Wörter sind verknüpft mit circa 10^{11} Bildern. Sage ich »Tisch«, sehe ich »Tisch«. Wie genau dieser Tisch aussieht, ob wir ihn von oben, von unten oder von der Seite sehen, unterscheidet sich. Aber wenn wir das Wort »Tisch« hören, dann hat er bei 95 Prozent der Menschen vier Beine, ist aus Holz und circa 72 cm hoch. Wir *sehen* beim ersten Gedanken an ein Wort also fast alle die gleichen Bilder. Und das in Nanosekunden. Schneller als jeder Computer der Welt.

Kann man also sagen: Links speichern wir die Sprache und rechts die Bilder? So einfach ist das leider nicht. Zwischen den Gehirnhälften findet ein ständiger Austausch statt.

Seit 2003 weiß die Wissenschaft sogar, dass auch die rechte Seite Sprache speichert. Sie speichert Sprache emotional ab. Verknüpft Worte nicht nur mit Bildern, sondern auch mit deren Melodie. Die linke Hälfte speichert Worte in ihrer Bedeutung. Die rechte den Gesichtsausdruck und den Tonfall des Senders. Den Sprachklang. Den Moment, in dem das Wort gesagt wurde; in welchem Zusammenhang, wo, von wem und in welcher Stimmung.

Chupa Chups haben wir abgespeichert für Lutscher. Aber wir merken ihn uns auch, weil das Wort lustig klingt, weil der Lutscher orange-gelb ist, weil die Verpackung von Dalí kreiert wurde, weil er herrlich klebrig ist, weil er nach Orangenlimo schmeckt, weil ihn unsere Mutter das erste Mal für uns im Zoo von Hagenbeck gekauft hat. Wir merken uns dieses eigentlich schwierige Wort, weil wir damit Bild, Geräusch, Haptik, Gefühl, Geschichte und Erlebnis verbinden.

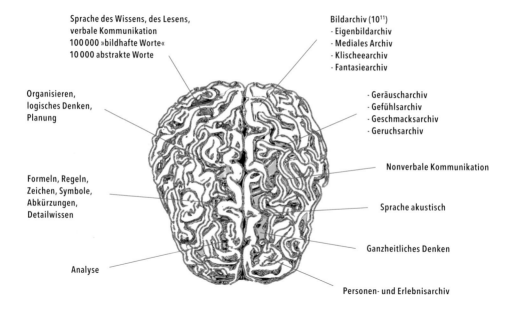

Die linke und rechte Hälfte unseres Gehirns.

Informationen werden dann am schnellsten abgespeichert, wenn beide Gehirnhälften angesprochen werden. Wir merken uns neue Begriffe viel schneller, besser und länger, wenn wir uns »davon ein Bild machen können«.

Die Toyota-Werbung spielt mit unseren Gehirnhälften.

Wer abstrakt schreibt, hat schon verloren.

Und nun kommt die schlechte Nachricht. Ich erwähnte es bereits: Es gibt auch Worte in unserer linken Gehirnhälfte, die sind nicht direkt mit Bildern der rechten Gehirnhälfte verknüpft. Ich spreche von den circa 10 000 abstrakten Worten. Wir haben davon etwa 400 bis 600 Substantive, Adjektive und Verben im täglichen Gebrauch. Wie sind diese Worte von uns gespeichert worden, wenn sie nicht mit Bildern, Tönen, Gefühlen, Erlebnissen plastisch verknüpft wurden?

Nun, wir haben diese abstrakten Begriffe auswendig gelernt. Durch Wiederholungen. Durch *Einpauken*. Sie sind uns *reingedrückt* worden. Wir haben sie gelernt. Wir können sie abrufen. Aber das tun wir höchst ungerne. Und es braucht eine viel viel längere Zeit, bis unser Gehirn Worte wie *Polyäthylen, Semantik, peripher, optimal* oder *innovativ* dekodiert. Abstrakte Worte sind für unser Gehirn richtig harte Nüsse. Das müssen übrigens keine Fremdworte sein. Auch abstrakte deutsche Worte wie *gesund, glücklich* oder *bemerkenswert* sind ähnlich schwer zu knacken. Das haben Konfliktforscher festgestellt. Sie haben erforscht, wann Menschen sich eigentlich streiten. Und haben dabei überraschenderweise herausgefunden: Einem handfesten Streit geht meistens ein abstraktes Wort voraus.

Wer sich hauptsächlich durch abstrakte Worte ausdrückt, läuft Gefahr, nicht verstanden zu werden. Abstrakte Worte lassen die Möglichkeit zu unterschiedlichen Interpretationen offen. Somit sind der Grundstein für Konflikte und Streit.

Ein Beispiel: Ein Mann sagt zu seiner Freundin: »Schatz, ich komme heute etwas später nach Hause.« *Etwas* ist ein sehr abstraktes Wort. Das kann bedeuten *eine Stunde später, vier Stunden später* oder *morgen früh um drei Uhr*. Oder denken Sie einmal über das Wort *schlank* nach... Abstrakte Worte haben ein hohes Streitpotenzial. Denn unser Gehirn kann sie so oder so auslegen. Und meistens entscheidet es sich für die falsche Interpretation. Und der Krach ist da.

Wer seine Zuhörer über seine Meinung im Unklaren lassen will, spricht also abstrakt. Müntefering sagt nicht: »Ich tausche mit Frau Merkel die Verlobungsringe.« Er redet von: »Die SPD und die CDU treffen sich zu *Sondierungs-Gesprächen*.« Was das genau ist, was dabei genau herauskommen soll, sagt er nicht. Wohlweislich. Nur nicht festlegen.

Die abstrakte Sprache ist die Sprache aller Politiker, Bürokraten, Diplomaten, Banker, Beamten und Versicherer. Und der Verbraucher weiß das. Und hört ihnen deshalb auch nicht mehr zu. Umso mehr fällt dann ein Politiker auf, der fordert, dass eine Steuererklärung »auf einen Bierdeckel« passen muss. Oder ein anderer, der die ausländischen Aufkäufer deutscher Unternehmen als »Heuschrecken« bezeichnet.

Aus einer Broschüre über *Business Contingency Planning*: »...präventiv zu klären ist weiterhin, welche Interdependenzen zwischen diesen Modulen der Infrastruktur bestehen und welche Szenarien daraus zur Wiederanlaufplanung abgeleitet werden können...«

Aha. Möchte dieses Unternehmen wirklich, dass wir es verstehen? »Aber Herr Reins, das sind doch alles Fachleute, die sprechen immer so, die verstehen das.« Wirklich? Wie reagiert der Fachmann, wenn er *ganz normal* angesprochen wird? Also, ich als Werbefachmann hasse es, wenn man mich mit Werbe-Chinesisch zutextet. Dann stößt mir was auf. Ich liebe Menschen, die mir Dinge überraschend einfach, ganz unaufgeregt, ganz selbstverständlich, charmant plaudernd erzählen können. Aber wahrscheinlich bin ich da die große Ausnahme...

Aus der Anzeige einer Fonds-Gesellschaft: »...mit Hilfe der modernen Portfoliotheorie zeigen wir, wie man ein Depot objektiv und effektiv optimieren kann...«

»Kinderleichter Depot-Check« – das hätte ich verstanden. Aber das sollte ich vielleicht nicht verstehen. Wenn Sie also auch nicht verstanden werden wollen oder nichts verkaufen wollen oder Nebelkerzen werfen wollen, dann sprechen und schreiben Sie abstrakt. Alle anderen lesen jetzt bitte weiter...

Der direkte Vergleich: visuell versus abstrakt.

Dürfen wir uns unsere Gehirnhälften als Festplatten eines Computers vorstellen, die gefüllt werden und deren gespeicherte Informationen jederzeit abrufbar sind? Leider nein. *Merken* und *Lernen* sind elektro-chemische Prozesse. Die Abspeicherung des Wissens wird von den so genannten Neurotransmittern gesteuert. Theoretisch bleiben sämtliche jemals aufgenommenen Informationen für immer gespeichert.

Aber der Prozess der Erinnerung vollzieht sich über spezielle Erinnerungspeptide, die je nach Erfahrungsqualität unterschiedliche Proteinketten bilden, die die abgespeicherte Information beinhalten. Wenn gespeicherte alte Informationen mit frischen neuen Informationen überschrieben werden, dann lösen sich diese Proteinketten wieder auf. Wird eine vorhandene ältere Information eine längere Zeit nicht abgerufen, gerät sie in *Vergessenheit*. Neue aktuell genutzte Informationen *verschütten* die alte Information. Wiederholt sich jedoch irgendwann der Reiz der alten Information, setzen sich diese Erinnerungspeptide wieder in Proteinketten auf genau dieselbe Art und Weise zusammen. Sie erzeugen eine *Erinnerung,* die den Organismus befähigt, den Stimulus wiederzuerkennen und – existenziell wichtig – entsprechend darauf zu reagieren. Das Hirn entscheidet, ob es eine Information noch braucht oder nicht. Die Informationen, die es ständig braucht (wie zum Beispiel die Sprache oder die Fähigkeit zum Lesen), merkt es sich. Aber Informationen, die es nicht braucht, gehen durch *Nichtnutzen* erst einmal verloren.

Sie kennen Günther Jauchs Sendung »Wer wird Millionär?«. Ich bin immer wieder erstaunt, wie viel Wissen in unseren Köpfen gespeichert ist, ohne dass uns bewusst ist, dass es *da* ist. Man würde die meisten Fragen ohne Multiple-Choice-Antworten gar nicht beantworten können. Aber weil man *Zugriffshilfe* durch vier mögliche Antworten bekommt, ist man oft in der Lage, sich *instinktiv* für die passende Antwort zu entscheiden. Warum? Weil man irgendwann mal im Laufe seines Lebens mit genau dieser damals *nutzlosen* Information in *Berührung* gekommen ist. Diese Information haben wir zwar abgespeichert, aber später haben wir den *Zugang* zu ihr verloren, weil wir keine Möglichkeit fanden, sie einzusetzen. Durch die Multiple-Choice-Antworten bekommen wir aber eine Art *Leiter,* die uns Zugang zu dem in unserem Speicherkeller *vorhandenen,* bisher ungenutzten Wissen verschafft. Dasselbe passiert mit vielen Dingen, die wir in der Schule auswendig – das heißt ohne Begleitung eines emotionalen Stimulus – gelernt und dann wieder *vergessen* haben. Das *Wissen* ist zwar immer noch da, wir haben aber keinen bewussten Zugang dazu, weil es nicht stark genug emotional *verankert* wurde.

Folge: Es wird zwangsläufig von anderen Informationen *überlagert* und immer tiefer *vergraben.* Bis wir dieses Wissen nicht mehr abrufen können.

Rationale Informationen müssen mit emotionalen Bildern verbunden werden, damit sie nicht verloren gehen. Nur anschauliche Sprache wird gespeichert.

Haben Sie in der Schule Latein gelernt? Wenn Sie nicht gerade Arzt oder Rechtsanwalt geworden sind, wird sich davon heute in ihrem Speicher so gut wie nichts mehr finden. Wenn die Nervenbahnen, die uns zu diesen gespeicherten Informationen führen, nicht durch emotionalisierte Wiederholung immer wieder aktiviert werden, kann es sein, dass wir den Weg dahin irgendwann nicht mehr finden.

So, und nun können Sie erahnen, wie es Verbrauchern mit Werbetexten ergeht.

Die drei Bildarchive des Menschen.

Schauen wir uns unser emotionales Gedächtnis noch einmal genauer an. Unter anderen haben wir das angesprochene *Bildarchiv.* Aufgeteilt in drei verschiedene *Schubladen.* Schublade eins ist unser *privates Bildarchiv.* Es enthält alle realen Bilder, die wir in unserem Leben selbst gesehen beziehungsweise erlebt haben. Ein Beispiel aus meinem privaten Bildarchiv: das Zimmer 21 im *Hotel an der Messe* in Frankfurt am Main. Nie im Fernsehen. Nie im Kino. Nie fotografiert. *Sie* können es nicht kennen. Aber *ich* habe es ganz klar vor Augen. Es unterscheidet sich von allen Hotelzimmern dieser Welt: Es hat Bettbezüge mit riesigen roten Klatschmohnblättern, und vor dem Bett steht ein riesiger türkisfarbener Metall-Pfau! Wer das jemals gesehen hat, wird das für alle Zeiten behalten.

Schublade zwei gab es bis circa 1905 noch gar nicht. Bis zur Zeit vor dem Ersten Weltkrieg haben Menschen kaum Fotos und Filme zu sehen bekommen. Seitdem ist in unserer rechten Gehirnhälfte ein mediales Bildarchiv entstanden. Es beinhaltet sämtliche

Bilder, die wir jemals im Kino, Fernsehen, auf Fotos oder im Internet gesehen haben. Das Problem ist, dass wir das erste Archiv mit dem zweiten in unserer Erinnerung häufig vermischen. Das heißt, das Gehirn ist nicht immer in der Lage zu unterscheiden, welche Bilder aus der eigenen Lebenserfahrung und welche aus dem medialen Archiv stammen. Das Gehirn erinnert zwar fleißig Bilder, weiß aber meist nicht mehr genau, aus welchen Quellen es sie bekommen hat.

Ein typisches Beispiel: Wir können uns schwerlich an unser Leben vor unserem fünften Lebensjahr erinnern. Trotzdem, weil unsere Eltern uns häufig Fotos aus jener Zeit gezeigt haben, haben wir irgendwann das Gefühl, dass wir uns ganz gut an diese Zeit erinnern. Als ob wir damals bewusst dabei gewesen wären. Weil diese Kindheitsfotos so stark und so intensiv sind, dass wir sie uns als *unsere eigenen Bilder* gemerkt haben.

Erinnern Sie sich an Ihre Einschulung? Haben Sie das Bild dazu vor sich? Wahrscheinlich glauben Sie jetzt, sich daran zu erinnern, wie Sie mit einer Schultüte vor Ihrer Grundschule stehen. Sind Sie sicher, dass Sie sich daran erinnern? Oder erinnern Sie nur das Foto, das Ihre Eltern von Ihnen geschossen haben?

Es gibt noch ein drittes Bildarchiv in unserer linken Gehirnhälfte. Stellen Sie sich einen großen Mercedes der S-Klasse vor. Und daneben einen Polen. Na, woran denken Sie jetzt? Der Pole wird den Wagen gleich klauen, stimmt's? Stimmt nicht, denn er ist EU-Abgeordneter und hat einen Fahrer aus Deutschland. Das dritte Archiv, das wir haben, ist also unser Klischee-Bildarchiv. Wir alle laufen mit endlos vielen Klischees herum. Einige von diesen Klischees sind in uns allen tief verwurzelt. Unsere Klischees haben sehr viel mit unserer Sozialisation, mit unserem kulturellen Background und mit unseren familiären Prägungen zu tun. Aber diese Bilder sind da. Wir können uns nicht davon frei machen. Auch diese vorurteilsbehafteten Bilder mischen sich in unser emotionales, visuelles Archiv. Drei Archive, die parallel und gemischt speichern. Folge: Menschen können Ihnen heute fast alles beschreiben. Wir haben von fast allem ein Bild. Selbst dann, wenn wir es nicht gesehen haben.

Ein Beispiel aus unserem Medienarchiv: Versuchen Sie mal, die Südsee-Insel Tahiti zu beschreiben. Wetten, dass Sie mir folgende Bilder nennen: »Weißer Strand, Palmen, hellblaues Wasser.« Frage: Wie sehen dort die Menschen aus? Wetten, Ihre Antwort lautet: »Braun, aber nicht zu braun, rundlich, gemütlich, aber nicht dick, Blumenketten um den Hals und Muscheln in der Hand, und sie sitzen vor Strohhütten...« All diese Bilder würden Sie mir beschreiben. Obwohl Sie niemals in der Südsee waren. Denn Sie haben sie tausendmal in den Medien so gesehen. Wären Sie jemals auf Tahiti gewesen, würden Sie mir ganz andere Bilder schildern: »Vierspurige Straßen, Staus ohne Ende, Moskitostiche bis zum Abwinken.«

Nehmen wir ein anderes Beispiel. Beschreiben Sie mir mal, wie es in einer Gefängniszelle aussieht. Ihre Antwort lautet mit Sicherheit: »Eine Gefängniszelle ist grau, ist eng, vor den Fenstern sind Gitter, in der Tür gibt's eine Klappe, da durch wird einmal am Tag etwas Essenähnliches gereicht. Darin gibt's ein kleines Klo ohne Brille, es gibt auch eine Pritsche, wo ich schlafen kann, mit einer graubraunen Decke, es gibt keinen Teppich, sondern grauen Estrich, und an der Wand gibt's fünf schwarze Striche, vier vertikal, einer schräg, die anderen durchstreichend…

Woher kennen Sie sich da so gut aus? Ich nehme jetzt mal an, dass Sie noch nie in einem Gefängnis gesessen haben. Haben Sie es aus Gefängnisfilmen? Aus Dokumentationen im Fernsehen? Aus Zeichnungen zu Gefängniswitzen? Wahrscheinlich von überall her. Ihr Bildarchiv hat es längst vermischt. Lesen wir ein Wort, assoziieren wir dazu jede Menge Bilder. Der Mensch ist in der Lage, fast jedes Bild durch zehn weitere zu beschreiben. Durch unser eigenes Bildarchiv, durch das mediale Archiv und durch unser Klischeearchiv. Es findet zu fast jeder gespeicherten Information ein Bild, um es ihr zuzuordnen.

Ähnlich funktioniert das mit unserem Gefühls- und Erlebnisarchiv. Sie können eindrucksvoll schildern, wie sich das anfühlt, eine Hand auf eine heiße Herdplatte zu legen. Obwohl Sie das wahrscheinlich nie getan haben. Und an das Erlebnis Ihres ersten Kusses erinnern Sie sich bestimmt auch noch intensiv. Wahrscheinlich so intensiv wie an den Moment, als in Berlin die Mauer fiel. Das nennt Professor Dr. Pöppel *massive memories*.

Mit dem Geräuscharchiv ist das etwas anders. Leicht wird es bei Worten mit einem hohen Anteil von Vokalen. Am besten am Ende des Wortes. Leicht merken wir uns auch Sprachmelodien und Alliterationen. Und natürlich – unsere Spezialität: Reime!

»If the glove doesn't fit – You have to quit.«

Um sich den Namen Hasan Salihamidžić zu merken, muss man schon ein ziemlich verrückter Bayern-München-Fan sein… Über die T9-ähnliche Dekodierung von Lauten hat Professor Dr. Pöppel im vorhergehenden Interview bereits gesprochen.

Unser Gehirn zerlegt Worte in Silben, ja sogar in Segmente. Wir hören ein »T«, und unser Gehirn weiß, da kann nur noch »Ti…«, »To…«, »Ta…«, »Te…« usw. kommen. Rauscht auch nur ein Hauch eines »…sch…« heran, hat es auch bereits den »Tisch« entschlüsselt. Und danach kann nur »Tischbein«, »Tischplatte«, »Tischschmuck« etc. kommen.

Je kürzer die akustische Information, desto schneller wird sie entschlüsselt, verstanden und abgespeichert.

Jetzt verstehen Sie vielleicht, warum *Teilredundanzsteuerungssystemmanagement* oder *Sekundärverkabelungsetagenverteileranbindung* eher schwerer abgespeichert werden.

38   Der wichtigste Baustein der Corporate Language: Emotionale Sprache.

Übrigens speichert unser Gehirn die Informationen im hundertprozentigen Zustand ab. Wenn wir uns *Rot* merken, merken wir uns ein *sattes Rot*. Wenn wir an das *Meeresrauschen* denken, hören wir es hundert Prozent. Wir merken uns schwer die Zwischentöne.

Für Bilder, Geräusche, Gefühle etc. gilt also: je intensiver, desto einprägsamer. Vor allem, wenn man daran denkt, dass wir am Tag rund 4500 Werbeimpulse aufnehmen. Nun sind wir am Problem angekommen:

Wie speichern wir völlig neue Informationen?

Übung: Beschreiben Sie einmal Montevideo. Denken Sie zehn Sekunden darüber nach… Zuerst einmal, wo liegt Montevideo? Der Scan beginnt… Sekunde, unsere rationale Seite hat da irgendwas gespeichert: »Das ist eine Stadt. Südamerika? Hauptstadt von…? Schade. Entfallen.« Ende.

Folge: Ihre linke Gehirnhälfte hat kein Interesse, sich weiter damit zu beschäftigen. Nun scannt Ihre rechte, emotionale Seite *Montevideo*… Schnelle Antwort aus dem Geräuscharchiv: »Hey, klingt gut, Mmm… Montevideo. Irgendwas in Südamerika.« Ihr Bildarchiv meldet sich. »Ich hab' kein Bild von Montevideo abgespeichert.« Kein Wunder, Montevideo findet in den Medien so gut wie nicht statt. Sie waren selbst noch nie in Montevideo. Und Sie haben auch keine Klischeebilder gespeichert. So, und nun beginnt Lernen. Nun beginnen gute Texte.

Frage: Waren Sie schon mal in München? Antwort: »Ja.« Woran denken Sie, wenn Sie an München denken? Antwort: »Schöne, prunkvolle Gebäude, breite Alleen, Oper, Theater…« Beschreiben Sie die Farbstimmung dort. Antwort: »Ocker-gelb, hell, freundlich.« Können Sie sich das auch etwas abgebröckelt – so mit 50er-Jahre-Patina – vorstellen? Antwort: »Ja.« Können Sie sich vorstellen, dass vor Dallmayr direkt ein weißer Strand wäre? Und davor das Meer? Antwort: »Ja.« Beschreiben Sie mir das Meer. »Weißer Strand, eine Promenade mit Palmen, warmer Wind auf der Haut, weiße, sich kräuselnde Wellen, helle Sonne, ich brauch' eine Sonnenbrille.« Haben Sie es vor Augen? *München am Meer?*

Genau: Montevideo ist *München am Meer.*

Plötzlich haben Sie ein Bild von Montevideo. Die Stadt ist für Sie plötzlich in Bildern einfach fassbar. Denn das Neue (Montevideo) stellt sich für Sie als etwas Bekanntes, Vertrautes (München) dar. Die Proteinkette »Montevideo = München am Meer« wächst.

**»Neu« basiert immer auf »Alt«. Ich baue mir nur dann ein Bild
von etwas Neuem, wenn ich es aus bestehenden Assoziativbildern von Dingen,
die ich kenne, zusammenfügen kann.**

Wenn ich schreibe: »Der neue MRC mit dem optimierten LRS-Effekt«, sagt die linke Seite: »MRC kenne ich nicht. Ist nicht vorhanden.« Sie weiß nicht, wo sie anknüpfen soll. Die Bildarchive der emotionalen Seite sagen mir bei MRC: »Sorry, kein Bild vorhanden. Wir haben es noch nie gesehen. Wir können es uns nicht vorstellen. Woran erinnert denn das?« Und das Geräuscharchiv sagt bei MRC: »Nie gehört.« Und das Gefühlsarchiv: »Kein Gefühl dafür!«

Wenn ich aber schreibe: »MRC, die kinderleichte Servolenkung«, dann hat unsere linke Gehirnhälfte *Servolenkung* als *bekannt und praktisch* abgespeichert. Und die rechte Gehirnhälfte hat ganz klare Assoziationen zu *kinderleicht*: Mit einer *kinderleichten Servolenkung* kann man mit *dem kleinen Finger* zum Beispiel ganz leicht einparken. Man erspart sich nervöse rote Flecken im Gesicht und Schweißflecken unter den Achseln ...

Wollen wir, dass Texte vom Gehirn gelernt werden, müssen wir anschaulich schreiben. Worte wie *Perspektive* oder *abstrakt* erzeugen in unserem Gehirn keine Bilder. Sie rufen auch keine Bilder ab. Schreiben wir aber in bildhaften Worten und Sätzen, die aus vorhandenen Bildern neue entstehen lassen, werden sie gespeichert. Unser Gehirn kann sie jederzeit abrufen und rekonstruieren. »MRC = kinderleichte Servolenkung« – damit sind beide Gehirnhälften gleichzeitig aktiviert und liefern die endgültige Interpretation des Begriffs. Wir haben eine rein rationale Beschreibung mit einem emotionalen Begleitwort verbunden und damit die Wahrscheinlichkeit erhöht, dass man später das Wort MRC besser abrufen, deuten und sich merken kann.

Ein weiteres Beispiel: Bei IKEA gab es häufig Personalanzeigen, in denen ein VKS-Chef gesucht wurde. Die Resonanz darauf war eher dürftig. Testen Sie sich selbst: Was verstehen Sie unter einem VKS-Chef? Ihre beiden Gehirnhälften streiken. Unsere Agentur übersetzte den VKS-Chef in »Warenstrom-Lotse«. Und nun hören Sie Ihren beiden Gehirnhälften wieder zu. Die linke verknüpft die Worte sofort mit Bildern auf der rechten Seite. Und Sie assoziieren sofort: »In diesem Job leitet man Waren sicher von einem Ort zum anderen. Sorgt dafür, dass alles rechtzeitig und sicher ankommt. Eine anspruchsvolle Tätigkeit, nichts für blutige Anfänger, eher was für gestandene Leute, wie ein Lotse eben.« Bei IKEA kann man sich jetzt übrigens der Anfragen kaum noch erwehren. Und was glauben Sie, wo der »Schlangenbändiger« zum Einsatz kommt?

Noch einmal kurz zurück nach Montevideo. Wir haben die Synapse am Ende des Gedankenstranges *Montevideo* mit München *verschweißt*. Jetzt wächst die Proteinkette. Wann immer Sie jetzt das Wort *Montevideo* hören, denken Sie an *München am Meer*.

Das Verknüpfen über eine gezielte Information nennen wir lineares Denken. Normalerweise denken Menschen jedoch vernetzt. Wenn wir »Montevideo ist wie München am Meer« sagen, dann verbinden sich jede Menge Gemeinsamkeiten zu einem Ganzen:

die gleiche Farbe des Wassers, der Stil der Gebäude, das Licht in den Straßen, die Geräusche und Stimmen auf den Plätzen, die Berge drumherum, Erlebnisse am Meer oder am See. All diese Segmente von beiden Gedankensträngen fließen in den neuen Strang *Montevideo*. Wir sind in der Lage, sie alle miteinander zu verbinden. Und plötzlich verbinden wir all diese Informationen ganz intensiv mit Montevideo. Unser linearer Strang *Montevideo* wird immer länger, umfassender, und nächstes Mal, wenn ich Sie nach Montevideo frage, sagen Sie: »Montevideo ist wie München am Meer.« Und Sie sehen, hören, fühlen, schmecken und riechen es dabei.

Im Übrigen muss ich Sie jetzt enttäuschen: In Montevideo sieht es *überhaupt nicht* aus wie in München am Meer. Aber Sie werden diese Verbindung trotzdem nicht aus Ihrem Kopf bekommen. Ja, bildhafte Texte können eine diabolische Wirkung haben…

Zusammengefasst: Will ich eine neue Information (zum Beispiel einen neuen Textinhalt) lernen lassen, muss ich in den Köpfen der Menschen eine Vorstellung davon erzeugen. Wann immer unser Gehirn mit etwas Unbekanntem (Uneinschätzbarem) konfrontiert wird, scannt es automatisch das vorhandene Wissen und sucht fieberhaft nach Assoziationen, die eine Interpretation beziehungsweise *Bewertung* des Neuen zulassen. Gibt man als Sender dem Menschen keine Assoziation vor, sucht sich sein Gehirn eine beliebige, die vielleicht gar nicht im Sinne der beabsichtigten Botschaft ist. Es reicht also nicht, etwas Neues einzuführen, man muss auch *die erwünschte Deutung* dazu liefern, um den entsprechenden Link in den Köpfen entstehen zu lassen, sonst sucht sich der Empfänger seine eigene Interpretation und *unsere Botschaft* verliert an Penetrationskraft.

Außerdem gibt es noch das Problem: Die erste Assoziation ist die intensivste. Ist es die falsche, ist sie nur schwer oder durch gar nichts mehr zu *überschreiben*. Die Verankerung der Interpretation ist dann endgültig. Umso wichtiger ist es deshalb, dass man dafür sorgt, dass die *richtige Verlinkung* im Gehirn entsteht. Unser Gehirn merkt sich nicht: »Der UBX, die neue Druckergeneration von FIMAX.« Es merkt sich viel leichter: »UBX von FIMAX. Nie mehr Papierstau im Drucker.« Weil hier Nutzen und Relevanz und Absender mit einem eindeutigen Bild verknüpft wird.

So weit, so gut. Aber das Bewusstsein eines Menschen kann nicht alle Signale verarbeiten, die in seinem Gehirn eintreffen. Wahrscheinlich würden wir verrückt werden, wenn wir alle Reize, die ständig auf uns einstürmen, ständig bewusst auswerten müssten. Daher filtert das Gehirn ständig die Informationen, die es erhält, und speichert nur solche, die es benötigt oder zu benötigen glaubt. Und ignoriert den Rest.

Frank Ochmann erklärt uns das im STERN-Artikel »Die Macht der Gefühle« wie folgt: Ein wichtiger Teil des limbischen Systems, die so genannte Amygdala, ein altes, aber sehr komplexes System von gut einem Dutzend verschiedener neuronaler Kerne, übernimmt dabei offenbar die Aufgabe eines Türstehers, wie neuere Untersuchungen zeigen. Dabei versieht die Amygdala jeden Neuankömmling, den die Sinnesorgane zum Gehirn schicken, mit einer Bewertung, die sie am emotional bedingten Zustand misst, den der neue Eindruck körperlich ausgelöst hat: Was uns auf- oder anregt, gilt ab sofort als wichtig und wird darum im Archiv des Langzeitgedächtnisses abgespeichert. Was dagegen belanglos erscheint und keine emotionale Saite anreißen kann, rauscht durch uns hindurch, ohne Spuren zu hinterlassen.

Emotionales Schreiben erfordert visuelles, auditives und kinästhetisches Schreiben.

2. Visuell, auditiv, kinästhetisch – die drei Wahrnehmungssysteme.

Unser Verhalten ist das Ergebnis unserer Zustände. Um das Verhalten der Menschen zu beeinflussen oder zum Beispiel ihre Aufmerksamkeit zu gewinnen, muss man ihre Zustände zuerst verändern (verbessern!), so dass diese dann zu dem entsprechenden (erwünschten) Verhalten führen. In dem »Motivations- und Beeinflussungsprozess« muss man die zwei Großtendenzen des menschlichen Gehirns berücksichtigen: a) Schmerz und Unbehagen vermeiden und b) Lust- und Wohlgefühle anstreben.

Das Problem dabei: Die Menschen haben unterschiedliche Wahrnehmungen für dieselben Dinge. Was für den einen Schmerz bedeutet (zum Beispiel Unsicherheit durch Veränderung), bedeutet für den anderen Lust (Bereicherung durch Abwechslung). Warum unterscheidet das Hirn so sehr zwischen »wichtig« und »unwichtig«? Alles, was wir tun, tun wir aus zwei Gründen, nämlich entweder, um Freude/Lust zu erlangen, oder, um Schmerz/Nachteile zu vermeiden. Das Gehirn speichert Daten als »wichtig«, wenn diese es befähigen, Lust zu maximieren und Schmerz zu minimieren. Alle anderen Erfahrungen, die nicht im Sinne dieser zwei Grundprinzipien *relevant* sind, fließen durch alle Wahrnehmungssysteme hindurch und werden letztendlich als *unwichtig* aussortiert.

Als Säugetier erhält der Mensch Informationen über seine Umgebung durch all seine fünf Sinnesorgane. Er sieht, hört, fühlt, schmeckt und riecht. Die meisten Entscheidungen, die unser Verhalten beeinflussen, treffen wir vor allem unter Berücksichtigung von nur dreien dieser Organe:

Sehen → ergibt das **visuelle Wahrnehmungssystem**
Hören → ergibt das **auditive Wahrnehmungssystem**
Fühlen → ergibt das **kinästhetische Wahrnehmungssystem**

80 Prozent der Menschen nutzen das visuelle System als primäres Wahrnehmungssystem. (Deshalb habe ich vorhin so ausführlich über unsere Bildarchive und das bildhafte Schreiben gesprochen.) Die auditiven und kinästhetischen Systeme werden ergänzend eingesetzt. Wichtig zu wissen: Die 20 Prozent der Bevölkerung, die ihre auditiven und kinästhetischen Systeme primär einsetzen, sind über optische Reize schwerer oder gar nicht zu erreichen.

Es gibt übrigens unter den Geschlechtern interessante Unterschiede. Frauen (wenn primär visuell orientiert) sind deutlich mehr kinästhetisch veranlagt als Männer. Männer *glauben* nur, was sie *sehen*. Frauen *glauben* (mehr), wenn sie etwas auch *fühlen*. Sie *glauben* es sogar noch mehr, wenn sie es zudem auch noch *hören*. Und jetzt überlegen Sie einmal, wie viele Modeanzeigen Sie kennen, die rein durch das Bild wirken wollen…

Was Frauen und Männer gemeinsam haben: Wir können automatisch von einem Wahrnehmungssystem ins nächste umschalten. Man nennt das *Stimuli-Sequenz*.

Mal angenommen, Sie möchten Ihren alten VW Golf verkaufen. Sie beginnen den potenziellen Käufer visuell zu überzeugen. Sprechen vom »blitzblanken Aussehen«, vom »tadellosen Gesamteindruck«, von der »schnittigen Form« und sagen ihm: »Sehen Sie ruhig genau hin, so etwas Gepflegtes finden Sie so schnell nicht wieder.« Der Käufer ist nicht überzeugt.

Sie schalten um ins kinästhetische System: »Es tut mir in der Seele weh, dass ich mich davon trennen muss. Mit so einem Liebhaberstück verbindet man natürlich viele tiefe Gefühle. Er hat mich nie im Stich gelassen.« Der Käufer ist immer noch nicht überzeugt.

Sie schalten ins auditive System: »Wie klingt das in Ihren Ohren? Neuer TÜV! Lauschen Sie mal: Der Motor schnurrt wie eine junge Katze. Und der Preis ist doch ein Flüstern im Wind – da verstummen doch alle Gegenargumente…« Wetten, dass Sie Ihren Golf verkauft bekommen?

Kein System ist im absoluten Sinne besser als das andere. Ein besonders ausgeprägtes kinästhetisches Bewusstsein findet man oft bei Athleten. Übrigens auch bei Menschen, die gerne kochen. Verwandeln Sie einmal eine *leckere Soße* in einen *Liebesakt auf der Zunge*. Was muss man tun, um eine große Zielgruppe dazu zu bringen, einen bestimmten Reiz, eine bestimmte Werbebotschaft wahrzunehmen?

Die textliche Reizgestaltung.

Berücksichtigen Sie, dass Menschen unterschiedliche Wahrnehmungssysteme besitzen. Visuelle, auditive und kinästhetische. Diese bilden sich bis zum zwölften Lebensjahr, und sie bleiben danach zu 95 Prozent unverändert. Um möglichst viele Menschen in ihrem Bewusstsein zu erreichen, muss der zu gestaltende Text Elemente beinhalten, die *alle* Gehirnfilter durchdringen und von *allen* menschlichen Wahrnehmungssystemen aufgenommen werden. Die ausgewählte Kommunikationsart muss alle drei Wahrnehmungsfilter aktivieren, damit eine Zustandsveränderung und dementsprechend auch der gewünschte Response bei einer großen und heterogenen Zielgruppe erzeugt wird.

Texte müssen alle Sinnesorgane stimulieren.

Welche Elemente eignen sich dafür? In erster Linie Worte, Redewendungen und Argumentationen, die die Zielgruppe *versteht*. Bei denen sie das Gefühl hat, »hier spricht jemand *meine Sprache*«. Da zu jeder Zielgruppe jedoch Menschen gehören, die unterschiedliche Wahrnehmungssysteme haben, muss man eine ausgewogene Mischung an visuellen, auditiven und kinästhetischen Textreizen verwenden. Ziel ist es, durch das Beschreiben bekannter Bilder, Töne und Gefühle Vertrauen beim Leser zu schaffen.

Ähnliche Wahrnehmungen lösen ähnliches Verhalten aus. Wenn man das falsche Wahrnehmungssystem – Sie können es auch (visuell) Überzeugungswerkzeug nennen – verwendet, erhält man niemals das gewünschte Ergebnis. Auch die falsche Stimuli-Sequenz (Reihenfolge) in der Ansprache der Sinnesorgane kann verheerende Folgen haben. Wer schon mal versucht hat, einen IT-Spezialisten mit »Fühlen Sie das auch?« anzusprechen, weiß, wovon ich spreche...

Verwenden Sie jedoch eine Sprache, die die Wahrnehmungssysteme des Menschen gezielt anspricht, können Sie Wunder bewirken.

Wie Kommunikation wahrgenommen wird:

1. neutral
Ich verstehe dich.

2. visuell
Ich sehe, was du meinst.

3. auditiv
Jetzt hat es bei mir »klick« gemacht.

4. kinästhetisch
Ich hab' das Gefühl zu wissen, was du meinst.

1. Neutrale Wahrnehmung – unspezifisch und deshalb für das Gehirn schwer zu speichern.

a) Wörter → angeben, begründen, bemerken, bewerten, (sich) bewusst (sein), denken, entscheiden, erfahren, erinnern, Erinnerung, erkennen, genau, glauben, kapieren, kennen, können, lernen, mögen, motivieren, nachdenken, Prozess, sensibel, sicher, sich bewusst sein, teilhaben, tun, überlegen, unsensibel, verändern, verstehen, wahrnehmen, Wirkung, wissen, wollen.

b) Redewendungen → über etwas nachdenken; ich verstehe; sich bewusst machen. Ich bin anderer Meinung. Ich möchte dir etwas mitteilen. Man macht so seine Erfahrungen. Ich weiß, dass es wahr ist. Ich bin mir dessen nicht sicher. Mir gefällt das nicht.

2. Visuelle Wahrnehmung.

a) Wörter → abgeklärt sein, Absicht, abzielen, anschaulich, ansehnlich, Ansicht, aufblitzen, aufzeigen, ausmalen, aussehen, Aussicht, Ausstrahlung, beäugen, beschatten, besehen, bestrahlen, betrachten, beobachten, Bild, bildhübsch, blau (alle Farben), blicken, Blitz, dämmern, deutlich, dunkel, düster, Durchblick, durchschauen, durchsehen, durchsichtig, eckig, Einblick, einsehen, einsetzen, Einsicht, einsichtig, enthüllen, erleuchten, Erleuchtung, erscheinen, erkennen, Filmriss, finster, fixieren, Fokus, fokussieren, funkelnd, Geistesblitz, Gemälde, Gesamtbild, gewahr werden, glänzen, glasklar, glitzern, glotzen, gucken, hell, Horizont, illustrieren, klar, Klarheit, klären, kristallklar, kurzsichtig, leuchten, Lichtbild, Mattscheibe, mustern, nachsehen, nachsichtig sein, neblig, nebulös, offenbaren, offensichtlich, Panorama, rosig, Rücksicht, schauen, schaurig, Scheinargument, scheinbar, scheinen, schielen, schwarzsehen, sehen, sich vorstellen, sich zeigen, Szene, reflektieren, schauen, schwarz sehen, sichtbar, sichtlich, strahlen, transparent, trübe, Tunnelblick, Überblick, überblicksweise, überschaubar, übersehen, übersichtlich, undurchsichtig, unsichtbar, unübersehbar, versehen, verschwommen, Vision, visualisieren, vorausschauend sein, Vorschau, vorsehen, Vorsicht, vorsichtig sein, vorstellen, Vorstellung, wahrnehmen, weitsichtig, widerspiegeln, zeigen, zugucken, zwielichtig.

b) Redewendungen → Licht in eine dunkle Angelegenheit bringen; mir ist ein Licht aufgegangen; bei Licht besehen; Licht ins Dunkel bringen; die Augen offen halten; ins Auge fassen; vor Augen halten; ins Auge sehen; die Hand nicht vor Augen sehen; schwarz sehen; Klarheit gewinnen; im Bilde sein; Farbe bekennen; dasselbe in Grün; deutlich erkennen; glänzende Zukunft; mir scheint...; sehe ich recht? sich ein Bild machen; Gespenster sehen; der Schein trügt; schöne (trübe) Aussichten; mit Blindheit geschlagen; mit etwas liebäugeln; das lässt tief blicken; ein leuchtendes Vorbild; ins Leere starren; fotografisch genaue Erinnerung; das ist mir klar; den Wald vor lauter Bäumen nicht sehen; Unterschied von Perspektiven; ich sehe, was du meinst; das sieht gut aus; sich vor Augen führen; ich möchte, dass du mich ansiehst! Es gibt nicht den Schatten eines Zweifels. Das kommt mir verschwommen vor; eine strahlende

Ludwig Beck, Kaufhaus der Sinne. Zwei Beispiele, die mit visuellen Sprachbildern arbeiten.

Zukunft; eine erhellende Bemerkung; sich eine Sache einmal näher anschauen; im Nebel verschwinden; Klärung verlangen; verklärt blicken; den Blick werfen auf; eine strahlende Schönheit sein; einen Sachverhalt beleuchten/erhellen; ein Hans-guck-in-die-Luft sein; sich in Luft auflösen; jemanden beschatten; gute Beobachtungsgabe besitzen. Das geht mir alles viel zu schnell, ich kann nichts fokussieren. Er stellt ihn auf einen Sockel. Sie hat ihn ganz schön zurechtgestutzt. Du drehst dich in die richtige/falsche Richtung. Ich kann mir das nicht länger mit ansehen. Die Welt ist nicht nur schwarz und weiß. Das leuchtet mir ein. Dieses Thema möchte ich Ihnen aufzeigen. Wie Schuppen von den Augen fallen. Wie sieht dein Problem aus? Siehst du einen Ausweg, eine neue Perspektive? Kannst du sehen, was dir fehlt? Siehst du, wohin dieser neue Weg führt?

3. Auditive Wahrnehmung.
a) Wörter → abklopfen, abstimmen, Akzent, Anklang, anklingen lassen, Ankündigung, anmerken, ansprechen, Antwort, bejahen, bellen, betäubend, betonen, Betonung, blechern, brüllen, brummen, bullerig, Debatte, deutlich, diskutieren, Dissonanz, Donnerwetter, dumpf, dunkel (Klang), eingestimmt, Einklang, einstimmen, einvernehmlich, erklingen, erwähnen, Explosion, flüstern, fragen, Gebelle, gellend, Geräusch, Grundton, gurren, gutheißen, hämmernd, harmonisch, Harmonie, heiser, hellhörig,

wei Beispiele für den Einsatz auditiver Bilder.

hinterfragen, hörbar, hören, Hörensagen, horchen, Klage, Klang, klapperig, klingeln, klingen, knacken, Knall, Knistern, Komposition, Kontrapunkt, Krach, kreischen, lauschen, laut, leise, Melodiebogen, Missklang, mitteilen, monoton, mündlich, Musik, musikalisch, nachfragen, pfeifen, piepsig, plappern, poltern, quietschen, Radau, rasseln, rattern, rau, raunen, rauschen, Rede, reden, Resonanz, Rhythmus, röchelnd, Ruf, rufen, ruhig, sagen, Schall, schmatzen, schnaubend, schnurren, schrill, schwatzen, schweigen, schwerhörig, seufzen, singen, sozusagen, Sprache, sprachlos, Stille, stimmen, stimmig, Stimmung, stöhnen, stumpf, summen, taub, taube Nuss, Töne, tönen, trampelig, tröpfeln, Trommeln, übereinstimmen, überhören, unerhört, unüberhörbar, Unterton, Variation, verkünden, verneinen, verständlich, verstärken, vielsagend, Wellenlänge, widerhallen, wiehern, wimmernd, winselnd, wispern, zuhören, zustimmen.

b) Redewendungen → Vom Hörensagen; Gehör schenken; ich möchte gern hören; das Gras wachsen hören; gehört werden; sie hört nicht mehr auf mich; er ist mir hörig; nicht zu überhören; ich habe was läuten hören; er gehorcht mir aufs Wort; mit halbem Ohr zuhören; Bohnen in den Ohren haben; ganz Ohr sein; taub auf einem Ohr sein; sie säuselt mir ins Ohr; sind dir mal neue Möglichkeiten zu Ohren gekommen? Welche Möglichkeiten hören sich besser an? Ich möchte ausdrücklich betonen; stimmt Wort für Wort; das findet bei mir überhaupt keine Resonanz; eine deutliche Sprache sprechen; Brüllen vor Lachen; die Nachfrage ist groß; was sind das für schräge Töne? Verschiedene Stimmen; das wäre doch gelacht; ich berufe mich auf; ich frage mich; das ist ein Gedicht; das stimmt; … Musik drin; zweite Geige spielen; klingt überzeugend; plötzlich macht es »klick«; mir brummt der Schädel; da hat es geklingelt; das hört sich gut an; jemandem ins Gewissen reden; mit den Wölfen heulen; ein Lied davon singen; daher pfeift der Wind; es ist nicht gesagt; sich die Kehle aus dem Hals schreien; der neueste Schrei; die Gläser klingen lassen; er ist nicht auf den Mund gefallen; Stecknadel fallen hören; im Einklang sein; rauschende Ballnacht; seine Ruhe bewahren; in Ruhe lassen; die Engel singen hören; Süßholz raspeln; wie ein Huhn gackern; stumm wie ein Fisch; die Stille ertragen; um die Wahrheit zu sagen … Das schreit doch geradezu nach einer neuen Lösung. Das ist zu undeutlich für mich. Ich kann das nicht mehr hören. Es fehlt einfach an der nötigen Harmonie in der Beziehung. Ich hasse es, wenn mein Wimmer-Teil mit der Selbstmitleidtour anfängt. Ich verstehe dich laut und deutlich. Dann sagte ich zu mir … Hast du noch Töne? Das klingt vernünftig. Lass uns darüber reden. Erzähl das, wem du willst. Was stört dich am meisten? Vielleicht sagt dir eine innere Stimme, was dir fehlt? Wenn du dich auf das Ziel einstimmst, hört sich das gut an, oder gibt es einen Widerspruch? Dieses Thema möchte ich Ihnen erläutern.

4. Kinästhetische Wahrnehmung.

a) Wörter → abgrenzen, absinken, abwimmeln, anfassen, anknüpfen, anmuten, annehmen, anpacken, anrühren, aufgreifen, aufnehmen, anpeitschen, ausdrücklich, ausformen, ausführen, bedrückend, beeindrucken, begreifen, behandeln, beibehalten, berühren, Berührung, berührt, betasten, bewegen,

Texterschmiede Hamburg e.V.
Herrn Armin Reins
Hammerbrookstr. 93

20097 Hamburg

Sie haben ein Problem. Ein großes sogar, gewissermaßen
ein Luxusproblem – kurz gesagt: Sie haben noch Resturlaub.
Und den müssen Sie irgendwie aus der Welt schaffen – obwohl Sie
Ihrem Verlag, Ihrer Agentur, Ihrem Studio, Ihren Geschäften
oder einfach Ihrem Schreibtisch eine längere Abwesenheit
nicht gern zumuten. Und das müssen Sie auch nicht.
Denn was heißt schon, den Urlaub aus der Welt schaffen?
Doch nur: ihn bequem um die Ecke, also in der Nähe zu verbringen.
Erreichbar zu bleiben, bei Bedarf innerhalb kurzer Zeit
wieder in der Firma zu sein und doch alles zu genießen,
was man von einem Urlaub erwartet – und vielleicht sogar etwas mehr.
Nun – nirgendwo können Sie die leeren Akkus besser auftanken
als auf Fischland, dem Darss oder Zingst; die Boddenhalbinsel
und ihre berühmte Landschaft an der Ostsee bieten genau
die kreative Ruhe, in der, fern vom großstädtischen Stress,
die Ideen wie von allein wieder zu Ihnen finden.
Zwischen Wustrow, Graal-Müritz und Prerow können Sie sich
in eine schöpferische Klausur unter freiem Himmel begeben,
sich weltenfern fühlen und dennoch der eigenen Unersetzbarkeit
kurzzeitig ein Schnippchen schlagen: Sie sind weg und trotzdem
in der Nähe, sie schalten ab und sind doch erreichbar.
Sie erleben den Darss um diese Jahreszeit in seiner ganzen
unberührten Schönheit, und Sie kehren wirklich erholt zurück.

Also bis demnächst
Ihr

Tourismusverband
Fischland-Darss-Zingst e.V.
Barther Straße 31, 18314 Löbnitz
Telefon 03 83 24 / 6 40-0, Fax -34
info@tv-fdz.de
www.fischland-darss-zingst.de

rbildlich: Ein Text, der hervorragend unsere Sinne anspricht.

bohren, bremsen, dabei sein, darstellen, deprimiert, drängeln, drängend, drehen, Druck, drücken, durchschlüpfen, einbinden, einbringen, Eindruck, einfangen, einfühlen, einfühlsam, einsteigen, empfinden, eng, entgegenstehen, enthalten, entnehmen, erbaulich, erfüllt, erleben, erschlagen, fest, festhalten, festmachen, feucht, fließend, frisch, fühlen, füllig, gefühllos, gerührt sein, glatt, greifbar, haarscharf, hängen, halten, handeln, handhaben, hart, hartnäckig, heftig, herumtreten auf, hineinfinden, kalt, kitzlig, klebrig, kompakt, Kontakt, Krampf, kratzen, leer, Leichtigkeit, luftig, matschig, nachfühlen, nachspüren, nachtragen, niedergedrückt, passen, rau, rauswerfen, Regung, rubbeln, rund, sanft, schieben, schleichen, schlagen, schlurfen, Schulterzucken, schwer, Schwere, sich bilden, sich regen, solide, sondieren, spannend, Spannung, spüren, standhaft, Stress, umarmen, umdrehen, umgehen, unbeweglich, unempfindlich, Verkrampfung, voll, warm, weich, Wendung, wiegen, zerstreut, zubetoniert, zugeneigt, zugeschnürt.

b) Redewendungen → Das Herz klopft vor Freude im Leib; mir schlägt das Herz bis zum Hals; das Herz tut mir weh; mir lacht das Herz; mir wird warm ums Herz; das hat mich berührt; etwas auf dem Herzen haben; im Handumdrehen; ein Klotz am Bein; sich die Zähne ausbeißen; jemandem unter die Arme greifen; etwas aus dem Ärmel schütteln; mit beiden Beinen im Leben stehen; jemandem Beine machen; jemandem die Daumen drücken; jemanden wie ein rohes Ei behandeln; das Eis ist gebrochen; aus der Haut fahren; ein Stein fällt mir vom Herzen; es liegt mir auf der Zunge; ich habe das Gefühl; da gibt es nichts dran zu rütteln; ich kann dir nicht folgen; Kopfschmerzen bereiten; die Fäden ziehen; das ist mir entfallen; eine leichte Hand haben; Haar auf den Zähnen haben; alles auf den Kopf stellen; unter der Hand; Hals über Kopf; er streckt die Fühler aus; kalte Füße bekommen; das passt; in den Griff bekommen; ganz versunken; ich bin es müde; dieses Thema möchte ich Ihnen begreiflich machen; Wut im Bauch; Herz in der Hose; flatternde Knie; zwei linke Hände; in Angriff nehmen; sich setzen; den Eindruck haben; es packt mich; es belastet mich; Beklemmung in der Kehle; Galle kommt hoch; eine feste Grundlage; sich die Finger verbrennen; Knödel/Kloß im Hals; heiß im Gesicht; sich

Ein Beispiel für den Einsatz kinästhetischer Sprachbilder.

übernehmen; Eisfüße haben; im siebten Himmel schweben; auf den Boden fallen; in ein Loch fallen; über dem Boden schweben; sich fallen lassen; mit beiden Füßen auf dem Boden stehen; sich geborgen fühlen; in mir kommt die Kälte hoch; mir läuft ein kalter Schauer über den Rücken; ich bekomme eine Gänsehaut; ich fühle mich beschwingt; meine Füße sind eingeschlafen; das Blut stockt mir in den Adern; mir zieht sich der Magen zusammen; mir dreht sich der Magen um; mir wird schwindelig; mir sausen die Ohren; mir kribbelt es in den Händen; mir bricht der Schweiß aus; mir schlottern die Glieder; er ist heiß wie ein Hochofen. Sie ist kalt wie ein Fisch. Das ist ein Kinderspiel. Wenn ich das höre, zieht sich bei mir alles zusammen. Die Verantwortung lastet auf mir. Damit kannst du bei mir nicht landen. Daher weht der Wind. Ich begreife das so. Nicht zu fassen! Der Termindruck ist unerträglich. Er versucht vergeblich, die unterschiedlichsten Interessen auszubalancieren. Bei der Vorstellung läuft es mir kalt den Rücken herunter. Ihm zittern die Knie, wenn er nur an die Vorstandssitzung denkt. Ich setze mich mit dir in Verbindung. Jetzt halt mal die Luft an! Ich kann es nicht fassen. Was bedrückt dich? Was baut dich auf? Was empfindest du, wenn du deiner Vergangenheit nachspürst? Wenn du ein Ziel siehst, wie fühlt sich das jetzt an?

Auch die Hornbach-Kampagne arbeitet mit kinästhetischen Sprachbildern.

Auf einen interessanten Punkt weisen Joseph O'Connor und John Seymour in ihrem Buch »Neurolinguistisches Programmieren: Gelungene Kommunikation und persönliche Erfahrung« hin: Worte wie *optimal, Prozess, Wissen, Verständnis, Aspekt* oder *Analyse*, die keine sensorischen Anklänge haben, werden nicht nur schlechter gespeichert. Sie rufen häufig auch Streit hervor.

Technische oder akademische Fachleute haben häufig die Tendenz, diese Worte den sinnesbasierten vorzuziehen. Vielleicht in der Angst, dass man mit *sinnesgespeisten* Formulierungen bei Vorgesetzten und in der anerkannten Fachwelt weniger ankommt. Weil man einen Teil seiner Persönlichkeit preisgibt und weniger *objektiv* erscheint. Jedoch werden neutrale Worte oft unterschiedlich vom kinästhetischen, auditiven und visuellen Leser übersetzt. Jeder denkt, dass er Recht hat. Und irrt sich.

Das Geheimnis guter Kommunikation ist nicht <u>was</u> Sie sagen, sondern <u>wie</u> Sie es sagen.

3. Wie funktioniert Lernen?

Wir wissen nun, dass wir nur Informationen speichern, die auf Gelerntem beruhen. Wir haben erfahren, dass diese Informationen sinnlich wahrnehmbar sein müssen, wenn wir sie zur Zielgruppe transportieren wollen.

Dopamin – das Doping des Lernens.

Ein wichtiger Baustein des Lernens fehlt aber noch: Dopamin. Vergleichbar mit den bekannteren Endorphinen. Wir kennen Sie als Glückshormone.

Einige Forscher (zum Beispiel der Magdeburger Neurologe Henning Scheich oder der amerikanische Medizin-Nobelpreisträger Eric Kandel) haben eine interessante Theorie: Wenn der Lernstoff und die Lernsituation mit etwas Angenehmem verbunden wird, belohnt uns ein uraltes biologisches System mit lustvollen Gefühlen. Wenn wir etwas erfolgreich gelernt haben, schüttet der so genannte Nucleus accumbens (eine Gruppe von Nervenzellen) den körpereigenen Botenstoff Dopamin aus. Der wiederum bewirkt die Ausschüttung von Opium-ähnlichen Stoffen im Gehirn. Weil das angenehm ist, streben wir immer wieder danach und lernen so immer wieder Neues.

Dopamin trägt entscheidend dazu bei, dass das Neue mit dem Alten *verschweißt* wird. Es verknüpft ungesehene Bilder, ungehörte Töne und unerlebte Gefühle mit unserem vorhandenen Wissen zu dauerhaften Proteinketten.

Ohne Dopamin also kein Lernen. Gute Texte müssen folglich Dopamin produzieren.

Dopamin erzeugt wie das Hormon Endorphin Glücksgefühle. Wir finden sie zum Beispiel in Schokolade. (Kein Wunder, dass Mailings mit beigelegter Schokolade zu den response-stärksten gehören. Schließlich hat Schokolade einen hohen Endorphin-Gehalt.) Für Glück tun wir alles. Sogar lernen. Und sei es etwas so Unlernbares wie Frühstücks-Zerealien. Unser Gehirn speichert nicht nur das *Was* ab. Es speichert auch das *Wie*. Wie wir gelernt haben. Ob durch Schmerz, Not und Anstrengung. (Dabei entsteht Adrenalin. Das erzeugt Spannung. Verringert aber die Aufmerksamkeit. Sie kennen das vielleicht von den Spots im Kino, bei denen Sie so richtig ablachen, aber sich nicht den Absender merken können). Oder durch Freude, Nutzen, Vorsprung und Liebe. Dabei entsteht Dopamin. Und dieses öffnet uns…

Die vier Fenster des Lernens.
Fenster 1: Freude
Bis zu unserem fünften Lebensjahr kennen wir gar keine andere Form des Lernens. Das kommt daher, dass am Anfang unseres Lebens so ziemlich alles mit Freude gelernt wird. Unser Körper gewöhnt sich schnell an diese Endorphin-volle Form der Wissensaufnahme. Baby lernt ein neues Wort. Die Mutter lächelt. Baby freut sich und lernt weiter. Lachen, Hautkontakt, Nahrung und Geborgenheit sind essenzielle Belohnungen für das lernende Baby. Der Dopaminspiegel steigt rapide an und unterstützt den Lernprozess.

Wenn wir etwas mit Freude lernen, werden wir von Glückshormonen überflutet. Texte, die Freude machen, werden wesentlich besser gelernt und abgespeichert.

Das Babyhirn lernt praktisch das Lernen, weil das Lernen Glücksgefühle erzeugt. Lernen macht Spaß. So erklärt sich, warum ein Baby parallel zwei oder mehrere Sprachen lernen kann. Und warum es bei Babys, zu denen mehr der Fernseher als die Mutter spricht, zu Sprachstörungen kommt. Einmal auf den Geschmack gekommen, gefällt uns diese Form des Lernens ein Leben lang. Oder warum glauben Sie, weshalb Sie sich an viele Mercedes-Spots der letzten Jahre erinnern können. Und an keinen einzigen von Siemens?

Warum schauen Sie immer wieder nach den Lucky-Strike-Plakaten? Weil Sie sich sicher sind, dass diese Ihnen nach dem Lesen der Headline ein kleines Lächeln auf die Lippen zaubern werden? Und warum schalten Sie bei Jamba-Dudel-Spots immer sofort weiter? Weil Sie gelernt haben, dass hier eher Schmerz als Freude bei Ihnen erzeugt wird. Zum Fenster 1 gehören übrigens auch »Spannung« und »Thrill«.

Fenster 2: Nutzen

Irgendwann kommt der kleine Mensch in die Schule. Und hier wird nicht mehr nach dem Spaßprinzip gelernt, sondern mit anderen Methoden. Eine Methode ist die Wiederholung. Ich lerne durch Wiederholung. Viele Sachen, die ich durch Wiederholung lerne, werden auf der linken Gehirnhälfte abgespeichert, sind aber in der Regel nicht emotional verknüpft. Es ist ein rein rationales, abstraktes Wissen ohne Dopaminbegleitung.

Auswendiglernen kurbelt den Glückshormonspiegel nicht an. Ich lerne schwer oder nur für das Kurzzeitgedächnis. Also beginne ich, nutzenorientiert zu lernen. Auch das kann Dopamin-bildend sein.

Mal angenommen, Sie rätseln schon eine ganze Weile an einer Aufgabe, deren Lösung Sie dringend benötigen. Und nun ergibt sich ein Weg, an diese Lösung zu gelangen. Sie tun alles, um diese Lösung zu ergattern. Und plötzlich ist diese Wissenslücke geschlossen. In dem Augenblick, wo die *fehlende* Information kommt, haben Sie das Gefühl, wirklichen Nutzen davon zu haben. Die Dopaminausschüttung ist in diesem Fall bei weitem nicht so hoch wie beim »Lernen mit Freude«, aber es ist durchaus eine Erfahrung, wie wir Glückgefühle erzeugen können.

Menschen bekommen Glücksgefühle, wenn sie etwas Nutzbringendes erfahren. Texte, die einen hohen Nutzen versprechen, erzielen eine höhere Aufmerksamkeit und werden bereitwilliger gelesen und abgespeichert.

Vielleicht kennen Sie auch folgendes Phänomen: Sie haben im Job eine Woche Zeit, eine Aufgabe zu lösen. Sie schätzen, dass Sie für den Job ungefähr drei Tage brauchen.

Am Montag arbeiten Sie also nicht daran. Am Dienstag auch nicht.

Am Mittwoch wollen Sie anfangen. Aber Sie können sich nicht richtig motivieren. Sie nehmen jede Ablenkung von der Aufgabe dankend an. Donnerstag früh wird Ihnen bewusst, dass Sie nur noch zwei Tage haben. Und dass der Job doch viel komplizierter ist, als Sie gedacht hatten. Donnerstagnachmittag müssen Sie in ein überraschend einberufenes Meeting. Erst Freitag früh kommen Sie zum Arbeiten. Sie arbeiten wie ein Wahnsinniger durch bis nachts um 22 Uhr. Um 23 Uhr schicken Sie die E-Mail mit der gelösten Aufgabe an Ihren Chef. Dieser ruft Sie am Montag an und gratuliert Ihnen zum »besten Job, den Sie je gemacht haben«. Ihr Körper belohnt Sie auf der Stelle mit einem Extra-Dopamin-Kick.

Aber Vorsicht! Sie werden das nächste Mal erst am Freitag anfangen. Denn Dopamin-Schübe wie der beschriebene machen süchtig.

Fenster 3: Vorsprung

Wir alle sind von Natur aus so programmiert, dass wir die anderen übertrumpfen wollen. Der Antrieb, etwas zu tun, was uns einen Vorsprung sichert, regt uns an. Wir wollen Sieger sein. Denn Sieger werden im Gefühl des Sieges mit Glücksgefühlen belohnt. In dem Moment, wo der Läufer als Erster über die Ziellinie läuft, bekommt er einen mächtigen Adrenalinschub. Das funktioniert seltsamerweise auch, wenn ich meinen Konkurrenten durch Wissen übertreffe. »Was hat sie, was ich nicht habe?« funktioniert.

Wissensvorsprung kann Dopamin *produzieren*. Wir lernen dadurch, dass es sich lohnt, uns Wissensvorsprünge anzulesen, mit denen wir in einer günstigen Gelegenheit brillieren können.

Texte, die Vorsprung signalisieren, werden deutlich häufiger gelesen und erinnert.

Definieren wir eine Information in diesem Sinne als *wichtig*, geben wir uns mehr Mühe als üblich, sie abzuspeichern. Und können wir sie dann tatsächlich einmal gewinnbringend abrufen, werden wir mit *Sieges-Dopamin* belohnt.

Sie sind zum Beispiel der Einzige in einem Meeting, der weiß, wie man das Bild des Beamers vergrößert. Oder der Einzige, der im großen Freitagsmeeting den Listenpreis einer Anzeige in der Stuttgarter Zeitung weiß. Oder Sie sind im abendlichen Kreis der Einzige, der weiß, wie man einer Dame stilvoll Feuer gibt.

Fenster 4: Liebe

Es scheint bewiesen, dass Menschen auch Glückshormone ausschütten, wenn sie nach langer Zeit einen guten Freund wieder treffen. Oder nach der Rückkehr von einer langen Reise ausrufen: »Hier bin ich zu Hause.« Das können aber auch Gerüche oder Geschmackserinnerungen sein.

Wenn ich Rhabarberkuchen schmecke, ist das für mich: Jadebusen, Dangast, Kurhaus, meine Kindheit. Glück. Plötzlich wird das Eigenbildarchiv aktiviert. Das geht mir genauso, wenn ich mich morgens mit NIVEA-Rasierschaum rasiere. NIVEA ist für mich »Sicherheit, Geborgenheit, Zufriedenheit und Sich-etwas-Gutes-Tun«. Das bedeutet folgerichtig:

Erkenne ich in einem neuen Text eine Marke wieder, mit der ich schon lange ein harmonisches Liebesverhältnis habe, produziere ich Glückshormone. Ich höre ihr besser zu.

Entsprechend wichtig ist es, dass eine Marke in ihrer Sprache konsistent, sich selbst ähnlich bleibt. Hat eine Marke in ihrer Kommunikation mich häufig erfreut, mir Glücksgefühle beschert, ist verlässlich und treu geblieben, dann bin ich sicherlich eher bereit, ihr auch weiterhin zuzuhören. Aber wehe, eine Marke entzieht mir meinen Dopamin-Kick. Dann hole ich ihn mir woanders.

Übung: Schauen Sie sich einmal einen Ihrer zuletzt verfassten Texte an.

Prüfen Sie: 1. Macht der Text **Freude beim Lesen?** 2. Verkauft er dem Leser einen **relevanten Nutzen?** 3. Verspricht er nach dem Lesen einen **Wissensvorsprung?** 4. Erzeugt er beim Leser das **Gefühl von Liebe zu einer vertrauten Marke?**

Und nun stellen Sie sich vor, Ihr Text geht durch alle vier Türen ins Gehirn. Wie zum Beispiel der SIXT-Klassiker »Neid und Missgunst für 99 Euro«…

Diese Anzeige öffnet alle vier Türen des Lernens.

Checken wir ihn kurz: 1. Ja, er macht **Freude.** ✓ 2. Ja, er verkauft einen **konkreten Nutzen.** ✓ 3. Ja, er verspricht einen **fühlbaren Vorsprung.** ✓ 4. Ja, er erweckt ein **Gefühl von Liebe zur Marke** in uns. ✓

Kein Wunder, dass wir uns diese Headline über so viele Jahre gemerkt haben. Und wir werden sie auch noch in zehn Jahren erinnern. Denn sie wurde mit einer vierfachen Ladung an Dopamin in unserem Gehirn verschraubt. Und so etwas bekommt man so schnell nicht wieder raus.

Fazit: Unser Gehirn ist am ehesten bereit zu lernen, wenn die neue Information in Freude, Nutzen, Vorsprung oder Liebe verpackt ist.

Hans-Peter Zimmermann nennt in seiner »Direct-Response-Werbemethode für Kleinbetriebe« diese Türen übrigens »Vergnügen, Profit, Stolz und Frieden«. Und er behauptet, dass der Leser von Werbetexten, speziell im Direktmarketing-Bereich, innerhalb von zehn Sekunden entscheidet, ob ihm ein Text etwas *bringt* oder nicht. Diese zehn Sekunden werden auch von Professor Siegfried Vögele, dem deutschen Direktmarketing-Guru, bestätigt.

Entscheidend für mich ist, dass sich jeder Texter in diesem Zusammenhang einen Satz merkt, vielleicht den wichtigsten Satz dieses Buches:

WAS HAB'

ICH DAVON?

Das ist die Frage, die sich Ihr Leser beim
Betrachten einer Anzeige, eines Prospekts,
einer Online-Seite stellt.
Können Sie ihm darauf keine berührende,
plausible, relevante Antwort geben, haben
Sie ihn verloren.

4. Vom Wir zum Sie.

Die Bedarfspyramide.

Ich möchte mir nun mit Ihnen aus den vier Stätten der Dopamin-*Produktion* das Fenster 2, den *Nutzen*, etwas genauer anschauen. Es wird wahrscheinlich das Fenster sein, das Sie in Ihrer täglichen Arbeit am häufigsten öffnen werden. Wie bereits erwähnt, *Nutzen* ist nicht unbedingt der größte Produzent der Glückshormone, die uns befähigen, Informationen aufzunehmen, sie zu lernen, abzuspeichern und kurz vor der Kaufentscheidung abzurufen.

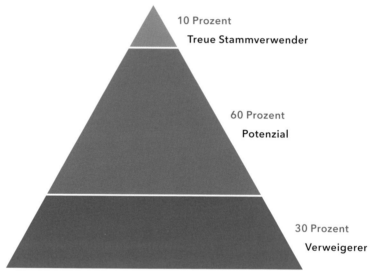

Die Bedarfspyramide

Aber ich kann die Produktion deutlich erhöhen, indem ich beim Konsumenten die Bedarfspyramide aktiviere. Und das geht so: Jeder Mensch hat ein inneres Ranking für Dinge, die er unbedingt im Leben erledigen oder kaufen muss.

Mal angenommen, Ihre Geschirrspülmaschine hat das Zeitliche gesegnet. Ihr Mann oder Ihre Frau hat Ihnen schon ordentlich Dampf gemacht: »Wenn du dich nicht bald um eine neue Geschirrspülmaschine kümmerst, musst du in Zukunft alles mit der Hand abwaschen. Und du weißt, am Wochenende haben wir Gäste…!«

In diesem Augenblick befinden Sie sich im oberen 10-Prozent-Teil der Pyramide. *Sie brauchen eine Geschirrspülmaschine.* Und zwar sofort. Sie nehmen in den nächsten Tagen Werbung für Geschirrspülmaschinen so intensiv wahr wie noch nie zuvor in Ihrem Leben.

Sie haben nur ein Ziel: aus all den Anzeigen, Prospekten, TV-Spots, Internet-Seiten von Miele, Bosch, Siemens, AEG, Saturn und Media-Markt für Ihre Familie das Beste herauszufinden. Informationen zum Weg zur perfekten und dabei günstigsten Geschirrspülmaschine sind für Sie höchst nutzbringend. Texte über Geschirrspülmaschinen werden von Ihnen verschlungen. Die Tür 2 steht sperrangelweit offen. Und wenn dann Ihre neue Miele zu Hause eingebaut wird und Ihre Frau oder Ihr Mann Ihnen dankbar um den Hals fällt, werden Sie mit Sicherheit eine ordentliche Portion Dopamin empfangen.

Nur leider geben in Deutschland pro Jahr viel zu wenige Geschirrspülmaschinen ihren Geist auf. Und die Werbung für Geschirrspülmaschinen hat es normalerweise auch nicht immer so leicht wie mit Ihnen. Denn circa 30 Prozent der Deutschen *brauchen definitiv keine Geschirrspülmaschine.* Dieses Drittel hat schon eine. Oder hat grade kein Geld dafür. Oder lebt alleine und wäscht liebend gerne das bisschen Geschirr mit der Hand ab. Die 30 Prozent am unteren Rand der Pyramide bekommen Sie fast nie. (Ich kenne nicht den Marktanteil von NIVEA-Rasierschaum, aber ich denke, es sind bei weitem keine 70 Prozent. Und auch die CSU hat in Bayern die 70-Prozent-Marke nicht geknackt – und wird das wohl auch nicht mehr schaffen…)

Bringen Sie ein neues Produkt auf dem Markt – wie zum Beispiel ein neues Bier mit Koffein – haben Sie automatisch 10 Prozent Neugierige, die sagen: »Hey, ein neues Bier mit Koffein… besoffen *und* wach – klasse, probier' ich mal aus!« Aber 30 Prozent sagen sofort: »Bier mit Kaffeegeschmack? Igittigitt! Bier muss rein sein. Weg damit, mag ich nicht.«

Was ist aber nun mit den 60 Prozent in der Mitte der Pyramide? Diese 60 Prozent sind unser Potenzial. Sie haben generell nichts gegen Geschirrspülmaschinen und Koffeinbiere. Aber wir haben sie noch nicht überzeugt, sich dafür wirklich zu interessieren. Oder es ist uns mit unseren Texten noch nicht gelungen, den Grund für den Kauf plausibel und eindringlich im Gehirn abzuspeichern. Wie schaffen wir es, dass wir möglichst viele Konsumenten aus der Gruppe der 60 Prozent für uns begeistern können? Nun, die gute Nachricht: Es gibt dazu eine Methode.

Die Insight-Methode.

Wir suchen also den Weg, der die 60 Prozent zur Spitze der Bedürfnispyramide führt. Zumindest einen großen Teil davon.

Bleiben wir bei der Geschirrspülmaschine. Stellen Sie sich vor, Sie sind Marketing-Leiter bei einem Hersteller für Geschirrspülmaschinen. Eines Tages kommen Ihre Ingenieure zu Ihnen: »Hey, wir haben herausgefunden, wie unsere Maschine weniger Wasser verbraucht.« Sie starten also eine Kampagne, die den 60 Prozent berichtet, dass Ihre XL 5 nun 15 Prozent sparsamer ist.

Die Reaktion Ihrer Zielgruppe: null Komma null Interesse. Darauf kommen Ihre Ingenieure wieder zu Ihnen und jubeln: »Sie verbraucht jetzt viel weniger Strom als früher.« Flugs starten Sie die Kampagne: »Die Strom-Spar-Generation der Geschirrspülmaschinen ist da.« Die Reaktion der Zielgruppe: erneut gleich Null.

Wieder kommen Ihre Ingenieure: »Jetzt haben wir es aber! Sie ist endlich viel geräuschärmer als früher!« Sie briefen die Agentur. Es läuft die Kampagne: »Die erste Geschirrspülmaschine mit Geräusch-Filter.« Und wieder keine Reaktion in der Zielgruppe.

Noch einmal trauen sich die Ingenieure ins Marketing: »Sie kann jetzt Musik spielen! Wir haben ihr einen MP3-Player eingebaut…« Neue Agentur. Ihr letztes Geld fließt in eine groß angelegte Kampagne. Ergebnis: Sie sind endgültig entlassen. Die 60 Prozent wollen partout Ihre Geschirrspülmaschine nicht kaufen.

Wollen sie es wirklich nicht? Oder haben Sie nur etwas falsch gemacht? Stellen Sie sich vor, Sie sind ein netter junger Mann und sehen abends in einer Chill-out-Lounge ein nettes junges Mädchen. Die Holde lächelt Ihnen zu. Sie lächeln zurück. Sie lächelt erneut. Sie nehmen all Ihren Mut zusammen und begeben sich zu der Kandidatin Ihres Herzens. Und sprechen sie an: »Hi, ich bin Peter, ich hab' einen Osteuropa-Fonds, einen Bausparvertrag, eine Lebensversicherung, ein Haus auf Norderney und für mein Alter ziemlich volles Haar…«

Sie halten das für übertrieben? Vielleicht. Aber ganz ähnlich treten die meisten Werbetreibenden heute auf. Die Texte sind gespickt mit technischen Features. Möglichst in Wichtig-Englisch. Möglichst voller angeberischer Pseudo-Produktvorteile.

Gute Texte sind kunden- und nicht produktorientiert.

Der entscheidende Perspektiv-Wechsel.

Bleiben wir in der Chill-out-Lounge. Es hätte auch ganz anders laufen können für Peter. Mal angenommen, Peter hätte das Gespräch angefangen mit: »Mensch, siehst du erholt aus. Wohin muss man in den Urlaub fahren, um so eine irre Farbe zu bekommen?« Und die Auserwählte, nennen wir sie mal Jana, hätte geantwortet: »Sardinien!« Und Peter hätte fortgesetzt mit: »Hab' ich schon viel von gehört. Erzähl mal, wie ist es denn da wirklich? Gibt es da nur tolle Strände, oder ist da auch abends was los?« Na ja, und Jana hätte angefangen zu erzählen. Und Peter hätte weitergefragt. Und immer mehr über Jana erfahren. Und das Erfahrene für weitere Fragen genutzt. Und irgendwann hätte sie das Gefühl gehabt, dass Peter gut zuhören kann. (Nach einer Playboy-Umfrage von März 2005 schätzen Frauen das an Männern am meisten!) Peter wäre mit Jana ins Gespräch gekommen. Denn Jana hätte das Gefühl gehabt, dass Peter »ihre Sprache spricht«.

So, ich denke, nun hat sich dieser Buchkauf endgültig gelohnt. Worauf ich aber hinaus will: Peter hat in diesem Gespräch all das getan, was ein guter Text tun sollte: Er hat sich selbst zurückgenommen. Er hat erkannt, was dem Gegenüber wichtig ist (gut aussehen). Er hat durch Fragen die Führung des Gesprächs übernommen. Er hat zugehört.

Versuchen wir das Gleiche einmal mit Geschirrspülmaschinen. Wieder sind Sie der Marketing-Leiter des Geschirrspülmaschinen-Herstellers. Aber bevor dieses Mal die Ingenieure kommen, gehen Sie zur Zielgruppe der 60 Prozent. Und die fragen Sie, warum sie bisher keine Geschirrspülmaschinen gekauft haben. Sie hören Antworten, wie: »Das bisschen Abwasch schaffe ich schon noch allein«, »Ich koche eigentlich nur am Wochenende«, »Ich bin Single, da fällt wenig Abwasch an«, »Ich hab' keinen Platz in meiner Küche für so ein Ding«. Und Ihnen wird schlagartig klar, dass es nicht um weniger Wasser, weniger Strom oder weniger Geräusch geht, sondern um weniger Geschirrspülmaschine pro Quadratmeter.

Sie rufen Ihre Ingenieure zu sich und fragen sie, ob sie nicht eine Geschirrspülmaschine in der Größe einer Mikrowelle bauen können. Falls diese das können, ist die Kampagne klar. Falls diese das nicht können, ist die Kampagne auch klar. Headline: »Die erste Geschirrspülmaschine, mit der Sie nicht lange Single bleiben.« Und wenn das alles nichts hilft, machen Sie es wie der Verkäufer im Quelle-Technik-Kaufhaus: »Sie waschen noch mit den Händen ab? Aha. Was glauben Sie, bei wie viel Grad Sie da abwaschen? Maximal 40 Grad. Und was glauben Sie, bei wie viel Grad Bakterien und Keime absterben? Bei 75 Grad…«

Haben Sie den Unterschied bemerkt? Wir haben die Seite gewechselt. Wir sind vom *Wir* zum *Sie* gewechselt. Produktorientierte Texte aus der Wir-haben-können-wissen-alles-besser-Position lösen heute keine Reaktionen mehr beim Verbraucher aus. Die Headline »Wir haben das erste Wasser mit Aloe Vera erfunden« bringt heute niemanden mehr zum Regal. Texte müssen heute fragen statt sagen. Verstehen statt trommeln. Du-hast-Träume-Wünsche-Hoffnungen? Du-hast-ein-Problem-können-wir-es-für-dich-lösen? Auf unser Wasser bezogen: »Wäre es nicht schön, wenn man Wellness trinken könnte?« Oder noch besser: »Kann man Schönheit trinken?« Manche lernen das nie.

Ein Beispiel vom 15. Oktober 2004. Wir befinden uns mitten in der Opel-Krise. Die amerikanische Unternehmenszentrale von General Motors überlegt, die Werke Bochum und Rüsselsheim zu schließen. Wilde Gerüchte stehen im Raum. Daraufhin wendet sich die Geschäftsleitung mit ganzseitigen Anzeigen in der BILD an die Öffentlichkeit. Der Einstieg, die klassische Wir-Form. Bauchnabelsicht und Schulterklappenpräsentation: »Wir, das Management Team von Opel und General Motors in Europa, haben gestern sehr schwierige Entscheidungen zur Neupositionierung des Unternehmens bekannt gegeben…«

ANZEIGE

Liebe Leserinnen und Leser, liebe Kundinnen und Kunden von Opel und SAAB in Deutschland,

wir, das Management Team von Opel und General Motors in Europa, haben gestern sehr schwierige Entscheidungen zur Neupositionierung des Unternehmens bekannt gegeben.

Eine Reihe negativer wirtschaftlicher Faktoren, wie zum Beispiel der seit Jahren schwache Automobilmarkt in Deutschland und einigen anderen europäischen Ländern, hat es notwendig gemacht, unser Unternehmen für die Zukunft neu aufzustellen.

Unsere Entscheidungen berühren das Leben vieler Menschen. Deshalb haben wir es uns nicht leicht gemacht. Als Führung einer Organisation mit über 60.000 Mitarbeitern und vielen hunderttausend Beschäftigten bei unseren Händlern und Zulieferern tragen wir jedoch auch Verantwortung dafür, unser Geschäft den Marktbedingungen anzupassen, um unsere wirtschaftliche Existenz dauerhaft zu sichern.

Was Sie dazu wissen sollten:

- General Motors wird auch künftig in Deutschland und Europa Automobile entwickeln und herstellen. Unsere Ingenieure und Techniker in Rüsselsheim, GMs zweitgrößtem Entwicklungszentrum weltweit, arbeiten daran, in den kommenden fünf Jahren mehr als 45 attraktive neue Modelle und Varianten auf den Markt zu bringen.

- General Motors wird in Deutschland und Europa weiter Milliarden in Produkte höchster Qualität investieren. Schon heute sorgt die hohe Qualität unserer Fahrzeuge für gute Testergebnisse in den europäischen Autofachzeitschriften.

- Wir werden alles tun, um den Erfolg unseres Unternehmens sicherzustellen. Wir schulden dies unseren Mitarbeitern, unseren Händlern und unseren Kunden.

- Wir haben einen schwierigen Weg vor uns, doch Management, Mitarbeiter und Aktionäre lassen sich bei den aktuellen Herausforderungen von ihrer Entschlossenheit leiten: Weiterhin erstklassige Automobile für Sie zu bauen.

Herzlichen Dank für Ihre Bereitschaft, sich mit unseren Standpunkten zu beschäftigen.

Frederick A. Henderson
Chairman, GM Europe

Carl-Peter Forster
President, GM Europe
Aufsichtsratsvorsitzender
der Adam Opel AG

Eine Anzeige aus der klassischen Wir-Perspektive.

Gute Texte sind Helfer, Versteher, Mitanpacker, Erklärer, Verführer, Dienstleister, Problemlöser, Freund, Kollege, Partner. Und dann erst Verkäufer.

Vom USP zum UBP.

Die Fälle, in denen man den Unique Selling Proposition im Produkt oder Unternehmen gefunden hat, sind sehr sehr rar geworden. Worin unterscheidet sich denn OTTO von Quelle wirklich? Und die EnBW von der RWE? Und Ariel von Persil? Und Colgate von Blend-a-med? Und die West von einer Marlboro? Die BKK von der AOK? Und der IT-Consult A vom IT-Consult B? Natürlich will der Verbraucher Unterschiede erkennen. Aber es geht ihm immer weniger um Pseudo- oder Mikro-Unterschiede. Er verlangt nach echten Unterschieden. Für ihn nachvollziehbare Unterschiede. Und nachvollziehbare Unterschiede erkennt er nur, wenn sie mit seinem Leben etwas zu tun haben. Wenn sie die Kriterien seiner Kaufentscheidung widerspiegeln. Wenn sie seine Träume, Hoffnungen, Sehnsüchte, Wünsche reflektieren. Aber auch Antwort wissen auf seine Ängste, Nöte und Probleme.

Ohne die Insights der Verbraucher zu kennen, können wir heute keine Texte mehr schreiben.

Definition Insight:
Unter Insight versteht man das, was den Konsumenten, meine Zielperson, aktuell im Herzen beschäftigt. Das können Notwendigkeiten sein. Oder Wünsche, Hoffnungen, Träume. Aber auch Ängste, Kummer, Probleme. Das können geheime Sehnsüchte sein, die so genannten Darksides. Etwas, was er in keiner Marktforschungs-Befragung preisgeben würde.

Die Aufgabe des Texters *und* des Marketings ist es, die richtigen Insights zu definieren. Und zwar *vor* dem Schreiben. Es ist heute die zentrale Aufgabe des Texters und der Menschen, die über Texte entscheiden, diesen Punkt des Verbrauchers zu finden, bei dem er sagt: »Ja, dieses Unternehmen versteht mich. Diese Marke kennt meine Bedürfnisse.«

Klingt selbstverständlich? Na, dann schauen Sie sich einmal Banken- und Versicherungs-Werbung an. »Wir steigern den Ertragswinkel. Leistung aus Leidenschaft« sind dort keine Ausnahmen. Hier regiert immer noch die berühmte Bauchnabelschau: Was ist an unserem Fonds besser als an anderen Fonds? Was ist an unserem Banking (grausames Wort!) anders als an anderen Banken. *Wir*, die große, altehrwürdige, seriöse Bank mit ach so viel Kompetenz und Erfahrung, zerbrechen uns jeden Tag den Kopf darüber, wie *wir* das Geld auf *unseren* Konten vermehren können. Damit Sie es dort lange liegen lassen…

Condor hat die Insights ihrer Kunden nicht verstanden.

Gute Texte gehen direkt auf die Insights der Verbraucher ein. Gute Texte finden Bilder dieser Insights, die der Verbraucher sofort in seinem Gehirn abrufen kann. Gute Texte geben auf die Insights die passenden Produkt-Antworten. Und verpacken sie in Freude, Nutzen, Vorsprung und Liebe.

Wer heute in seinen Texten die Insights der Verbraucher übersieht, spielt mit seiner Marke ein gefährliches Spiel.

Fünf Beispiele für den Umgang mit Insights.
Beispiel 1: Condor

Es war einmal eine Fluglinie, die hieß Condor. Sie war Marktführer. Denn sie hatte herausgefunden, was den Gästen in Ferienfliegern wichtig war: Sicherheit. Deshalb nannte sie sich »Der Ferienflieger der Lufthansa«. Ihre Gäste verstanden darunter, dass sie von Lufthansa-Piloten geflogen wurden. Zumindest hatten sie das Gefühl und das Vertrauen, dass es so sein könnte. Und die Condor tat alles, um diesen Insight zu erfüllen. Und wurde ganz groß und reich damit. So reich, dass sie irgendwann in der Lage war, ihren größten Konkurrenten, das englische Reiseunternehmen Thomas Cook, zu übernehmen.

Nun sind wir Deutschen aber keine Engländer. Und Condor kein Vodafone, das in so einem Fall einfach D2 schluckt und aus Blau Rot macht. Nein, wir sind Deutsche. Wir sind eher vorsichtig und bescheiden. Mercedes schluckt nicht Chrysler. Mercedes heißt jetzt DaimlerChrysler. Und Condor schluckt nicht Thomas Cook. Condor heißt jetzt Thomas Cook powered by Condor.

Man lackiert für Millionen von Euro die Maschinen um. Und sagt der treuen Zielgruppe, dass es jetzt um *Internationalität* geht. Schließlich ist man jetzt »Der größte Urlaubs-Carrier Europas«. Was die Zielgruppe sehr irritiert. Wo ist ihr Insight *Sicherheit* geblieben? Und Mandy aus Rostock stellt sich die Frage: »Ja, ist denn meine Condor nun von Engländern gekauft worden? Sprechen die Stewardessen jetzt nur noch Englisch? Und fliegen da jetzt keine deutschen Piloten mehr?« Und Betty aus Sheffield macht sich ob des »powered by Condor« auch ernsthafte Sorgen: »Bedienen mich da jetzt Heidis und Helgas? Gibt es da jetzt etwa Sauerkraut?«

Folge: Die Marke Condor/Thomas Cook schmiert in nur einem Sommer mächtig ab. Folge: Der Vorstand beschließt, die Maschinen für viele Millionen erneut zu lackieren. Und nun heißen sie wieder Condor. Die alte Marktführerschaft ist erst mal dahin. Die hat jetzt die LTU... »Deutschlands Ferienflieger No.1«. Und auf Condor fliegen die Fliegen. Die Presse mutmaßt, dass Condor an Lufthansa zurückverkauft wird.

Beispiel 2: Tempo

Es war einmal eine Mega-Marke, die hieß Tempo. Sie hatte die Papiertaschentücher erfunden und war natürlich Marktführer. Und als Marktführer macht man natürlich Werbung mit Qualität. Also hat man über Jahrzehnte den Verbrauchern gesagt: Wenn du eine richtig schwere Erkältung hast, dann hast du mit Tempo die Sicherheit der großen Marke. Und man hat immer Menschen gezeigt, die schwer erkältet ins Tempo-Tuch geniest haben. Und nun überlegen Sie einmal, wie oft Sie dieses Jahr erkältet waren? Einmal? Zweimal? Bestimmt nicht häufiger.

Mit den Jahren kamen viele neue Papiertaschentücher. Mit ganz anderen Insights. Deren Hersteller hatten zum Beispiel an der Tankstelle beobachtet, dass Menschen Papiertaschentücher als Toilettenpapier-Ersatz an schmutzigen Raststätten kaufen. Oder zum Abwischen von Flecken. Oder vom verschmierten Baby-Mund. Oder sie hatten vom Apotheker erfahren, wo Papiertaschentücher sich am besten verkaufen. Neben den Kondomen (denn damit lassen sie sich am besten entsorgen).

Der Marktanteil von Tempo sank entsprechend immer weiter. So weit, dass man bei Tempo Lust hatte, die Marke an Procter & Gamble zu verkaufen. Die Jungs aus Cincinnati schauten sich den Markenkern *Erkältung* an und hatten einen ganz großartigen Gedanken: Wir machen aus Tempo »das Papiertaschentuch, das Erkältungen sogar vorbeugt«. Der passende *Reason Why* wurde auch schnell gefunden und kostete nur ein paar Millionen: Man baute eine Anlage, die in der Lage war, Menthol-Tropfen aufs Tempo zu tröpfeln.

Folge? Genau. Heike aus Berlin mochte damit nicht mehr den Mund ihrer Tochter abwischen. Petra aus Regensburg hatte Schiss, es sich als Toilettenpapier-Ersatz vorzustellen. Und Marc aus Norderstedt hatte mal versehentlich sein Menthol-Duschgel auf sein bestes Stück tropfen lassen …

Ich kenne die derzeitigen Marktanteile von Tempo nicht. Ich sehe nur immer mehr Menschen mit »Zewa Softies« und No-name-Taschentüchern. Und die wenigsten davon sind erkältet. Aber Vitali und Wladimir Klitschko niesen in der Tempo-Werbung immer noch herum. Der wahre Insight von Papiertaschentüchern ist »Aufnahme von jeder Art von Körperflüssigkeiten«. Aber machen Sie das einmal einem puritanischen amerikanischen Unternehmen klar …

Den Insight zu finden heißt zu gucken, was der Verbraucher wirklich will. Was er wirklich braucht. Sich auch mit seiner Darkside, seinen dunklen Beweggründen zu beschäftigen.

Beispiel 3: Jever Pilsener

Es war einmal ein Bier, das machte alles falsch. Zumindest dachten das die anderen Brauer. Denn Brauer stellen sich den Genuss ihres Bieres so vor: nach der Arbeit, gemeinsam – auf die Freundschaft. Und da kommt plötzlich ein Bier und zeigt nur einen Biertrinker. Und der redet auch noch so intellektuelles Zeug wie »kein Stress, kein Stau, keine Kompromisse«. Und wirft sich dann auch noch so flegelhaft unpremiummäßig in die Dünen.

Das muss ja schief gehen. Ging es aber nicht. Weil es Mitte/Ende der Achtziger haargenau den Insight traf. Und ihn bis heute trifft. Der Spot ist im Mai 2005 – nach einer Pause der Irrungen – wieder on air. Was ist der Insight bei Bier? Mein Single-Nachbar meint: »Da bin ich irgendwie entspannt, mit mir selber, und wenn ich nach Hause komme, kann ich gut damit relaxen. Das erste Bier nach der Arbeit trink ich immer allein. Zum Beispiel beim Surfen im Net.« Um Gottes willen, schreien da die anderen Brauer. Und beklagen weiterhin jedes Jahr den Einbruch des Bierkonsums. Ich bin mir sicher, dass Jever nicht dazugehört.

Es geht heute in den Texten häufig nicht mehr darum, durch eine Vielzahl von Argumenten zu glänzen. Es geht darum, die *richtige Haltung* zu kommunizieren. Denn der Verbraucher kauft immer mehr Produkte, die ihn in seiner Haltung bestätigen.

Definition Unique Buying Proposition (UPB):
Welches Bedürfnis hat mein Kunde? Und mit welchem meiner Produkt-Features kann ich dieses Bedürfnis befriedigen? Wie wecke ich Kauflust?

Beispiel 4: Krombacher

Es war einmal ein Bier, das machte alles richtig. Die fragten sich, warum trinken immer weniger Menschen Bier? Und sie fanden die Antworten: »Bier macht müde, Bier macht dick, Bier ist ein Proleten-Getränk aus einer muffligen Welt. Und es macht außerdem besoffen.«

Daraufhin beschließt die Brauerei Krombacher, sich mit diesem Insight zu beschäftigen und den Menschen das zu geben, was sie möchten. Sie gucken sich die UBP an. Und sagen sich, die Unique Buying Proposition von uns ist: »Wir sind das Bier, das am wenigsten Bier ist.« Und dann fassen sie das in Bilder und Sprache. Die Bilder sagen »Natur«, sie sagen »Wasser«. Die Sprache sagt »gebraut mit Felsquellwasser«, »eine Perle der Natur«. Und der Biertrinker speichert ab: »Ich hab' das Gefühl, ich trinke Mineralwasser mit Biergeschmack – es ist sogar gesund, was ich da trinke, denn wenn Wasser von der Quelle kommt, dann ist es rein. Und wenn es durch den Fels muss, dann sammelt es reichlich gute Mineralien auf. Und es ist wertvoll wie eine Perle…« Und Krombacher wurde Marktführer.

Beispiel 5: SEAT

Es war einmal eine spanische Automarke, die suchte sich einen UBP. Sie fragte sich: Was unterscheidet den SEAT von anderen Autos? Er wird mit günstigen Teilen aus Spanien gebaut. Mit niedrigen Löhnen. Also positionieren wir ihn als »günstig«. Aber die Italiener, Japaner, Koreaner waren noch günstiger. Und der spanischen Automarke ging es folglich gar nicht gut. Da beschloss man, sich den Markt anzuschauen. Und man fand heraus, dass SEAT zu einem großen Teil von Frauen gekauft wird.

Was erwarten Frauen von Autos? Sie betreiben keinen Ego-Kult mit dem Auto. Sie wollen ein dynamisches, kleines Auto haben, das Spaß macht und Freude, jede Menge Nutzen bietet, sich leicht einparken lässt, günstig ist und schnell spurt. Mit dem Frau sogar einen Mann abhängen kann, wenn's sein muss. Und nun haben die Marketingleute von SEAT und die Werbeleute nachgedacht. Freude + Nutzen + Vorsprung? Woher nehmen wir da noch das Glück?

Stimmt! Das beliebteste Urlaubsland der Deutschen ist Spanien. Spanien ist wie eine zweite Heimat für die Deutschen. Wenn du nach Spanien fährst, fühlst du dich nicht in der Fremde, sondern irgendwie zu Hause. Das ist wahres Glück. Auto fahren in Spanien bedeutet Freude, Nutzen, Vorsprung, Glück! Und SEAT ist ein spanisches Auto. Dann haben sie sich gesagt: »Unsere deutsche Welt ist ja so kalt. Die Autowelt ist ebenfalls kalt. Die Audi-Welt, die BMW-Welt, die Opel-Welt sind kalt und sehr männlich.« Also kommen wir mit einer dicken Portion *Emotion*. SEAT ist *Auto-Emotion*. Die Botschaft reflektiert den Insight der Zielgruppe. *Reason Why* ist sein spanisches Temperament. Klingt glaubwürdiger.

Ja, Frauen sind emotionaler. Ja, Frauen dürfen diese weibliche Emotionalität in unserer Gesellschaft immer weniger ausleben. Und mit Autos schon mal gar nicht.

Bleiben wir kurz im Niedrigpreissegment. Fiat steht eher für eine Macho-Emotionalität. Mitsubishi, Nissan, Suzuki zeigen so viel Emotionalität wie der gewöhnliche Asiate: keine. Skoda? Gibt es tschechische Emotionen? Schwerlich. Dann schaue ich mir meine SEAT-Marke and sage: Hey, die kommt aus Spanien. Spanien steht für Emotion. Flamenco, Kastagnetten-Rhythmen, feurige Señoritas, Stierkämpfe, starke Charaktere, intensive Menschen. Und dann positioniere ich mein Produkt so, dass es genau auf den UBP »Ich will mehr Emotion zeigen« passt.

Und: Emotion spricht die rechte Gehirnhälfte an. SEAT verankert also ein rationales Wort (*Auto*) mit einem emotionalen Begriff (*Emotion*).

Zusammenfassung:

1. Der notwendige Wechsel vom Wir zum Sie geht nur über die Suche nach den wahren Insights des Verbrauchers.
2. Nur wenn der Texter diese Insights in seinen Texten aufgreift und in passende Produktvorteile übersetzt, erkennt der Verbraucher darin Freude, Nutzen, Vorsprung oder Liebe. Die Türen zum Gehirn werden geöffnet.
3. Schafft es der Text, die zu transportierenden Inhalte auch noch visuell, auditiv und/oder kinästhetisch zu verpacken, wird der Text langfristig und stets abrufbar gespeichert.

5. Die Herausforderung heißt 1,5 Sekunden.

Übung: Auf der nächsten Seite finden Sie eine Anzeige. Schauen Sie circa 1,5 Sekunden auf die Anzeige und blättern Sie dann weiter.

Hallo?
Nur 1,5 Sekunden!
Dann weiter!

Was haben Sie in den 1,5 Sekunden gesehen? Wahrscheinlich etwas Blaues, stimmt's? Und dann vielleicht noch eine Frau. Und vielleicht den Absender. Sind Sie sicher, wer der Absender ist? Erinnern Sie die Headline? Was ist die Werbeaussage?

Sie können zur Anzeige jetzt nochmal zurückblättern.

Wenn Sie zuerst etwas Blaues gesehen haben, dann ist das ganz normal. Professor Dr. Vögeles Augenkamera hat bewiesen, dass Menschen bei Anzeigen, Katalogen, Prospekten, Flyern, Salesfoldern zuerst über die goldene Mitte ins Zentrum der Anzeige schauen. Und hier ist unser Beispiel blau. Also haben Sie Blau gesehen. Circa 0,3 Sekunden lang. Und nun schauen Sie von der Mitte aus weiter und tun etwas ganz automatisch: Sie suchen ein Bild. Diese Suche dauert weitere 0,3 Sekunden.

Wichtig für die Steuerung der Wahrnehmung:
Am Anfang ist das Bild. Nicht der Text.

Auch bei diesem Bild versucht das Gehirn an vorhandene Informationen anzudocken – zum Beispiel an unser Bildarchiv in unserer linken Gehirnhälfte. Der Scan läuft. Aber was Sie da sehen, bereitet Ihnen keine Freude, verspricht keinen Nutzen und keinen Vorsprung. Und Liebe erzeugt das Bild auch nicht. Eher das Gegenteil. Blondinen wie diese haben Sie natürlich schon 1000 Mal gesehen, und Ihr Gehirn hat das abgespeichert – unter *nicht authentisch, Werbefigur, Langeweile, Weiterblättern.*

Ihr Gehirn weiß, solche Menschen gibt's nur in der Werbung. Dazu schaut die Dame noch aus dem Bild hinaus. Ihre Reaktion: Diese Frau ist nicht überzeugend. Sie ist künstlich. Aber unser Gehirn weiß noch mehr über solche Frauen. Eine Frau, die dermaßen viel Haut zeigt und ein Kleid mit roten Spaghetti-Trägern anhat, ist nicht sonderlich glaubwürdig. Von ihr würden wir im Bereich Technik erfahrungsgemäß nicht allzu viele brauchbare Informationen bekommen.

Weil das Bild Ihnen nicht weiterhilft, wandert Ihr Blick auf der Suche nach einer Headline weiter nach oben: »Neu! HSCSD, jetzt High Speed im Internet...« »Neu« klingt erst einmal vertraut. Spornt an zum Weiterlesen. Was ist neu? Das Hirn stößt auf »HSCSD« und scannt in der rechten Gehirnhälfte. Keine Meldung. HSCSD – nie gehört.

Das Gehirn scannt in der linken Gehirnhälfte. Auch hier finden sich keine bekannten, damit verknüpften Bilder, Erfahrungen, Gerüche, Geräusche, Erlebnisse. Nichts vorhanden. Jetzt schickt das Hirn die Rückmeldung: »HSCSD = völlig uninteressant. Ich brauch' es nicht.« Es verspricht keine Freude, keinen Nutzen, keinen Vorsprung, keine Glücksgefühle. Nicht verknüpft. Nicht abgespeichert. Nicht gemerkt. Vergessen! Schlimmer noch: HSCSD hört sich für uns nach Arbeit, Qual, Physikunterricht, Frustration und Versagen an.

HSCSD ist garantiert ein Grund, die Headline sofort zu verlassen. Auch dieser Vorgang hat 0,3 Sekunden gedauert. Noch ein 0,3-Sekunden-Blick nach rechts unten zum Logo. Aha, Vodafone. Noch ein 0,3-Sekunden-Blick über die Anzeige als Ganzes. Gesamteindruck: schwer zu erfassen, zu viele Informationen; kein Sinn darin, kein Grund, sich damit weiter zu beschäftigen.

Was Sie eben in 1,5 Sekunden erlebt haben, nenne ich das »Wahrnehmungs-S«. Der normale Lesevorgang einer Anzeige. S-förmig streift unser Auge von der Mitte rauf zu Bild und Headline und runter zum Logo. Hätte die Message Ihr Interesse geweckt, wäre Ihr Auge auch noch rechts zur Copy gesprungen. Aber die lesen auch sonst nur circa vier Prozent. Diese vier Prozent sind sicherlich Teil der zehn Prozent auf der Bedarfspyramide. Das sind diejenigen, die alles lesen, was mit Vodafone zu tun hat.

Von den vier Prozent, die die Copy lesen, lesen 75 Prozent nur die allererste Zeile: »High-Speed für's Handy. Mit HSCSD...«. Auch hier ist der Stolperstein HSCSD gesetzt, damit Sie nicht weiterlesen. »High-Speed für's Handy« ist komischerweise etwas anderes als »High Speed im Internet«. Es ist viel zu anstrengend für den Leser, nach der tieferen Deutung dieses Widerspruchs zu suchen. Die Copy zwingt uns zum Nachdenken. Das mögen wir nicht. Sie bedeutet Stress fürs Hirn.

Wir verstehen nichts. Wir sind alleine gelassen mit der Anzeige. Daneben sitzt nicht die Mutti, die uns mit ihrem Lachen hilft zu verstehen und uns Schokolade gibt, wenn wir es kapiert haben, und der strenge Lehrer ist auch nicht dabei, der uns eine Fünf gibt, wenn wir schwer von Begriff sind. Folge: Wenn wir allein gelassen werden mit Informationen, die wir nicht verstehen, steigen wir aus.

Wir lesen trotzdem mal weiter. Zweite Zeile: »High Speed Circuit Switched Data«. Genauso unverständlich. Wir verstehen Bahnhof. Dritte Zeile: »das Büro nach draußen verlegen«. Das klingt interessant, oder? Das könnte der Insight sein. Das *ist* der Insight! In der dritten Zeile der Copy finden wir den Grund für die Anzeige. Jetzt verstehen wir auch, warum die Frau an einer Reling sitzt. Glückwunsch, Vodafone.

Was ist hier schief gelaufen? Ich war nicht dabei, als diese Anzeige entstand. Aber es könnte so ausgesehen haben: Die Ingenieure kommen zum Marketing und rufen: »Heureka! Wir haben endlich HSCSD!« Das Marketing fragt erschrocken: »Was ist denn HSCSD?« Und die Ingenieure erklären es mit »schnellerer Zugang zum Internet, optimale Mobilität, aufwandlos kabelfrei surfen und effektivere Versendung von Datenbanken...« Und als das Marketing fragt, was denn davon die wichtigste Botschaft sei, antwortet der Vertrieb: »Dass wir einen Nokia-Handy-Vertrag damit zum Einsteiger-Sonderpreis anbieten.«

Die Agentur wird gerufen. Der Kontakter erhält das Briefing: HSCSD, schneller ins Internet, überall, gleich buchen, denn es gibt ein Sonderangebot. Bitte auch daran denken, dass wir die Deutsche Tourenwagen Meisterschaft sponsern. Und ein bisschen mehr Branding wäre ganz gut.« Der Berater geht zum Creative Director. »Denk dran, das ist unser größter Kunde!« Der CD geht zum Text-Art-Team. »Ganz wichtig: Es geht um HSCSD. Was Neues von Vodafone. Damit kommt man per Handy schneller ins Internet. Egal wo. Wir müssen unbedingt das Nokia-Angebot integrieren. Mehr Branding, DTM nicht vergessen.« Der Art-Direktor findet ein DTM-Fahrzeug mit Company-Logo. Der Texter wortspielt herum: DTM? Rennwagen! High-Speed! Netzturbo!« Der Art-Direktor setzt das Bildarchiv-Mädchen in Photoshop an eine Reling. Weil: Sie ist ja unabhängig vom Netz. Noch das Kleid rot gefärbt, PC und Nokia integriert, fertig ist die Laube. Der Texter fängt sicherheitshalber die Headline mit »Neu!« an. Und dann gleich das Wichtigste: »HSCSD«. Das finden Kunden immer gut, wenn der Produktname schon in der Headline steht.

Die Anzeige geht zum Kunden. Der geht seine Checkliste durch: Produktname? ✓ Branding? ✓ DTM? ✓ Unabhängig vom Netz? Ach ja, die Reling! ✓ Nokia-Angebot? ✓ Eine gute Anzeige, findet der Kunde. Findet die Agentur natürlich auch.

Findet die Zielgruppe aber gar nicht. Und kauft sich ein BlueTooth-Handy bei E-Plus. HSCSD setzt sich trotz vieler Werbemillionen nicht durch. Oder haben Sie sich ein Handy mit HSCSD gekauft? Haben Sie überhaupt schon mal davon gehört?

Das richtige Briefing.

Es hätte alles ganz anders laufen können. Die Ingenieure kommen zum Marketing und jubeln: »Heureka! Wir haben endlich HSCSD!« Das Marketing fragt daraufhin nach: »Und für wen habt ihr das entwickelt?« »Für Business-Kunden«, antworten die Ingenieure, »für Leute, die immer und überall ihre E-Mails checken müssen. Die drahtlos ins Internet wollen. Egal wo sie sind.«

Das Marketing fragt nach: »Also für Vertrieb und Außendienstleute, die es sich nicht leisten können, nicht erreichbar zu sein.« »Genau!«, antworten die Ingenieure. Und der Vertriebsmann bestätigt das. Und erzählt von seinen Tantiemen, die ihm durch die Lappen gehen, wenn er seine Termine via Mails nicht updaten kann. »Also: Ich will überall erreichbar sein. Denn davon ist mein geschäftlicher Erfolg abhängig.«

Da haben wir ihn: unseren Insight. Formulieren wir also die UBP: »Das Büro nach draußen verlegen.«

Der Vertrieb sieht nach einiger Diskussion ein, dass das Nokia-Angebot nur von unserer Message ablenken würde. Und den Vorstand überzeugen wir, dem DTM-Thema eine eigene Anzeige zu widmen. Die Agentur wird gebrieft. Finden Sie in Visual *und* Sprache ein Bild, das ganz schnell »Das Büro nach draußen verlegen« sagt. Fröhlich zieht der Texter (der darauf bestanden hat, dass er beim Briefing dabei ist!) von dannen. Sie wissen, was sie zu tun haben. Eine Woche später liegt der Motivvorschlag auf dem Tisch: Ein Manager mit Laptop und Handy hoch oben auf einer einsamen Alm. Vorschlag Headline: »Auf der Alm, da gibt's koa Sünd. Aber E-Mails.«

Warum ist die Anzeige mit der Alm erfolgreicher?
1. Sie basiert auf dem Insight. 2. Sie öffnet mindestens zwei Fenster des Lernens: Freude (»koa Sünd«) und Nutzen (»Aber E-Mails«). **3. Sie baut visuell in Sprache und Bild auf Bekanntem** (»Auf der Alm«) **auf.**

Und sie arbeitet mit zwei weiteren Techniken, die ich Ihnen jetzt vorstellen möchte: *Positive Disharmonie und die Trigger-Methode.*

Moment mal, Herr Reins, werden jetzt Ferrero-, Procter-&-Gamble- oder Siemens-Marketing-Leute sagen. Lernen kann man doch auch durch Wiederholung. Vorausgesetzt, der Mediaplan ist groß genug. Und unserer ist groß genug. Wir beschallen den Verbraucher einfach so lange mit Milch-Jieper, blauer Testflüssigkeit und T-Call-Ya, bis er es gelernt hat. Lernen durch Wiederholung hat beim Vokabellernen in der Schule doch auch geklappt.

Ja, da haben Sie Recht, meine Herren. In der Schule funktioniert das. Da bekomme ich aber auch eine schlechte Note, wenn ich etwas nicht auswendig lerne. Da kann ich völlig ohne Freude, Nutzen, Vorsprung und Glück lernen. Einfach für Noten. Vorausgesetzt, der Druck ist stark genug.

Ich habe zum Beispiel eine wichtige Prüfung. Da lerne ich unter Druck alles Nötige, weil ich es lernen muss. Aber nach der Prüfung – den Effekt kennt jeder – ist das Wissen sofort weg. Ich habe meine Note bekommen, ich habe meinen Erfolg – und danach ist es weg. Ich habe für das Kurzzeitgedächtnis gelernt. Ich habe keine dauerhafte Beziehung zu dem Erlernten aufgebaut. Habe es nicht mit meinen emotionalen Archiven verknüpft, und dementsprechend schnell geht es wieder verloren. Oder erinnern Sie noch die chemische Abkürzung für Alkohol?

Es spricht noch etwas gegen Lernen durch penetrantes Wiederholen: Alles, was uns gegen unseren Willen »eingebläut« wird, wird – bewusst oder unbewusst – abgewehrt. Das heißt, ich akzeptiere es, weil ich keine andere Wahl habe, mich dem Reiz zu entziehen. Aber gleichzeitig entsteht im Gehirn die Schutzreaktion in Form von Verdrängung, weil ich es nicht hören will. Das ist die »Overkill«-Geschichte. Ich baue eine negative Emotion gegen etwas auf, was man mir nicht mit Liebe verabreicht.

Mir hat einmal ein Beiersdorf-Mann den Unterschied zwischen Pantene und NIVEA HairCare erklärt. Pantene wird nur gekauft, wenn Procter & Gamble vorher ordentlich

Druck gemacht hat. Setzen die auch nur drei Monate mit ihrer Werbung dafür aus – geht der Umsatz sofort herunter. Setzt NIVEA drei Monate mit der Werbung aus, passiert nicht sehr viel. Ich weiß nicht, ob ich das glauben soll. Aber wenn es nicht wahr sein sollte, dann ist es zumindest gut erfunden. Ich würde diese Geschichte sofort glauben.

Ich liebe zum Beispiel Gillette überhaupt nicht. Ich muss dabei immer an diesen furchtbaren Claim »Für das Beste im Maa-a-an« denken. Da können die Gillettes für ihre teuren Klingen und ihr Gel so viel Werbung machen, wie sie wollen. Ich kaufe immer NIVEA-Rasierschaum. Da gab es vor Jahren den Spot, der mich an den Kino-Klassiker »Der Mann der Friseuse« erinnerte. Unvergessliches Dekolleté!

Und ich erinnere eine amerikanische Werbung für BIC-Einweg-Rasierer. Da gab es mal vor Jahren einen süßen Film auf der Cannes-Rolle (»By Mummy!«), den hab' ich *einmal* gesehen. Das genügte mir, um die Marke für immer zu lieben.

Übung: Auf der nächsten Doppelseite erwartet Sie wieder eine Anzeige. Wieder möchte ich Sie bitten, sich die Anzeige 1,5 Sekunden anzuschauen und dann weiterzublättern.

Was haben Sie diesmal gesehen? Vermutlich haben Sie erst einmal gelächelt: Ein Kamel, das rennt? Eigentlich doch als gemächliches, ausdauerndes Tier bekannt, das nur so durch die Wüste schleicht… Geschwindigkeit ist kein Merkmal dieses Tiers. In der Anzeige sieht es jedoch wie ein laufender Hase aus – was ungewöhnlich wirkt.

Was will mir Volkswagen damit sagen? Dass man mit TDi ein sparsames Auto bekommt, das aber enorm beschleunigen kann. Einen Turbo-Diesel eben.

Sie haben in 1,5 Sekunden die gesamte Message erfasst. Liegt es daran, dass das Bild nur aus drei aussagekräftigen Elementen besteht, die man sich gut einprägen kann? Auch. Was wir hier erleben, ist die Beschleunigungsstufe des visuellen Speicherns.

Die positive Disharmonie.

Wenn wir uns diese Anzeige noch einmal in Ruhe anschauen, fällt uns Folgendes auf: Unser Gehirn sagt sofort »Kamel«. Klar, es steht im Zentrum über der Mitte. Sehen wir ein Kamel, fallen uns gleich die Assoziationen *sparsam, genügsam* und *langsam* ein.

Aber das Kamel ist verfremdet. Es rennt wie ein Gepard. Und das ist der Moment, wo unser Gehirn buchstäblich den Turbo einschaltet. Ein Kamel, das so rennt?!? Das haben wir noch nicht gesehen. Das ist neu. Das wollen wir sofort begreifen. Was ist das? Warum ist das so? Warum rennt es so schnell? Was habe ich davon?

Wenn sich in einem uns bekannten Bild eine positive Disharmonie befindet, beschleunigt das die Aufmerksamkeit unserer rechten Gehirnhälfte. Und ich suche sofort die Antwort auf diese Fragen. Meine Neugier ist angestachelt. Neugier, etwas anscheinend Paradoxes zu verstehen, ist die größte Triebfeder für unser Gehirn.

Definition positive Disharmonie:
Das bewusste »Vewirren« des Betrachters. Ein kleiner Widerspruch in der Bildbotschaft oder zwischen Bild- und Textbotschaft sorgt für Aufmerksamkeit. Das Gehirn wird zum Nachdenken, zum »Vervollständigen« der Botschaft animiert. Diese Disharmonie lenkt allerdings nicht vom UBP oder Produktnutzen ab. Die »Störung« ist nicht negativ, nicht destruktiv. Hat man das Rätsel gelöst, erhält man ein positives Ergebnis.

Gute Anzeigen arbeiten also visuell mit positiven Störern. Sie regen unsere inneren Bildarchive an, die neue Information mit vorhandenen Informationen zu verbinden. Sie fördern das Andocken.

Das Geheimnis starker Headlines: Trigger

Das Gehirn kann Sprache in Bilder umsetzen. Es braucht dazu jedoch einen starken Reiz (= Stimulus). In der Headline übernimmt der Trigger diese Funktion. Trigger sind Reizworte. Werden wir in Texten mit ihnen konfrontiert, startet unser Gehirn die Suche nach vorhandenen Assoziationen und gespeicherten Informationen deutlich schneller. Es gibt Werbung mit Bild-Triggern und mit Text-Triggern.

Eine erfolgreiche Harley-Davidson-Anzeige zeigt uns zum Beispiel ein völlig belangloses Bild: eine stinknormale amerikanische Farm im Herbst. Die Headline aber hat es in sich. Sie arbeitet mit einem Reizwort-Trigger: »Why farmers with daughters own shotguns.« Richtig, »shotguns« ist der Trigger. Hier habe ich eine Headline, und darin gibt's ein Wort, das mich so aufregt, das mich so stark anspricht, dass ich mir sofort das Bild anschauen will. Denn: »Warum haben die Bauern mit Töchtern Gewehre?«

Auch hier können wir nach der Insight-Methode vorgehen. Ich bin vielleicht ein 50-jähriger Zahnarzt oder Anwalt, und ich muss mir beweisen, dass ich noch potent genug bin, um junge Mädels rumzukriegen. Ich brauche nur die Maschine dazu. Die Maschine gibt mir das Gefühl: »Ich bin noch ein ganzer Mann!« Und ganze Männer sind Männer, die (junge) Frauen rumkriegen. Jetzt könnte ich natürlich sagen: »Damit kannst du jede Frau kriegen.« Das wäre platt… Ich erzähle es lieber als »Kino im Kopf«. Was in dieser Headline passiert, ist Kino im Kopf, und Kino im Kopf ist das Schönste, was einem Gehirn passieren kann. Es regt die Fantasie an. Und schon bin ich extrem bereit, diese Anzeige von A bis Z zu lesen. Ich weiß sogar, wie die Tochter aussieht. Sie ist blond, jung, hübsch und hat eine große Oberweite. Was ich hier lese, ist ohne Bilder bildhaft. Allein durch die Headline. »Shotgun« ist ein starker Trigger, der es schafft, bei mir ein Bild entstehen zu lassen. Das ich sofort abspeichern kann. Denn es baut auf vorhandene Bilder auf.

Shotgun hat auch eine andere Bedeutung, soviel ich weiß. Einen potenten Typen, der mehrmals hintereinander abschießen kann, nennt man im Englischen auch Shotgun. Man sagt über so jemanden: »What a hell of a shotgun.« Und all das wird durch ein einziges Wort in meiner rechten Gehirnhälfte freigesetzt.

Die fünf Formen von Triggern:

1. Reizwort-Trigger
2. Wort-versus-Wort-Trigger
3. Bruch-mit-dem-Gewohnten-Trigger
4. Involvierungs-Trigger
5. Frage-Trigger

Die Boulevard-Presse arbeitet fast immer mit Triggern. Schließlich gilt es, die Leser von der Titelseite mit ins Innere zu nehmen. Der Titel spricht uns an. Wir wollen mehr wissen. Trauen uns aber nicht, vor der Zeitungsverkäuferin in der Zeitung zu blättern. Also kaufen wir die Zeitung. Wenn DIE WELT schreibt: »Amerikaner entdecken Massengrab in Afghanistan«, dann schreibt die BILD: »Tote Russen nackt im Hasch-Feld.«

Tod. Russen. Nackt. Hasch. Mehr als vier Reizwort-Trigger in einer Zeile geht wohl nicht... Im Übrigen kann das nicht nur die BILD. Auch das Feuilleton der FAZ arbeitet mit Triggern. Hier ein spontan herausgegriffenes Beispiel für eine wahrlich auf den ersten Blick nicht so spannende Geschichte: »Es galt, die Welt an sich zu attackieren.« Headline zu einem FAZ-Artikel über Friedrich Dürrenmatt. »Attackieren« ist ein Reizwort-Trigger. Und plötzlich steigen wir in die Copy ein. Nach der gleichen Methode schreiben DER SPIEGEL, der STERN, die »Cosmopolitan« und die »Süddeutsche Zeitung«. Und bestimmt viele andere.

Gelingt es, durch besonders starke visuelle, auditive oder kinästhetische Trigger bei Ihnen Dopamin auszuschütten, werden Sie die Headline nie mehr vergessen.

Beispiel für eine Bruch-mit-dem-Gewohnten-Trigger.

Mich hat vor allem die BILD-Überschrift nach der Todesfahrt von Lady Diana in Paris berührt: »Die Welt verlor ihr Lächeln.« Hier haben wir es mit einem Wort-versus-Wort-Trigger zu tun: »Welt« und »Lächeln« passen eigentlich nicht zusammen. Es entsteht ein Stopp-Effekt. Wir halten eine Sekunde inne, versuchen die Headline zu verstehen. Und – schwupp – werden wir von der kinästhetischen Wirkung der Headline erfasst. Schon verweilen wir noch länger auf der Line, sind auch hier plötzlich »gezwungen«, in die Copy einzusteigen.

Ein typisches Beispiel für die dritte Trigger-Methode (Brechen mit dem Gewohnten) ist eine Zeile aus der Tourismuswerbung: »Der Norden. Urlaub vom Süden.« Oder die Headline eines Fonds: »Der erste Fonds, mit dem Sie nur verlieren können.« Copy-Inhalt: Mit diesem maßgeschneiderten, perfekten Fonds verlieren Sie den Stress mit den lästigen Leistungsvergleichen. Dadurch gewinnen Sie Zeit. Zum Beispiel zum morgendlichen Joggen. Und damit verlieren Sie wieder Pfunde …

»Wir sind Papst« war der beste Involvierungs-Trigger des Jahrzehnts. Und zugleich Reizwort, Wort-versus-Wort und Bruch mit der Norm. Einfach genial.

Beispiele für Reizwort-Trigger (links, Mitte) sowie eines für Involvierungs-Trigger.

Die Cliffhanger-Methode.

Eine weitere Methode, um das Gehirn des Lesers quasi zu zwingen, den Text zu lesen, ist die Cliffhanger-Methode. Ich stelle sie Ihnen am Beispiel der Kampagne der Victoria-Versicherung vor (siehe S. 86). Dieses Motiv will Familienväter ansprechen, um sie davon zu überzeugen, dass sie eine Unfallversicherung für ihre Kleinen abschließen sollen. Diese Anzeige erscheint in Autofahrer-Zeitschriften wie »ADAC motorwelt«. Testen Sie sich selbst, wie Sie auf diese Anzeige reagieren.

Woran denken Sie, wenn Sie so einen Ball sehen? Richtig, an Kinder. Viel schlimmer, Sie denken an den alten Fahrlehrersatz »Wo ein Ball rollt, folgt ein Kind«. Wir haben es hier mit einem Bild-Trigger zu tun. Wenn Ihnen aus einer Seite einer Autozeitschrift so ein niedlicher Ball entgegenspringt, dann zucken Sie innerlich zusammen und sind automatisch alarmiert. Oh Gott, was ist mit dem Kind, das zu diesem Ball gehört?

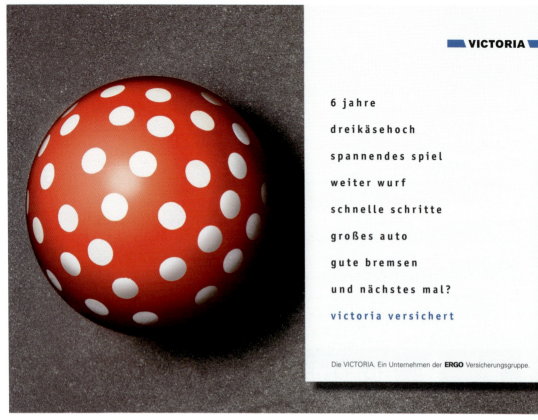

Versuchen Sie einmal, diesen Text *nicht* zu lesen – es wird Ihnen schwer gelingen.

Cliffhanger. Jetzt steigen Sie in die Copy ein. Und Sie lesen die erste Zeile: »6 jahre«. Reaktion: Hab' ich es doch geahnt, es geht um Kinder. Bevor Sie darüber nachdenken können, lesen Sie die zweite Zeile »dreikäsehoch«. Und Sie haben ihn schon vor Augen.

Der Texter hätte auch »Sven« schreiben können, aber wenn Sie »dreikäsehoch« lesen, sehen Sie ihn bildhaft vor sich. Er hat süße Sommersprossen, blonde Haare. Ein kleiner Lausbub, frech, auf alles konzentriert, nur nicht auf die Straße.

Und schon denken Sie sich: Was ist mit diesem »dreikäsehoch«? Da ist der nächste Cliffhanger. Sie wollen wissen, wie es weitergeht.

Dann kommt die nächste Zeile: »spannendes spiel«. Sie haben es geahnt. Sechs Jahre alt, Dreikäsehoch, spannendes Spiel. Der kümmert sich um nichts. »weiter wurf« – ein weiterer Cliffhanger: Weiter Wurf, wohin? »schnelle schritte«. Ein Junge, der auf nichts achtet! »großes auto«. Cliffhanger.

Drama! Jetzt läuft es Ihnen kalt den Rücken runter… »gute bremsen«. Puh! Noch mal gut gegangen. Und nächstes Mal? »victoria versichert«.

Definition Cliffhanger:
Als Cliffhanger bezeichnet man in der Filmbranche Spannungsmomente, die den Zuschauer im Kino bei der Stange halten: Ein Mann klettert eine Felswand hoch. Plötzlich rutscht er ab. Hängt nur noch mit einem Finger an einem Felsvorsprung. Der Zuschauer fragt sich gebannt: Wird er abrutschen?
Werbeblock! Der Zuschauer ist gezwungen dranzubleiben. Erst nach der Werbung wird er aufgeklärt.
Cliffhanger in Texten arbeiten ähnlich. Sie zwingen den Leser zum Weiterlesen. Von einem Kapitel zur nächsten. Denn sie arbeiten mit unausgesprochenen Fragen. Erzeugen Drama und machen neugierig auf den nächsten Satz.

Warum gute Texter großartige Witzeerzähler sind.

Warum merken wir uns Witze? Warum begeistern uns Witze so? Weil Witze das tun, was eine gute Copy tun sollte. Bildhaft und kurz sein.

Diesen Witz hat mir ein polnischer Taxifahrer in Berlin erzählt: Was machen ein Russe, ein Deutscher und ein Pole im Puff? Was macht der Russe? Er lässt sich an der Bar volllaufen. Was macht der Deutsche? Er geht mit einem Mädchen aufs Zimmer und erzählt sein Leben. Was macht der Pole? Er holt seine Frau von der Arbeit ab.

Schauen wir uns diesen Witz einmal rein textlich an. Vier Punkte gilt es zu beachten. Erstens: Wir haben immer am Anfang eine Hookline. »Was machen ein Russe, ein Deutscher und ein Pole im Puff?« Das ist die Hookline. Der Haken, der mich gefangen nimmt. Der mich fragen lässt: Was machen die da? Die Spannung, die unbedingt notwendig ist, um unser Gehirn auf positive Disharmonie einzustellen. Die Neugier erzeugt. Zweitens: Mit »Puff« habe ich einen ganz klaren Ein-Wort-Trigger. So ein Trigger muss wachrütteln, provozieren, Aufmerksamkeit erzwingen. Drittens: Die Story wiederholt sich. Durch Wiederholung lernen wir. Und vor allem: Wir sammeln immer wieder die Aufmerksamkeit unserer Zuhörer. Viertens: Die Pointe kommt erst ganz zum Schluss. Hätten Sie mir zugehört, wenn ich den Witz begonnen hätte mit »Ein Pole holt seine Frau von der Arbeit ab«?

Beispiele für Wort-versus-Wort-Trigger, Involvierungs-Trigger und Frage-Trigger (von links nach rechts).

Die Young-Miss-Kampagne nutzt eine Kombination aus Triggern und Cliffhangern.

Was das mit Ihrem Produkt zu tun hat? Ihre Pointe ist Ihr Produkt. Überlegen Sie einmal, was Sie sich vergeben, wenn Sie den Produktnutzen bereits in der Headline platzieren.

Hier eine Kampagne, die es schafft, mit Cliffhangern die Lesedauer zu verlängern. Vergleichen Sie. So würde es ohne Cliffhanger lauten: *Jetzt in der neuen Young Miss: das 50-Seiten-Mode-Spezial »Neue Trends«. Jetzt am Kiosk: die neue Young Miss mit dem großen 50-Seiten-Mode-Special »Neue Trends«. Darin findet ihr alles über die neueste Mode, alles über das aktuelle Styling, die heißesten News und jede Menge Antworten zum Thema Erwachsenwerden. Jetzt in der neuen Young Miss. Hol sie dir, bevor es deine Freundin tut.*

Und derselbe Inhalt erzählt, mit der Cliffhanger-Methode: *Ich schlafe seit Tagen nicht mehr. Ich liege wach und denke an dich. Wie wir durch die Stadt ziehen und uns die Leute hinterherglotzen. Wie meine Freundin neidisch und meine Mutter blass wird, wenn sie uns sieht. Dabei sind wir füreinander bestimmt. Denn ich bin ein Mädchen. Und du eine lila Feincordjacke mit Pailetten und grünen Druckknöpfen.*

Und das sind die Cliffhanger: Warum schläft sie nicht? An wen denkt sie? Warum glotzen die Leute hinterher? Warum wird die Freundin neidisch und die Mutter blass?

Der Witz verzichtet auf jede Ausschmückung. Er baut ein Drama mit ganz wenigen Stimuli. Er erzählt nicht, wie der Pole aussieht. Er erzählt nicht, wie der Puff aussieht, er

erzählt nicht, was der Russe trinkt. Er erzählt nicht, wie das Mädel, mit dem der Deutsche aufs Zimmer geht, aussieht. Er konzentriert sich auf einen einzigen Handlungsstrang. Das ist ganz pur. Trotzdem bildhaft. Denn wir haben – wie eingangs beschrieben – im Kopf ein Bildarchiv. Bei »Puff« denken 90 Prozent an plüschige, rotlichtige 50er-Jahre-Etablissements. Bei »Pole« denken 90 Prozent an einen Zweitagebart tragenden Kleinkriminellen – da kommt das Klischeearchiv wieder zum Vorschein. Bei »Russe« denken 100 Prozent: Der trinkt viel. Bei »Deutscher« denkt jeder: Na ja, das wird so ein Spießer sein, der ständig sein trauriges Vorstadtleben erzählen muss.

Witze müssen nichts ausschmücken. Und das ist in einer guten Copy genauso. Wenn ich »Kino im Kopf« entstehen lassen möchte, darf ich nicht zu viel erzählen. Ich muss Stimuli setzen. Stichworte reichen völlig aus. Wenn ich »Gefängnis« sage, sehe ich »Gefängnis«, wenn ich »Puff« sage, sehe ich »Puff«. Da heißt, wenn ich eine Geschichte erzählen will, dann ergänzt das Hirn alles automatisch. Das Einzige, was ich machen muss, ist Spannungen schaffen. Positive Disharmonien, Trigger, Stimuli. Ich muss Dinge zusammenbringen, die nicht zusammen funktionieren.

Die leicht veränderte AIDA-Formel für Texte.

Langsam haben wir alles zusammen, was nötig ist, damit ein Text gelesen wird. Damit er in unserem Gehirn gespeichert wird. Damit er jederzeit abgerufen werden kann. Um uns zum Kauf anzuregen. Zusammenfassen kann man es am besten in der guten alten AIDA-Formel. In leicht überarbeiteter Form.

A Ein Text muss zuerst einmal in der Headline **Aufmerksamkeit** erzeugen.
Denn er muss Stimuli setzen, damit vorhandenes Wissen aktiviert wird und mit neuem zu dauerhaften Bildern abgespeichert werden kann.
I Ein Text muss den **Insight** der Zielgruppe aufgreifen.
D Ein Text muss die Story vom Konsumenten zum Produkt hin erzählen.
Er muss die **Desires** des Konsumenten rational wie emotional im Fokus haben.
Auch seine **Darksides**.
A Ein Text muss direkt, ohne Umwege, zur **Action** führen.

Ein Beispiel aus dem Busines-to-Business Bereich:

Headline: *Das Letzte, woran er jetzt denken möchte, ist, welche Gesetze die neue Regierung[1] sich zur Sozialversicherung einfallen lässt.*

Copy: *Sie führen ein kleines oder mittleres Unternehmen? Sie arbeiten gleichzeitig von mehreren Arbeitsplätzen?[2] Was Sie suchen, ist eine hochprofessionelle Software[3], die Ihre gesamten Unternehmensfinanzen schnell und lückenlos organisiert. Dieses leistungsfähige Powerpaket[3] ermöglicht Ihnen ein komfortables Arbeiten. Per Mausklick erhalten Sie einen Überblick über alle wichtigen betriebswirtschaftlichen Kennzahlen. Genießen Sie maximalen Leistungsumfang, mit dem Ihr Unternehmen wachsen kann.[4] Lexware financial office pro: Das Powerpaket für Profis. Jetzt bestellen und 4 Wochen kostenlos testen.[5]*

1. Attention in der Headline → durch **Reizwort**.
2. Insight im Copy-Einstieg → durch Eingehen auf **Anforderungen in Fragetechnik**.
3. Desire rational → durch **faktische Nutzen-Kommunikation**.
4. Desire emotional → durch **Mehrwert-Versprechen**.
5. Action → durch **Testangebot**.

Schwer zu lernen? Schwer umzusetzen? Nachfolgend der Text von Birgit Schneider, Teilnehmerin an einem meiner zweitägigen Textseminare. Aufgabe: Die Stadtwerke Husum möchten ihre Kunden dafür begeistern, ihren Stromzählerstand in Zukunft per SMS zu

übermitteln. Frau Schneider gelang es nach wenigen Stunden, die Techniken Trigger, visuell-auditiv-kinästhetische Sprache, Cliffhanger, AIDA-Formel und Lernfenster spielend einfach umzusetzen.

Sie sparen mehr als nur den Weg ...

Liebe Kundin, lieber Kunde,

stellen Sie sich vor, Ihr Zählerstand braucht nur noch **10 Sekunden** von Ihrem Keller bis zu uns. Nie wieder Papierstapel durchsuchen nach der verlegten Karte. Nie wieder Stifte durchprobieren. Der Mantel kann am Haken bleiben.
Sie brauchen nicht mal mehr vor die Tür zu treten.

Die Zukunft passt in eine Hand. Unser neuer SMS-Service macht's möglich.

Sie drücken nur noch auf den Knopf – den Rest machen wir.
Sie bekommen von uns eine Nachricht, und alles was Sie tun, ist den Zählerstand in die Tasten tippen und abschicken. **Schnell, bequem und ohne Umwege** landen Ihre Daten bei uns. Sie haben Zeit für andere schöne Dinge.

Sie sparen aber nicht nur Zeit, auch Ihr Geldbeutel wird sich freuen.
Denn eine SMS kostet Sie gerademal 10 Cent.

Die Vorteile liegen in Ihrer Hand. Steigen Sie ein und fordern Sie noch heute den SMS-Service an. Ein letztes Mal die Anwortkarte ausfüllen und
zum Briefkasten bringen.

Herzliche Grüße,
Ihr Stromversorger Stadtwerke Husum

Unsere Reise führt vom Gehirn direkt auf die immer noch sehr spitze Zunge eines der führenden deutschen Markenpäpste. Dr. Klaus Brandmeyer warnt vor der Brasilianisierung der Werbung. Vor der schweigenden Gesellschaft. Vor Werbung, in der Marken nichts mehr zu sagen haben.

Bringen Sie IHRE LEISTUNG *zur Sprache.*

Dr. Klaus Brandmeyer über das Ende der sprachlosen Gesellschaft.

Dr. Klaus Brandmeyer ist Mitbegründer des Genfer Instituts für Markentechnik. 2003 gründete er in Hamburg die Brandmeyer Markenberatung.

Die Werbung als wichtiges und kostenintensives Teilsystem der Markenanbieter droht sich endgültig zu verselbstständigen. Ihre Absetzbewegung begründet sie mit dem angeblich nachlassenden Interesse der Konsumenten an den käuflichen Leistungen der Hersteller, mit der unbewiesenen Behauptung, Werbung müsse den Zuschauer vor allem unterhalten, und mit vorgeblichen emotionalen Defiziten der Marken. Marken würden sich zu rational, zu funktional darstellen und seien deshalb durch Emotionen in der Werbung anzureichern.

Georg Koflers Bekenntnis »Unsere Premiere-Kommunikation war männlich, technisch und kalt. Jetzt steht Emotion im Vordergrund« bringt die neue Gestaltungsreligion auf den Punkt. Auch der Vorstandsvorsitzende von WMF ist ein Opfer der Bewegung geworden: »Dass wir für Qualität und Design stehen, ist bekannt. Jetzt brauchen wir Gefühle.« Weil er im selben Atemzug eine entsprechende Kampagne ankündigte, ganz auf die Vermittlung von Lebensgefühlen ausgerichtet, konnte man vorhersagen, die neue WMF-Werbung würde Produkt-abstinent angelegt sein. Die Befürchtung hat sich inzwischen bestätigt. Unter dem neuen Slogan »Das Leben schmeckt schön« werden Stimmungen beschworen, und der »beste Latte Macchiato der Stadt« wird ausgelobt.

Hingerissen von der Aussicht, sich der »vulgären« Aufgabe des Verkaufens von Produkten und der detaillierten Beschäftigung mit Leistungen des Unternehmens zu entziehen, werden ganze Branchen mit einem Satz als Gefühlswelten definiert. O-Töne aus dem Management: »Unsere Werbung ist zu sehr auf Funktionalität ausgerichtet. Pommes frites sind Spaßprodukte.« »Die Touristik ist ultra-hoch emotional. Ich bin ein Fan emotionaler Marken. Früher habe ich Illusionen verkauft, heute verkaufe ich Träume.«

Die Markenanbieter sollten gewarnt sein. Die Daten weisen nicht nur steigende Käuferanteile für Aldi und Lidl aus; die Abwanderung von Markenartikeln zu den Labels der Händler lässt auch den Schluss zu, dass »den Verbrauchern nicht mehr klar ist, welchen Nutzen die einzelnen Marken haben... Wollen sie künftig Marktanteile zurückerobern, so müssen sie sich im Versprechen ihres Nutzens überzeugend unterscheiden.« (Marktforschungsleiter Wilfried Wenzel anlässlich der Präsentation der Verbraucheranalyse 2002)

Doch mancher Markenartikler unternimmt schon gar nicht mehr den Versuch, auf diesem Wege Kunden für sich zu gewinnen. Er ersetzt die Produktleistungen in der Werbung eben kurzerhand durch schöne Emotionen; wie in einem TV-Spot, der eine mit zwei Jünglingen sich im Bett räkelnde Schöne zeigt, die schließlich wortlos das Liebeslager verlässt, um sich mit der Schachtel einer neuen Markenmargarine die Wange zu kühlen.

Typisch für derartige Werbedarstellungen ist ihre Sprachlosigkeit. Flächendeckend ist zu beobachten, dass in immer mehr Werbemitteln immer weniger Sprache eingesetzt wird, die die Empfänger beeindrucken oder überzeugen könnte.

Den Extremfall solch nonverbaler Gestaltung stellte ein französischer Automobil-Spot mit dem (sechzig Sekunden lang) schweigenden Gesicht von Zinedine Zidane dar. Dieser Fußballer – so lautete die offizielle Begründung des Unternehmens – »ist ganz klar der beste Botschafter, den wir uns wünschen konnten, um die essenziellen Werte unserer Marke zu verkörpern«. Nicht etwa die Autos. Man müsse sich von der Vorstellung befreien, gute Werbung komme aus dem Produkt, fordert ein abgehobener Kreativchef. Um im »Meta-Markt« der Kommunikation erfolgreich zu sein, solle sich der Werbespot selbst verkaufen; er müsse als Produkt, als Teil des Sortiments verstanden werden. Werbung der neuen Art wird im Fernsehen gerne von Musik untermalt. Musik, so hört man als Erklärung, verstärke die Emotionen.

Damit ist der Weg dann ganz frei für eine kreative Forderung, der viele Auftraggeber verängstigt folgen: Die durch Bilder und Klänge emotionalisierte Werbung würde durch Sprache zerstört; Gefühle könnten sich nur wortlos entfalten. Mit dieser Argumentation wird sogar das Aussprechen des Markennamens am Schluss eines TV-Spots unterbunden und als *Hard Selling* diffamiert.

Schweigen schwächt die Marke.

Das Verschweigen von Produkt- beziehungsweise Unternehmensleistungen zugunsten von Emotionen birgt erhebliche Gefahren für die Hersteller. Drei Gründe dafür seien hier genannt…

Erstens: In Zeiten der Selbstbedienung gibt es im Verkaufsraum niemanden mehr, der den Kunden etwas über Produkte und Unterschiede erzählt. Woher sollen sie dann etwas wissen, was ihre Kaufentscheidung lenken könnte? Aus der Werbung, hieß bislang die plausible Antwort. Hersteller und Händler hatten sich darauf verständigt, dass der eine die Produkte »vorverkauft«, damit der andere Verkaufspersonal einsparen kann. Wenn nun aber die Werbung aufhört, mit den Konsumenten zu reden und ihnen die Produkte vorzuverkaufen, was dann? Schlimmstenfalls macht sich die Werbung dadurch selber überflüssig. Die Helden der *neuen* Werbung würden zu Totengräbern ihres Metiers.

Zweitens:

Werbung, die nur mit Bildern arbeitet, setzt sich unnötig einem Verständnisrisiko aus.

»Was soll dieses Bild uns sagen?« ist nicht nur eine rhetorische Frage. Bilder können nämlich so oder so oder so interpretiert werden. Erst die Sprache, der Text dazu, lenkt das Verständnis zuverlässig in eine bestimmte, nämlich die vom Absender gewünschte Richtung. Doch der Trend in den Werbeagenturen geht, wie auch die Cannes-Wettbewerbe für Print zeigen, ganz in Richtung: großes Bild und möglichst kein »störender« Text.

Drittens: Schweigende Werbung schwächt Marken im Wettbewerb, insbesondere gegenüber Handels- und Händlermarken. Die nämlich unterlassen es nicht, über die positiven Eigenschaften ihrer Angebote zu sprechen. Ob kurz wie Aldi oder StraussInnovation oder lang wie die Versender Landsend und Pro Idee – getreu der alten Verkäuferregel »Kurze Rede kurzes Geld, lange Rede langes Geld und ohne Rede gar kein Geld«: Sie fügen ihrer zugegebenermaßen gekonnten Produktauslobung noch den Preis hinzu, und schon stellt sich die Empfindung eines reellen Gegenwertes ein. Unschwer lässt sich mit dieser Kommunikationsstrategie mindestens Gleichstand zu sprachlos beworbenen Markenartikeln herstellen, möglicherweise sogar der Eindruck eines Mehrwerts.

Der gefühlvoll nichtssagenden Werbung liegt vermutlich auch ein Missverständnis zugrunde: Als die Psychologie in die Werbung kam, wollte sie Argumente emotional verpacken, nicht ersetzen. Sie wollte die Käufer emotionalisieren, nicht aber Emotionen verkaufen. Sie verstand Emotion als Kommunikationsmittel, um die Seelen zu öffnen für ein Angebot. Daraus erklären sich viele gute Werbekampagnen – der Cowboy-Mann als Testimonial für eine Full-Flavor-Zigarette; das grüne Segelschiff für Becks, jenes Bier, das schon vor hundert Jahren in Bremen auf Großseglern verschifft und exportiert wurde; die lila Kuh in ihrer Alpenwelt, die uns einen besonders guten Rohstoff der Milka verkauft; aber auch die Krombacher-Kampagne für den Regenwald und seine bedrohte Tierwelt. Heute jedoch mutiert Emotion immer mehr zum Kommunikationsinhalt. Im Fernsehen begegnet uns diese falsche Auffassung besonders häufig, weil Werbeagenturen meinen, TV sei ein emotionales Medium und deshalb als »Basismedium« besonders geeignet, Marken mit Emotionen aufzuladen.

Das »Ergänzungsmedium« Print hingegen sei für Informationen und sprachlich vermittelte, rationale Benefits zuständig. Diese Unterscheidung von Fernsehen und gedruckten Medien ist völlig willkürlich und entspricht nicht der Realität außerhalb der Werbung. Zeitungen und Zeitschriften können erregen, beeindrucken, informieren und unterhalten; Bücher können Rat geben oder zu Tränen rühren; das Fernsehen sendet Nachrichten und erzeugt Lachsalven; selbst das Radio kann fast alles (ohne Bilder).

Durch rein bildgesteuerte Emotionen werden Produkte eher austauschbar.

Gegen Emotionen als Kommunikationsinhalt spricht schließlich auch das kaum widerlegbare Argument, dass erstens nur positive Emotionen in Betracht kommen und dass zweitens deren Zahl aus kreatürlichen Gründen begrenzt ist.

Es gibt nur wenige positive Emotionen, die sich deutlich voneinander unterscheiden: Glück, Freude, Liebe, Ausgelassenheit, Mut, Freiheit – viel mehr ist nicht drin auf der schönen Seite unseres Gefühlshaushaltes. Die kleine Zahl reicht niemals, um hunderte und noch mehr Marken per Werbung auseinander zu halten. Deshalb landen die Emotionalisierer zwangsläufig bei den gleichen austauschbaren Bildern, die wir alle kennen: wie hingegossen träumende Frauen, munter dreinblickende Kindergesichter, Händchen haltende oder schmusende Pärchen aller Altersstufen, hüpfende, purzelbaumspringende Individuen, cool dreinblickende, schwarzgewandetete Models oder freie Menschen in reiner Natur. Unspezifische Bilder, die in Datenbanken bereitliegen und jedem zur Verfügung stehen. Es ist ein verhängnisvoller Irrglaube, dass die notwendige Differenzierung heutzutage nicht mehr durch die Unternehmens- und Produktleistungen zu erreichen sei, sondern nur noch über die Emotionalisierung. Das Gegenteil ist richtig:

Eben das Werben mit von irgendwo hergeholten Emotionen führt in die austauschbaren Medienauftritte.

Bei sich selbst jedoch kann ein Unternehmen noch immer unterscheidende Kommunikationsinhalte ausmachen. Der gute Wille vorausgesetzt. Sie sind die einzigen wirklich spezifischen, individualisierenden Elemente und die einzigen Waffen, auf die man sich im Wettkampf verlassen kann.

Lassen Sie sich nicht von der leichtfertigen Behauptung fangen, heutzutage sei alles austauschbar, und nur die Werbung könne noch differenzieren. Um das Unterscheidende zu finden, muss man allerdings alles in die Suche einbeziehen, was zur Gestaltbildung der Marke beiträgt. Das sind beileibe nicht nur die verfemten rationalen Benefits und Ingredienzen der Produkte. Zur Gestalt gehören auch die Schönheit einer Verpackung (Packshot), distributive Leistungen (zum Beispiel »nur in Apotheken«; »direkt vom Hersteller«), Leistungsgeschichte (»vom Erfinder des Automobils«), Herkunft (»August Lange & Söhne aus Glashütte«, »West aus den USA«), Personen (Inhaber, Designer, Forscher), Auszeichnungen (»Testsieger«, »Auto des Jahres«), Services (»Tag und Nacht für Sie da«), prominente Kunden (»Cary Grant trug nur Smedley«, »Porsche arbeitet mit SAP«), besondere Kompetenzen und vieles mehr.

Eine gefährliche Werte-Opposition kommt ins Spiel.

Das Ausweichen der Markenwerbung auf sprachlose Emotionen erweist sich schließlich auch aus einem kulturellen Grund als brandgefährlich. Diese Strategie aktiviert nämlich unversehens eine Werte-Opposition, die in der Seele des Publikums tief verankert ist und die schöne Markenwelt auf gefährliche Weise zensiert. Diese Opposition bildet sich um zwei Wertewelten und ihre Leitwörter. Sie ist in der alltäglichen Kommunikation immer präsent und eignet sich (leider) hervorragend, werblich falsch geführte Marken zu brandmarken.

Es ist der alte, auf Konsumgüter so leicht anwendbare Gegensatz zwischen dem, was an einer Sache nötig und was an ihr unnötig ist. Unmittelbar assoziiert sind weitere Werte-Oppositionen, die der *neuen* Werbung ebenso gefährlich werden:

Notwendig	→ *Überflüssig*	**Informativ**	→ *Unterhaltend*
Rational	→ *Emotional*	**Sprache**	→ *Musik*
Vernünftig	→ *Unvernünftig*	**Substanz**	→ *Schöner Schein*
Aufklären	→ *Verschleiern*		

Die Handelsmarken, insbesondere die Discounter, nutzen diese Opposition gnadenlos für sich aus. Auf welcher Seite sie sich sehen und gesehen werden, ist sofort einsichtig, wenn sie über ihre Angebote sprechen: Sie sind die Informierenden, Vernünftigen und allem Überflüssigen abhold.

»Für dieses Produkt werden Sie niemals Fernsehwerbung sehen. Die hat es nicht nötig, denn seine Qualität spricht für sich selbst«, schrieb Aldi seinen Kunden. Nahezu automatisch landen die Markenartikel mit ihrer Emotionen-Werbung auf der anderen, für sie gefährlichen Seite. Die Verbraucherschutzverbände, Warentest-Stiftungen und schließlich auch kritische Journalisten klinken sich in die Opposition zwischen dem Notwendigen und dem Überflüssigen, zwischen Vernunft und Unvernunft nur allzu gerne ein. Sie bestätigen sich damit selbst in ihrer aufklärerischen Mission und verschieben die Marken zugleich auf ein ethisch fragwürdiges Feld.

Marke droht im öffentlichen Diskurs zur leeren Hülse zu werden, zu einem bloßen Verteuerungsmechanismus, den die Kunden nicht mehr zu finanzieren bereit sind.

Allensbach meldete, dass nur noch ein Drittel der Konsumenten glaubt, der Kauf von Markenartikeln lohne sich. Rund 53 Prozent der Deutschen sind inzwischen der Ansicht, dass ein Markenname allein keinen höheren Preis rechtfertigt.

Die Markenartikelindustrie wird ihre Bastionen auch nicht dadurch verteidigen oder zurückerobern können, dass sie die Werbeausgaben dramatisch erhöht. Derartige Offensiven machen alles noch schlimmer, wenn dabei TV-Spots als Waffen eingesetzt werden, die bar jeder Produkt- oder Leistungsinformation auf Teufel komm raus emotional sein wollen. Die heimtückischen Fragen an die Konsumenten kann man sich leicht vorstellen: Warum wollen Sie diese viele Werbung mitbezahlen, wenn die Ihnen nicht einmal erklären kann, was an der Sache besser ist? Wissen Sie – so erklärt man den Konsumenten dann – warum diese Fernsehwerbung nicht sagt, was besser ist? Weil die Produkte in Wahrheit auch nichts Besonderes sind. Der Discounter Aldi hat diesen Grundton vor Jahren bereits angeschlagen: »Wer ist am ehesten in der Lage, über die Qualität eines Artikels zuverlässig Auskunft zu geben? Natürlich der Artikel selbst…

Warum also auf andere hören? Warum Werbeversprechungen blind vertrauen, der bekannten Marke allein ungeprüft beste Qualität zuerkennen?« Je weiter die Markenindustrie die Sprachlosigkeit und Emotionalisierung ihrer Werbung vorantreibt und je mehr Geld sie dafür ausgibt, umso mehr begibt sie sich in Gefahr, mittels einer solchen Händlerrhetorik ausgegrenzt zu werden.

Wege aus der Gefahr.
Unternehmen, die sich nicht in dieses Abseits manövrieren lassen möchten, sollten von vornherein, schon vor dem Briefing an die Werbeagentur, ein anderes Programm einschalten. Sie müssen sich vergegenwärtigen, dass Werbung in erster Linie die Aufgabe hat, Leistungen der Firma und nicht der Werbeagentur zu verkaufen.

»Die Werbung«, so hat es Johann Lindenberg, der deutsche Unilever-Chef auf dem Effizienztag 2003 in Berlin gefordert, »muss wieder auf ihren ökonomischen Zweck verpflichtet werden.« Nur so entsteht auch im eigenen Haus der notwendige Druck, nach der zu verkaufenden Leistung zu suchen.

Am Anfang einer Kommunikationskette, die die Unternehmensleistungen mithilfe von Werbung auf den Markt übertragen soll, empfiehlt die Markentechnik deshalb, verantwortliche Produktions- und Entwicklungsleute in die Gespräche mit einzubeziehen. Es tut gut, die Erzeuger selbst über ihre Erzeugnisse sprechen zu lassen. Denn gesucht wird nach endogenen, nicht nach exogenen Faktoren, die das Publikum beeindrucken könnten. Erfahrungsgemäß fällt es Werbern und Produktmanagern in solchen Gesprächskonstellationen auch schwerer, die Produkte als »low interest« abzuqualifizieren und sich dadurch die intensive Beschäftigung mit ihnen zu ersparen.

Formulieren Sie im Briefing ein eindeutiges Kommunikationsziel. Stellen Sie eine positive Behauptung über ihr Produkt auf, von deren Richtigkeit Sie die Empfänger überzeugen wollen. Und von der Sie meinen, sie würde beim Verkaufen helfen. Mehr nicht. In diesem Abschnitt der Kommunikationskette erweist es sich als hilfreich, seinen besten Verkäufern zuzuhören und sie dabei zu beobachten, wie sie ihr Angebot an den Mann oder an die Frau und den Portemonnaie-Walzer zum Klingen bringen. Vermitteln Sie der

Agentur also die Fakten und Leistungen, die besonders geeignet sind, Ihre Behauptung glaubhaft zu machen. Lassen Sie das ganze Gefasel über Markenwerte, Gefühlswerte, Lifestyle und Trends weg. Fordern Sie von der Agentur vielmehr eine geeignete Überzeugungsstrategie, bevor sie anfängt zu malen. Erst danach sollte die Phase der kreativen Realisierung beginnen, in der dann auch Emotionen angebracht sind, um die Seele des Empfängers zu instrumentalisieren.

Verlangen Sie von der Agentur nicht, ihre Marke emotional aufzuladen. Sie wird dann nämlich kaum etwas anderes tun, als die gewünschten Emotionen abzubilden. Und schon sitzen Sie wieder in der Falle der Austauschbarkeit und Kraftlosigkeit. Suchen Sie vielmehr das ganze Unternehmen, die Forschung, die Produktion, die Distribution, die Ausbildungsabteilung, jeden Bereich danach ab, ob sich etwas finden lässt, womit Sie glänzen können. Ganz im Sinne der aristotelischen Rhetorik: »In jedem Faktum das ihm innewohnende Überzeugende finden.«

Ein Piece of Conversation wird gesucht.

Man sollte in diesem Zusammenhang auch immer bedenken: Werbung, die nicht die Leistungen eines Unternehmens weiterträgt, sondern ihre Überzeugungsmittel jenseits der Wertschöpfungskette bezieht, gerät zu einer Art Kommunikationsinsel. Außer in der Werbung selbst kommt sie im Leben der Marke nicht vor, denn sie ist nicht wirklich kommunizierbar. Außendienstmitarbeiter können gegenüber einem Einkäufer nicht mit solchen Emotionen und gefühligen Positionierungen einer Marke arbeiten. Sie unterschlagen alles, was man ihnen in dieser Hinsicht mit auf den Weg gibt. Einkäufer können mit der Emotionalität einer Marke nichts anfangen, wenn sie ihre Entscheidung in Gremien rechtfertigen sollen. Händler können ihren Kunden nur Faktisches als Kaufgrund vermitteln. Sie weigern sich schlicht, produktferne Werbung als Argument einzusetzen. Selbst wenn sie ahnen, dass ihr Gegenüber von Prestige oder anderen seelischen Motiven geleitet ist, dürfen sie darüber nicht sprechen.

Und schließlich der Kunde selbst. Auch er kann und will in seinem Familien- oder Bekanntenkreis von nichts anderem erzählen als dem Faktischen, dem Erzählbaren. Jeder würde sich in dieser Gesellschaft desavouieren, wenn er psychologische Nutzen zum Grund für einen Kauf erklärte. Was als Teil einer Kommunikationskette gedacht ist, isoliert sich und legt die notwendigen kommunikativen Rückkopplungen im Gesamtsystem einer Marke lahm. Ohne ein »Piece of Conversation« jedoch, wie Jürgen Plüss es nennt, ist ein öffentlicher Diskurs über Ihre Marke nicht möglich. Damit aber fehlt ihr ein wesentliches Instrument zum selbsttätigen Transfer von Botschaften, zur kostenfreien Ausbreitung.

Wer sagt eigentlich, dass Premiere keinen Fußball mehr zeigt? Wenn es um König Fußball geht, spielt Premiere weiterhin in der ersten Liga. Als einziger Sender zeigen wir alle 64 Spiele der FIFA WM 2006™ live. Und ab September sehen Sie die Topspiele der UEFA Champions League exklusiv bei uns. Dazu den Spitzenfußball aus England, Italien und Spanien. Und die Fußball-Bundesliga? Hier sind wir bei der Rechtevergabe vorerst nicht zum Zug gekommen. Doch das Spiel ist noch nicht vorbei – es gibt ja noch die zweite Halbzeit. Wir arbeiten in den kommenden Monaten daran, dass die Bundesliga auch ab August 2006 bei Premiere zu sehen ist. Bis dahin können Sie sich ganz entspannt zurücklehnen und die Rückrunde der Bundesliga in erstklassiger Premiere Qualität genießen. Aber Premiere ist nicht nur Fußball – Premiere ist viel mehr: Erleben Sie Deutschlands innovativstes Sportfernsehen. Von Eishockey bis Golf, von Basketball bis Formel 1, 2600 Stunden live pro Jahr. Und freuen Sie sich jeden Abend auf eine Filmpremiere. Auf Serien, über die man spricht, und Dokumentationen, die bleibenden Eindruck hinterlassen. Alles ohne Werbeunterbrechung. Sie werden sehen: Premiere ist und bleibt auch in Zukunft erstklassig.

www.premiere.de Fernsehen erster Klasse. *PREMIERE*

Diese Anzeige hat tatsächlich dazu geführt, dass der Autor sein Premiere-Abo <u>nicht</u> gekündigt hat!

Sprache kann auch das trockenste Thema spannend machen.

In welchen Teufelskreis man geraten kann, wenn man dies zulässt, spürt der Markentechniker am ehesten in den Forschungs-, Entwicklungs- und Produktionsabteilungen der Unternehmen. Wenn diese Mitarbeiter ihre Leistungen in der Werbung nicht wiederfinden; wenn man ihnen weismacht, dass die Wettbewerbsfähigkeit der Firma an der Kreativität der Marketing- und Werbemanager hängt, dann lässt zwangsläufig ihre Motivation nach. Daraus resultieren mit Sicherheit schlechtere Leistungen.

Und so kann es eines Tages tatsächlich dazu kommen, dass man seinen Kunden nichts Interessantes mehr zu erzählen hat. Die richtige Suchformel heißt deshalb nicht: »Wie kommt Emotion in die Marke?« Das ist die falsche Spur. Die einzig zielführende Frage lautet: »Wie kommt Leistung und Qualität in die Marke?« Denn eine Marke ist nichts ohne wettbewerbsfähige Unternehmensleistungen. Und diese Leistungen sind nichts, wenn sie nicht zur Sprache gebracht werden.

Ohne die schmeichelnde Kraft des Wortes verführen? Der Herr, von dessen Künsten nun die Rede sein soll, hätte sich das nie und nimmer vorstellen können. Denn er war ein Meister der spitzen Feder und des galanten Wortes. Willkommen im Jahr 1725. In Venedig wird das Vorbild aller Texter geboren.

GUTE TEXTE
sind Verführer.

Was Texter von *Giacomo Casanova* lernen können.

Das Schreiben eines guten Textes ist eine schwere Geschichte. Das Verkaufen eines guten Textes eine noch viel schwerere.

Kommt Ihnen diese alte Texterweisheit bekannt vor? Woran liegt das?
  Paradoxerweise daran, dass sich heute für den Text kaum noch einer wirklich richtig interessiert. Die Strategie wird mit dem Marketing-Direktor, vielleicht sogar mit dem Kommunikations-Vorstand besprochen. Die Kampagne dann mit dem gesamten Marketing, dem Produkt-Management und dem Vertrieb. Okay, vielleicht wird über die Headlines kurz diskutiert. Aber wenn es um die Copys oder Fließtexte geht, dann darf der

Junior-PM übernehmen. Und von Seiten der Agentur sitzt ihm ein Texter mit zwei Jahren Berufserfahrung gegenüber. Könnten Sie sich diese Situation vorstellen, wenn es um ein neues Logo oder einen neuen Werbespot ginge? Kaum. Und weil sich keiner auf Kundenseite für den Bereich Text wirklich interessiert, wird er auch auf Agenturseite immer weniger wichtig genommen (Ausnahmen bestätigen die Regel).

Text wird häufig als lästiges Beiwerk, als Grauwert gesehen.

Folge: Die Agentur und der Auftraggeber streiten sich sowieso nicht gerne. Und schon mal gar nicht über Texte. Aber:

Um einen guten Text muss man streiten.
Das »Verkaufen« des Textes, also das Diskutieren um die beste Fassung des Textes, spielt heute eine viel zu untergeordnete Rolle. Die meisten Marketing-Leute haben ihre innere Checkliste: Beinhaltet der Text die wichtigsten Kernbotschaften? Erscheint der Name des Produktes früh genug? Sind alle Service-Leistungen eingearbeitet?

Aber wann wird gesprochen über aufmerksamkeitsstarke Einstiege, spannende Übergänge, Sprachmelodie, Rhythmik, Länge der Sätze, Prägnanz der Verben, Frische der Adjektive? Über die Verwendung des Insights, über Trigger, Cliffhanger, Pay offs? Über einen roten Faden? Über die Dramaturgie der eingesetzten Verkaufsargumente? Über die richtige Position der Pointe? Über Sublines, Bildunterschriften, Vignettentexte? Über Betreffzeilen, PS-Zeilen, Grußformeln? Über Einzüge, Flattersatz, Unterstreichungen, Fettgedrucktes? Vergleichen Sie das einmal mit dem Gespräch mit der Marktforschung! Wie weit gehen Sie dabei ins Detail! Und wie wenig in der Frage der Textqualität!

Was hat das mit Casanova zu tun?

Will ich Sie hier davon überzeugen, in der täglichen Arbeit Tonnen von Puder, Parfum, Pomade, Seide und Geschmeide zum Einsatz zu bringen? Nein, mir geht es darum, dass wir Text wieder als Mittel des aktiven Verkaufens verstehen.

Den Unterschied wieder begreifen zwischen …

Nil-Kreuzfahrt, 14 Tage, all inclusive, 699 Euro

und

Liebesurlaub auf Kleopatras Spuren. 14 Tage, all inclusive, 699 Euro

Den Unterschied begreifen zwischen…

Pikante Sauce, 1.99 Euro
und
Vulkanausbruch auf der Zunge, 1.99 Euro

**Stretch-Jeans,
komfortabel, 39 Euro**
und
**Mogeln locker mal 3 Kilo weg –
Stretch-Jeans, 39 Euro**

**Kinderzimmer-Teppich,
strapazierfähig, 49 Euro**
und
**Machen Sie aus Ihrem Kinderzimmer
einen Abenteuerspielplatz! 49 Euro**

Gerade in konsummüden Zeiten muss sich der Texter wieder besinnen auf seine eigentliche Rolle: die des Verführers. Werbetexte haben die verdammte Pflicht, mehr zu sagen als Angebot, Preis und Bestellmöglichkeit. Mehr als Fakten, Argumente und Lieferadressen. Werbetexte haben die Aufgabe, den Konsumenten zum Quäntchen *mehr* zu verleiten. Ihn zu einem Sahnehäubchen *mehr* zu locken. Ihn zu verzaubern. Verleiten. Versuchen. Anregen. Erregen. Faszinieren. Fesseln. Ihm zu gefallen. Interessieren. Betören. Bezirzen. Entflammen. Entzünden.

Jeder Texter sollte Casanovas unzensierte Memoiren in der deutschen Version von 1960 lesen.

Casanova – das ist im heutigen Sprachgebrauch ein Frauenheld und der größte Verführer aller Zeiten. Casanova würde sich wundern, dass an ihn auf diese Weise täglich gedacht wird. Denn bei seinen Zeitgenossen war er *nicht* für seine Verführungskünste berühmt.

Denn nur etwa ein Fünftel seines Lebens beschäftigte er sich mit seinen etwa 120 Liebesaffären. Casanova war nicht der Vollzeitschürzenjäger, als der er gilt, sondern die überwiegende Zeit Diplomat, Dichter, Übersetzer, Historiker, Theologe, Buchautor, Mediziner, Börsenhändler.

Er war Doktor beider Rechte, Lotterie-Einnehmer, Falschspieler, Hochstapler, Ritter des päpstlichen Ordens vom Goldenen Sporn, Geheimagent der venezianischen Inquisition und unzähliges anderes. Und: Er war Texter.

»Gute Texter haben ein breites Halbwissen.« VERONIKA CLASSEN

Casanova war vor allem ein genialer und galanter Zuhörer und Erzähler. Wolf Schneider hat es gewohnt treffend zusammengefasst: »Giacomo Casanova hatte ein Leben voller Höhepunkte – und das lag nicht am Sex allein: Der Vater aller Playboys und Jetsetter brachte Päpste zum Lachen und Voltaire zum Weinen; er war ein brillanter Gauner, Verlierer und Schriftsteller. (...) Die beste Sittengeschichte Europas im 18. Jahrhundert hat er uns hinterlassen – ein freches Schelmenstück aus St. Petersburg, Konstantinopel, Madrid und hundert Städten dazwischen. Nicht genug damit: Die ›Ilias‹ hat er in italienische Stanzen übertragen (vier Bände, erschienen 1775), ein Korollarium zum Delischen Problem der Verdoppelung des Hexaeders hat er geschrieben und einen fünfbändigen Roman über eine Reise zum Mittelpunkt der Erde, 76 Jahre vor Jules Verne.

Und geflunkert hätte dieser Casanova nie? Gewiss, was er aus dem Bett berichtet, lässt sich nicht überprüfen. Doch alle Beschreibungen von Sitten, Ereignissen und Begegnungen haben sich als korrekt erwiesen. ›Authentisch!‹, sagt ›Kindlers Literaturlexikon‹, von ›überraschenden Beweisen der Wahrhaftigkeit‹ spricht die ›Brockhaus-Enzyklopädie‹. Sinn und Zweck seiner Maskerade, des Feilschens und des Kokettierens war das Erfolgserlebnis der Eroberung. Es ging um die Trophäe und die Bezwingung der sich sträubenden Geliebten.«

Casanova war bewusst, dass nichts erotischer ist als das Werben, vor allem aber das Verbot. Wo das Objekt der Begierde zu einfach zu haben war, schuf er selbst Hindernisse und inszenierte die Verführung durch die Wahl ungewöhnlicher Schauplätze, Kostüme und durch Schaffung von Tabus, nur um sie mit Lustgewinn brechen zu können.

»Vor ihr in die Knie sinken, ihr hunderte Male meine überströmende Dankbarkeit beteuern und immer wieder ihre schönen Hände küssen, das waren die Vorboten einer Leidenschaft, die zu einem Liebesspiel nach allen Regeln führen musste; aber M. M. hielt es zunächst für ihre Pflicht, sich zu verteidigen. Welch köstliches Sträuben! (...) In diesem für beide ebenso süßen wie aufreibenden Geplänkel verbrachten wir zwei Stunden.« (Und nicht: »Hey, geht was?«)

Mit einer Mischung aus Galanterie, Komplimenten und direkten Vorstößen bearbeitete Casanova seine »Zielobjekte«. Vielleicht waren Casanovas Beharrlichkeit und sein Engagement in der Sache das Geheimnis seiner Verführungskunst.

Eine moderne Sicht der Verführung gibt uns Robert Green in seinem Buch »The Art of Seduction« (deutsch bei dtv, 2004). Ich habe mir erlaubt, die »24 Gesetze der Verführung« auf ihre Relevanz für das Verkaufen in der Werbung zu überprüfen.

Tipp: Versuchen Sie beim Lesen der Gesetze an den Verbraucher zu denken, dem Sie gerade ein Produkt verkaufen müssen, das dieser bisher überhaupt nicht wollte. Ersetzen Sie das Green'sche »Opfer« durch »Zielgruppe«.

1. DAS RICHTIGE OPFER WÄHLEN.

Die richtige Zielgruppe wählen.

Alles hängt davon ab, wen Sie verführen wollen. Studieren Sie die Beute gründlich, und wählen Sie nur eine, die Ihren Bemühungen erliegen wird. Die richtigen Opfer sind die, bei denen Sie eine Leerstelle ausfüllen können, die in Ihnen etwas Exotisches sehen. Oft sind sie isoliert oder unglücklich – oder man kann sie leicht dazu machen!

Zielgruppe definieren. Problem einreden. Insight finden. Beispiel: Gefrierbrand.

2. SICHERHEIT VORGAUKELN – INDIREKT VORGEHEN.

Produkt-Neueinführung braucht Image-Werbung, kein Hard-Selling.

Wenn Sie sich zu früh zu direkt verhalten, riskieren Sie, dass sich Widerstände aufbauen, die Sie niemals brechen werden. Zunächst darf nichts an Ihrem Verhalten den Verführer erkennen lassen. Der erste Angriff muss von der Seite indirekt erfolgen, damit die Zielperson Sie erst nach und nach bemerkt. Durchstreifen Sie die soziale Peripherie Ihres Opfers – vielleicht führen Sie sich mit Hilfe Dritter ein – und geben Sie sich so, als hätten Sie es auf eine relativ neutrale Beziehung abgesehen. Wandeln Sie sich langsam vom Freund zum Liebhaber. Wiegen Sie das Opfer in Sicherheit, und schlagen Sie dann zu.

Community-Bildung unterstützen und nutzen. Nicht mit der Botschaft ins Haus fallen!

3. WIDERSPRÜCHLICHE SIGNALE AUSSENDEN.

Positionieren Sie multisensual.

Wenn die andere Seite sich Ihrer bewusst geworden ist und vielleicht ein wenig neugierig, müssen Sie dieses Interesse weiter entfachen, bevor es sich einer anderen Person zuwendet. Die meisten von uns sind viel zu leicht zu durchschauen – geben Sie sich stattdessen unberechenbar.

Senden Sie widersprüchliche Signale aus: mal zupackend, mal zärtlich, sowohl vergeistigt als auch erdverbunden, unschuldig und gerissen zugleich. Die Mischung solcher Eigenschaften suggeriert Tiefe und fasziniert selbst dann, wenn sie verwirrt. Eine Aura des Geheimnisses, des schwer Fassbaren bringt die Leute dazu, mehr wissen zu wollen und damit Ihre Nähe zu suchen. Nutzen Sie diesen Effekt, indem Sie einen Widerspruch tief in sich durchblicken lassen.

Interesse wecken! Neugierig machen! Schaffen Sie *massive memories!* Verknüpfen Sie mit Ihrer Information starke Emotionen!

4. GEBEN SIE SICH ALS BEGEHRTE PERSON – BILDEN SIE DREIECKE.
Einsatz von Testimonials und Name-Dropping.

Nur wenige interessieren sich für Menschen, die von anderen gemieden oder links liegen gelassen werden; die Leute scharen sich um jene, die bereits Interesse erregt haben. Um Ihre Opfer an sich zu binden und ihnen Lust auf Sie zu machen, müssen Sie sich die Aura des Begehrenswerten zulegen – des von vielen Angehimmelten und Ersehnten. Dann schmeichelt es der Eitelkeit der Opfer, Ihre ungeteilte Aufmerksamkeit zu bekommen, Sie aus dem Umfeld der Bewunderer lösen zu können. Lassen Sie Ihren Ruf Ihnen vorauseilen. Wenn schon viele Ihrem Charme erlegen sind, muss das einen Grund haben.

Reden Sie nicht selber über ihr Produkt. Lassen Sie andere über Ihre Stärken reden.

5. SCHAFFEN SIE EIN BEDÜRFNIS – SCHÜREN SIE ANGST UND UNZUFRIEDENHEIT.
Nobody is perfect. Machen Sie ein Geschäft daraus.

Eine selbstzufriedene Person kann man nicht verführen. Angespannte Disharmonie müssen Sie dem Geist Ihres Opfers einpflanzen. Schüren Sie seine Unzufriedenheit. Es darf mit den Umständen und mit sich selbst nicht im Reinen sein. Diese von Ihnen kreierte Empfindung eines Mangels verschafft Ihnen den Freiraum, sich selbst ins Spiel zu bringen: Ihr Opfer soll Sie als die Lösung seiner Probleme willkommen heißen. Leid und Schmerz müssen dem Begehren vorausgehen. Lernen Sie, die Bedürfnisse zu wecken, die Sie befriedigen können.

Kreieren Sie das Problem. Werden Sie dann der Problemlöser!
Beispiel: Frauen sind nicht »perfekt konzipiert« und brauchen täglich eine Slip-Einlage (siehe das Angebot der Firma Procter & Gamble im Bereich Damenhygiene).

6. MEISTERN SIE DIE KUNST DER ANDEUTUNG.
Die Tonality ist entscheidend.

Es kommt entscheidend darauf an, dass sich Ihr Opfer unbefriedigt fühlt und sich nach Ihrer Aufmerksamkeit sehnt; wenn Sie aber zu offensichtlich vorgehen, wird es Sie durchschauen und eine Abwehrhaltung entwickeln. Aber es ist kein Mittel bekannt, mit dem man sich gegen heimliches Einschleichen wehren könnte: die Kunst, durch flüchtige Andeutungen, die erst Tage später im Bewusstsein des Opfers Fuß fassen, seinem Geist bestimmte Vorstellungen einzupflanzen, die ihm oft wie eigene Ideen vorkommen. Entwickeln Sie einen Subtext – klare Aussagen, gefolgt von Rückzugsargumenten und Entschuldigungen, mehrdeutige Kommentare, Banales in Kombination mit verführerischen Blicken –, damit das, was Sie wirklich meinen, ins Unbewusste Ihres Opfers dringt. Alles, was Sie sagen, muss suggestiv wirken.

Seien Sie ein sanfter, geheimer Verführer, der zwischen den Zeilen überzeugen kann.

7. DRINGEN SIE IN DEN GEIST DES OPFERS EIN.
Das Schaffen emotionaler Mehrwerte.

Die meisten Menschen leben nur in ihrer eigenen Welt, was sie halsstarrig und schwer von anderem zu überzeugen macht. Der Weg, sie aus ihrem Schutzpanzer zu locken und für Ihre Verführungskünste empfänglich zu machen, führt über ihren Geist. Machen Sie sich die Spielregeln Ihres Opfers zu eigen, zeigen Sie Freude an dem, was es vergnügt, passen Sie sich seinen Stimmungen an. Damit bringen Sie seinen tief verwurzelten Narzissmus zum Klingen, und das wird seine Verteidigung schwächen. Ertragen Sie alle Launen und Flausen Ihres Opfers, dann hat es nichts, wogegen es Widerstand leisten könnte.

Gehen Sie auf die Wünsche des Konsumenten ein. Loben Sie ihn, sprechen Sie Komplimente aus. Beispiel: die Dove-Werbung, die normale Frauen in ihrer »authentischen« Schönheit über Models stellt.

8. FÜHREN SIE IN VERSUCHUNG.
Darkside definieren.

Locken Sie Ihr Opfer immer tiefer in die Verführungssituation, indem Sie für die richtige Versuchung sorgen: einen kurzen Blick auf die kommenden Freuden. Genau wie die Schlange mit dem Versprechen verbotenen Wissens Eva in Versuchung führte, müssen Sie in Ihrem Opfer ein Begehren schüren, das es nicht unterdrücken kann. Finden Sie seine

Schwäche heraus, die spezifische Fantasie, die noch der Realisierung harrt, und deuten Sie an, dass Sie dabei helfen können. Das Schlüsselelement ist dabei, das Ganze vage zu halten. Erwecken Sie eine Neugier, die stärker ist als alle damit zusammenhängenden Zweifel und Ängste, und Ihr Opfer wird Ihnen folgen.

Finden Sie die heimliche Leidenschaft Ihrer Zielgruppe.

---

9. HALTEN SIE DIE SPANNUNG – WAS PASSIERT ALS NÄCHSTES?
Das Produkt und seine Story immer wieder neu erfinden.

In dem Moment, da Ihr Opfer zu wissen glaubt, worauf Sie aus sind, ist Ihr Bann gebrochen. Mehr noch: Sie haben ihm Macht gegeben. Die einzige Möglichkeit, es weiter zu verführen und dabei die Oberhand zu behalten, besteht darin, für Spannung zu sorgen, für kalkulierte Spannung. Wenn Sie etwas tun, das Ihr Opfer nicht von Ihnen erwartet, sorgt das für ein köstliches Gefühl der Spontaneität. Nie darf es ahnen, was als Nächstes kommt. Immer sind Sie einen Schritt voraus – und behalten damit die Kontrolle. Verschaffen Sie Ihrem Opfer einen Nervenkitzel, indem Sie plötzlich die Richtung ändern.

Seien Sie überraschend! Arbeiten Sie mit Cliffhangern.

---

10. NUTZEN SIE DIE DÄMONISCHE MACHT DER WORTE.
Verbalisierung der Zielgruppen-Wünsche.

Es ist schwer, Leute zum Zuhören zu bewegen – immer sind sie mit ihren eigenen Wünschen und Gedanken beschäftigt und haben daher kaum Zeit für die Ihren. Um ihre Aufmerksamkeit zu erringen, wenden Sie den Trick an, ihnen zu sagen, was sie hören wollen; stopfen Sie den anderen die Ohren mit allem, was ihnen angenehm ist. Dies ist der Kern der verführerischen Rede. Entfachen Sie die Emotionen Ihrer Opfer mit suggestiven Phrasen, schmeicheln Sie ihnen, bestätigen Sie sie, wo sie unsicher sind, lullen Sie sie mit Fantasien, schönen Worten und Versprechungen ein – dann werden sie Ihnen nicht nur zuhören, sondern willenlos ihren Widerstand aufgeben.

Seien Sie charmant.

11. ACHTEN SIE AUF DIE DETAILS.
Kleines, Persönliches wirkt mehr als Großes, Unpersönliches.

Große Gesten und hochtrabende Schmeicheleien können Verdacht erregen: Warum versuchen Sie so sehr, anderen zu gefallen? Die Details einer Verführung – subtile Gesten, die kleinen Nebensächlichkeiten – sind oft charmanter, verlockender und effektiver. Sie müssen lernen, Ihr Opfer mit Myriaden kleiner Annehmlichkeiten abzulenken: wohlüberlegten, maßgeschneiderten Geschenken, Schmuck- und Kleidungsstücken ganz nach seinem Geschmack, Gesten, die beweisen, wie viel Zeit und Aufmerksamkeit Sie ihm widmen. Gefesselt von dem, was es sieht, wird es nicht bemerken, was Sie in Wirklichkeit vorhaben.

Schmeicheln Sie!

12. POETISIEREN SIE IHRE PRÄSENZ.
Limited Editions.

Wichtiges passiert, wenn Ihr Opfer allein ist: Das leiseste Gefühl von Erleichterung, dass Sie nicht da sind – und alles ist aus. Vertrautheit und Überdeutlichkeit führen zu dieser Reaktion. Achten Sie also immer darauf, etwas Flüchtiges, schwer Fassbares an sich zu haben. Fesseln Sie Ihr Opfer, indem Sie zwischen erregender Nähe und kühler Distanz changieren, zwischen Momenten übergroßer Präsenz und Zeiten der Abwesenheit. Stellen Sie Assoziationen zwischen sich und poetischen Bildern und Objekten her, damit Ihr Opfer, wenn es an Sie denkt, Sie durch eine idealisierte Gloriole betrachtet. Je präsenter Sie in seinem Geist sind, desto mehr wird es Sie in verführerische Fantasien einschließen.

Vereinnahmen Sie Ihre Zielgruppe nicht durch zu große Nähe.

13. ENTWAFFNEN SIE DURCH STRATEGISCHE SCHWÄCHE UND VERWUNDBARKEIT.
Authentisch sein. Menschlich sein.

Ein Übermaß von Manövern kann Verdacht erzeugen. Am besten bemänteln Sie Ihre Absichten, indem Sie dafür sorgen, dass die Zielperson sich stark und überlegen fühlt. Wenn Sie sich schwach geben, verwundbar, von der anderen Person bezaubert und unfähig, die Kontrolle über sich zu behalten, dann wirkt Ihr ganzes Verhalten viel natürlicher und weniger kalkuliert. Körperliche Anzeichen für Schwäche – Tränen, Erröten, Blässe – helfen, die gewünschte Wirkung zu erzielen. Spielen Sie das Opfer, dann können Sie die Sympathie des oder der anderen in Liebe transformieren.

Seien Sie nicht zu perfekt. Das ist langweilig.

---

14. VERMISCHEN SIE WUNSCH UND WIRKLICHKEIT.

Die perfekte Illusion kreieren.

Um die Probleme, die sie mit ihrem Leben haben, zu kompensieren, verbringen Menschen viel Zeit mit Tagträumen. Sie fantasieren von einer Zukunft voller Abenteuer, Erfolg und Romantik. Wenn Sie die Illusion erschaffen können, dass Ihre Opfer mit Ihrer Hilfe ihre Träume ausleben können, dann sind sie Ihnen auf Gedeih und Verderb ausgeliefert. Zielen Sie auf die heimlichen Wünsche, die unterdrückt oder zunichte gemacht wurden, schüren Sie unkontrollierbare Emotionen, die die Macht des klaren Verstandes vernebeln. Geleiten Sie die Verführten bis zu einem Punkt der Konfusion, an dem sie den Unterschied zwischen Wunsch und Wirklichkeit nicht mehr kennen.

Denken Sie an die Träume Ihrer Zielgruppe!

---

15. ISOLIEREN SIE DAS OPFER.

Nicht zu vertraute Welten schaffen.

Eine isolierte Person ist schwach. Indem Sie Ihr Opfer nach und nach absondern, machen Sie es Ihren Einflüssen leichter zugänglich. Führen Sie es aus seinem vertrauten Milieu heraus, entfremden Sie es von Freunden, Familie, Heimat. Geben Sie ihm das Gefühl, in einem Niemandsland zu sein – es hat die eine Welt verlassen, um in eine andere einzutreten. Im Zustand der Isolation und Konfusion, ohne Unterstützung von außen, können Sie es leicht dahin bringen, wohin Sie wollen. Locken Sie Ihr Opfer in Ihr Lager, wo ihm alles unvertraut ist.

Nehmen Sie Ihre Zielgruppe mit in eine neue Hemisphäre.

16. BEWEISEN SIE SICH.
An die Grenzen gehen.

Die meisten Menschen lassen sich gern verführen. Wenn sie sich Ihren Anstrengungen widersetzen, haben Sie wahrscheinlich nicht genug getan, um die Bedenken der anderen – hinsichtlich Ihrer Motive, wahren Gefühle und so weiter – zu zerstreuen. Eine präzis getimte Aktion, mit der Sie beweisen, wie weit zu gehen Sie bereit sind, um den anderen zu gewinnen, wird die Zweifel in alle Winde zerstreuen. Kümmern Sie sich nicht darum, dass Sie einen Fehler begehen oder sich zum Narren machen könnten: Jede Selbstaufopferung zum Wohl Ihrer Opfer wird diese emotional dermaßen überwältigen, dass sie an nichts anderes denken können.

Seien Sie mutig. Lockvogel-Angebote. Knallhart kalkulieren.

17. BEWIRKEN SIE EINE REGRESSION.
Vergangenheit ist Sicherheit.

Menschen, die früher schon einmal in bestimmten Freuden schwelgten, werden versuchen, dasselbe noch einmal zu erleben. Die am tiefsten verwurzelten und angenehmsten Erinnerungen sind in der Regel die an die frühe Kindheit, und oft genug sind sie unbewusst mit einem Elternteil assoziiert. Versetzen Sie Ihr Opfer in jene Zeit zurück, und bringen Sie sich in das ödipale Dreieck ein, indem Sie das Opfer als das bedürftige Kind positionieren. Da es sich des Grundes seiner emotionalen Reaktion nicht bewusst ist, wird es sich in Sie verlieben.

Erinnern Sie an die gute alte Zeit.

18. BRECHEN SIE TABUS.
Regeln brechen.

Was wir tun können, unterliegt immer sozialen Einschränkungen. Einige von diesen Tabus – meist die elementarsten – sind Jahrtausende alt, andere jüngeren Datums; letztere definieren einfach, was als höfliches und akzeptables Verhalten gilt. Wem Sie Ihren Opfern das Gefühl geben, dass sie mit Ihnen solche Grenzen – beiderlei Art – überschreiten können, wohnt dem unendlich viel Verführungskunst inne. Menschen sind versessen darauf, ihre dunkle Seite zu erforschen. Wenn die Lust auf die Grenzüberschreitung erst einmal Ihre Opfer zu Ihnen hinzieht, wird sie kaum noch etwas aufhalten. Treiben Sie sie auf diesem Weg weiter, als jene sich das vorgestellt hatten: Die Gefühle von Komplizenschaft und geteilter Schuld werden ein machtvolles emotionales Band bilden.

Seien Sie »Partner in crime«.

---

19. SORGEN SIE FÜR SPIRITUELLE VERLOCKUNGEN.
Geist ist geil. Lassen Sie Ihre Zielgruppe ein- und wegtauchen.

Jeder hegt Selbstzweifel, ist sich hinsichtlich seines Körpers, seines Werts, seiner Sexualität unsicher. Wenn sich Ihre Verführung ausschließlich auf das Körperliche bezieht, werden Sie solche Zweifel verstärken, und Ihr Opfer wird sich der Situation allzu bewusst. Locken Sie es stattdessen mit etwas Subtilerem, Spirituellem aus seiner Unsicherheit heraus: einer religiösen Erfahrung, einem abgehobenen Kunstwerk, etwas Okkultem. Im spirituellen Nebel verloren, fühlt sich das Opfer leicht und zu allem fähig. Verstärken Sie den Effekt Ihrer Verführungskünste, indem Sie den sexuellen Kulminationspunkt als die spirituelle Verschmelzung zweier Seelen darstellen.

Schaffen Sie Seelenverwandtschaft.

---

20. MISCHEN SIE LUST UND SCHMERZ.
Nur nett verkauft nicht.

Der größte Fehler beim Verführen ist, zu nett zu sein. Zunächst wird Ihre sanfte Tour vielleicht als angenehm empfunden, aber sie wird rasch langweilig. Sie biedern sich zu sehr an, das lässt Sie unsicher wirken. Statt Ihr Opfer nur mit Liebenswürdigkeiten zu überhäufen, bringen Sie eine bittere, schmerzhafte Note mit ein. Lassen Sie das Opfer sich schuldig und unsicher fühlen. Zetteln Sie einen Streit, gar eine Trennung an – wenn Sie nach der Versöhnung wieder zu Ihrer früheren Freundlichkeit zurückkehren, wird Ihr Opfer Ihnen auf Knien danken. Je abgrundtiefer die Qualen, desto himmelhöher die Freuden. Erzeugen Sie Angst, um die Erotik zu steigern.

Machen Sie sich nicht klein vor Ihrer Zielgruppe. Führen Sie ein Scheingefecht mit ihr. Denn Reibung erzeugt Wärme!

21. LASSEN SIE PLATZ – DER JÄGER WIRD GEJAGT.
Aktivität fördern.

Wenn Ihre Opfer sich zu sehr an Sie als den offensiven Teil gewöhnen, bringen sie weniger Energie ein, und die innere Spannung lässt nach. Dann müssen Sie sie aufrütteln und die Rollen vertauschen. Wenn Sie sie erst einmal in Ihren Bann geschlagen haben, treten Sie einen Schritt zurück – und Ihre Opfer werden hinter Ihnen her sein. Lassen Sie durchblicken, dass Sie sich allmählich zu langweilen beginnen. Tun Sie so, als würden Sie sich für eine andere Person interessieren. Bald wird Ihr Opfer Sie physisch besitzen wollen, und alle Zurückhaltung verflüchtigt sich. Sorgen Sie für die Illusion, dass der Verführer verführt wird.

Foren, Promotions, Events: der Verbraucher hat das Wort.

22. LOCKEN SIE MIT KÖRPERLICHEN REIZEN.
Sex sells.

Geistig wache Opfer sind unsichere Kandidaten: Wenn sie Ihre Manipulationen durchschauen, kommen ihnen plötzlich Zweifel. Lullen Sie ihren Geist ein, indem Sie schlafende Triebe wecken. Kombinieren Sie eine nichtoffensive Haltung mit einer sexuell aufgeladenen Präsenz. Während Ihre gelassene, nonchalante Aura die Abwehr bröckeln lässt, gehen Ihre Blicke, Ihre Stimme und Ihr gesamtes Sex und Begehren verströmendes Verhalten dem Opfer unter die Haut und machen es immer hitziger. Versuchen Sie nie, das Körperliche zu erzwingen, infizieren Sie stattdessen das Opfer mit dem Feuer der Leidenschaft, locken Sie es in die Lust. Moralische Erwägungen, Urteilsfähigkeit und Gedanken an die Zukunft schmelzen wie Eis an der Sonne.

Machen Sie Ihre Message sexy.

23. MEISTERN SIE DIE KUNST DES MUTIGEN SCHRITTES.
Direct Marketing: und Action!

Der richtige Augenblick ist gekommen: Ihr Opfer verzehrt sich nach Ihnen, ist jedoch noch nicht bereit, dies offen zuzugeben, geschweige denn, die Initiative zu ergreifen. In diesem Moment müssen Sie alle Galanterie, Nettigkeit und Koketterie fahren lassen und mit einem mutigen Schritt Ihr Opfer überwältigen. Lassen Sie ihm keine Zeit, über die

Konsequenzen nachzudenken. Zögern Sie nicht und zeigen Sie keine Unsicherheit, sonst wird offensichtlich, dass Sie an sich denken, statt von den Reizen des Opfers überwältigt zu werden. Einer muss in die Offensive gehen, und das sind Sie.

Vergessen Sie den Pay off nicht.

24. VORSICHT VOR DEN NACHWIRKUNGEN.
Sich immer wieder neu erfinden.

Gefahren lauern nach einer erfolgreichen Verführung: Wenn die Emotionen auf einem Höhepunkt gewesen sind, schwingen sie oft wie ein Pendel zur entgegengesetzten Seite – in Richtung Niedergeschlagenheit, Misstrauen, Enttäuschung. Wenn Sie sich trennen müssen, tun Sie es schnell und schmerzlos. Wenn Sie eine stabile Beziehung anstreben, hüten Sie sich vor einem Nachlassen der Energie, einer schleichenden Vertrautheit, die die Fantasie abtötet. Eine zweite Verführung wird nötig. Lassen Sie niemals zu, dass die andere Person Sie für gegeben hinnimmt – spielen Sie mit Ihrer Abwesenheit, quälen Sie, zetteln Sie Konflikte an, um Ihre Beute auf glühenden Kohlen zu halten.

Lassen Sie in der Qualität des Textens nicht in der nächsten Anzeige nach.

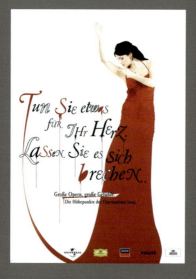

Von der einen Verführung zur nächsten. Wir befinden uns im sommerlich-verregneten Hamburg. Große Bleichen 36. Hanse-CD. Ich stehe in meinem Lieblings-Musikgeschäft und finde eine Broschüre über die Höhepunkte der Opernsaison 2004. Ich bin nun wirklich kein Opernfan. Eher das Gegenteil. Aber die Headline der kleinen Broschüre springt mir in die Augen. Entzündet mein Herz. Brennt sich in mein Gehirn. Lässt mich die Broschüre wie ferngesteuert aufschlagen … und später eine Anna-Netrebko-CD für meine Mutter kaufen: »*Tun Sie etwas für Ihr Herz. Lassen Sie es sich brechen.*«

Gut, werden Sie sagen. Im Kapitel »Emotionale Sprache« habe ich bereits erfahren, wie visuelle, auditive und kinästhetische Texte uns zum Lesen animieren. Aber ich möchte zusammen mit Ihnen diesem Phänomen noch tiefer auf den Grund gehen. Wahrscheinlich haben Sie schon mal etwas von Neurolinguistischer Programmierung gehört. NLP beschäftigt sich mit der »effizienten Kommunikation«. Wie wir dafür sorgen können, dass wir besser verstanden werden.

Meine Frage: Lassen sich die NLP-Erkenntnisse für die mündliche Kommunikation auf das Texten übertragen? Ich fragte Dr. Jan Kruse. Während seiner langjährigen Tätigkeit als Leiter des Ausbildungsbereichs der HMI-Vertriebsorganisation in der Hamburg-Mannheimer-Versicherungsgruppe hat sich Kruse speziell mit dem Thema NLP im Vertrieb beschäftigt.

Abbildung oben: Eine Broschüre für die Hamburger Opernsaison, die mich fast zum Opernbesuch verführt hat.

TEXTEN
mit allen Sinnen.

Dr. Jan Kruse geht der Frage nach,
welche NLP-Regeln sich vom gesprochenen Wort
auf den geschriebenen Text übertragen lassen.

Dr. Jan Kruse ist Diplom-Kaufmann,
selbstständiger Trainer, Coach und Berater sowie
zertifizierter NLP- und Struktogramm®-Trainer.

Was ist NLP?

NLP steht für Neurolinguistisches Programmieren. Das hilft Ihnen zunächst auch nicht viel weiter. Etwas klarer wird das Wortgebilde, wenn wir die drei Bestandteile analysieren.

Neuro würdigt die fundamentale Idee, dass alles Verhalten sich aus unseren neurologischen Prozessen des Sehens, Hörens, Riechens, Schmeckens, Berührens und Empfindens ableitet. Wir erfahren die Welt durch unsere fünf Sinne.

Linguistisch betont, wie wichtig Sprache ist, um die Welt zu erfassen, um unsere Gedanken und unser Verhalten zu ordnen und um mit anderen zu kommunizieren.

Das *Programmieren* bezieht sich darauf, dass gelernte Verhaltens- und Denkweisen durch gezielte Interventionen verändert (umprogrammiert), das heißt in konstruktives Denken und erwünschtes Verhalten umgewandelt werden können.

NLP wurde in den 70er Jahren von dem Mathematiker und Psychologen Richard Bandler und dem Sprachforscher John Grinder entwickelt und entstand aus zwei simplen Fragen: Was genau macht hervorragende Therapeuten so hervorragend? Können wir eben das lehr- und lernbar machen? Bandler und Grinder beobachteten und analysierten bis ins kleinste Detail die Arbeit herausragender Psychotherapeuten. Insbesondere drei Spitzen-Therapeuten standen im Fokus: Fritz Perls, der innovative Psychotherapeut und Begründer der Gestalttherapie, Virginia Satir, die außergewöhnliche Familientherapeutin, die unbeirrbar in der Lage war, schwierige Familienbeziehungen zu klären, und Milton Erickson, der weltbekannte Hypnosetherapeut.

Die dabei entdeckten Verhaltensweisen wurden ins eigene Verhaltensrepertoire integriert. Dann entwickelte man Modelle, die zweierlei ermöglichten: Die jeweiligen Vorgehensweisen konnten einerseits selbst verlässlich beliebig häufig wiederholt und andererseits Dritten beigebracht werden. Der Geltungsbereich dieser als *Modelling* (Modellbildung oder Modellieren) bezeichneten Methode sollte dabei keineswegs auf die Psychotherapie beschränkt bleiben. Vielmehr wurde das *Modelling* so konzipiert, dass es universell auf alle kommunikativen Prozesse, auf jedes menschliche Erleben und Verhalten angewendet werden kann. Inzwischen werden auch die Topleistungen der Erfolgreichen in Beratung, Erziehung und Bildung sowie in der Geschäftswelt und im Sport modelliert. Die dabei entdeckten Muster, Fertigkeiten und Techniken werden zur effektiveren Kommunikation, zu persönlichem Wachstum und zu beschleunigtem Lernen angewandt.

NLP wird auch als psychologischer Werkzeugkasten bezeichnet. Es ist eine Methode, sich eigene oder fremde Wahrnehmungs- und Ausdrucksweisen sowie automatische Denk- und Verhaltensmuster bewusst zu machen. Sind diese Dinge dann bewusst, lassen sie sich erweitern und verändern. Die NLP-Werkzeuge beziehungsweise Tools sind das Resultat einer langjährigen Forschung über die Struktur subjektiver Erfahrungen (wie

Menschen die Welt wahrnehmen und darauf reagieren) und über Kommunikation (wie Menschen sich sprachlich ausdrücken und verständigen). Außerdem wurden die Verhaltensmuster erforscht, wie Menschen Gelerntes speichern und automatisch wiederholen.

Die Erkenntnisse und Inhalte des NLP ermöglichen es, die Kommunikation zwischen Menschen zu verbessern.

Sie bieten eine Vielzahl von Techniken zur Ziel- und Lösungsfindung bei Problemen und sind auch aus dem Trainingsbereich nicht mehr wegzudenken. Bandler ist im Rahmen seiner Studien zur Erkenntnis gelangt, dass es relevant ist, Menschen beizubringen, wie sie ihr eigenes Gehirn zweckmäßig nutzen können. Er hält das menschliche Gehirn für eine Maschine ohne Ausschalter, das – wenn Sie ihm nichts zu tun geben – einfach weiter läuft, bis es sich langweilt. »Die meisten Menschen sind Gefangene ihres eigenen Gehirns. Sie verhalten sich, als ob sie im Hintersitz eines Busses festgekettet wären, während jemand anderes lenkt. Ich möchte, dass Sie lernen, Ihren eigenen Bus zu fahren.«[1]

Jeder Mensch hat seine individuelle Landkarte.

Die NLP-Grundannahme »Die Landkarte ist nicht das Gebiet« weist auf den grundlegenden Unterschied zwischen unseren Beschreibungen von der Welt (den Landkarten) und der Welt selbst (dem Gebiet) hin. In der Schule haben wir gelernt, dass das Auge wie eine Kamera funktioniert und die uns umgebende Wirklichkeit aufnimmt. Das würde bedeuten, dass alle Menschen dasselbe wahrnehmen. Diese Auffassung ist ein Irrtum und mit den Ergebnissen der aktuellen neurophysiologischen Forschung nicht zu vereinbaren.

Sehen funktioniert nicht wie eine Kamera. Die uns umgebende Wirklichkeit produziert keine Abbilder in unseren Augen, die zum Gehirn weitergeleitet werden. Stattdessen wirken Umweltreize auf unsere Sinneszellen, die wiederum die Zellen unseres zentralen Nervensystems erregen. Das Gehirn verarbeitet diese Erregung zu Bildern, Geräuschen, Gefühlen, Geruchs- und Geschmacksempfindungen.

Was wir wahrnehmen, ist unser ganz individuelles Produkt.
Es gibt somit keine objektive Wahrnehmung.

Jeder Mensch entwickelt seine eigene Vorstellung, seine individuelle Landkarte von der Welt, die sich von der aller anderen unterscheidet. Und keine dieser Vorstellungen stellt die Welt vollständig und objektiv dar.

Gehen ein Künstler, ein Holzfäller und ein Botaniker in einem Wald spazieren, werden sie sehr unterschiedliche Dinge wahrnehmen. Wenn Sie durch die Welt gehen und nach besonderen Leistungen Ausschau halten, werden Sie besondere Leistungen finden. Wenn Sie durch die Welt gehen und nach Problemen Ausschau halten, werden Sie Probleme finden.

»Obwohl wir alle in der gleichen Umgebung leben, lebt jeder von uns in einer anderen Welt«, meinte Schopenhauer. Und Paul Valery sagte: »Ich lebe in einer Welt, die in mir ist.« Das verdeutlicht, warum Kommunikation so schwierig ist. Der Sender einer Botschaft verbindet damit die Bedeutung, die diese Botschaft in seiner Welt besitzt. Der Empfänger interpretiert die Botschaft dagegen nach den Regeln und Mustern seiner Welt. Darüber hinaus reagiert jeder Mensch auf seine Abbildung der Realität, nicht auf die Realität selbst.

Verbales Spiegeln.
Spiegeln (pacen, matchen) bezeichnet den Vorgang, bei dem sich eine Person an Teile des beobachteten Verhaltens einer anderen Person angleicht. Beispielsweise indem sie bewusst – und zwar behutsam, ohne die Person nachzuäffen – die gleiche Körperhaltung einnimmt oder einen anderen Aspekt der Körpersprache aufgreift (= nonverbales Spiegeln). Ebenso kann die inhaltliche Aussage oder die Sprechweise der anderen Person gespiegelt werden (= verbales Spiegeln).

Auch das äußere Erscheinungsbild einer anderen Person kann gespiegelt werden. Bei Fußballspielen pacen sich die Schlachtenbummler auf vielen Ebenen. So sind die Fans eines bestimmten Vereins an gleichen Schals, Mützen, T-Shirts, Jacken und Fahnen erkennbar. Schließlich werden Merkmale der Persönlichkeit – wie der Lebensstil, Vorlieben, Überzeugungen und Werte – gespiegelt, indem zum Beispiel die gleiche politische Grundüberzeugung kundgetan wird.

Warum spiegeln wir? Spiegeln verbindet, egal ob es unbewusst stattfindet oder bewusst initiiert wird. Menschen mögen es, wenn sie sich und ihre Eigenarten in dem Gesprächspartner wiedererkennen. Spiegeln begünstigt, dass sich ein fruchtbares Gesprächsklima sowie eine Beziehung gegenseitigen Vertrauens und Verstehens aufbauen. Die Gesprächspartner haben dann einen guten Kontakt und sind auf einer gemeinsamen Wellenlänge, was im NLP als »Rapport« bezeichnet wird. Rapport ist eine Voraussetzung für erfolgreiche Kommunikation, beispielsweise im Rahmen einer Verkaufsverhandlung, einer Trainingsmaßnahme oder eines Therapiegesprächs. Mit dem geschriebenen Wort können wir nur verbal spiegeln und dabei lediglich auf die inhaltliche Aussage (und also nicht auf Tonfall etc.) abstellen. Folgende Aspekte der Sprache kommen dabei in Betracht:

1. Wir können die Schlüsselwörter, Fachausdrücke und Redewendungen der angesprochenen Person verwenden und den Sprach- beziehungsweise Schreibstil matchen.

Das bedeutet: Verzichten Sie auf Ihren eigenen Jargon. Übernehmen Sie stattdessen die sprachlichen Eigenarten der passenden Zielgruppe.

2. Ebenso können Sie das Repräsentationssystem der anderen Person spiegeln, indem Sie sinnesspezifische Begriffe und Redewendungen (im NLP auch als Prädikate bezeichnet) aus dem bevorzugten Sinneskanal der jeweiligen Zielgruppe wählen (siehe oben: Texte müssen unsere Sinnesorgane stimulieren.)

3. Der dritte Aspekt des verbalen Spiegelns betrifft die »Entscheidungsstrategie«.

Das Wort »Strategie« wird im NLP benutzt, um zu beschreiben, wie Menschen ihre inneren und äußeren Bilder, Geräusche und Gefühle in eine bestimmte Reihenfolge bringen. Eine Strategie beschreibt also eine zeitliche Abfolge von Repräsentationssystemen als blitzschnelle und in der Regel unbewusste Vorgehensweise, die im Gehirn bei der Verarbeitung von Informationen abläuft. Typische und wichtige Strategien sind die Sequenzen, die ablaufen, wenn wir uns entscheiden, uns motivieren, etwas Neues lernen, uns erinnern, etwas für wahr halten. In der Arbeit mit Strategien gehen NLPler davon aus, dass eine Person ihre bevorzugte Strategie in unterschiedlichen Kontexten anwendet. Mit derselben Entscheidungsstrategie wird eine Vorspeise aus einer Speisekarte ausgewählt, eine Entscheidung über einen Hauskauf getroffen und das Kreuz bei der Bundestagswahl gemacht. Dieselbe Sequenz von Repräsentationssystemen wird also für jede Art von Entscheidung benutzt, nur die Inhalte ändern sich.

Ein typisches Beispiel für eine Entscheidungsstrategie ist, sich zuerst über den visuellen Kanal ein Bild zu machen, es dann auditiv zu kommentieren und anschließend anhand des kinästhetischen Gefühls eine Entscheidung zu treffen. Ein Richter, der diese Strategie verfolgt, könnte Folgendes sagen: »Wenn ich mir das Vorstrafenregister des Angeklagten ansehe, dann frage ich mich, wie das weitergehen soll. Ich habe das Gefühl, da müssen wir einen Riegel vorschieben.«

Erkennt ein Verteidiger, dass sich dieses Sprachmuster bei dem Richter wiederholt, also dessen Strategie offenbart, kann er die Entscheidungsstrategie des Richters spiegeln. Er könnte dann wie folgt argumentieren: »Herr Vorsitzender, schauen Sie sich den Angeklagten an, ein wahres Bild der Reue. Man könnte sagen, dass er seine kriminelle Vergangenheit hinter sich gelassen hat und dass Sie ihm deshalb mit einem guten Gefühl eine milde Strafe geben können.« Da der Verteidiger die Strategie des Richters spiegelt, erhöht sich die Bereitschaft des Richters, auf die Argumentation einzugehen. Denn er kann sich einer auf der unbewussten Ebene gespiegelten eigenen Strategie kaum entziehen.

Jeder hat eine Kaufstrategie, und gute Verkäufer werden nicht mit jedem Kunden in der gleichen, festgelegten Form kommunizieren. Einige Leute müssen ein Produkt sehen und es mit sich selbst besprechen, bis sie das Gefühl bekommen, dass sie es haben wollen. Andere müssen vielleicht über das Produkt etwas hören, dann fühlen, dass es eine gute Idee ist, und sich selbst sehen, wie sie es benutzen, bevor sie es kaufen.

Offenbart ein Käufer mit seiner Wortwahl seine Kaufstrategie, kann der Verkäufer sein Angebot so formulieren, dass er die Strategie des Käufers spiegelt.

Spiegelt eine Person den Sprach- beziehungsweise Schreibstil, das bevorzugte Repräsentationssystem sowie die Entscheidungsstrategie einer anderen Person, schöpft sie alle Möglichkeiten aus, um einen tiefen Rapport, ein vertrauensvolles Verstehen herbeizuführen. Letztlich war mein verbales Pacing dann erfolgreich, wenn die andere Person meine Äußerungen als zutreffende Beschreibung ihres aktuellen Erlebens akzeptiert.

Es wird nicht davon ausgegangen, dass alle zu einer bestimmten Zielgruppe gehörenden Personen die gleiche Entscheidungsstrategie nutzen. Daher kann die Entscheidungsstrategie bei der schriftlichen Kommunikation mit Zielgruppen nicht gespiegelt werden.

Sprache soll verführen.

Nachfolgend einige Empfehlungen, wie Texte aus NLP-Sicht verfasst werden sollten, damit sie verführen, berühren, ansprechen, anschaulich sind, etwas verdeutlichen oder erhellen, etwas schmackhaft machen oder die angesprochene Person zum Schnuppern animieren.

Die allgemeine Empfehlung lautet: Bringen Sie mehr Farbe in Ihre Sprache! Verführen Sie den Leser, indem er an seine positiven Erlebnisse anknüpfen kann! Mit einer blutleeren Schreib- und Sprechweise lassen sich keine lebendigen Erfahrungen vermitteln. Sie müssen Bilder schaffen, Klänge erzeugen, Gefühle erwecken und vielleicht sogar den Geruchs- und Geschmackssinn anregen. Das macht das Gesagte oder Geschriebene lebendig.

Dies ist die Kunst des Geschichtenerzählers und des professionellen Autors. Je sinnesorientierter Ihre Sprache ist, desto stärker sprechen Sie die Sinne des Empfängers an. Das wiederum bewirkt, dass die betreffende Person ihren Text interessiert sowie begeistert aufnimmt und sich auch noch später daran erinnert.

Es scheint bei vielen Managern die irrige Annahme zu geben, dass ein Dokument umso glaubwürdiger und wichtiger erscheint, je abstrakter und unverständlicher seine Sprache ist. Objektivität und Professionalität werden irgendwie mit abstrakter Sprache in Verbindung gebracht.

Natürlich kann eine abstrakte Sprachform durchaus sinnvoll sein, wenn damit etwas Substanzielles zum Ausdruck gebracht wird. Aber leider hören wir im Unternehmensbereich und privaten Kontext allzu oft Abstraktionen ohne konkreten Inhalt.

Vermeiden Sie Nominalisierungen!
Sie werden häufig verwendet und können sehr irreführend sein. Es sind Substantive, die aus Verben entstanden sind. Aus einem fortlaufenden Prozess wurde ein Ding oder ein Ereignis. Sätze mit Nominalisierungen machen den gesprochenen oder geschriebenen Text schwerfällig und unverständlich. Durch die Verwendung von Verben wird der Stil dagegen lebendig und dynamisch. Beispiel: Der Satz »Ich möchte meiner Freude Ausdruck verleihen« wird umformuliert zu »Ich freue mich«.

Bei einer Nominalisierung gehen Informationen verloren. Der Hörer beziehungsweise Leser ist gezwungen zu interpretieren, wenn er dem Substantiv Sinn verleihen will. Was beinhaltet die Aussage »Wir haben eine Beziehung«? Der Begriff Beziehung ist eine Nominalisierung für vieles, was die Partner gemeinsam tun: reden, essen, sich berühren, fernsehen, spazieren gehen. Viele sinnliche Details werden in einem Begriff zusammengefasst. Ein Verb beinhaltet Handlung oder einen fortlaufenden Vorgang. Dies geht verloren, wenn es nominalisiert und in ein statisches Substantiv verwandelt wird. Metaphorisch ausgedrückt reduziert die Nominalisierung einen Film auf ein einziges Bild.

Wie können wir Nominalisierungen erkennen? Meistens sind es Verben oder Adjektive, die mit den Endungen -ung, -heit, -keit oder -mus versehen wurden (Beispiele: Hoffnung, Trägheit, Traurigkeit, Perfektionismus). Außerdem Begriffe wie Erfolg, Misserfolg, Verständnis, Vertrauen, Standards, Effizienz, Technologien, Management, Unternehmen, Qualität und Innovation. Wenn ein Substantiv nicht gesehen, gehört, berührt, gerochen oder geschmeckt werden kann, kurz, wenn man es nicht auf einen LKW laden kann, ist es eine Nominalisierung. Ein Klavier oder einen Stuhl können Sie auf einen LKW laden, den Erfolg dagegen nicht. Nominalisierungen sind das Sprachmuster der Top-Manager und Politiker. Auf Vorstandsebene sind sie unentbehrlich. Lautet ein Vorstandsbeschluss beispielsweise »Unsere Qualität muss verbessert werden«, darf man allerdings nicht vergessen, ihn anschließend mit Hilfe von konkreten Fragen in echte Aktionen zu übersetzen: »Welches Verb verbirgt sich dahinter? Wer macht etwas? Was wird gemacht? Woran erkennen wir unseren Erfolg?«

Der Vorteil einer Nominalisierung ist, dass komplexe Abläufe praktischerweise durch nur einen Begriff erfasst werden. Nominalisierungen sind an sich nichts Schlechtes, solange wir sie nicht mit der Realität verwechseln oder glauben, wir wüssten, was damit gemeint ist. Es besteht die Gefahr, dass wir unsere Spekulationen für zutreffend halten und uns einbilden, sie seien bereits in der ursprünglichen Aussage enthalten gewesen. Denken Sie über einige der Nominalisierungen nach, die Sie im Laufe des Tages gehört oder gelesen haben. Wie haben Sie reagiert? Nahmen Sie an, dass Sie wissen, was damit gemeint ist? Und falls Sie selbst Nominalisierungen gebrauchen: Sind Sie sicher, dass der Empfänger Ihrer Botschaften weiß, was Sie meinen?

Wenn nötig, lösen Sie eine Nominalisierung mit Hilfe folgender Fragen auf: »Welche Aktion steckt dahinter? Wer agiert? Was wird getan? Wie wird es getan?«

Verbales Umdeuten (Reframing).

»Nicht die Dinge an sich sind es, die uns beunruhigen, vielmehr ist es unsere Interpretation der Bedeutung dieser Ereignisse, die unsere Reaktion bestimmt.« *(Marc Aurel)*

Im Spätsommer saß ich im alten Hauptgebäude der Universität Hamburg und wartete auf den Beginn eines Vortrags über Quantenmedizin. Meine Gedanken führten mich viele Jahre zurück. Ich erinnerte mich an eine Vorlesung, die ich als Erstsemester in diesem Hörsaal gehört hatte. Ein Luftzug im Nacken brachte mich zurück in die Realität. Ich blickte zur Seite und entdeckte eine offene Fensterklappe. »Es zieht«, sagte ich zu meiner Freundin. »Freue dich doch über die schöne frische Luft«, war ihre Antwort.

Abends zeigten sich Regenwolken am Himmel. Für Hamburg nicht so sensationell ungewöhnlich. Sorgenvoll blickte meine Freundin, die im Garten grillen wollte, zum Himmel. »So ein Mist«, sagte sie, »jetzt klappt das wieder nicht mit der Gartenfete!« Zur gleichen Zeit freute sich ihr Nachbar, dass ihm das Blumengießen für heute wohl erspart bleiben würde.

Was ist nun das Gemeinsame dieser Beispiele? Die Beurteilung eines bestimmten Ereignisses hängt vom Rahmen (frame) ab, in dem wir das Ereignis betrachten. Und aus der Beurteilung resultieren wiederum Reaktionen und Verhaltensweisen. Wird der Rahmen gewechselt und eine andere Deutung vorgenommen, so verändert sich auch die Beurteilung des Ereignisses: Wir sehen die Dinge in einem anderen Licht. Andere Verhaltens- und Reaktionsweisen werden möglich. Dieses Rahmenwechseln wird Reframing genannt. Wörtlich bedeutet dieses Wort »einen neuen Rahmen setzen«. Treffender kann man es im Deutschen mit »umdeuten« bezeichnen: Ereignissen werden andere Bedeutungen gegeben, oder sie werden aus anderer Perspektive betrachtet.

Verbales Reframing ist die Fähigkeit, ein ganz gewöhnliches Ereignis in einen neuen Rahmen zu stellen, der nützlich und unterhaltsam ist. Witze basieren fast immer auf verbalem Reframing. Werbung und Verkauf sind andere Bereiche, wo Reframing sehr wichtig ist. Produkte werden ins bestmögliche Licht gerückt. Werbeanzeigen sind Rahmen für ein Produkt.

Beispiele: Italienischen Kaffee zu trinken bedeutet, dass Sie sexy sind; Weichspüler von Kuschelweich zu benutzen bedeutet, dass Sie sich um Ihre Familie sorgen. Reframing ist so allgegenwärtig, dass Sie Beispiele sehen werden, wo immer Sie auch hinschauen. Es gibt zwei grundsätzliche Arten von Reframing: Inhalts- und Kontext-Reframing. Während beim Inhalts-Reframing der Inhalt beziehungsweise die Bedeutung reframt wird, geht es beim Kontext-Reframing um einen Reframe des Kontextes.

Inhalts-Reframing.
Beim Inhalts-Reframing (auch Bedeutungs-Reframing genannt) wird einem negativ beurteilten Ereignis eine neue inhaltliche Bedeutung beigemessen, wodurch das Ereignis in der Regel positiv beurteilt wird.

Das obige Beispiel Luftzug veranschaulicht Inhalts-Reframing. In der Werbung wird der Schokoriegel *Duplo* als »die längste Praline der Welt« gedeutet. *Fruchtzwerge* werden nicht als Süßigkeit angeboten, sondern mit dem Label »So wertvoll wie ein kleines Steak« versehen. *Krombacher* ist nicht einfach ein Bier, sondern »eine Perle der Natur«. Und Holger interpretiert die Aufforderung »Spreng doch mal den Garten« ganz anders, als wir es erwarten.

Weitere Beispiele für Inhalts-Reframing: Ein Problem wird als Herausforderung gedeutet, eine Schwäche als Wachstumspotenzial. Mitarbeiter werden nicht gekündigt, sondern beurlaubt, freigestellt oder es wird Ihnen die Gelegenheit gegeben, sich neuen Herausforderungen zu stellen.

Kontext-Reframing.
Beim Kontext-Reframing wird für ein im bisherigen Kontext negativ beurteiltes Ereignis ein neuer Kontext definiert. Dadurch wäre genau dieses Ereignis sinnvoll oder nützlich und wird entsprechend positiv bewertet. Der neue Kontext wird durch folgende Fragen gefunden: In welchem Kontext, unter welchen Umständen, in welchem Zusammenhang hätte das bisher negativ beurteilte Ereignis einen Sinn oder wäre nützlich?

Dieses Reframing nutzen diverse TV-Spots. Im Spot für die DEVK zur Altersvorsorge wird die Aussage »Nicht weinen. Die Oma ist bald an einem Ort, an dem es ihr besser geht als uns« zunächst mit der Vermutung »Todesfall« verbunden. Dann zeigt sich zur Freude aller, dass eine Reise nach Rio ansteht. Analog wird beim VW-Spot für den Sharan zunächst vermutet, dass sich die Aussagen »Familienausflug« und »Kinder brauchen Platz« auf Kleinkinder beziehen. Die Bedeutung der Aussagen wandelt sich total, als vier attraktive Blondinen (Frau und drei Töchter) erscheinen. Im LBS-Spot werden die Aspekte »Risikovermeidung« und »langweiliges Produkt« eindrucksvoll durch den Aspekt ersetzt: »Altersvorsorge, von der Sie schon heute etwas haben: Das eigene Zuhause.«

Verbale Reframing-Techniken.

NLP hat eine Vielzahl von Techniken zum verbalen Rahmen beziehungsweise Umdeuten entwickelt oder übernommen. Zu den Techniken wurden Anleitungen formuliert, die es ermöglichen, die Beurteilung einer Aussage in der gewünschten Richtung zu verändern. Ich werde folgende Reframing-Techniken skizzieren:

1. Mit »aber«, »und« oder »obwohl« verbundene Aussagen
2. Power-Reframing
3. Positives Denken durch positives Umdeuten
4. Ein-Wort-Reframing
5. Chunking
6. Ein anderes Ziel
7. Verändern der Rahmengröße
8. Die »zweite Position« einnehmen

Mit »aber«, »und« oder »obwohl« verbundene Aussagen.

Wörter rahmen unsere Erfahrungen, indem wir bestimmte Aspekte in den Vordergrund und andere in den Hintergrund stellen. Verbinden wir Aussagen mit den Wörtern »aber«, »und« oder »obwohl«, lenken wir die Aufmerksamkeit unseres Lesers auf unterschiedliche Aspekte. Im Satz »Ich trinke Cola light, aber ich muss nicht auf meine Figur achten« wird die Aussage hinter dem Wort »aber« betont. Dagegen tritt die Tatsache, dass ich Cola light trinke, in den Hintergrund. Umgekehrt wird bei dem Satz »Ich trinke Cola light, obwohl ich nicht auf meine Figur achten muss« die erste Aussage stärker hervorgehoben. Mit »und« verbundene Aussagen sind gleich stark betont: »Ich trinke Cola light, und ich muss nicht auf meine Figur achten.« Menschen mit der Angewohnheit, positive Aspekte ihrer Erfahrungen häufig durch einen »Aber-Nachsatz« zu ergänzen, sollten sich die Wirkung solcher Aussagen bewusst machen. Sie demontieren das eigene Selbstwertgefühl und entwerten die eigene Leistung in den Augen anderer. Für Personen, die eine positive Erfahrung häufig mit »Ja, aber« abschwächen, empfiehlt sich der »Obwohl-Rahmen«.

Nehmen Sie einen Satz, in dem eine positive Erfahrung durch eine Aussage, die mit »aber« beginnt, abgewertet wird. Ersetzen Sie jetzt das Wort »aber« durch »obwohl«. Statt: »Das ist mir ja ganz gut gelungen, aber es hätte noch besser sein können!« Besser: »Das ist mir ja ganz gut gelungen, obwohl es noch besser hätte sein können!« Auf diese Weise wird der positive Fokus aufrechterhalten und gleichzeitig eine ausgewogene Sichtweise ermöglicht. Auch diese Arten von verbalen Reframings beeinflussen also, wie wir bestimmte Aussagen und Situationen interpretieren und wie wir auf sie reagieren.

Schema und Beispiele für Inhalts-Reframing

Ereignis X	Inhaltliche Bedeutung	Beurteilung
Verhalten, Eigenschaft, Aussage, Erfahrung, Situation, Tatsache, Produkt, Sache, Objekt etc.		Bewertung, Urteil, innere Reaktion, Interpretation, Sinn, Sicht, Einstellung, Gefühl, Wahrnehmung, Implikation, Konsequenzen etc.
Was ist es? Worum geht es?	Was bedeutet es? (alte und neue Bedeutung nach Reframing)	Wie beurteile ich X? Wie reagiere ich auf X? Wie interpretiere ich X? Welchen Sinn sehe ich in X? Wie nehme ich X wahr? etc.
»Du machst mich wütend!« (= Aussage)	Person will mich provozieren.	Negativ
	Person möchte meine Aufmerksamkeit.	Verständnisvoll
»Ich reagiere spontan und heftig auf Dinge, die mich ärgern!« (= Aussage)	Nicht adäquate Reaktion	Negativ
	Ich lasse mich nicht so leicht von anderen zur Seite drängen oder über den Tisch ziehen.	Positiv (= nicht sehr geschätzte Verhaltensweise wird als Fähigkeit begriffen)
Harte Klappsitze beim Vortrag (= Situation)	»Meine Güte, sind die unbequem.«	Negativ
	»Das fördert meine Aufmerksamkeit.«	Positiv
Duplo (= Produkt)	Schokoriegel	Nichts Besonderes!
	Längste Praline der Welt	Etwas Besonderes!
Fruchtzwerge (= Produkt)	Süßigkeit	Tendenz eher negativ
	So wertvoll wie ein kleines Steak!	Tendenz eher positiv
Krombacher (= Produkt)	Bier	»Alk«; eher Negativ-Touch
	Eine Perle der Natur	Positives Image (kommt aus der Natur)
XY ist nicht mehr HSV-Trainer. (= Tatsache)	Er wurde entlassen.	Negativ
	Er wurde beurlaubt.	Klingt weniger negativ
Kritikgespräch (= Verhalten)	»Ich sehe das als eine Schwäche von Ihnen!«	Negativ
	»Sie haben durchaus noch Wachstumspotenzial!«	Klingt weniger negativ

Power-Reframing.
Die stärkste Form des inhaltlichen Umdeutens ist das so genannte Kraft-Umdeuten (Power-Reframing), mit dem das Wertesystem einer anderen Person überzeichnet wird. Anhand eines Kriteriums, das wichtiger ist als das Kriterium, das die bisherige Überzeugung hervorgebracht hat, wird eine Situation neu bewertet. Diese Technik nutzt zum Beispiel der Saturn-Slogan »Geiz ist geil!«. Die Überzeugung, dass Geiz etwas Spießiges ist, wird durch die Überzeugung »Geiz ist extrem wünschenswert« überzeichnet. Auch ein VW-Spot zum Golf arbeitet mit Power-Reframing. Eine Frau verlässt ihren Mann und wirft Schmuck, Pelzmantel etc. weg. Dann hat sie den Autoschlüssel in der Hand, zögert und behält ihn. Die Wertschätzung für den Golf ist größer als der Hass auf ihren Ex-Mann.

Positives Denken durch positives Umdeuten.
Die bekannteste Form des Umdeutens ist das positive Denken. Dabei werden alle Dinge des Lebens in einem positiven Licht gesehen, aus einem positiven Blickwinkel betrachtet. Misserfolge werden zum Beispiel als Durchgangsstationen zum Erfolg interpretiert. Als weiteres Beispiel für positives Umdeuten lässt sich die Sichtweise des Optimisten anführen. Er bezeichnet das für einen Pessimisten schon halb leere Glas als noch halb voll. Zum positiven Denken gehört auch, dass ich alles, was mir auch immer zustößt, positiv umdeute. Und dann arbeite ich daran, hieraus das Beste zu machen.

Folgende Anekdote drückt besser als viele Worte aus, was positives Reframen ist: Eine Anstalt für schwer erziehbare Jugendliche hat einen neuen Leiter bekommen. Er will zu den Jugendlichen sprechen, die in der Aula versammelt sind. Als er die Stufen zum Podium hochgeht, stolpert er und fällt hin: brüllendes Gelächter der Jugendlichen. Er aber steht seelenruhig auf, geht zum Podium und beginnt seine Ansprache mit folgenden Worten: »Das ist genau das, was ich euch sagen will. Hinfallen kann jeder. Worauf es ankommt ist, dass man wieder aufsteht!«[2]

Ein-Wort-Reframing.
Beim Ein-Wort-Reframing sucht man zu einem Wort (in einer Aussage oder Überzeugung) ein anderes Wort mit ähnlicher Bedeutung, das jedoch positivere Implikationen enthält. Auf diese Weise wird die vernichtende Aussage »Ich bin dumm« umgedeutet in »Ich bin zu gutmütig«, was deutlich positiver klingt. Ein-Wort-Reframing nutzt man auch zur Umformulierung von Bemerkungen, die gegenüber anderen Menschen gemacht werden. Kritik und Vorwürfe werden entschärft, indem Sie bestimmte Wörter in Gesprächen mit Ihrem Partner, Ihren Kindern, Freunden und Arbeitskollegen durch andere ersetzen, die unnötige Verletzungen vermeiden.

Schema und Beispiele für Kontext-Reframing

Ereignis X	Kontext	Beurteilung
Verhalten, Eigenschaft, Aussage, Erfahrung, Situation, Tatsache, Produkt, Sache, Objekt etc.		Bewertung, Urteil, innere Reaktion, Interpretation, Sinn, Sicht, Einstellung, Gefühl, Wahrnehmung, Implikation, Konsequenzen etc.
Was ist es? Worum geht es?	In welchem Zusammenhang betrachte ich das Ereignis? In welchem Zusammenhang wäre das Ereignis nützlich? Unter welchen Umständen wäre es sinnvoll?	Wie beurteile ich X? Wie reagiere ich auf X? Wie interpretiere ich X? Welchen Sinn sehe ich in X? Wie nehme ich X wahr? etc.
TV-Spot »DEVK – Altersvorsorge« (= Aussage): »Nicht weinen. Die Oma ist bald an einem Ort, an dem es ihr besser geht als uns!«	Vermutung: Todesfall	Negativ: Trauer
	Erkenntnis: Weltreise	Positiv: Freude
TV-Spot »LBS – Bausparen« (= Produkt)	Aspekt: Risikovermeidung	Negative Sichtweise
	Aspekt: Altersvorsorge, von der Sie schon heute etwas haben: Das eigene Zuhause.	Positive Sichtweise
TV-Spot »VW – Der Sharan« (= Aussage): Familienausflug, Kinder brauchen Platz	Vermutung: Kleinkinder	Hämische Freude
	Erkenntnis: Vier attraktive Blondinen	Großes Staunen + Neid
»Ich bin zu pingelig!« (= Aussage)	Privatleben	Eher negativ
	Kontroll-Tätigkeit	Positiv (gründlich)
Regenwolken am Himmel (= Ereignis)	Garten-Party ist geplant	Negativ; kein Spaß!
	Blumen brauchen Wasser	Positiv; erspart Arbeit!
Ein kleiner Junge schlägt sich einen Zahn aus (= Ereignis)	Seine Schwester sagt: »Du Armer, jetzt werden dich die anderen Kinder auslachen.«	Negative Sichtweise
	Großvater: »Toll, da brauchst du einen Zahn weniger zu putzen!«	Positive Sichtweise

Statt Ihrem Kind vorzuwerfen, dass es lügt, können Sie auch sagen, dass es eine blühende Fantasie hat oder dass es Märchen erzählt.

Außerdem ermöglicht Ein-Wort-Reframing »politische Korrektheit« im sprachlichen Ausdruck. So können Sie ein Kind mit starker körperlicher Energie, dem es schwer fällt, Anweisungen zu folgen, als lebhaft bezeichnen, statt es als hyperaktiv abzustempeln. Analog wird aus dem Hausmeister ein Haustechniker, und aus der Müllabfuhr wird das Abfallmanagement. Derartige Umbenennungen helfen Menschen, andere aus einer umfassenderen und weniger urteilenden Perspektive zu sehen.

Im TV-Spot für die real Supermärkte »Holger, spreng doch mal den Garten« wird die Bedeutung des Wortes »Sprengen« dahingehend verändert, dass sich eine überraschende Wendung mit hier allerdings negativer Implikation ergibt. Besonders für Unternehmen, die oft längere Texte verfassen müssen und die dabei die Schwierigkeit haben, Technik spannend zu »beschreiben«, bietet sich die nächste NLP-Technik auch beim Texten an.

Chunking.

Es werden drei Arten des Chunking unterschieden: Chunking up, Chunking down und laterales Chunken.

Beim Chunking up, dem schrittweisen Hinaufgehen oder Hochchunken, geht man auf eine höhere Abstraktionsebene, vom Besonderen zum Allgemeinen, vom Teil zum Ganzen. Indem man von bestimmten Merkmalen beziehungsweise Unterschieden abstrahiert, entsteht eine umfassendere Klasse von Elementen. Nehmen Sie als Beispiel das Objekt »Auto«. Um eine Ebene höher zu gehen, fragen Sie: »Wofür ist das ein Beispiel?«, »Wozu dient das?«, »Was ist daran wichtig?« Eine mögliche Antwort auf die erste Frage ist: »Auto ist ein Beispiel für ein Transportmittel.« Das Hochchunken kann auch direkt auf eine Aussage angewandt werden, um die Art, wie sie wahrgenommen wird, zu verändern und sie zu reframen. Wird das Problem dann auf einer höheren Ebene, in einem größeren Zusammenhang beleuchtet, werden vorher nicht gesehene Lösungswege erkannt.

Beim Chunking down, dem schrittweisen Heruntergehen oder Herunterchunken, wird der Grad der Abstraktion verringert. Man bewegt sich vom Allgemeinen zum Besonderen, vom Ganzen zum Teil und erhält sinnlich wahrnehmbare, reale Dinge und Ereignisse. Nehmen wir als Beispiel erneut ein Auto. Um eine Abstraktionsebene tiefer zu gehen, fragen Sie: »Was sind Bestandteile eines Autos?« Eine mögliche Antwort lautet: »Reifen, Motor, Sitze.« Die Antwort auf die Rätselfrage »Wie isst man eine ganze Wassermelone?« ist ein weiteres Beispiel für das Herunterchunken: »Einen Bissen nach dem anderen.« Diese Metapher lässt sich auf jede Art von Situation übertragen.

Das laterale Chunken beinhaltet einen Schritt zur Seite und eine Suche nach Analogien und Metaphern, die neue Ideen und Perspektiven erschließen. Es wird auf der gleichen Informationsebene nach anderen Beispielen für das Gemeinte gesucht. Die Frage: »Was ist ein anderes Beispiel für diese Klasse von Objekten« führt zum Beispiel vom Auto zum Transportmittel Flugzeug. Das ist gleichbedeutend mit einem Chunking up zum Oberbegriff Transportmittel und anschließendem Chunking down zum Unterbegriff Flugzeug.

Ein anderes Ziel.
Diese in der Literatur auch als »Ein anderes Ergebnis« bezeichnete Technik lenkt die Aufmerksamkeit einer Person auf ein anderes Ziel. Und damit weg von dem bisherigen Ziel. Hierdurch soll erreicht werden, dass die Person ihre derzeitige Überzeugung in Frage stellt. So kann ein Workshop-Teilnehmer nach einer Übung beispielsweise davon überzeugt sein, dass er die erwarteten Resultate nicht erreicht hat. Dabei unterstellt er, dass es das Ziel der Übung war, die vorgegebenen Aufgaben perfekt zu erledigen.

Wird nun das durch die Seminarübung angestrebte Ergebnis von »es perfekt machen« zu »etwas Neues entdecken« verändert, kann dies die Art der Erfahrung, die ein Teilnehmer während der Übung macht, erheblich beeinflussen. Was er im Hinblick auf das Ziel »es perfekt machen« als Misserfolg empfindet, kann er durchaus als Erfolg einstufen, wenn es darum ging, etwas Neues zu entdecken. Die Bewertung eines erreichten Ergebnisses verändert sich, wenn ich ein anderes Ziel vorgebe. Das könnte dazu verführen, so wie der Dart-Spieler zu handeln, der zunächst den Pfeil wirft und erst danach die Scheibe aufhängt.

Im Kampf gegen Coca-Cola nutzte Pepsi folgendes Reframing: »Sicher, die anderen waren die Nummer eins, aber was ist heute?
Wollen Sie ein Produkt von gestern oder wollen Sie eins von heute?«

Verändern der Rahmengröße.
Bei der Reframing-Technik »Verändern der Rahmengröße« wird ein Ereignis neu gerahmt und damit neu beurteilt. Und zwar im Kontext eines kürzeren oder längeren Zeitrahmens, aus Sicht eines Einzelnen oder einer größeren Zahl von Menschen, mit umfassender oder eingeschränkter Perspektive.

Als Beispiel für ein Reframing durch Änderung des Zeitrahmens lässt sich das Zuschauerverhalten bei Sportveranstaltungen anführen. Siege und Niederlagen können starke emotionale Reaktionen von Euphorie oder Niedergeschlagenheit auslösen. Im größeren Lebenszusammenhang erscheinen die gleichen Ereignisse später rückblickend oft als völlig unwichtig. Analog kann reframt werden, indem die Zahl einbezogener Menschen verändert wird. Eine Handlung wie das Urinieren im Park kann unter Umständen akzeptabel erscheinen, wenn eine einzelne Person sie ausführt. Dagegen kommt es zu einer kleinen ökologischen Katastrophe, wenn – wie bei der Love-Parade – zigtausend Menschen so handeln.

Und schließlich ist ein Reframing möglich, indem die Perspektive verändert wird. Das Bild einer Maus, die auf ein Stück Käse zuläuft, kann ein Gefühl wie »oh wie niedlich« hervorrufen. Vergrößert man das Sehfeld und erkennt man, dass hinter der Maus eine Katze zum Sprung ansetzt, ändert sich sicher die Beurteilung der Situation.

Die »zweite Position« einnehmen.

Eine einfache, sehr wirksame Technik des Reframing besteht darin, eine Situation oder Überzeugung aus der Perspektive einer anderen Person zu betrachten. Dieses Hineinversetzen in eine andere Person wird im NLP als »Wechsel in die zweite Position« bezeichnet. Hierdurch kann sich ergeben, dass ich eine Situation plötzlich ganz anders beurteile oder meine Überzeugung verändere. Die zweite Position beinhaltet also, dass Sie sich in die Sichtweise, die Überzeugungen und die Annahmen der anderen Person hineinversetzen und das betreffende Ereignis aus dieser Perspektive betrachten. Jeder Verkäufer sollte sein Angebot mit den Augen des Kunden beleuchten.

Diverse TV-Spots arbeiten mit dieser Technik. Im Axe-Spot »Verwechslung« benutzt eine Frau morgens versehentlich das Körperspray ihres Mannes. Sie wundert sich, dass alle Frauen ihr hinterherlaufen und mit ihr flirten. Irgendwann fällt der Groschen, dass es an Axe liegen muss. Ihr wird klar, warum ihr Mann jeden Morgen Axe nimmt, geht nach Hause und macht ihm eine gewaltige Szene.

Der VW-Spot »Bora« zeigt ein Paar, das auf eine Feier gehen will und sich darüber unterhält, wer fahren soll. Jeder versetzt sich in die Lage des anderen und findet gute Gründe, warum der andere nicht fahren muss.

Bedeutung des verbalen Umdeutens.

Durch Reframing wird ein geistiger Bezugsrahmen gezielt erzeugt, gestaltet oder verändert. Möchten Sie erreichen, dass eine andere Person im Hinblick auf eine bestimmte Tatsache eine erwünschte Einstellung entwickelt oder ihre Einstellung verändert? Dann formulieren Sie für diese Tatsache eine geeignete Bedeutung oder betrachten Sie die Tatsache in einem geeigneten Kontext. Denn Worte haben die Macht, unsere innere Einstellung und Erwartung zu formen. Einfache Umdeutungen erbringen nicht unbedingt drastische Veränderungen. Sie können jedoch bewirken, dass wir die Welt durch eine neue, andere Brille anschauen. Das wiederum kann helfen, ein Problem zu lösen oder eine neue Einstellung zu gewinnen. Wenn behauptet wird, dass etwas schlecht ist, stellt sich die Frage: »Wann, wo, wie und für wen?«

Reframing ist nicht neu. In Märchen, Fabeln, Witzen sowie in Werbung und Verkauf, überall werden neue Rahmen für alte Betrachtungsweisen angeboten. Sie sollen einen Aha-Effekt auslösen und ein Produkt ins bestmögliche Licht rücken, wobei die Werbeanzeigen als Rahmen für das Produkt fungieren.

Fazit.

Die Ausgangsfrage, ob sich die NLP-Erkenntnisse für die mündliche Kommunikation auf das Texten übertragen lassen, kann mit »grundsätzlich ja« beantwortet werden. Und auch in der NLP-Literatur finden sich diverse explizite Hinweise, dass die Aussagen zur Sprache sowohl für das gesprochene als auch für das geschriebene Wort gelten. ∎

Anmerkungen
1) Zitat aus Bandler (s. Literatur), S. 19 f.
2) Zitat aus Krusche (s. Literatur), S. 184

Literatur
Bandler, R.: Veränderung des subjektiven Erlebens, Fortgeschrittene Methoden des NLP, Junfermann
Braun, R.: NLP – eine Einführung, Kommunikation als Führungsinstrument, Redline Wirtschaft bei Ueberreuter
Dilts, R. B.: Die Magie der Sprache, Sleight of Mouth, Angewandtes NLP, Junfermann
Kraft, P. B.: NLP, Handbuch für Anwender, NLP aus der Praxis für die Praxis, Junfermann
Krusche, H.: Der Frosch auf der Butter, NLP – Die Grundlagen des Neuro-Linguistischen Programmierens, Econ
McDermott, I., O'Connor, J.: NLP für die Management-Praxis, Junfermann
Mohl, A.: NLP – Was ist das eigentlich?, Junfermann
O'Connor, J., Seymour, J.: Neurolinguistisches Programmieren, Gelungene Kommunikation und persönliche Entfaltung, VAK
O'Connor, J., Prior, R.: Fair verkauft (sich) gut, VAK
O'Connor, J., Seymour, J.: Weiterbildung auf neuem Kurs, VAK
Ötsch, W., Stahl, T.: Das Wörterbuch des NLP, Junfermann
Rückerl, T.: NLP in Stichworten, Junfermann, 2. Auflage
Schmidt-Tanger, M., Kreische, J.: NLP-Modelle, Fluff & Facts, Das Basiskurs Begleitbuch, VAK, 2. Auflage
Trageser, W.: Die NLP-Kartei, Junfermann

Ich sitze im Zug von München nach Stuttgart. »Hartz klingt zu hart« lautet die Hauptschlagzeile der Frankfurter Allgemeinen. Die Regierung sei der Überzeugung: Der Begriff »Hartz« sei »lautmalerisch hart«, verbinde sich nur mit Einschnitten und gebe »inhaltlich nichts wieder«. Der Begriff solle nur noch in Ausnahmen verwendet werden. »Reformen am Arbeitsmarkt« sei deshalb »in der Tat ein besserer Begriff«. Die Politik der Regierung sei von der Bevölkerung »nicht verstanden worden«.

Ich sitze wieder im Zug. Diesmal von Frankfurt nach Köln. Christian Wulff, der Ministerpräsident Niedersachsens, wird in der Süddeutschen Zeitung zitiert mit: »Der Ausdruck ›Reichensteuer‹ wird leider völlig falsch verstanden – wir sollten es besser ›Solidaritätssonderbelastung‹ nennen.«

Nun, vielleicht tröstet es Bela Anda und Christian Wulff: Immer mehr Kommunikation wird vom Kunden nicht verstanden. Weil sie ihn nicht erreicht. Weil der Absender eine andere Sprache spricht als die Zielgruppe. Ich denke dabei an einen Stadionbesuch, kürzlich im Volkspark Hamburg... oder muss ich AOL Arena sagen? Das Stadion ist voll. Die Nordtribüne kocht. Reiner Calmund, der barocke Ex-Manager von Bayer Leverkusen, beschrieb diese Stimmung einmal in seiner plastisch-drastischen Art – visuell, auditiv und kinästhetisch zugleich: »Da kann einem schon mal ein Schauer den Buckel runterlaufen. Was sich aus den Kehlen entlädt, bricht sich an den Steiltribünen und landet ungebremst auf dem Rasen. Wen diese Stimmung nicht erreicht, der muss taub sein. Da passt kein Blatt Papier dazwischen, sie stehen wie eine Mauer. Und wer es als Gegner mit dieser Tribüne zu tun bekommt, den kann schon mal leicht das Gefühl beschleichen, die Pampers in der Kabine vergessen zu haben.«

Und in dieser mächtig-erdigen Stimmung der Fans fällt mein Blick auf die Bandenwerbung. »A brand like a friend. *Henkel*« winkt es mir da von den mannshohen Reklametafeln entgegen.

Ich frage meinen Stehplatznachbarn, ob er das wohl versteht. Antwort, nach circa 30 Sekunden Nachdenken: »Na ja, *friend* heißt, glaub' ich, *Freund*. Und *Brand*? Na ja, ich würde mal sagen: *Durst*. Also, die haben da was für *Durst unter Freunden*. Wusste gar nicht, dass *Henkel* Bier verkauft...« Unterschiedliche Zielgruppen sprechen eine unterschiedliche Sprache.

Dieser Hypothese bin ich nachgegangen. In vielen Jahren Lehrtätigkeit an der Texterschmiede e.V. Hamburg. In fast 100 Text-Seminaren in Unternehmen. Geprägt von über 25 Jahren Berufserfahrung als Texter für prestigeträchtige Luxusmarken, Low-Interest-Massenartikel, erklärungsbedürftige B-to-B-Erzeugnisse und austauschbare Dienstleistungen.

Ich wollte herausfinden: Gibt es unterschiedliche Zielgruppensprachen? Welchen Sprachstil spricht welche Zielgruppe? Was sind die Besonderheiten, Regeln, die Do's und Don'ts dieser Sprachstile?

Das Sprach-Stilgruppen-Modell der CORPORATE LANGUAGE.

Wie man seine Zielgruppe sprachlich präziser erreicht.

Der methodische Ansatz der CL-Sprach-Stilgruppe.
Ich habe mir zuerst einmal das Zeitschriften-Angebot in Deutschland angeschaut und dieses dann aufgeteilt:

1. **In »wertorientierte« Zeitschriften mit anspruchsvoller Textgestaltung**
(zum Beispiel FAZ, SZ, SPIEGEL, Stern, Zeit, Brigitte, Capital).
2. **In die »gefühlsorientierte« breite Massen- und Regenbogen-Presse mit emotionaler Textgestaltung** (zum Beispiel Bild, SuperIllu, Bunte, Für Sie, Neue Post, Bild der Frau).
3. **In »trendorientierte« Zeitschriften mit reizstarker Textgestaltung**
(zum Beispiel Blond, Quest, Max, Page, GQ, Neon, brand eins, Instyle).
4. **In »ergebnisorientierte« Fachzeitschriften mit faktenreicher Textgestaltung**
(zum Beispiel Handelsblatt, Lebensmittelzeitung, Ct' Magazin, Fleischwirtschaft, Textil-Wirtschaft).

Anschließend habe ich die sprachlichen Unterschiede herausgearbeitet. Auffällig dabei: Diese Aufteilung lässt sich problemlos auf die Textgestaltung im Fernsehen übertragen. Bei 3sat, arte, in den Dritten, in großen Teilen des ARD-Programms wird sprachlich die erste Gruppe (»die Wertorientierten«) bedient. RTL, RTL II, Sat.1, aber auch große Teile des ZDF sprechen hingegen mit Gruppe 2 (»die Gefühlsorientierten«). Die dritte Sprachgruppe (»die Trendorientierten«) findet sich am ehesten im Programm von VIVA, MTV, Pro7 wieder. Und Gruppe 4 (»die Ergebnisorientierten«) fühlt sich verstanden auf N-TV, Phönix, in Wirtschafts-, Politik- und Wissenschaftsmagazinen der ARD und des ZDF.

Parallelen finden sich auch in den unterschiedlichen Sprachen der Literatur: Martin Walsers »Der Augenblick der Liebe« unterscheidet sich natürlich von Marion Grillparzers »Glyx-Diät« bei Gräfe und Unzer. »Globus Dei« von Helge Schneider muss sich sprachlich deutlich unterscheiden vom Buch »Zinsanlagen« der Stiftung Warentest.

Noch ein Blick auf die Sprachen in Broschüren, Flyern und Werbebriefen. Auch hier finden wir selbstverständlich Unterschiede: Das Exposé der Deutsche Bank Immobilien über eine Drei-Millionen-Finca auf Mallorca unterscheidet sich vom Wurfzettel vom »Schnäpple Angebotsmarkt«. Der Flyer des Hamburger Girlzclub bewirbt die Sprechgesangskultur seiner sweeten Electroladies natürlich völlig anders als ADIG seine Anlagemöglichkeiten in EU-Beitrittskandidaten.

Und wie steht es mit den Sprachunterschieden in der Werbung? Ich habe mir die in den ausgewählten Zeitschriftengruppen geschalteten Anzeigentexte angeschaut. Natürlich gibt es auch da die anfangs beschriebenen Unterschiede. NIVEA spricht – wie es sich für eine Volksmarke gehört – eine Sprache, die wert- und gefühlsorientiert zugleich daherkommt. Also stets Gruppe 1 und 2 bedient. Sich niemals in die Gruppe 3 und 4 begibt (Beispiel: »Aroma Pflegedusche. 4 Elemente. Beruhigt Körper und Geist. Und aus Wasser wird Pflege«). Ganz anders L'OREAL, die konsequent Gruppe 4 bedienen – Frauen, die wissenschaftsgläubig, ergebnisorientiert sind (Beispiel: »*Revitalift*, Double Lifting, Dermo-Expertise«).

Beispiel Mercedes. Mercedes schafft es, von der A-Klasse bis zur S-Klasse ein gleichmäßig gehobenes, wertorientiertes Sprachniveau zu halten. Stets Gruppe 1. Nie Gruppe 4 wie die technikfokussierte, ergebnisorientierte Siemens-Sprache.

Aber wie sieht es mit Mitsubishi aus? Mitsubishi versucht, alle Gruppen gleichzeitig zu bedienen. Und scheitert damit. Oder kennen Sie eine Headline von Mitsubishi? Wie sieht es mit der Deutschen Telekom aus? Sie versucht mit ihrer Möchtegern-Trendsprache (»For a better world for you«) mit der Sprachgruppe 3, den »Trendorientierten«, zu sprechen. Was ihren eigentlichen Kunden, der Gruppe 1 und 2, extrem auf den Magen schlägt. Oder wie steht es mit der Deutschen Bank? Mit »Leistung aus Leidenschaft« zielt sie auf Gruppe 1 und 2. Will die wert- *und* gefühlsorientierte Zielgruppe ansprechen. Gleichzeitig »steigern sie den Ertragswinkel«. Was wohl Gruppe 4, die Ergebnisorientierten, ansprechen soll. Und für wen bitte soll »Banking« sein? Schauen Sie sich Karstadt-Quelle an. Oder Opel. Oder C&A. Oder die Deutsche Bahn. Oder. Oder. Oder. Zielgruppenspezifische Sprache? Fehlanzeige.

Wer versucht, alle mit derselben Sprache anzusprechen, läuft Gefahr, von niemandem verstanden zu werden.
Wer versucht, eine Sprache zu sprechen, die ihm keiner abnimmt, wird es ebenfalls schwer haben, wahrgenommen zu werden.

Fazit: Was in der Literatur, im Journalismus, im Dialog-Marketing üblich ist – der Einsatz zielgruppenspezifischer Sprache – ist in der klassischen Werbung eher noch die Ausnahme. Wie machen wir die Ausnahme zur Regel?

Ich habe mir aus Abonnenten der oben genannten Zeitschriften Testgruppen der vier Sprachgruppen zusammengestellt. Um dieses abzusichern, wurden zusätzlich ihre Vorlieben in den Bereichen Literatur, TV und Werbung abgefragt. Diese deutlich identifizierten Gruppen bekamen anschließend ein und denselben Inhalt in vier unterschiedlichen Sprachfassungen zu lesen. »Wertorientiert«, »gefühlsorientiert«, »trendorientiert« und »ergebnisorientiert«. Die unterschiedlichen Textfassungen zum selben Inhalt (ein Verkaufstext für eine Tomatensuppe) sollten nach dem Lesen bewertet werden. Nach Verständlichkeit, Kaufbereitschaft, Überzeugungskraft und Gefallen.

Meine Hypothese: Jede Gruppe gibt dem »für sie geschriebenen« Text die besten Noten. Findet sich also in den speziell für sie geschriebenen Texten am besten wieder. Wir hätten somit eine Bestätigung für mein Modell der Sprach-Stilgruppen. Diese Untersuchung wurde an vier verschiedenen Orten jeweils achtmal durchgeführt.

Ergebnis: eine Trefferquote von knapp 80 Prozent. Nahezu vier Fünftel der Testgruppe finden sich in »ihren« Texten wieder. Geben den Texten ihrer Gruppe deutlich bessere Noten als denen der anderen Gruppen.

Besonders auffällig: Die Werte für »Glaubwürdigkeit« und »Kaufbereitschaft« stehen denen für »Verständlichkeit« und »Gefallen« in nichts nach. Meine Hypothese wurde also deutlich bestätigt. Allerdings ebenso auffällig: Es gibt eine Gruppe von circa 15 bis 20 Prozent, die grundsätzlich jeden der vier Texte ablehnt. Ich nenne sie im weiteren Verlauf dieses Buches »Verweigerer«.

Zielgruppen unterscheiden sich nicht nur nach Einkommen, Bildung, Alter und Lebensgewohnheiten. Zielgruppen unterscheiden sich auch in ihrer Sprache.

Von der Zielgruppe zur Sprach-Stilgruppe.

Genau genommen haben sich in meiner Untersuchung fünf Sprach-Stilgruppen herauskristallisiert. Die vier von mir angenommenen. Und eine – zusätzliche – fünfte. Alle fünf möchte ich Ihnen im Folgenden vorstellen. Und Ihnen Antworten auf die Fragen geben: Was unterscheidet sie jeweils sprachlich von anderen Sprach-Stilgruppen? Was sind die charakteristischen Merkmale ihrer Sprache? Was müssen wir bei ihrer Ansprache beachten? Wie sprechen wir sie emotional an? Welche Stilelemente müssen wir berücksichtigen? Welche Inhalte sind ihnen wichtig?

Sprach-Stilgruppe 1. Die Wertorientierten.
Nennen wir den Vertreter dieser Sprach-Stilgruppe Martin. Martin ist von Beruf Hautarzt mit dem Spezialgebiet Allergie. Für Martin ist es wichtig, dass er sich in seinen *Werten* wiederfindet. Dies können zum Beispiel Sicherheit, Qualität, Moral, Anspruch, Ehrlichkeit, Echtheit, Reinheit, Tradition, Heimat, Solidarität oder Luxus sein.

Dabei ist er keinesfalls ein rein konservativer Mensch. Martin findet sich unter den Wählern jeder Partei. Martin weiß aus eigener *Erfahrung*, was gut für ihn ist. Er hat in seinem Leben seine *Wahrheiten* und Werte gefunden. Und die möchte er jetzt nicht mehr in Frage gestellt wissen. Er hat durch harte Arbeit erreicht, was er erreichen wollte. Nun möchte er das Erreichte genießen. Alles Schnelllebige, Reißerische, Risikobehaftete, Aufgesetzte, Gaghafte ist ihm unangenehm. Martin ist *nicht spontan*. Wer seine Aufmerksamkeit erreichen will, muss sich sein *Vertrauen* verdienen. Er muss Martins Wertesystem ansprechen, muss spiegeln, was Martin wichtig ist. Und genau das ist die Aufgabe des Texters: herauszufinden, worauf Martin gesteigerten Wert legt.

Martin liebt den gepflegten Umgang mit Sprache. Er liest viel. Magazine, Zeitungen, Literatur. In den *nicht zu schlagwortartigen Headlines und nicht zu kurzen Copys* mag er *kräftige Verben, schmückende Adjektive, visuelle Sprachbilder*. Er mag es, wenn Copys *Geschichten* erzählen. Er schätzt es, zu der kleinen Gruppe zu gehören, die unter einem »Toast« nicht in jeder Situation »Weißbrot« versteht. Martin schätzt selten genutzte Worte (zum Beispiel »manierlich«, »maritim«, »vortrefflich«) oder selten benutzte Formulierungen (»Mir schwant nichts Gutes«, »Ein beherztes Engagement«). Er mag es, wenn er in Texten *intelligent* angesprochen wird. Manchmal schmückt er sich auch mit einem Hauch Intellektualität. Dann schätzt er sogar einen *leicht elaborierten Code*. Er hat ein Faible für *Wortspiele, Zitate, Redensarten und die Verwendung von Metaphern*. Er schätzt Exklusivität. Er möchte lesen, wodurch er sich von anderen unterscheidet. *Modische englische Ausdrücke schätzt er nicht. Intelligenter Humor* wird von ihm gepflegt und erwartet.

Martin interessiert sich in den Texten für die »große Linie«. Details interessieren ihn eigentlich weniger. Martin will von Texten *inspiriert* werden. Denn für Martin ist Lesen oft der Ausbruch aus dem Alltäglichen. Das Fenster zur Welt. Zum Abenteuer, das er selbst nicht erleben möchte.

Aber »erlesen«. Denn bei aller Selbstsicherheit und Souveränität – nach dem vierten Glas Montepulciano erscheint Martins Darkside. Martin hält sich dann manchmal für einen Spießer. Deshalb liebt er es, wenn Texte ihm auf sichere Weise zeigen, was er sich selbst nie zutrauen würde. Er liest zum Beispiel in Curt Cobanes Tagebuch über die Drogenexzesse in der Rockszene. Aber selbst würde er so etwas nie erleben wollen. Der Text muss also seine *Neugier befriedigen, seine Fantasie locken und seine Kreativität kitzeln. Texte für ihn dürfen nicht zu kurz sein.* Die durchschnittliche Satzlänge sollte *circa zwölf Worte* betragen. Sie dürfen *nicht kalt, stakkatohaft oder Bulletpoint-mäßig rüberkommen.*

Martin ist statusorientiert. Martin hört gerne Komplimente. Martin liest gerne Neues, geht dabei aber ungern Risiken ein. Sätze wie »Da braucht man viel Mut«, »Stellen Sie einmal alles in Frage«, »Das Risiko lockt!« erschrecken ihn zutiefst. Martin gehört zu den »Children of the evolution« – *Veränderung in Maßen. Revolution? Niemals!*

Beruflich ist Martin häufig ein *Entscheider*. Möchten Sie Martin in einem Text ansprechen, dann tun Sie das in dieser Reihenfolge:

1. Formulieren Sie eine **intelligente, aufmerksamkeitsstarke, nicht zu provozierende Headline. 2.** Finden Sie einen **Einstieg**, der ihn sofort in seinen Werten bestätigt, sie offen anspricht und **3.** ihm durch ein **Codewort** signalisiert: Wir gehören einer gemeinsamen Schicht an. Wir verstehen dich. **4.** Schaffen Sie eine **Argumentationskette**, die deutlich den **Mehrwert** herausarbeitet. **5.** Schwärmen Sie von **zusätzlichen Leistungspotenzialen**. Schön sie zu haben, auch wenn man sie nicht täglich braucht. **6.** Stellen Sie noch einmal die **Einzigartigkeit** heraus. **7.** Beschreiben Sie **das limitierte Angebot**.

Drei typische Texte für die Zielgruppe Wertorientierte.
a) Von der Website der Mercedes-G-Klasse:

Die G-Klasse. Ein Klassiker,[1] der überall bestens ankommt.[2]

Trends kommen und gehen. Die G-Klasse bleibt.[3] Dennoch hat sich auch bei diesem Fahrzeug einiges verändert.[3] Seit 25 Jahren[4] arbeiten wir[5] kontinuierlich an unserem erfolgreichen[6] Klassiker – damit auch die nächste Generation der G-Klasse technische Neuerungen, wegweisendes Interieur-Design[7] und hohen Fahrkomfort[8] bietet, wie man es von Mercedes-Benz erwartet.

Geblieben[9] ist der unverwechselbare[10] Geländewagen mit seinen Ecken und Kanten,[11] der auch auf der Straße eine ausgezeichnete Figur macht.[12] Er bewältigt schwerstes Gelände,[13] meistert spielend 80-prozentige Steigungen und Schräglagen von 54 Prozent und fährt Sie durch 50 cm tiefes Wasser.[14]

Während Ihr Geländewagen zuverlässig[15] für Sie arbeitet,[16] sitzen Sie bequem und entspannt[17] wie in einer Luxus-Limousine.[18] (...) Sie werden ein besonders exklusives Sammlermodell[19] besitzen.

1	Hier wird der entscheidende *Wert* sofort abgerufen.	10	Spielt mit der Eitelkeit, sich von anderen abheben zu wollen.
2	Wortspiel. Ein Kompliment an die Intelligenz der Sprach-Stilgruppe.	11	Das befriedigt die Darkside!
3	Evolution. Beständigkeit.	12	Zahlt ein auf den *Wert* Unterscheidung von anderen.
4	Bewährt. Zahlt ein auf die *Werte* Erfahrung, Tradition.	13	Gelesenes Abenteuer.
5	*Wir* arbeiten. *Sie* können genießen.	14	siehe 13.
6	Zahlt ein auf den *Wert* Erfolg.	15	Zahlt ein auf den *Wert* Zuverlässigkeit.
7	Einstiegscode.	16	siehe 5.
8	Zahlt ein auf den *Wert* Komfort.	17	Zahlt ein auf den *Wert* Bequemlichkeit.
9	Kontinuität, Evolution.	18	Befriedigt den Wunsch nach Luxus.
		19	Vermittelt Exklusivität.

Beachten Sie auch den hohen Anteil an visueller und kinästhetischer Sprache (unterstrichen).

b) Aus dem Katalog für Pro Idee:

Die schönste Art der Entspannungspolitik.[1]

Nachts trägt der Gentleman[2] »Winston«-Tupfen. Markantes Merkmal[3] sind die weißen Tupfen auf marineblauem Fond:[4] Sie schmeicheln dem Träger,[5] sind unempfindlich[6] und besonders modisch wie seriös.[7] Der seidig[8] schimmernde, feine Baumwoll-Batist[9] ist federleicht, kühlend und lässt die Haut atmen… Die Hose liegt hinten glatt und schlank[10] an… Alle Nähte sind sorgfältig[11] mit Spezialgarn[12] gesteppt.

Die Innenkanten sind sauber gekettelt[13]…

1	Zahlt sofort auf den Haupt*wert* Entspannung ein.	7	Evolution. Kein Risiko.
2	Streichelt seine Eitelkeit.	8	Wertet auf.
3	»Markant« ist ein Codewort.	9	Einstiegscode.
4	Das Wort »marine« wertet das Blau deutlich auf.	10	»Liegt schlank an« – das schmeichelt.
5	siehe 2.	11	Zahlt auf den *Wert* Sorgfalt ein.
6	Zahlt auf das Konto »Mögliches Abenteuer« ein.	12	Unterstreicht die Sonderstellung.
		13	Ein weiteres Codewort für Kenner.

Auch hier ist der hohe Anteil an visueller Sprache (unterstrichen) erkennbar.

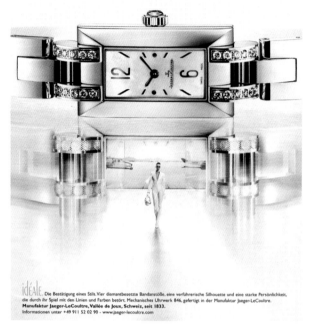

Beispiel einer Anzeige für Wertorientierte.

c) Aus einer Jaeger-LeCoultre-Anzeige:

Idéale.

Die Bestätigung eines Stils.[1] Vier diamantbesetzte Bandanstöße,[2] eine verführerische Silhouette[3] und eine starke Persönlichkeit,[4] die durch ihr Spiel mit den Linien und Farben[5] betört. Mechanisches Uhrwerk 846, gefertigt in der Manufaktur[6] Jaeger-LeCoultre. Manufaktur[6] Jaeger-LeCoultre, Vallée de Joux, Schweiz, seit 1833.[7]

1	Zahlt ein auf den *Wert* Stil.	5	Visuelle Sprache.
2	Einstiegscode.	6	Sprache drückt Extravaganz aus.
3	Zahlt ein auf den *Wert* Unverwechselbarkeit.	7	Zahlt auf die *Werte* Sicherheit und Qualität ein.
4	Schmeichelt dem Ego.		

Sprach-Stilgruppe 2. Die Gefühlsorientierten.
Nennen wir die Vertreterin dieser Sprach-Stilgruppe Monika. Sie würde sich selbst als romantisch-emotional beschreiben. Monika hat eine kleine Tochter und arbeitet halbtags als Sprechstundenhilfe in einer Zahnarztpraxis. Monika legt in ihrer Ansprache Gewicht auf *nachvollziehbare Gefühle,* Erlebnisse und Erfahrungen. In den *knappen Headlines und Copys (Satzlänge nicht über neun Worte!)* berühren sie Inhalte wie Schönheit, innere Balance, Harmonie, Freude, Schicksal und Glück. Sie bevorzugt eine *stark emotionale Sprache und eine Ansprache auf allen Sinneskanälen (in der Reihenfolge visuell–kinästhetisch–auditiv).*

Sie mag es nicht zu aggressiv, reißerisch, flapsig. Sie möchte sich in den Text *einfühlen* können. Wohlbefinden, Entschleunigung und innere Ruhe sind ihr wichtig. Alles *Liebevolle* bereitet ihr Freude. Da darf ein Text *nicht zu stakkatohaft* daherkommen. *Sie mag keine Bulletpoints.* Sie schätzt viel mehr einen *stark beschreibenden, erzählerischen Sprachstil. Nicht zu intellektuell. Nicht zu abstrakt. Alles Englische ist ihr fremd. Genauso wie komplizierte Sprachbilder oder Metaphern.* Sie orientiert sich gerne an Autoritäten. Liebt Zitate, Anekdoten, Promi-Erlebnisse. Texte sind für sie Welten zum »Eintauchen und Träumen«. Die Sprache für Monika darf deshalb *nicht zu kompliziert sein, nicht zu viele Substantive enthalten.* Leichte *Umgangssprache* ist willkommen.

Interessant findet sie alles aus dem *Boulevard-Bereich.* Die Sprache der Promis kann sie durchaus beeinflussen. Plötzlich spricht sie wie Dieter Bohlen »Glamour« als »Glamuur« aus... Und Veronas »Da wird Ihnen geholfen« wird als äußerst sympathisch erlebt. Da sie auf der ständigen Suche nach dem Ausgleich zwischen Ehefrau–Mutter–Berufstätige ist, sollte der Text inhaltlich und stilistisch einen Fokus auf die Lösung ihres Grundproblems legen. Monika möchte gerne *Stimmung und Atmosphäre* in ihren Texten haben. *Sie möchte sich gerne in den Bildern und Gefühlen wiederfinden. Emotionale Reize* sind wichtig. Dabei liebt sie durchaus *Klischees,* ist *romatisch* und *idealistisch.*

Unbehagen bereitet ihr alles aufgesetzt »Coole«. Tendenziell schaut sie lieber Bilder, als dass sie lange Texte liest. Deshalb empfiehlt es sich, Monika *kurze Texthappen* vorzusetzen. Plus kurze Einleitungstexte, Kapitelüberschriften und Zwischen-Headlines. Am besten vermittelt man Monika jedoch Botschaften durch *Bildunterschriften.* Denn diese liest sie meist zuerst.

Monika richtet sich insgeheim nach den Wertorientierten. Sie sind imagemäßig ihre heimlichen Vorbilder. Das hat mit Monikas Darkside zu tun. Denn nach dem fünften Glas Prosecco gesteht sie sich ein, dass sie gesellschaftlich gerne höher stehen möchte. Werbetexte sollten also stets ihren Appetit nach *gesellschaftlichem Aufstieg* befriedigen. Texte, die ihr eine sofortige Wirkung, also den schnellen sozialen Lift, versprechen, haben eine große Chance, aufmerksam gelesen zu werden. Ihrer vorhandenen Unsicherheit begegnet man mit kleinen *Komplimenten* und dem Versprechen von *Anerkennung*.

Mit Humor ist vorsichtig umzugehen. Sobald er zu intellektuell daherkommt, zu großes Allgemeinwissen voraussetzt, fühlt sich Monika leicht überfordert. Monika schätzt eher den *gefühlvollen Humor,* bei dem es ruhig slapstickartig zugehen darf. *Alles Bewährte wird bevorzugt*. Marken und Unternehmen, die ihre Sprache einmal getroffen haben, von denen sie sich verstanden fühlt, denen bleibt sie lange *treu*. Einen Text an Monika sollten Sie wie folgt aufbauen:

1. Schreiben Sie eine **gefühlvolle Headline mit einem kinästhetischen Reizwort**. Schaffen Sie ein emotionales Versprechen. **2.** Fassen Sie sich kurz im **Insight-Einstieg**. Die Probleme sind den Gefühlsorientierten genügend bewusst. Zeigen Sie Verständnis. **3.** Formulieren Sie die **Produktvorteile stark visuell und kinästhetisch**. **4.** Wiederholen Sie noch einmal den **emotionalen Mehrwert**, am besten in Umgangssprache. **5.** Lassen Sie eine **gesellschaftliche Aufstiegsmöglichkeit** durchklingen.

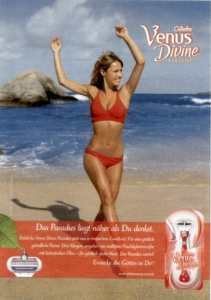

Zwei Beispiele für Anzeigentexte, die Gefühlsorientierte ansprechen.

Ein paar typischer Texte für die Zielgruppe Gefühlsorientierte.
a) Aus einer Anzeige Schwarzkopf Poly:

Keine Lust auf Eintönigkeit?[1]
   Jetzt neu: Schimmer-Strähnchen![2] Die ersten lichtreflektierenden Strähnchen mit Farbpigmenten von Poly Blonde.
Ob in Sonnengold- oder Kupfer-Blond[3] – kreieren Sie mit der Mascara-Bürste schimmernde,[2] facettenreiche Reflexe. Für ein individuelles und ausdrucksvolles Strähnchen-Ergebnis. Wunschlos blond.[4] Poly Blonde.

1   Emotionale Ansprache. Das Wort »Lust« ist ein emotionales Reizwort.
2   Liebevolle Verniedlichung, sehr visuell.
3   Visuelle Sprache!
4   Verspricht Zufriedenheit, Glück, Anerkennung.

b) Aus einer Anzeige für Gillette Venus Divine Paradise:

Das Paradies[1] liegt näher als Du denkst.[2]
   Entdecke[3] Venus Divine Paradise jetzt neu in tropischem Corall-rot.[4] Für eine göttlich[5] gründliche Rasur. Das Paradies wartet![6] Drei Klingen, umgeben von multiplen Feuchtigkeitsstreifen mit botanischen Ölen – für göttlich glatte Haut. Erwecke die Göttin in Dir.[7]

1	Emotionales Bild.	4	Visuell! Plus starkes Gefühlsversprechen!
2	Aufstiegsmöglichkeit. Du kannst es schaffen!	5	Kompliment.
3	Aktivierend! Möglichkeit zum Eintauchen.	6	Aufstieg! Möglichkeit zum Eintauchen.
		7	Aufstiegsmöglichkeit. Du kannst es schaffen!

c) Aus der U4-Seite für »11 Minuten« von Paulo Coelho:

Wie berührt[1] man die Seele?[2] Durch Liebe[2] oder durch Lust?[2]
   Kann man die Seele[2] wie einen Körper berühren[1] und umgekehrt? Coelho erzählt von elementaren Erfahrungen,[3] und die Leser erkennen sich darin wieder;[3] mit ihren Schwächen[2] und Ängsten[2] ebenso wie mit ihren Sehnsüchten[2] und Träumen.[2]

1	Kinästhetische Ansprache!	3	Die Möglichkeit, Selbsterlebtes wiederzuentdecken.
2	Emotionale Reizworte.		

Sprach-Stilgruppe 3. Die Trendorientierten.
Nennen wir die Vertreter dieser Zielgruppe einmal Tobias und Nele. Tobias ist Grafik-Designer. Nele ist Mode-Designerin. Beide sind spontan-impulsiv. Auf der Jagd nach den neuesten Trends, Style- und Fashion-News reagieren sie nur noch auf *starke Reize*. Nur *kurze, provozierende, stimulierende Headlines* können noch Begehrlichkeit und Emotion auslösen. Das kann durch *Trigger* (einzelne Reizworte) geschehen. Durch Begriffe, die auf den ersten Blick nicht zueinander passen. Durch eine anscheinende *Disharmonie* zwischen Wort und Bild. Oder durch eine *spitze persönliche Ansprache*.

In der *knappen Copy* mögen sie eher *kürzere Sätze (bis zu neun Worte)* mit *kraftvollen Adjektiven und Verben*. Sie mögen es, intensiv über ihre Sinnesorgane angesprochen zu werden. Ein betont *visuell-auditiv-kinästhetischer Stil* ist empfehlenswert.

Werbung ist für beide *Stimulanz und Inspiration, Anregung und Impuls* für ihr *persönliches Ausbrechen aus der Normalität*. Der Text muss unbedingt eine *Neuigkeit* beinhalten. Denn Tobias und Nele leben ihrer Umwelt ein paar Monate, wenn nicht Jahre voraus. Zumindest glauben sie das. Werbetexte dienen ihnen als eine Quelle für diese News. Denn beide haben ein starkes *Geltungsbedürfnis* nach »trendig sein«, »in sein«.

Sie akzeptieren *Trendbegriffe* nicht nur, sie fordern sie sogar. Das dürfen *durchaus englische* oder französische Begriffe sein, mit denen sie sich gerne schmücken. Für sie sind diese Begriffe »*Codes*«, nach denen sie beurteilen, ob das angebotene Produkt *relevant und zeitgemäß* ist. Nach dem fünften Wodka Red Bull erwacht ihre Darkside. Ja, sie setzen auf Trends. Aber nur auf aussichtsreiche. Was hilft es Tobias und Nele, wenn ein Schuhhaus aus Herne sagt, dass Leuchtstreifen an den Sneekers der letzte Schrei sind? Solange das nicht Nike sagt... Die Trendorientierten haben Angst, Fake-Trends aufzusitzen. Und damit – als Trendsetter – im Kreise ihrer Trend-Nachfolger blamiert zu sein. Deshalb glauben Tobias und Nele an *große Marken*, die kontinuierlich mit *kreativer, humorvoller, zeitgemäßer Werbung* sichtbar sind. *Authentisch* sein ist wichtig.

Oder *extrem überzogen*. Alles außer Langeweile ist erlaubt. Bitte nie trutschig-bedächtig daherkommen. Immer betonen, dass man international aufgestellt ist. Bitte den belehrenden Zeigefinger stecken lassen. *Bitte nie Regeln aufstellen wie:* Man tut, man sollte, man muss...« Stattdessen stets *Alternativen offen halten*. Oder das Besondere durch eine künstliche Verknappung unterstreichen. Wichtig ist das Versprechen von Aktivität, Mobilität. Auch Wort-Neuschöpfungen sind gern gelesen. Sie sind Futter für den Smalltalk, in dem man mit diesen Worten fröhlich angeben kann.

Humor? Ja. Aber bitte nicht über sich selbst. Gerne über Spießer oder Out-of-style-People. Ansonsten geben VIVA, MTV, die Werbung (zum Beispiel Media-Markt, Diesel, Hornbach) und die Style- und Fashion-Magazine den Humor vor. Manchmal ist ein *Du* erlaubt.

Promotiontechnisch sollte man immer auf dem neuesten Stand sein. Genauso in der Auswahl von Gewinnen, Gimmicks etc. Wollen Sie Tobias und Nele in einem Text erreichen, dann müsste er wie folgt strukturiert sein:

1. Schreiben Sie eine **Headline mit News-Wert**. Am besten mit einem starken visuellen oder auditiven Reizwort. 2. Benutzen Sie ein **Szene-Codewort** als Eintrittskarte in ihre Insights. 3. Stellen Sie die **Produktvorteile** breit dar. Engen Sie nicht ein. 4. Machen Sie **keine Vorschriften**. Anything goes. 5. Vermitteln Sie **Markensicherheit/Trendsicherheit**.

Ein paar typische Texte für die Zielgruppe Trendorientierte.
a) Aus einer Anzeige für die Zeitschrift Celebrity:

Jetzt neu.[1]
*** Stars[2] *** Stories[2] *** Style[2] ***
Das internationale[3] Peoplemagazin.[4]

1   Das Wichtigste: Neu sein!
2   Englisch willkommen! In der auditiven Form der Alliteration besonders.
3   Hauptsache nicht deutsch!
4   Neue Begriffe werden gerne gelesen.

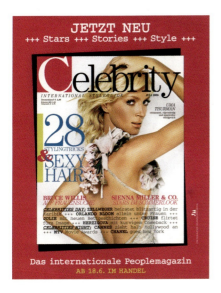

Ein Anzeigenbeispiel
für Trendorientierte.

Beispiel für einen trendorientierten Text.

b) Aus einer Anzeige für Schwarzkopf Professional HairCare for You/Poly live:

XXL[1] Color
    XXL Cosmo Clubbing[2]
    Flieg mit auf Cosmo Clubbing-Tour[2]
    3 Tage und Nächte Party non-stop![3]
Sende eine SMS mit »Cosmo« an die 3 65 69, beantworte 7 Trendfragen[4]
und gewinne Non-stop-Clubbing[2] in den coolsten Trendmetropolen[5] Europas!
    Mehr Infos und Teilnahmebedingungen unter www.cosmoclubbing.de.
Powered[6] by germanwings und VIVA.[7]

1   Trigger, der starke Reize verspricht.
2   Neues Trendwort.
3   Verspricht Aktivität, bedient den Insight.
4   Breites Spektrum, nicht einengend.
5   Internationalität!
6   Englisch.
7   Anlehnung an starke, glaubwürdige Marke.

c) Aus einer Anzeige für Microsoft Windows XP:

Starte[1] etwas Lautes[2]
    Starte eine musikalische Entdeckungsreise.[3]
    Sammle alte Alben. Produziere selber welche.[4] Aufnehmen, Abmischen, Mastern.[5]
    Plane den ersten Auftritt.[5]
Starte den Soundtrack[6] einer neuen[7] Generation.
Microsoft Windows. Jede Menge Software. Jede Menge Geräte.[8]
    Mit Windows XP ist alles möglich.[8] Starte jetzt auf windows.de

1   Attraktiv für die Sprach-Stilgruppe: die Du-Form.
2   Auditiver Trigger.
3   Mobilisierend, aktivierend.
4   Umgangssprache.
5   Zahlt ein auf Geltungsbedürfnis, Insight.
6   Englische Worte wirken modern und international.
7   Neu!
8   Umgangssprache. Kurze Sätze. Vielfalt, Freiheit.

Sprach-Stilgruppe 4. Die Ergebnisorientierten.

Nennen wir den Vertreter dieser Sprach-Stilgruppe Marc. Marc arbeitet als IT-Supporter in einer großen Steuerkanzlei. Marc hält den größten Teil der Werbung für überflüssig. Denn Marc akzeptiert nur Werbung, die *informiert,* die Nutzen verspricht. Das nennt er dann *Information.* Marc weiß, was er will. *Fakten, Fakten, Fakten.* Kein Drumherumgerede. Keine Gefühlsduselei. *Keine Image-Werbung.* Er will schwarz auf weiß informiert werden über Produktvorteile, Preise und Serviceleistungen.

Sich selbst bezeichnet er als einen »emotionalen Krüppel«. Aber seine Freunde schätzen ihn als verlässlichen, seriösen Fachmann, der auf alle Fragen seines Spezialgebietes eine Antwort weiß. Marc kann sich begeistern für *technische Demonstrationen,* für Fallbeispiele und den Discovery Channel.

Marc liebt die *Emotion der Logik.* Die Schönheit der Perfektion. Er sieht die Stufen nach oben auf der privaten und beruflichen Erfolgsleiter vor sich. Alles, was er liest, soll ihm auf dieser Leiter nutzen. Unterhaltung, Humor, Geschichten, Erlebnisse bringen ihn nicht voran. Texte müssen Sinn machen. Sie haben für ihn die Funktion, ihm in möglichst kurzer Zeit möglichst viele nutzbringende Informationen zu beschaffen. Deshalb mag er *reduzierte Sprache.* Alles Unnütze, Überflüssige stört. Deshalb: *Vorsicht mit Sprachbildern. Speziell mit kinästhetischen.* Sie müssen sich schon sehr genau in die Psyche dieses Tekkies hineinversetzen. *Texte sind wichtige Hilfen zum gelungenen Einkauf.* Er mag *extrem kurze Sätze* (maximal 9 Worte, wenn es geht noch kürzer). Auch wenn er es aus den Fachbüchern seines Studiums länger gewohnt ist. Heute hat er keine Zeit mehr für Bulletpoints, Tabellen, Grafiken, Zusammenfassungen, Step-by-Step-Pläne. Eigentlich liest er Texte nie von vorn nach hinten. *Er überfliegt Texte.* Deshalb mag er fette Hervorhebungen, Unterstreichungen.

Nach dem fünften Bier kommt seine Darkside zu Tage. Er sehnt sich nach einem intakten Zuhause mit Frau und Kind. Sein Traumbild: mit Sohnemann am Strand im Sonnenuntergang eine Sandburg bauen oder ihm erklären, warum Schiffe schwimmen. Zeigen wir ihm, was ihm Technik wirklich ermöglicht, nämlich Zeit für das Wesentliche, seine *Familie* zu finden, wird er uns lieben. Ein Text für Marc baut sich so auf:

==1. Fangen Sie ihn mit einer **nutzenorientierten Headline**. Oder stellen Sie ihn vor ein verblüffendes Rätsel. 2. Benutzen Sie gleich am Anfang einen **Fachausdruck**. Quasi als Eintrittskarte in seine Fachwelt. 3. Arbeiten Sie in der **Produkt-Leistungs-Beschreibung** mit kitchen logic und anschaulichen, wenn es geht visuellen Beispielen heraus. 4. Stellen Sie den **Nutzen** vor die Produktbeschreibung. 5. Vermitteln Sie **Sicherheit**. Beweisen Sie Ihre Aussagen durch Expertisen, Fachleute etc.==

Ein paar typische Texte für die Zielgruppe Ergebnisorientierte.
a) Aus einer HVB-Broschüre:

Achten Sie auf das Preis-Leistungs-Verhältnis.[1]
 Die HVB Kombi-Anlage[2] im Überblick:[3]
- komplett betreut[4] durch Spezialisten[5]
- klar definierte[4] Anlagestrategien
- übersichtliches[4] Anlagespektrum
- Depot-Management[2] nach wissenschaftlich bewährten Methoden[5]
- faire[4] Kostenstruktur

---

1 Nutzen-Versprechen.
2 Code-Wort.
3 Anschaulich, kurz und bündig.
4 Nutzen!
5 Expertise.

b) Aus einer Anzeige der Firma Weidmüller:

Was hat diese Zeitung mit unserer Leiterplattenanschlusstechnik zu tun?[1]
 Nehmen Sie drei Seiten zwischen die Finger.[1] Sie können nun fühlen,[2] wie viel unsere Leiterplattenanschlusstechnik kleiner ist als die anderer Hersteller. Nicht viel, werden einige sagen.[2] Wir sehen[2] das anders. Stellen Sie sich vor,[2] eine Seite wäre doppelt so dick. Dann wären Zeitungen doppelt so schwer. Die Oberarme der Zeitungsverkäufer[3] doppelt so stark. Zeitungsständer[3] doppelt so tief. Lagerhäuser[3] doppelt so groß. LKWS[3] wären doppelt so lang. Überholvorgänge[3] doppelt so gefährlich. Verkehrsunfälle[3] doppelt so häufig. Krankenhäuser[3] doppelt so voll. Und die Krankenkassenbeiträge[3] doppelt so hoch. Beim Umblättern würden Sie doppelt so viel Energie verbrauchen. Sie müssten doppelt so viel essen,[3] würden doppelt so viel schwitzen[2] und doppelt so viel trinken.[3] Am Ende hätten Sie nur noch halb so viel Geld. Diese Zeitung hätten Sie wohl gar nicht gekauft. Und diese Anzeige nicht gelesen. Sie würden nicht erfahren, dass wir Leiterplattenanschlusstechnik im 3,5er- statt 3,81er-Raster bauen. In Ihrem nächsten Angebot kämen wir nicht vor. Und Sie würden sich wundern, dass Sie den Auftrag nicht bekommen.
 Kurzum: 0,31 Millimeter mehr oder weniger können einen großen Unterschied machen – z.B., ob man nur Papier zwischen den Fingern hält oder eben Geld.[4]
 www.weidmueller.de – Wer alles gibt, gibt nie zu wenig.[4]

WAS HAT DIESE ZEITUNG MIT UNSERER LEITERPLATTENANSCHLUSS-TECHNIK ZU TUN?

Nehmen Sie drei Seiten zwischen die Finger. Sie können nun fühlen, wie viel unsere Leiterplattenanschlusstechnik kleiner ist als die anderer Hersteller. Nicht viel, werden einige sagen. Wir sehen das anders. Stellen Sie sich vor, eine Seite wäre doppelt so dick. Dann wären Zeitungen doppelt so schwer. Die Oberarme der Zeitungsverkäufer doppelt so stark. Zeitungsständer doppelt so tief. Lagerhäuser doppelt so groß. LKWs wären doppelt so lang. Überholvorgänge doppelt so gefährlich. Verkehrsunfälle doppelt so häufig. Krankenhäuser doppelt so voll. Und die Krankenkassenbeiträge doppelt so hoch. Beim Umblättern würden Sie doppelt so viel Energie verbrauchen. Sie müssten doppelt so viel essen, würden doppelt so viel schwitzen und doppelt so viel trinken. Am Ende hätten Sie nur noch halb so viel Geld. Diese Zeitung hätten Sie wohl gar nicht gekauft. Und diese Anzeige nicht gelesen. Sie würden nicht erfahren, dass wir Leiterplattenanschlusstechnik im 3,5er- statt im 3,81er-Raster bauen. In Ihrem nächsten Angebot kämen wir nicht vor. Und Sie würden sich wundern, dass Sie den Auftrag nicht bekommen.

Kurzum: 0,31 Millimeter mehr oder weniger können einen großen Unterschied machen – z.B., ob man nur Papier zwischen den Fingern hält oder eben Geld.

www.weidmueller.de

Wer alles gibt, gibt nie zu wenig

Weidmüller

Beispiel einer Anzeige für Ergebnisorientierte.

1	Aufforderung zur Demonstration.	4	Nutzenorientiert, logisch, nachvollziehbarer Leistungsanreiz.
2	Sehr klare Sprachbilder.		
3	Die Emotion der Logik.		

c) Aus dem Katalog für Pro Idee:

Die »Aktentasche« zum Anziehen…

(…) 20 Taschen. Beide Hände frei.
Elf große aufgesetzte Vordertaschen bieten Platz für Filme, Terminkalender, Handy, Ihre Lesebrille, Taschentuch, Sonnencreme, Flugticket, Verbandszeug, Taschenmesser…

Fünf schlanke Hülsen vorne fassen Stifte oder auch Ihre echte Havanna.

In den zwei großen, rückwärtigen Taschen können Sie bequem Ihre Lektüre oder ihren Pulli verstauen. Fast müßig zu erwähnen, dass die Weste natürlich auch noch zwei Innentaschen (eine davon mit Reißverschluss verschließbar) für Papiere, Schlüssel und Bares hat. Präzise genäht, entlang den Kanten gesteppt, sauber gesäumt und gekettelt, ist die Weste auf lange Lebensdauer ausgelegt (…)

Die unterlegten Stellen zeigen: Dieser Text zahlt fast ausschließlich auf den Wert Nutzen ein.

d) Aus einem Verkaufsprospekt der Invesco Asset Management Deutschland:

Ein Blick[1] nach Asien lohnt[2] sich.

China überzeugt[3] weiterhin durch ein enormes Wirtschaftswachstum.

Doch auch das Wachstum[4] anderer Länder der Region Asien-Pazifik (ohne Japan) ist beeindruckend.[5]

Auch wenn traditionell geprägte[5] Strukturen Investitionen in Asien erschweren,[5] können erfahrene Anleger langfristig[6] vom Potential der Region profitieren.[6]

1	Visuell, verspricht schnelle Übersicht.	4	Nutzen!
2	Nutzen-Kommunikation.	5	Visuell!
3	Nutzen!	6	Nutzen!

Sprach-Stilgruppe 5. Die Verweigerer.
Nennen wir den Vertreter dieser Gruppe Manfred. Manfred jobbt gelegentlich in einem Supermarkt. Irgendwie kommt er schon durch. Manfred fragt sich immer, welchen Sinn die Werbung für ihn hat. Was will diese bunte Reklamewelt von ihm? Er hat sowieso kein Geld übrig. Und das, was er für den täglichen Bedarf braucht, kauft er *ausschließlich nach Preiskriterien.* Das Günstigste ist gut genug. Außerdem sind ja doch alle Produkte gleich. Er ist der festen Überzeugung, dass Werbung nur zu unnützer Geldausgabe verführt. Gute Produkte brauchen keine Werbung – die verkaufen sich auch so. Werbung verarscht.

Am schlimmsten findet Manfred die typische Werbesprache. Diese laute, nervende, animierende »*Anmache*« *verstört ihn*. Er lehnt sie komplett ab. Eigentlich gibt es nur drei Arten von Kommunikation, die ihn gelegentlich überzeugen: Erstens: *Preisinformationen,* möglichst sachlich (»Aldi informiert«). Zweitens: *Nachrichten* im PR-Stil. Drittens: *Testberichte.* Am besten von der Stiftung Warentest. Oder von Freunden. Oder aus Chat-Foren im Internet. Auch eine Kommunikation, die eine *betont sarkastisch-zynische Ansprache* wählt, die Manfred als unwerblich erlebt, kann ihm manchmal ein Lächeln entlocken. Manfred mag zum Beispiel »Geiz ist geil«. Obwohl er Saturn für viel zu teuer hält. Er mag »Lasst euch nicht verarschen. Vor allem nicht beim Preis. Ich bin doch nicht blöd.« Er mag Harald Schmidt für Hexal. Und auch die Hornbach-Werbung mit den Lockvogel-Angeboten. Werbeanzeigen im klassischen Stil liest er so gut wie nie. Aber er hat schon mal lustige MPGs verschickt vom neuen Blaupunkt-Spot. Er nutzt Google sehr intensiv, und natürlich bietet er alles, was er nicht braucht, bei ebay an.

Es soll vorkommen, dass Manfred nach dem fünften Hansa-Pils leichte Zweifel überfallen, ob ihm das Leben so eigentlich noch Spaß macht. Immer dieses Gerenne um die Schnäppchen, immer dieses Gefeilsche – Manfred sieht sich schon als frustrierten Rentner im Reihenhaus… So weit darf es nicht kommen.

Ab und zu leistet er sich was. Er isst zwei Wochen nur Brot, um sich das neue Motorola-Handy zu kaufen. Das mit den vielen tollen Features, das leider auch geil aussieht. Aber die Infos darüber hat er natürlich nicht aus der Werbung, sondern von einem Freund oder aus einer Fachzeitschrift. Dass es sich dabei um einen bezahlten PR-Artikel handelt, bemerkt Manfred gar nicht. Und natürlich erzählt er überall herum, dass er es super günstig im Internet »geschossen« hat. Dabei hat er es ganz normal teuer bei Saturn gekauft. Hoffentlich hat ihn dabei niemand gesehen. Kann man Manfred in einem Text erreichen? Höchstens so:

1. Schreiben Sie eine Headline, die die **Einmaligkeit des Angebotes** hervorhebt. **2.** Betonen Sie **die unglaublich vielen Features zum sagenhaften Preis. 3.** Machen Sie deutlich: **Dieses Angebot ist begrenzt.** Und kommt nicht wieder. **4.** Sagen Sie es laut und rotzfrech: **Wer jetzt nicht zugreift, ist komplett bescheuert. 5.** Verweisen Sie auf die Stiftung Warentest. **Dieses Produkt bekam ein Gut.**

Beispiele für die Ansprache von Verweigerern.

Wie arbeitet man mit diesen fünf Sprach-Stilgruppen?

Zuerst muss man wissen, dass jeder zu jeder Sprach-Stilgruppe gehören kann. Ein und dieselbe Person ist wertorientiert, wenn es um die Automarke geht. Sie ist gefühlsorientiert beim Kauf des Joghurts, trendorientiert bei der Wahl des Parfums, ergebnisorientiert, wenn's um den richtigen Fonds geht, und sie gehört zu den Verweigerern in der Frage des richtigen Waschmittels. Wir können also theoretisch fünf Sprachen sprechen. In der Praxis sprechen wir jedoch meistens nur zwei.

Für eine Marke geht es darum herauszufinden, welche Sprache von ihrer Zielgruppe gesprochen wird. Möchte ich mich als Volksmarke à la NIVEA aufstellen, muss ich wert- und gefühlsorientiert zugleich sprechen. Beide Gruppen bilden mit jeweils circa 30 Prozent die größten Sprach-Stilgruppen. Die Trendorientierten machen circa 10 Prozent aus. Eine gleiche Größe erreichen die Ergebnisorientierten. Die Verweigerer bewegen sich bei circa 20 Prozent. Diese Verteilung würde für ein fast moving consumer good gelten.

Im B-to-B-Bereich sieht das anders aus. Hier haben wir es mit circa 40 Prozent Wertorientierten beziehungsweise Entscheidern zu tun. Und ebenso vielen »Machern«, sprich Ergebnisorientierten. Der Anteil der Trendorientierten, Gefühlsorientierten und Verweigerer macht nicht mehr als 20 Prozent aus. Aber auch das kommt auf die Branche an. In der Mode-, Musik,- oder IT-Branche sind die Trendorientierten sicherlich die stärkste Gruppe. Wollen Sie hingegen Aussteller für eine Gartenmesse werben, würden Sie sich wundern, wie viele gefühlsorientierte Blumenzwiebel-Hersteller es gibt.

Eine Marke kann sich aber auch entscheiden, mehrere Sprach-Stilgruppen anzusprechen. Entscheider erreicht man zum Beispiel am besten in der Sprache der Wertorientierten. Sie beurteilen Texte danach, ob ihre Werte wiedergegeben werden. Ist das der Fall, geben sie ihrem ergebnisorientierten Ingenieur die Aufgabe, die Sache näher unter die Lupe zu nehmen.

Wie erreiche ich beide gleichzeitig? Ein Brief kann zum Beispiel sehr wertorientiert beginnen. Beigelegt ist ihm ein Flyer mit Tabellen und Bulletpoints. Oder der Text teasert die Werte an und geht dann in Charts und Fakteninseln über. Mit einem Text speziell für Ergebnisorientierte erreiche ich auch Teile der Verweigerer.

Theoretisch kann ein Unternehmen mit allen Sprach-Stilgruppen sprechen. Getrennt nach Medien. Im Dialog-Marketing, in Briefen mit den Entscheidern. In einem Kosten/Nutzen-Übersichtsflyer mit den Ergebnisorientierten. In der klassischen Werbung mit den Gefühlsorientierten. Im Recruitment-/Azubi-Marketing oder im Internet mit den Trendorientierten. Und in der PR mit den Verweigerern. Ich kann als Unternehmen auch für alle fünf Sprach-Stilgruppen das gleiche Produkt sprachlich unterschiedlich verpackt herausbringen.

Für die Wertorientierten: *Almenstolz*. Der Joghurt mit der Tradition des Allgäus, von dort oben von den satten Weiden, wo die Welt noch in Ordnung ist. Für die Gefühlsorientierten: *Unser Bester*. Der Joghurt, in den wir unsere ganze Liebe gesteckt haben. Den die Resi auf der Alm ihrem Burschi mit frischen Früchten serviert, wenn sie ihm sagen will, dass sie ihn ganz besonders lieb hat. Für die Trendorientierten. *Cool Alm Night*. Neu: Außen weiß. Innen Science. Der Yo!Ghurt mit allem, was du in den wildesten Nächten deines Lebens brauchst. Aprés-Ski. Und immer dann, wenn die Hütte fliegen soll. Für die Ergebnisorientierten. *Alcal*. Deckt die erforderliche Tagesdosis Calcium mit nur einem Becher. Von ausgesuchten Hochleistungs-Höfen des Allgäus. Für die Verweigerer. *Der Almgünstige!* Kein dummes Gerede. Nur Joghurt. Testurteil: *gut*.

Wichtig ist nur, dass Sie die einzelnen Sprach-Stilgruppen nicht mischen. Wenn Sie einen Wertorientierten intellektuell zu eindimensional ansprechen, ist er nicht bereit, den geforderten höheren Preis zu bezahlen. Wenn Sie mit Trendorientierten zu konservativ und reizarm sprechen, dann suchen sie sich schnell eine neue hippe Marke. Wenn Sie Gefühlsorientierte zu rational ansprechen, dann zerstören Sie den Markenglauben an die Mehrwerte. Und schicken sie schnurstracks zu den billigen Handelsmarken.

Die Auswahl der richtigen Sprach-Stilgruppe ist also ganz entscheidend für Ihre Corporate Language. Es geht darum, seine gefundenen Werte jeweils sprachlich der Stilgruppe anzupassen. Und für die Ansprache der Sinneskanäle gilt folgende Regel:

Mit den Wert- und Ergebnisorientierten sprechen wir hauptsächlich visuell.
Mit den Trendorientierten sprechen wir hauptsächlich visuell-auditiv-kinästhethisch.
Mit den Gefühlsorientierten sprechen wir hauptsächlich visuell-kinästhetisch-auditiv.
Mit den Verweigerern sprechen wir im besten Fall visuell.

Gut, schöne Theorie. Aber können Kreative mit diesem Sprach-Stilgruppen-Modell arbeiten? Ich fragte fünf der besten Copy Writer Deutschlands. Gab jedem dasselbe Briefing. Aber eine andere Sprach-Stilgruppe. Würde es den Meistern des Wortes gelingen, fünf zielgerichtete, unterschiedliche, ungewöhnliche Kampagnen für ein und dasselbe Produkt zu gestalten?

Ein Wasser. *5 Texter.* 5 Kampagnen.

Das Sprach-Stilgruppen-Modell im Praxistest.

Eine Kampagne für WEISSQUELL.

Das Briefing.

Die Aufgabe.
Entwickeln Sie eine Doppelseiten-Kampagne (circa drei Motive) für das stille Mineralwasser Weißquell. Gewünscht ist eine Kampagne mit hohem Copy-Anteil. Möglich wäre auch eine Long-Copy-Kampagne.

Das Produkt.
Weißquell ist ein stilles Mineralwasser aus dem Harz. Mit hohem Anteil an wertvollen Mineralien wie Magnesium, Zink, Calcium, die es bei seiner langen Reise aus 600 Meter Tiefe an die Oberfläche angesammelt hat. Es ist sehr bekömmlich und gut verträglich. Die Quelle ist jedoch neu. Tradition ist nicht vorhanden.

Die Zielgruppe. Die Tonality.
Entwickeln Sie eine Kampagne für die Wertorientierten, Gefühlsorientierten, Trendorientierten, Ergebnisorientierten und die Verweigerer.

Das Ergebnis.
a) *Ralf Heuel* für die Wertorientierten.
b) *Stefan Kolle* für die Gefühlsorientierten.
c) *Christine Reich* für die Trendorientierten.
d) *Alexander Schill* für die Ergebnisorientierten.
e) *Jana Liebig* für die Verweigerer.

WEISSQUELL.

Das stille Wasser aus dem Harz.

Ralf Heuel für die Wertorientierten.

Ralf Heuel ist Geschäftsführer, Creative Director und Texter bei Grabarz & Partner in Hamburg.

Unverfälscht, rein, pur und klar. Wie guter Kommunismus.

Viele Menschen fragen sich heute, was uns der Kommunismus eigentlich gebracht hat, außer wochenlangen Militärparaden, Fußballvereinen mit einigermaßen ulkigen Namen und dem Evergreen „Ich liebe euch doch alle".

Ein System, das solche Postkarten herstellt – was muss das erst für Wasser produzieren?

Wir müssen doch sehr bitten: Der Kommunismus hat uns das Wasser gebracht! Und zwar eines der klarsten und reinsten Mineralwasser der Welt. Visionäre wie Mielke und Honecker waren es ja wohl, die den Nationalpark Harz so ursprünglich belassen haben, wie er seit Jahrtausenden war. Und niemand anderer als unser Zentralkomitee hat dort in geradezu epochaler Voraussicht eine der besten Wasserquellen entstehen lassen: Die Weißquelle. 600 Meter unter dem Nationalpark Harz sammelt sich hier ein einzigartiges stilles Mineralwasser. Von Menschenhand völlig unberührt. Mit einem besonders ausgewogenen Geschmack. Und von Natur aus versehen mit einer perfekten Mischung aus lebenswichtigen, gesundheitsfördernden Mineralien und wertvollen, in Wasser gelösten Spurenelementen.

Was auch immer andere heute also sagen mögen, für uns ist damit der endgültige Beweis erbracht: Völker der Welt – der Kommunismus funktioniert! Naja, wenigstens ein paar hundert Meter unterhalb der Erdoberfläche.

Das stille Wasser aus dem Harz.

Ja, es kommt aus 600 Meter Tiefe. Nein, wir sind nicht beim Bau eines Fluchttunnels darauf gestoßen.

Wir Bürger der Ex-DDR haben traditionell eine besonders intime Beziehung zu jeder Form von Erdbewegung. Einige von uns fanden in den vergangenen Jahren unter Zuhilfenahme von Spucke, Spaten und Spitzhacke die Freiheit.

Von DDR-Grenztruppen wurde die Ausrede „Ich suche nach Wasser" in den seltensten Fällen akzeptiert.

Andere von uns fanden unter der Erde etwas beinah genauso Wertvolles: Wasser.

Und was für ein Wasser: Die Weißquelle. In 600 Meter Tiefe, verborgen unter dem Nationalpark Harz, einem der letzten wirklichen Naturparadiese Europas. Tief im Gestein und von Menschenhand völlig unberührt, produziert diese Quelle ein stilles Mineralwasser, das einzigartig ist auf der Welt. Einzigartig in seiner Zusammensetzung, weil es viele aus dem Gestein gelöste lebenswichtige Mineralstoffe und Spurenelemente beinhaltet. Einzigartig in seinem positiven Effekt auf das Wohlbefinden, weil es diese Inhaltsstoffe in einer besonders ausgewogenen Kombination enthält. Und einzigartig im Geschmack, weil es frisch von der Quelle vor Ort abgefüllt wird.

Es ist also nicht weiter überraschend, dass ausgerechnet wir jetzt auf diese Quelle in der Tiefe gestoßen sind. Schließlich haben wir jahrzehntelang dafür geübt.

Das stille Wasser aus dem Harz.

Ein Land, in dem Coca-Cola verboten war, musste ziemlich gutes Wasser produzieren.

Ein Schlückchen der vom Getränkekombinat „Rennsteig" verzapften Club-Cola, und der Fall ist klar. Im Grunde genommen hatte die DDR nur eine einzige Chance: Das beste Mineralwasser der Welt zu produzieren. Unser Arbeiter- und Bauernstaat hatte Glück. Denn er hatte den Harz. Und der ist seit Generationen berühmt für ein Wasser von ganz besonderer Qualität.

Kein Wunder: Unberührte Natur, tiefe Schluchten, grandiose Wasserfälle und unterirdische Höhlen, in denen sich das Regenwasser sammelt, bevor es still versickert. Aber vor allem: Einzigartiges Gestein, welches das Wasser auf dem jahrhundertelangen Weg in die Tiefe sorgfältig filtert und mit wertvollen Mineralien und Spurenelementen anreichert. Und die reinste und klarste dieser Harz-Quellen ist die Weißquelle. Völlig unberührt in 600 Meter Tiefe sammelt sich hier ein stilles Mineralwasser von einzigartiger Qualität. Unglaublich harmonisch im Geschmack. Ganz besonders bekömmlich. Und mit einer perfekt ausgewogenen Mischung aus Magnesium, Zink und Calzium.

Ein Glas und Sie sind überzeugt: Ohne Wasser wie dieses wären die DDR-Bürger Jahre vorher auf die Straße gegangen.

Wer regelmäßig Club-Cola trank, der bekam als kleine Wiedergutmachung hübsche Werbe-Aufnäher.

Das stille Wasser aus dem Harz.

WEISSQUELL.

Neu. Seit 600.000 Jahren.

Stefan Kolle für die Gefühlsorientierten.

Stefan Kolle ist Inhaber, Creative Director und Texter bei Kolle Rebbe in Hamburg.

Sehen Sie ihn, diesen erotischen Mann? Braun gebrannt ist er, groß und kräftig. Nackt glänzt die Brust, hart ist der Bauch. Sagen Sie uns: Kann ein Mann schöner schwitzen? Und dann das Wasser – wie gierig er es trinkt! Warum so eilig? Wo muss unser Held noch hin? Zurück auf sein Surfbrett? In den Zehnkampf? Unter die Sonnenbank? Egal, vergessen Sie ihn. Denn um Ihnen zu sagen, dass das neue „Weißquell"-Mineralwasser nicht nur wohl tut, sondern auch viel Magnesium, Zink und Calcium besitzt, brauchen wir diese Werbebilder nicht. Schließlich entspringt unser Wasser in 600 Meter Tiefe. Da kommen wir Ihnen nicht mit so flachen Klischees.

Neu. Seit 600.000 Jahren.

Wer möchte, darf sich hier eine nackte Fra[u]
und mit endlos langen Beinen. Wo steht sie? S[ie]
Holzsteg, vor einem wunderschönen See. D[ie]
hübsche Nase im frischen Wind, streckt sie ih[r]
In der Hand hält sie eine Flasche Wasser. Woh[in]
Zu ihrem Geliebten? Zurück ins Fitness-Studi[o]
wir sie ziehen. Denn um Ihnen zu zeigen, da[ss]
Mineralwasser nicht nur wohl tut, sondern au[ch]
Zink und Calcium besitzt, brauchen wir die[se]
Das ist zwar schade um die schönen Fraue[n]
reines Wasser einschenken. Von Anfang an.

orstellen. Jung, schön

eht auf einem kleinen

ugen geschlossen, die

me aus; wie Flügel.

rd sie damit fliegen?

er weiß? Egal, lassen

as neue „Weißquell"-

el Magnesium,

ochglanzbilder nicht.

och wir wollen Ihnen

eu. Seit 600.000 Jahren.

WEISSQUELL.

Trinken ist Macht.
Christine Reich für die Trendorientierten.

Christine Reich ist Geschäftsführerin Strategie, Kreativ-Direktorin und Texterin beim Markenhaus in München.

WASSER – BALD SO TEUER WIE BENZIN?

Seit einigen Jahren kaufen Firmen wie Coca-Cola und Nestlé (dazu gehört auch die Perrier-Vittel-Gruppe) überall auf der Welt Land auf, das reich an Mineralwasserquellen ist.

Wer im Besitz von Mineralwasserquellen ist, hat nicht nur Macht über Leben und Tod, sondern kann auch die Preise bestimmen.

Von der Öffentlichkeit völlig unbemerkt hat sich bereits jetzt ein Konkurrenzkampf um die Kontrolle der letzten verbleibenden Wasservorräte entwickelt. Wie bei Erdöl und Benzin. Dies wird vermehrt zu Konflikten, ja vielleicht sogar zu Kriegen führen.

Weißquell ist eine der letzten Mineralwasserquellen, die sich noch nicht im Besitz der mächtigen Konzerne befinden.

Aber die „Zensur" der dominanten Multis herrscht überall. Darum ist das vermutlich das erste und letzte Mal, dass Sie diese Anzeige lesen können.

Danach wird Weißquell womöglich auf Milliardensummen verklagt und zum Schweigen gezwungen werden. Um uns auf diesen Kampf „David gegen Goliath" vorzubereiten, können wir Sie nur bitten, mehr Weißquell zu trinken.

Oder schmeckt es Ihnen, wie bei Benzin genau die Preise zu zahlen, die Ihnen weltweite Monopolisten diktieren?

Noch mehr Wissenswertes erfahren Sie unter: www.weissquell.de

**WEISSQUELL.
TRINKEN IST MACHT.**

WIRKSAMER KOKS ODER

Wie ausgeprägt das kollektive Bedürfnis nach Glück und Entspannung ist, zeigt d[er] Prozac-Hype in den USA. Per Internet surft nun auch Europa auf der neuen Glückswell[e]. Ab 35 Euro die Packung.

Wem das zu billig erscheint, der zieht sich Euphorie und Selbstvertrauen, Stärke- u[nd] Glücksgefühl durch die Nase. Zum Beispiel Kokain für ca. 50 Euro das Gramm.

Wie schade, dass nur die wenigsten wissen, wie sich das unbestimmte Gefühl vo[n] „unglücklich sein" viel einfacher abbauen lässt:

mit einem ordentlichen Schluck Magnesium.

Gutes Mineralwasser kann über 80 mg Magnesium pro Liter enthalten. Weißqu[elle] enthält 82 mg pro Liter. Täglich getrunken, verschwinden die Anzeichen von „unglück lich sein", wie innere Unruhe, depressive Verstimmungen, fehlendes Selbstwertgefü[hl], Nervosität und Konzentrationsschwäche. Ganz legal, extrem günstig und gänzlich oh[ne] Nebenwirkungen.

Da können Sie jeden Arzt oder Apotheker fragen. Wenn Sie die Kontakte haben, sog[ar] einen Drogenbaron. Denn die wirklichen Drahtzieher im weltweiten legalen wie illega[len] Drogen-Business schlucken alles. Aber niemals Drogen.

Nebenwirkungen von Substanzen wie z. B. Kokain:
Der menschliche Körper kann nur eine bestimmte Menge von Glückshormonen produzieren. Werden Glückshormone durch vermeintliche „Glücklichmacher" vermehrt ausgeschüttet, braucht der Körper ca. [2] Wochen, um neue Glückshormone zu produzieren. Darum fällt man nach der Einnahme von Koks [und] ähnlichen Substanzen auch so oft wieder in ein noch größeres, tiefes, schwarzes Loch. Ganz gleich wie viel m[an] schluckt, um wieder „happy drauf zu sein". Noch mehr Wissenswertes erfahren Sie unter: www.weissquel[le...]

ALS PROZAC.

**WEISSQUELL.
TRINKEN IST MACHT.**

WEISSQUELL.

Trink dich gesund.
Alexander Schill für die Ergebnisorientierten.

Alexander Schill ist Geschäftsführer, Creative Director und Texter bei Serviceplan in Hamburg.

JEDEN TAG FLIESSEN 1400 LITER WASSER DURCH IHR GEHIRN. DENKEN SIE, WAS WIR DENKEN?

weißquell. TRINK DICH GESUND.

Viel Trinken ist nicht nur clever. Es macht auch schlau. Denn das menschliche Gehirn besteht zu 85% aus Wasser, das ständig ersetzt wird. Je frischer und damit nährstoffreicher das nachkommende Wasser ist, desto leistungsfähiger ist das Gehirn. Und weil diese Rechnung so einfach ist, kommt gleich noch eine: Weißquell Mineralwasser ist eine der mineralreichsten Flüssigkeiten. Jede Flasche enthält 13mg Natrium, 3mg Magnesium und 66 mg Calcium. Sind zusammen 82 mg wertvolle Mineralien – kann man im Kopf rechnen. Mehr dazu unter www.weißquell.de

BABIES BESTEHEN AUS 30% MEHR WASSER ALS IHRE GROSSELTERN.

weißquell. TRINK DICH GESUND.

Ein einfacher Test: Bilden Sie eine kleine Hautfalte auf Ihrem Handrücken und lassen Sie sie wieder los. Bleibt sie stehen oder verschwindet sie nur langsam, fehlt dem Körper Wasser. Falten sind nämlich eine Folge von Wassermangel. Warum sonst gäbe man ein Vermögen für Feuchtigkeitscremes aus? Trinken ist viel billiger. Und in manchen Fällen lohnt es sich sogar doppelt. Weißquell Mineralwasser zum Beispiel liefert neben Wasser auch noch wichtige Mineralstoffe. Sie sorgen dafür, dass Sie sich auch so jung fühlen, wie Sie aussehen. Kurz: Jung bleiben ist kinderleicht. Mehr dazu unter www.weißquell.de

IHR KÖRPER BRAUCHT
WIR EMPFEHLEN: TRINKEN

weißquell. TRINK DICH GESUND.

Es gibt einige gewichtige Gründe für die Einnahme von Eisen. Es förde
die Bildung roter Blutkörperchen und versorgt die Muskeln mit Saue
stoff. Wenn Sie also vorhaben, sich zu bewegen, brauchen Sie Eisen
und zwar nicht zu knapp. Die bekömmlichste Methode der Einnahm
ist der Genuss von Weißquell Mineralwasser. Jede Flasche enthä
neben vielen anderen Mineralien 0,5 Milligramm Eisen – genug, um Ihre
Körper schwer in Form zu bringen. Damit Sie das regelmäßig übe
prüfen können, gibt es Weißquell auch in 9-Kilo-Kästen. Mehr daz
unter **www.weißquell.de**

,3 kg **EISEN IM JAHR.**

WEISSQUELL.

Das Beste aus H, zwei und O.
Jana Liebig für die Verweigerer.

Jana Liebig ist freie Kreativ-Direktorin und Texterin in Frankfurt am Main.
Die Anzeigen entwickelte sie zusammen mit ihrer Art-Partnerin Anna-Clea Skoluda.

(Headline:)

KEIN POP, KEIN STYLE
UND NICHT IN ANSÄTZEN
KRASS: WEISSQUELL.

(Copy)

Haben Sie es auch gemerkt? Letztes Jahr im Sommer?
Als es so wahnwitzig heiß war? Es wurde Wasser verkonsumiert,
heidewitzka! Das konnte man ja schon nicht mehr trinken
nennen! Doch dieser Verbrauch lag nicht nur an der Hitze.
Nein, da war noch etwas anderes außer Durst. Etwas Größeres,
eine Art Super-Meta-Ebene. Wasser war plötzlich ein Statement.
Mädchen mit Flipflops an den Füßen flipfloppten durch die
Städte („Szene"), in der einen Hand eine Flasche Wasser,
an der anderen einen jungen Mann mit lackierten Fußnägeln
(„metrosexuell"). Der Hammer.
Wo war da Weißquell? Weißquell war nicht dabei. Nicht in
Berlin Mitte, nicht auf der Hamburger Schanze, nicht im
Glockenbachviertel in München.

Wie auch. Es hat keine schicke Plastikflasche, trägt keinen
französischen Namen und kommt aus dem Harz. Harz. Haaarz.
Wie sich das schon anhört! Harz ist nicht hip. Aber dafür ist
Harz tief: Weißquell kommt aus 600 Metern Tiefe und hat auf
seinem langen Weg nach oben ordentlich Mineralien angesammelt.
Das macht es bekömmlich und gut verträglich.
Tja. Schön. Aber eben nicht ein Quentchen stylish.
Sind Sie stylish?
Dann haben wir einen Vorschlag: Setzen Sie doch einen Trend!
Seien Sie anders! Mit Weißquell! Zeigen Sie absolutes
Insidertum! Trinken Sie ein Wasser, das keiner trinkt.
Und wenn Sie unbedingt wollen, dann sprechen Sie Weißquell
eben einfach französisch aus.

(Packshot:)

(Slogan:)

W eißquell. Das Beste aus H, zwei und O.

(Headline:)

FÜR ALLE, DIE MIT WERBUNG NICHTS ANFANGEN KÖNNEN: HELFEN SIE SICH SELBST!

(Copy)

Wir sind ein neues, gutes Mineralwasser auf dem großen Markt der neuen, guten Mineralwässer. Aber unsere Marktforschungsabteilung hat herausgefunden, dass Sie das irgendwie gar nicht schert. Dass wir viele Mineralien enthalten, ist eine Selbstverständlichkeit für Sie und dass wir aus dem Harz kommen, ist Ihnen eigentlich egal. Auch mit einem flotten „Hey, unsere Quelle liegt in 600 Meter Tiefe, ist das vielleicht nichts?" können wir Sie nicht beeindrucken (mit „Ist sehr bekömmlich." vielleicht? Auch nicht?). Also lassen wir das. Vergessen wir die Fakten, und die bunten Bilder des schicken Lifestyles ebenso. Es interessiert Sie ja doch nicht. Und nachher mögen Sie uns nicht, weil Sie unsere Anzeigen nicht mögen, weil Sie sich durch Sie quasi verfolgt, ja sogar bestalkt, fühlen. Deshalb haben wir uns etwas besonders Amüsantes für Sie ausgedacht.

Eine Anzeigen-Headline zum Selbermachen.
Komplett mit Subjekt, Prädikat, Objekt, Verb, Adjektiv.
Und natürlich Weißquell. Bittschön:

Vorm Portugiesen	steht	mit bauchfreiem Top	eine cargobehoste Schönheit. Sie
An der Ampel	wartet	mit gelangweiltem Gesichtsausdruck	der Gutaussehende, den man hier immer Er
Kurz vor dem Aufwachen	träumt	zähneknirschend	der schwerbeschäftigte IT-Manager. Er
Auf der Piste	tanzt	aufmerksamkeitsheischend	ein Grüppchen Metrosexueller. Es
Gegen den Rat der Mutter	trinkt	gluckernd	die noch minderjährige Doreen. Sie

(Slogan:)

Weißquell. Das Beste aus H, zwei und O.

(Packshot klein)

(Packshot mittel)

(Packshot groß)

trinkt ein Weißquell mit	Galao-Niklas.
hat einen Kasten Weißquell für	alle WG-Mitbewohner.
trinkt zuwenig Weißquell und pfeift auf	viel Magnesium, Zink und Calcium.
trinkt Weißquell aus der Flasche und imitiert dabei	die janzen hippen Topcheckers hier.
trinkt drei Liter Weißquell. und sagt, es sei für	Weltfrieden, mehr Liebe und den Neuen.

Gut, jetzt haben wir gesehen, dass die Besten der Branche mühelos für unterschiedliche Sprach-Stilgruppen schreiben können. Aber können das auch der »normale« Marketing-Mann oder die »normale« Marketing-Frau, der »normale« Werbetexter oder die »normale« Werbetexterin umsetzen?

In einem meiner Corporate-Language-Seminare saß Jochen Blass, In-house-Werbetexter beim Hanseatischen Wein- und Sekt-Kontor (Hawesko) in Tornesch bei Hamburg. Zusammen mit anderen Teilnehmern trainierten wir das Schreiben in visuell-auditiv-kinästhetischer Sprache. Und das Schreiben für unterschiedliche Sprach-Stilgruppen.

Zwei Tage nach dem Seminar bekam ich Post von Herrn Blass. Er habe das Gelernte in der Praxis umgesetzt. In Texten für einen Wein-Prospekt. Derselbe Wein unterschiedlich »betextet«. Lesen Sie im Folgenden das Ergebnis.

Der Wein-Etiketten-Test.

Der Sprach-Stilgruppen-Alltagstauglichkeits-Check.

Zuerst ein Text im »normalen« Marketing-Stil:

2002er Los Vascos, Cabernet Sauvignon, Colchagua Valley

Los Vascos, eines der ältesten Weingüter Chiles, steht unter der Leitung der Domaines Barons de Rothschild (Lafite). Das 500 Hektar große Weingut liegt im Colchagua-Tal und wurde 1988 umfassend modernisiert. Hier wachsen die Trauben auf ungepfropften Bordeaux-Reben aus der Vor-Reblauszeit in einem gesunden Mikroklima heran. Das Resultat ist feinster, beständiger und ausbalancierter Cabernet Sauvignon, dessen Eleganz und Harmonie den typischen Rothschild-Stil repräsentieren.

Bevor wir zu den Sprach-Stilgruppen kommen, versuchen wir zuerst einmal, denselben Wein visuell zu beschreiben:

2002er Los Vascos, Cabernet Sauvignon, Colchagua Valley

Wie ein Fels in der Brandung steht der 2002er Los Vascos im Glas. Unnachgiebig die Präsenz des Duftes… Da scheint man in einem toskanischen Kräutergarten zu stehen, und ein Freund bringt einen Korb reifer roter Beeren vom Markt mit. Am Gaumen dicht gewobene Tannine wie Samt und Seide, gibt sich der Nachklang noch ein wenig pubertär und wird erst in einigen Jahren erwachsen werden. Nach wie vor ein Gradmesser für Cabernet Sauvignon in dieser Preis-Liga.

Jetzt im auditiven Stil:

2002er Los Vascos, Cabernet Sauvignon, Colchagua Valley

Mit einem Paukenschlag eröffnet Los Vascos 2002 das Konzert der besten Cabernet Sauvignons bis 10 Euro. Ein Bukett voller Harmonie: Hier spielen Beeren, Kräuter und Schokoladen groß auf und verklingen erst nach einem Crescendo am Gaumen. Die Rothschilds geben hier den Takt vor. Man merkt… der Kellermeister hat sein virtuoses Instrumentarium auf Chateau Lafite erlernt.

Und jetzt im kinästhetischen Stil:

2002er Los Vascos, Cabernet Sauvignon, Colchagua Valley

Schon beim ersten Blick auf die Farbe des Los Vascos 2002 geht einem das Herz auf, denn das fast verboten funkelnde Rubinrot, lässt größten Genuss spüren. Am Gaumen dann ein Feuerwerk an Aromen: Beeren, Kräuter und Schokolade in selten feinfühliger Übereinstimmung. Noch etwas schüchtern die Nachlese, dort verbirgt dieser Cabernet Sauvignon zahlreiche Geheimnisse, die er erst in ein paar Jahren gedenkt preiszugeben.

Nun ein Text für die Sprach-Stilgruppe der Wertorientierten:

2002er Los Vascos, Cabernet Sauvignon, Colchagua Valley

Was auch immer die renommierte Wein-Dynastie der Rothschilds in die Hand nimmt, es wird daraus ein wertvolles Kleinod in der Welt des Weins. Der 2002er Los Vascos, nun schon der 15. Jahrgang ihrer südamerikanischen Dependance, zeichnet sich durch eine klare Cabernet-Sauvignon-Typizität aus. Wir finden würzige Kräuter, reife Beeren und einen leicht süßen Anklang feiner Bitterschokolade im konzentrierten Duftstrauß. Die Tannine, durchaus im Bordeaux-Stil, bilden das Rückgrat für weitere vorteilhafte Lagerung. Ein beständiger Wert in Zeiten zahlreicher zweifelhafter und hochgejubelter Neulinge.

Ein Text für die Gefühlsorientierten:

2002er Los Vascos, Cabernet Sauvignon, Colchagua Valley

Ach,… was für ein wunderbarer Tropfen. Schon der Duft nach Kräutern und reifen roten Beeren führt in die traumhafte Welt der chilenischen Weinbaugebiete. Hier, in nahezu unberührter Natur, befindet sich das malerische Colchagua-Tal, in dem die Trauben für den 2002er Los Vascos so prächtig gedeihen. Die samtene, seidige Art zaubert ein Wohlgefühl auf die Zunge, und der heitere Nachklang ist wie Balsam für die Seele. Man merkt, wie viel Liebe die Menschen im Hause Rothschild zum Wein haben.

Ein Text für die Ergebnisorientierten:

2002er Los Vascos, Cabernet Sauvignon, Colchagua Valley

100% Cabernet Sauvignon. 85 Wine-Spectator-Punkte… und 2002 als großes Jahr noch obendrauf. Da kann man sich schon auf das Öffnen der Flasche freuen. Die Farbe deutlich vom Jahrgang geprägt. Eher Purpur als Rubin. Das Bukett absolut perfekt: rote Beeren, Kräuter, Schokolade. Hat alles, was man von einem chilenischen Cabernet Sauvignon der 10-Euro-Klasse erwartet. Am Gaumen einwandfrei. Klasse Tanninstruktur. Der Abgang noch mal richtig lang und saftig. Typisch Rothschild!

Ein – zugegebenermaßen theoretischer – Versuch, ihn den Trendorientierten zu verkaufen:

2002er Los Vascos, Cabernet Sauvignon, Colchagua Valley

Los Vascos, authentischer Classic der neuen Südamerika-Wein-Szene, wird mit dem 2002er schwer zu toppen sein. Facettenreich das inspirierende Bukett: Markante Beerenfrucht und bravouröser Schoko-Taste verbinden sich zum perfekten Ganzen. Am Gaumen stilecht, und das Finish echt smart mit High-Class-Feeling. Sein femininer Touch macht ihn zum Musthave für Latino-Fans und zum Event für die Sinne. Hat die Power zum Trend-Roten jenseits des Mainstreams.

Und ein ebenso theoretischer Versuch, ihn den Verweigerern zu verkaufen:

2002er Los Vascos, Cabernet Sauvignon, Colchagua Valley

Für ganze 10 Euro! Der beste Los Vascos aller Zeiten! Mit dem 2002er hat der berühmteste Weinerzeuger der Welt, Domaines Barons de Rothschild (Lafite), den sensationellsten Top-Wein seit langem erzeugt. Atemberaubend dichtes Bukett, duftend nach reifen Beeren, mediterranen Kräutern und Schokolade. Überwältigend am Gaumen und ewig lang im Nachklang. Leider sehr limitiert (gerade mal 500 Kisten vorrätig) und als 12-für-11-Aktion nur äußerst kurze Zeit im Angebot. Bestellen Sie am besten sofort, und profitieren Sie noch zusätzlich von der beispiellos hochwertigen Gratiszugabe: einer Designer-Gartenleuchte für alle Anlässe.

Wenn Hawesko immer im wertorientierten und im visuellen Stil schreiben würde, hätten sie mich als Angehörigen der Sprach-Stilgruppe »Wertorientierte« als festen Kunden. »Wertorientiert« passt zum Unternehmen Hawesko, zur Zielgruppe Weintrinker und zum Produkt Wein.

Visuell verstärkt könnte dieser Stil der Hawesko-Stil werden. Für Weinkataloge, Mailings, Geschäftsbriefe und den Internet-Auftritt. Warum ich mir da so sicher bin? Schauen wir es uns einmal methodisch an.

Wie kommt man zu einer *Corporate Language?*
Warum braucht eine Marke oder ein Unternehmen *eine unverwechselbare Sprache?*

Als Marketing-Verantwortlicher oder Leiter der Unternehmenskommunikation haben Sie eine Agentur für klassische Werbung, eine für Dialog-Marketing, eine für Verkaufsförderung, eine für PR, eine für Online-Werbung und eine für Event-Marketing. In jeder dieser Agenturen schreiben mehrere Texter auf ihrem Etat. Diese Texter wechseln circa alle zwei Jahre. Hinzu kommen freie Texter und Fach-Journalisten.

Intern schreiben bei Ihnen: das Marketing, das Produkt-Management, leider auch der Vertrieb. Und manchmal der Hausanwalt. Auf jeden Fall der Vorstand. Und natürlich dessen Sekretärin. Vielleicht haben Sie auch noch Niederlassungen, unterschiedliche Abteilungen, Produktbereiche und Produkte. *Und jeder schreibt ein kleines bisschen anders.*

Sie schreiben oder lassen schreiben: Anzeigen, Funkspots, TV-Spots, Internet-Auftritte, Kurzmitteilungen, Angebote, Briefings, Rundbriefe, Infos, Schwarze-Brett-Texte, Booklets, Flyer, Prospekte, Kataloge, Mailings, Messe-Einladungen, Vorträge, Pressemitteilungen, Jubiläumsbroschüren, Rezensionen, Testberichte, Kundenzeitschriften, Packungstexte, Call-Center-Argumentationsketten, Sales-Folder, Fachhandelsanzeigen, Gebrauchsanweisungen, Garantiekarten, LKW-Beschriftungen, Geschäftsberichte, Firmenporträts, Personalanzeigen, Zeugnisse, Absagen, Einladungen, Rechnungen, Mahnungen, Schulungsunterlagen, POS-Materialien, Werbegeschenke, Visitenkarten etc. *Und alles schreiben sie ein kleines bisschen anders.*

Sie schreiben an Vorstände, Aufsichtsräte, Aktionäre, Neukunden, Bestandskunden, eigene Mitarbeiter, Azubis, potenzielle Mitarbeiter, ehemalige Mitarbeiter, Ehegatten von Mitarbeitern, Pensionäre, Lieferanten, das Finanzamt, Journalisten, Außendienstmitarbeiter, Handelsreisende, Verkäufer, Großhändler, Einzelhändler, Testinstitute, Werbeagenturen, Marketing-Manager, Produkt-Manager, Vertrieb, Lagerverwalter, Dekorateure, Spediteure etc. *Und allen schreiben sie jedes Mal ein bisschen anders.*

Sie schreiben, um zu motivieren, engagieren, reklamieren, informieren, initiieren, präsentieren, porträtieren, korrespondieren, kommunizieren, aktivieren etc. *Und jedes Mal klingt es etwas anders.*

Ihr Konkurrent hat die gleichen Produkte. Die gleichen Produkt-Features. Die gleichen Handelskanäle. Die gleichen Verbraucher. Die gleichen Argumente. Die gleichen Packungsabbildungen. Die gleichen POS-Maßnahmen. Die gleichen niedrigen Preise. *Und Ihr Konkurrent klingt kein bisschen anders.*

Folge: Es kommt zu unterschiedlichen Textqualitäten.

Was kann Corporate Language?
Corporate Language gibt Ihrer Marke, Ihrem Unternehmen eine sprachliche Wiedererkennbarkeit. In sämtlichen Kommunikationsmitteln. Corporate Language ist für Ihre Marke brandbuilding. Corporate Language ist ein entscheidendes Unterscheidungsmerkmal. Corporate Language hilft Ihnen, für unterschiedliche Zielgruppen die richtige Sprache zu finden. Corporate Language schafft eine gemeinsame Sprache. Intern wie extern. Mit Agenturen, im Marketing, mit Mitarbeitern, mit dem Vertrieb, mit dem Vorstand. Corporate Language macht Ihnen das Leben leichter. Lässt Sie Zeit, Kraft, Reibungsverluste und Geld sparen. Denn Corporate Language verkürzt die Arbeitsprozesse. Corporate Language verkauft. Durch bessere Sprache am Produkt. Im Handel. In der Werbung.

Bei Corporate Language geht es nicht um das Gestalten eines »Sprachklimas« oder um das Aufstellen von »Wortnormen«. Es geht auch nicht darum, für eine Marke oder ein Unternehmen ein Sprachkorsett zu schnüren.

Ziel einer Corporate Language ist es, dass jeder Text, den eine Marke oder ein Unternehmen verfasst, zu 100 Prozent auf den Markenkern oder die Unternehmensstrategie einzahlt.

Wie kommt man zu einer Corporate Language?
Die CL-12-Schritte-Methode:

Schritt 1 – Marken-Sprachanalyse.
Wie kommen wir von Marken- und Unternehmenspositionierung zur Sprachpositionierung?
Im zweitägigen Workshop:
1.1 Gemeinsame Definition des Markenkerns oder der Unternehmensphilosophie.
1.2 Wie können diese Werte in der Sprache umgesetzt werden?
    Übertragung des Markenkerns in verbale Marken- oder Unternehmenswerte.

Schritt 2 – Marken-Sprachcodierung.
Wie geben wir der Marke oder dem Unternehmen eine eigenständige Sprache im Markt?
2.1 Die Markensprache im Sprachlabor.
    Aufschlüsselung des verbalen Codes der Marke oder des Unternehmens.
    Welche sprachliche Historie haben die Marke oder das Unternehmen?
    Welche Claims sind in Verwendung oder noch in den Köpfen der Kunden?
    Für welche Tonality stehen die Marke oder das Unternehmen bisher
    (intern wie extern)? Welche Gesetzmäßigkeiten gibt es?
2.2 Sprachanalyse des Konkurrenzumfeldes. Wie spricht die Konkurrenz?
2.3 CL-Textinventur, Teil 1: Welche Marken- oder Unternehmenswerte werden von der Sprache bisher widergespiegelt?
2.4 Sprachpositionierungskreuz: Wo ordnen sich die Konkurrenten sprachlich ein? Wo wäre ein freies Feld, um sich sprachlich unique zu positionieren?
2.5 Definition der CL-Sprachpositionierung. Übersetzung der Sprachpositionierungswerte in sprachliche Regeln.

Schritt 3 – CL-Sprach-Stilgruppen-Definition.
Mit welchen Sprach-Stilgruppen wollen wir in Zukunft sprechen?
3.1 Analyse: Welche Sprach-Stilgruppen wurden bisher angesprochen?
3.2 Beschreibung der unterschiedlichen Anspracheformen. Wen wollen wir wann, wo, wie ansprechen?
3.3 Auswahl der Sprach-Stilgruppen nach dem CL-Sprach-Stilgruppen-Modell.

Schritt 4 – CL-Sprach-Stilwelten-Analyse.
Wie sieht die Sprachwelt unserer Sprach-Stilgruppen aus?

4.1 Beschreibung der Sprachwelten der Sprach-Stilgruppen. Mit welcher Sprache haben unsere Sprach-Stilgruppen Kontakt? TV-Gewohnheiten, Literatur, Zeitschriften, Werbung, Idole etc.

4.2 Wie sprechen unsere Sprach-Stilgruppen über unser Produkt im O-Ton?

4.3 Sammlung von Do's and Don'ts zur Sprach-Stilgruppe.

4.4 Sprach-Summary der aktuell gängigsten Ausdrücke der Sprach-Stilgruppe im Zusammenhang mit der Marke beziehungsweise der Dienstleistung.

4.5 Abgleich mit Sprachtrend-Erhebungen. Welche Sprachtrends sind in den ausgewählten Sprach-Stilgruppen zu berücksichtigen?

Schritt 5 – Generelle Tonality-Definition.
Welche Grundstimmung soll die Sprache vermitteln?

5.1 Formulierung einer Gesamt-Tonality für Marke oder Unternehmen.

Schritt 6 – Insights-Findung.
Welche Kundenwünsche muss die Sprache zukünftig ansprechen?

6.1 Workshop: Insight-Suche.

6.2 Insight-Überprüfung durch Zielgruppen-Research.

6.3 Reflexion der Zielgruppen-Insights auf mögliche sprachliche Inhalte.

Schritt 7 – CL-Textinventur, Teil 2.
Wie gut sind die bisherigen Texte?

7.1 Ausgewählte vorhandene Texte werden mit den Sprachwerten der Sprachpositionierung abgeglichen. Arbeit mit dem Farbmodell der Corporate Language. Dabei werden die erfassten Sprachwerte jeweils einer Farbe zugeordnet. Auf einen Blick wird erkennbar, ob der Text auf die Sprachpositionierung und die Markenpositionierung einzahlt.

7.2 Wie gut ist die zu bewertende Sprache handwerklich? Ist sie visuell-auditiv-kinästhetisch? Erreicht sie die Sprach-Stilgruppen? Ist die Sprache authentisch? Ist sie aktuell, zukunftstauglich, tragfähig? Kann sie der Marke langfristig neue Kraft verleihen, damit sie ihr Erfolgspotenzial ausbauen kann?

7.3 Inventurkommentar. Fazit aus der Textinventur. Worin bestehen die Defizite?

Schritt 8 – Aufbau Sprachkorridore und CL-Sprachbank.
Wie soll die Marke in Zukunft sprechen?
8.1 Aufbau von Sprachkorridoren. Zwischen welchen Leitplanken bewegt sich zukünftig sprachlich die Marke?
8.2 Aufbau einer circa 100 Worte und Formulierungen umfassenden Sprachbank.
8.3 Formulierung von Keywords und Buzzwords. Welche Worte wollen wir besetzen? Welche neuen Worte wollen wir in den Markt stellen?
8.4 Analyse: Einfluss der Sprachpositionierungswerte auf den Claim.

Schritt 9 – Erarbeiten von Mustertexten.
Wie sehen bessere Texte aus?
9.1 Sprachliches Überarbeiten der ausgewählten Kommunikationsmittel. Anwenden des Farbmodells der Corporate Language. Schrittweises Verbessern »in den Farben«. Stärken des Textes im Widerspiegeln der Sprach- und Markenwerte.
9.2 Übertragung auf sämtliche Kommunikationsmittel.
9.3 Erarbeiten von Textbausteinen, zum Beispiel für Regelkommunikation, Geschäftsbriefe und Mailings.
9.4 Applikation des Sprachstils auf die gesamte schriftliche wie mündliche Firmensprache.

Schritt 10 – CL-Manual.
Wie lautet die Empfehlung zur sprachlichen Markenführung?
10.1 Erarbeiten eines Corporate Language Manuals.

Schritt 11 – Mitarbeiter-Workshops.
Wie lernen die Textverantwortlichen, mit der Corporate Language zu arbeiten?
11.1 Workshop: Training »on the job«. Umsetzen ins Alltagsgeschäft.

Schritt 12 – Aktualitäts-Check.
Welche aktuellen Entwicklungen müssen in die Corporate Language einfließen?
12.1 Regelmäßige Sprachtrend-Beobachtung.
12.2 Regelmäßiger Input zu aktuellen Sprachthemen.
12.3 Einflechten von Veränderungen in der Markenpositionierung.

Das Modell der Corporate Language.
Die CL-Sprachzwiebel.

Eine Marken- oder Unternehmenssprache entwickelt sich immer von innen nach außen. Vom Markenkern über die Keywords, über die Tonality und die Sprachbank hin zu den Ausformulierungen der einzelnen Sprach-Stilgruppen für spezielle Einsatzgebiete.

Nach diesem Corporate-Language-Modell hat die Agentur REINSCLASSEN in den letzten Jahren die Unternehmenssprachen für Lexware, Otto, DaimlerChrysler, GVV Versicherung, Gräfe und Unzer, IKEA (Personal-Management), Vector Informatik, BKK Gesundheit und einige andere Unternehmen erarbeitet.

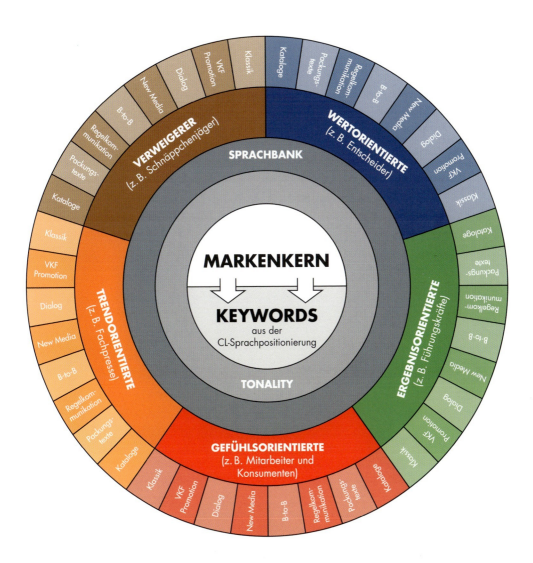

Nach so viel Theorie möchten Sie ein paar Details der Corporate Language sicher näher kennen lernen. Beginnen wir mit dem Analyse-Tool.

Das FARBMODELL
der Corporate Language.

Um die Analyse zu vereinfachen und das Ergebnis auf einen Blick sichtbar zu machen, geben wir jedem aus der Markenpositionierung abgeleiteten Sprachwert eine Farbe. In der Praxis sind es zwischen zwei und sechs Werte und Farben.

Nun nimmt man sich den zu untersuchenden Text vor und unterstreicht nacheinander, welches Wort auf welchen Wert einzahlt. Schnell erkennen Sie, ob ein Text farbig ist (also auf viele Sprachwerte einzahlt) oder fast schwarz (also im Großen und Ganzen nicht auf die Sprachwerte einzahlt).

Hier ein Beispiel, in dem der Text eines städtischen Energieversorgers, nennen wir ihn einmal KKK, untersucht wurde nach den Werten ==Nähe==, ==Zuverlässigkeit== und ==Verantwortung==:

```
Ihre Nachfrage vom TT.MM.2006 zu den aktuellen Erdgaspreisen
```

Sehr geehrter Herr Mustermann,

vielen Dank für Ihr Schreiben, in dem Sie Stellung zu unserer aktuellen Erdgaspreiserhöhung nehmen. Nachfolgend nennen wir Ihnen die Gründe, warum wir die Preise für unsere Erdgasprodukte angepasst haben.
Seit zwei Jahren steigen weltweit die Energiepreise. Ursache ist das Ungleichgewicht zwischen der großen Nachfrage, insbesondere durch wirtschaftlich expandierende Nationen, und dem nicht im gleichen Maß wachsenden Angebot an Energieträgern wie Heizöl und Erdgas. Die aktuelle Erhöhung beim Erdgas ist ausschließlich auf die Preisentwicklung der vergangenen Monate auf dem Weltmarkt zurückzuführen. Unsere Einkaufskosten steigen im gleichen Umfang wie die Kosten für den Endverbraucher.

Ende vergangenen Jahres hat die KKK mit unserem Erdgas-Lieferanten die Einkaufskonditionen neu verhandelt. Resultat der Gespräche: Ein noch höherer Anstieg wurde abgefangen. Das heißt, dass die Preisanhebung zum 1. Januar 2006 ==für Sie als Endverbraucher== geringer ausgefallen ist als von uns erwartet.

Detaillierte Informationen erfahren Sie unter www.kkk.de.

Mit freundlichen Grüßen,...

Kommentar: Die Sprachwerte finden sich nur ganz spärlich wieder. Der Text ist aus der Wir-Perspektive geschrieben. Er erklärt nicht ansatzweise die wahren Gründe der Preiserhöhung.

Und hier die überarbeitete Version untersucht nach den Werten **Nähe - Zuverlässigkeit - Verantwortung:**

Die Gaspreise im Weltmarkt.
Was wir für Sie tun, um sie so niedrig wie möglich zu halten.

Sehr geehrter Herr Mustermann,

vielen Dank für Ihr Schreiben vom X.X.2006. Ihre Frage zu den höheren Gaspreisen beantworten wir gerne.

Wie Sie vielleicht wissen, befinden sich viele Länder in einer wirtschaftlichen Wachstumsphase. Ehemals schwach entwickelte Staaten reifen zu konkurrenzfähigen Industrienationen heran. Die Folge: eine massiv steigende Nachfrage nach Energie. Und das betrifft uns alle: Das Angebot von Erdöl und Erdgas steigt nicht im gleichen Maße. Im Gegenteil. Die Energieressourcen werden knapper.
Dieses Ungleichgewicht ist die Ursache für die aktuelle Preisentwicklung am Weltmarkt. Und das betrifft auch unsere eigenen Kosten. Die sind im gleichen Rahmen gestiegen.

Natürlich hat uns diese Entwicklung nicht unvorbereitet getroffen. Denn wir haben für unsere Region frühzeitig gehandelt. Ende vergangenen Jahres haben wir mit unserem Erdgas-Lieferanten die Einkaufskonditionen erfolgreich neu vereinbart.
Das Ergebnis unserer Bemühungen: eine geringere Preisanhebung, als erwartet wurde. Auch in Zukunft werden wir mit unseren Lieferanten hart verhandeln, um Ihnen weiterhin faire Energiepreise anbieten zu können.

Ich hoffe, diese Antwort erfüllt Ihre Erwartungen. Sollten Sie weitere Fragen haben, zögern Sie nicht, mich anzurufen. Sie erreichen mich unter: 0421/123 45 67.

Mit freundlichen Grüßen,...

Kommentar: Die Werte wurden im Text herausgearbeitet. Die Argumentation ist schlüssig und nachvollziehbar.

Hier ein Beispiel einer Anzeigen-Copy, in der die Sprachwerte ==Performance== und ==Einfachheit== nur ganz sparsam umgesetzt werden:

```
Im Namen aller Anforderungen.
Willkommen im Ganzen.


Reduziert aufs Optimum
XXXXX: Kaufmännische Software
von XXXXX als überlegene Komplettlösung, voll integriert,
netzwerk- und mehrplatzfähig.
Sicherheit ist Pflicht. Starten Sie mit der Kür.
Vier Programme, die sich perfekt ergänzen:
Lohn, Buchhaltung, Warenwirtschaft und Anlagenverwaltung.

Inklusive XXXXX-Business-Portal:
Schnell und bequem online zugreifen auf Formulare, Arbeitshilfen,
Musterbriefe, Verträge und Checklisten.

Jetzt bestellen und 4 Wochen kostenlos testen:
```

Kommentar: Zur Headline: »Im Namen aller Anforderungen. Willkommen im Ganzen.« Das klingt ziemlich sinnlos. Besser wäre eine Headline, die die Zielgruppe nicht für Geschwafel hält. Wir müssen also den Gelb- und Grünanteil deutlich erhöhen. Text muss für die Ergebnisorientierten geschrieben werden. Unbedingt zu Bullett-Points wechseln.

Überarbeitete Version untersucht nach den Werten Performance und Einfachheit:

Perfektion entsteht durch Höchstleistung.

XXXXX ist die überlegene Komplettlösung, wenn es um benutzerfreundliche kaufmännische Software geht – voll integriert, netzwerk- und mehrplatzfähig. Der Alleskönner in der Finanzbuchhaltung. Damit Sie wieder die angenehmen Dinge im Leben genießen können.

- Vier Programme, die sich perfekt ergänzen: Lohn, Buchhaltung, Warenwirtschaft und Anlagenverwaltung. Alles in einem Griff.

- Inklusive anwenderorientiertem XXXXX-Business-Portal: Schnell und effektiv online zugreifen auf Formulare, Arbeitshilfen, Musterbriefe, Verträge und Checklisten.

- Anerkannte, kompetente XXXXX-Partner in Ihrer Nähe: www.XXXXX.de/handel/ bietet eine umfassende Übersicht.

- Jetzt problemlos bestellen und 30 Tage im Handumdrehen kostenlos testen: per Internet: www.XXXXX.de oder per Telefon 0000-539 80 11. Ihre Fragen beantworten wir gerne: Infoline 0000-533 30 15

Und hier ein Bank-Geschäftsbrief in der Vorher-Version. Unterstrichen sind in diesem Fall sprachliche Schwächen:

```
Pfändungs- und Überweisungsbeschluss vom Pfändungsgläubiger
Betrag: EUR 5.000
```

Sehr geehrter Herr Mustermann,

am 12.11.200X ist bei uns der Pfändungs- und Überweisungsbeschluss gegen Sie <u>eingegangen</u>. Sollte ein Guthaben auf Ihren Konten bestehen, sind wir <u>verpflichtet</u>, dieses zwei Wochen nach Eingang der Pfändung an Ihren Gläubiger zu überweisen, <u>soweit es von der Pfändung erfasst ist</u>. Das Gleiche gilt für später eingehende Beträge.
Prüfen Sie daher bitte umgehend, ob berechtigte Ansprüche gegen Sie <u>geltend gemacht werden</u>. Ist dies nicht der Fall, sollten Sie Rechtsmittel gegen die Pfändung einlegen.
<u>Wir weisen Sie darauf hin</u>, dass Sie bei dem zuständigen Amtsgericht (bzw. bei der <u>vollstreckenden Behörde</u>) eine teilweise Aufhebung der Pfändung erreichen können, sofern unpfändbare Teile Ihres Einkommens betroffen sind. Eine Aufhebung <u>müssen Sie</u> jedoch innerhalb von zwei Wochen nach Eingang der Pfändung <u>erwirken</u>.

Das bestehende Guthaben haben wir in Höhe des Pfändungsbetrages auf ein gesondertes Verrechnungskonto umgebucht <u>(separiert)</u>, um eine komplette Sperrung Ihres Kontos <u>zu vermeiden</u>. Nach Ablauf der o.g. Frist von zwei Wochen werden wir das Geld an den Gläubiger auszahlen, <u>sofern</u> die Pfändung nicht bis zum 01.03.200Y aufgehoben wurde oder wir eine entsprechende <u>Weisung des Pfändungsgläubigers</u> erhalten haben.

Sollten Sie Sozialleistungen <u>empfangen</u> (Arbeitslosengeld, Sozialhilfe etc.), können Sie hierüber innerhalb der ersten sieben Tage nach Eingang der Gutschrift <u>verfügen</u>, sofern Sie uns durch einen entsprechenden Bescheid der <u>auszahlenden</u> Behörde (Arbeitsamt, Sozialamt etc.) die Höhe der Leistung <u>nachweisen</u>.

Eine evtl. auf Ihrem Konto eingeräumte Kreditlinie haben wir gelöscht.
<u>Bitte melden Sie sich umgehend zu einer Klärung der Angelegenheit in unserem Hause</u>.

Mit freundlichen Grüßen,...

Kommentar: Sprachlich haben wir es hier mit typischer, distanzierter Banken-Sprache zu tun.

In der überarbeiteten Fassung wurde speziell auf den Wert Sympathie geachtet:

Pfändungs- und Überweisungsbeschluss vom 12.11.200X

Pfändungsgläubiger: Hans Mustermann
Betrag: EUR 5.000

Prüfen Sie mit uns Ihre Möglichkeiten.

Sehr geehrter Herr Mustermann,

heute muss ich mich leider in einer ernsten Angelegenheit an Sie wenden. Am 12.11.200X ist bei uns der Pfändungs- und Überweisungsbeschluss gegen Sie eingegangen.

Ich möchte Ihnen gerne erläutern, was das im Einzelnen für Sie bedeutet und welche Möglichkeiten für Sie bestehen, unnötigen Ärger abzuwenden.

Guthaben, die jetzt auf Ihren Konten sind, genauso wie später noch eingehende Beträge, müssen wir bis zur Höhe des Gesamtbetrags von Euro 5.000 an Ihren Gläubiger überweisen. Wir sind gesetzlich dazu verpflichtet, dies innerhalb von zwei Wochen nach Eingang der Pfändung zu tun.

Was kann ich Ihnen in dieser Situation raten, um Schaden so weit wie möglich abzuwenden?

Prüfen Sie bitte als Erstes, ob der Anspruch des Gläubigers überhaupt berechtigt ist. Wenn das nicht der Fall ist, legen Sie bitte umgehend Rechtsmittel gegen die Pfändung ein. Wenn Teile Ihres Einkommens betroffen sein sollten, die unpfändbar sind, wenden Sie sich bitte an das zuständige Amtsgericht/die vollstreckende Behörde, um die Pfändung zumindest teilweise aufheben zu lassen. Auch in diesem Fall ist Eile geboten:
Die Aufhebung muss innerhalb von zwei Wochen nach Eingang der Pfändung erfolgen.

Was unternehmen wir, um Ihnen beizustehen?
Wir haben uns zunächst darum gekümmert, dass Ihr Konto nicht automatisch gesperrt wird. Das konnten wir vermeiden, indem wir ein Guthaben in Höhe des Pfändungsbetrags auf ein gesondertes Verrechnungskonto umgebucht haben. Diese Summe bleibt für zwei Wochen dort liegen. Wenn die Pfändung bis zum 01.03.200Y aufgehoben wird oder wir eine entsprechende Nachricht des Gläubigers erhalten, buchen wir das Geld auf Ihr Konto zurück. Andernfalls sind wir gezwungen, dem Gläubiger die Summe auszuzahlen.

Ihren Dispositionskredit mussten wir im Zuge dieser Angelegenheit leider löschen.

Sie sehen, es gibt einiges zu bedenken. Deshalb bitte ich Sie, sich möglichst schnell wegen eines persönlichen Beratungstermins bei mir zu melden. Wir werden dann alle Möglichkeiten gemeinsam durchgehen, und ich bin sicher, dass wir eine Lösung finden.

Ganz wichtig: Falls Sie Sozialleistungen wie zum Beispiel Arbeitslosengeld oder Sozialhilfe bekommen, sollten Sie mir einen Nachweis über die Höhe der Leistungen von der auszahlenden Behörde (Arbeitsamt oder Sozialamt) gleich mitbringen. Dann kann ich dafür sorgen, dass Sie weiterhin über diese Leistungen verfügen können (jeweils innerhalb von sieben Tagen, nachdem der Betrag eingegangen ist).
Mit freundlichen Grüßen,...

Kommentar: Aus einem harschen Brief im Behördentenor wurde ein ernster, aber verständnisvoller, hilfsbereiter Brief einer Bank mit Beratung auf Augenhöhe.

Und hier der Brief einer Krankenversicherung. Zuerst die Vorher-Version. Unterstrichen sind wieder sprachliche Schwächen:

Kieferorthopädische Behandlung für XXXX

Sehr geehrter Herr Mustermann,

entsprechend den gesetzlichen und vertraglichen Bestimmungen teilte uns der behandelnde Zahnarzt mit, dass die kieferorthopädische Behandlung Ihres Kindes einen unplanmäßigen Verlauf nimmt.

Aus diesem Grund wenden wir uns heute an Sie.

Die Probleme, die im Zusammenhang mit einer kieferorthopädischen Behandlung auftreten, sind uns bekannt. Dennoch bedenken Sie: Diese Probleme stehen in keinem Verhältnis zu den Schwierigkeiten, die bei Nichtbehandlung im Erwachsenenalter zwangsläufig auftreten.

Einem Kind mag es oft an der nötigen Einsicht fehlen, die zahnärztlichen Anweisungen zu befolgen. Als verantwortungsbewusste Eltern bitten wir Sie daher, Ihrem Kind Mut zu machen, die Behandlung in dem erforderlichen Maße durchzuführen.

Bitte achten Sie darauf, dass nicht durch Unachtsamkeit die Klammer beschädigt wird oder gar verloren geht. Herzlichen Dank im Voraus. Bitte erlauben Sie uns abschließend noch einen Hinweis. Sollte es wider Erwarten zu einem Behandlungsabbruch kommen, dürfen wir Ihnen aus gesetzlichen Gründen die zwischenzeitlich gezahlten Eigenanteile (20% bzw. 10% der Kosten) nicht erstatten.

Mit freundlichen Grüßen,...

Kommentar: Der Text wirkt belehrend, von oben herab und klingt sehr nach einem Schreibtischhengst. Markiert wurden das typische Bürokratendeutsch und Begriffe, die oberlehrerhaft klingen.

Hier nun die überarbeitete Nachher-Version.

Markiert sind die Textanteile, die auf den beabsichtigten Wert **Kundennähe** einzahlen:

Wenn Ihr Kind jetzt tapfer ist, muss es später nicht leiden.

Sehr geehrter Herr Mustermann,

Ärzte sind gesetzlich verpflichtet, den Krankenkassen Bescheid zu sagen, wenn bei einer Behandlung Schwierigkeiten auftreten.

Deshalb hat der Zahnarzt Ihrer Tochter Marina Mustermann, geboren am XX.XX.XXXX, mit uns Kontakt aufgenommen. Er teilte uns mit, dass die kieferorthopädische Behandlung nicht wie geplant verläuft, weil XXXXXX

Welches Kind geht schon gern zum Zahnarzt?
Gejammer, Genörgel und Geschrei sind vorprogrammiert.
Aber sind die Kinder erst erwachsen, sagen sie sich: Hätte ich bloß auf meine Eltern gehört.
Denn verglichen mit den Problemen, die zwangsläufig auftreten, wenn die Zahnbehandlung nicht erfolgreich fortgesetzt wird, sind die Probleme aus den Kindertagen harmlos.

Deshalb appellieren wir heute an Ihr Verantwortungsbewusstsein:
Machen Sie Ihrer Tochter Mut. Achten Sie darauf, dass sie weiter behandelt wird und dass die Klammer nicht kaputt oder verloren geht.

Bitte beachten Sie auch, dass wir Ihnen im Falle eines Behandlungsabbruchs aus gesetzlichen Gründen die bereits gezahlten Eigenanteile nicht erstatten dürfen.

Mit freundlichen Grüßen,...

Kommentar: Freundlichkeit zahlt sich aus. Aus Behördendeutsch mit erhobenem Zeigefinger wird Verständnis und Empathie.

Zum Schluss der Text eines Energieversorgers in der Vorher-Version. Unterstrichen sind wieder Zeugnisse typischer »Behördensprache«:

Wichtige Mitteilung
An die Bewohner der Bismarckstr. 42-64 und 65-85

Erneuerung der Gasversorgungs- und Hausanschlussleitungen in der Bismarckstr. 42-64 und 65-85

Sehr geehrte Kundin, sehr geehrter Kunde,
aufgrund der Gasstörung vom Fr. 18.03.05 beabsichtigen wir unsere Gasversorgungsleitung zwischen der Seyffertstraße und der Ludwigstraße in 3 Bauabschnitten zu erneuern, gleichzeitig werden die Gas- und Wasserhausanschlussleitungen - soweit erforderlich - mit erneuert.

Im ersten Bauabschnitt sind die Häuser der Bismarckstraße 48-54 und 71-77 betroffen, die weiteren Bauabschnitte werden vor Fertigstellung des ersten Bauabschnittes in einer neuen Anwohnermitteilung bekannt gegeben.
Die Baumaßnahme im ersten Bauabschnitt dauert ca. 4 Wochen.

Bei den erforderlichen Arbeiten im Straßenbereich kann es in der Zeit von 07:00 - ca. 17:00 Uhr aufgrund der geringen Fahrbahnbreite zu Behinderungen kommen. Während der Bauzeit stehen Ihnen nur begrenzt Parkplätze zur Verfügung.
Für die Arbeiten benötigen wir Zugang zu den Kellerräumen im Haus, in denen die Gashauptabsperrarmaturen liegen. Es ist wichtig, dass während der Arbeiten die Gashauptabsperreinrichtung im Gebäude jederzeit zugänglich ist. Nach Abschluss der Arbeiten ist der Zugang zu den Wohnungen erforderlich, um die hausinterne Gasinstallation zu entlüften.
Ohne Zutritt zu allen im Haus befindlichen Gasverbrauchsstätten dürfen wir die Gasanlage aus gesetzlichen Gründen nicht wieder in Betrieb nehmen! Das heißt, wir müssen in jede Wohnung, in der sich Gasgeräte (Herd, Ofen, Heizung usw.) befinden.

Für die baubedingten kurzzeitigen Behinderungen und die Unterbrechung der Gasversorgung bitten wir um Verständnis.
Bei Rückfragen erhalten Sie Auskunft unter der Rufnummer 0000/289-43992 oder -47681.
Bei Störung außerhalb der Dienstzeit 0000/289-28.

Mit freundlichen Grüßen,...

Kommentar: Ein Brief wie von einer Zuteilungs-Behörde. Markiert sind Worte, die bestimmend, autoritär und distanziert wirken.

Und hier die überarbeitete Version, die versucht menschlich zu sprechen:

Eine wichtige Mitteilung für Sie.
An die Bewohner der Bismarckstr. 42-64 und 65-85

Wir haben eine gute Nachricht für Sie: Die Gasversorgungs- und Hausanschlussleitungen in der Bismarckstraße 42-64 und 65-85 werden erneuert!

Sehr geehrte Kundin, sehr geehrter Kunde,
was wir für unsere Kunden auf jeden Fall vermeiden wollen, ist leider bei Ihnen am Freitag, dem 18.03.05, aufgetreten: Es gab eine Gasstörung. Das hat uns bewogen zu handeln: Wir wollen unsere Gasversorgungsleitung zwischen der Seyffertstraße und der Ludwigstraße in drei Bauabschnitten erneuern. Und wenn wir schon dabei sind, ist das der richtige Zeitpunkt, um gleichzeitig die Gas- und Wasserhausanschlussleitungen - soweit erforderlich - mit zu erneuern. Dann haben Sie nur einmal »Bauarbeiten«, kommen aber in den Genuss neuer Leitungen. So machen wir aus einem notwendigen Übel etwas Gutes für Sie.

Im ersten Bauabschnitt kümmern wir uns um die Häuser in der Bismarckstraße 48-54 und 71-77. Die weiteren Bauabschnitte geben wir Ihnen rechtzeitig bekannt - Sie werden von uns in einer Anwohnermitteilung alles für Sie Wissenswerte erfahren. Die Bauarbeiten im ersten Bauabschnitt dauern in etwa vier Wochen. Wie immer, wenn man baut, kann es während der Arbeiten zu Situationen kommen, die leider nicht angenehm sind: Bei den erforderlichen Arbeiten im Straßenbereich kann es in der Zeit von 7 Uhr bis 17 Uhr aufgrund der geringen Fahrbahnbreite zu Behinderungen kommen. Während der Bauzeit stehen Ihnen auch leider nur begrenzt Parkplätze zur Verfügung. Wir bitten Sie, das zu entschuldigen. Dafür haben Sie dann nachher den Vorteil neuer Leitungen und können davon ausgehen, dass es nicht mehr zu Störungen kommt.

Würden Sie uns bitte während der Bauarbeiten unterstützen: Für die Arbeiten benötigen wir Zugang zu den Kellerräumen im Haus, in denen die Armaturen liegen, mit denen das Gas hauptsächlich abgesperrt wird. Es ist wichtig, dass während der Arbeiten diese Sperreinrichtung im Gebäude jederzeit zugänglich ist. Nach Abschluss der Arbeiten bitten wir Sie kurz um Zugang zu Ihrer Wohnung, um die hausinterne Gasinstallation zu entlüften.
Bitte haben Sie Verständnis dafür, dass wir aus gesetzlichen Gründen Zutritt zu allen im Haus befindlichen Gasverbrauchsstätten brauchen - damit wir die Gasanlage wieder in Betrieb nehmen können. Das heißt, wir müssen wirklich in jede Wohnung, in der sich Gasgeräte (Herd, Ofen, Heizung usw.) befinden. Das geschieht zu Ihrer Sicherheit. Wir werden uns natürlich bemühen, Sie so wenig wie möglich zu stören.

Wir bitten Sie um Verständnis für diese Eingriffe in Ihren Alltag. Aber all diese Maßnahmen haben nur zwei Ziele: eine optimale Versorgung und Ihre Sicherheit. Wenn Sie noch Fragen haben, sind wir gerne für Sie da: Sie erreichen uns von x Uhr bis y Uhr unter der Rufnummer 0000/289-43992 oder - 47681. Abends und in besonderen Fällen wählen Sie bitte die 0000/289-28.

Mit freundlichen Grüßen,...

Kommentar: Der Text geht jetzt deutlich auf den Sprach-Positionierungswert ein. Er zeigt Verständnis für die Sorgen der Anwohner und versucht problemlösend zu sein.

Um Ihnen eine plastische Vorstellung von der Entwicklung einer Corporate Language zu geben, habe ich mich entschlossen, den Ablauf eines fiktiven Projektes hier darzustellen.

BÖBLINGEN
ist überall.

Aufbau einer Corporate Language *am Beispiel* eines mittelständischen Unternehmens.

Eine Corporate Language für Navisys.

Im April halte ich in Hamburg ein Seminar zum Thema Corporate Language. Einer der Teilnehmer ist Martin Möhringer. Er ist der Marketing-Leiter der Navisys Informatik. »Herr Reins, ich würde Sie gerne einmal nach Böblingen einladen. Wir sind mit unserer Textqualität nicht zufrieden.«

Ich mache mich schlau im Internet. Die Navisys stellt den N-GI her. Eines der drei weltweit besten Navigationssysteme in Fahrzeugen. Zielgruppe: B-to-B. Automobilhersteller in der ganzen Welt. Ich schaue mir die Homepage an. Ich lade mir die Firmenbroschüre runter. Klarer Fall: Hier spricht der Ingenieur. Wir-Sprache vom Härtesten. Ich stelle ein paar Beispiele zusammen, wie ein Technologie-Unternehmen heute sprechen sollte. Suche Beispiele unserer Arbeit heraus von Sprachentwicklungen für Software- und B-to-B-Unternehmen. Ich bin für meine Reise nach Schwaben gewappnet.

In Böblingen klagt mir Herr Möhringer sein Leid. Das Marketing kann sich gegen die Ingenieure nicht durchsetzen. Die schreiben ihre Texte am liebsten selbst. Und wenn dann das Marketing die schlimmsten Kinken wieder glattgebügelt hat – und die Texte wieder einigermaßen lesbar sind – kommt der Vertrieb und schreibt seinerseits alles um. Die internen Texter sind frustriert. Die drei betreuenden Agenturen (für Werbung, Internet und Direct-Marketing) beschäftigen ihre konfliktscheuesten Texter auf dem Etat. Also nicht die besten. Wir schauen uns zusammen die Texte an. Substantivismus. Technologie-Gesülze. Endlose Sätze, die zum einen Ohr rein und zum anderen raus gehen. Alles ohne Leben. Abstrakt bis zum Abgewöhnen. »Es tröstet mich nur, dass unsere Konkurrenz nicht besser ist«, fügt Möhringer bleich hinzu.

Am Nachmittag bekomme ich von Herrn Kügerle eine Produktdemonstration. Und was für eine. Kügerle ist ein Erklärer par excellence. Ich bin wirklich ein kompletter IT-Laie. Und eigentlich liebe ich Falk-Pläne... Aber nach einer Stunde weiß ich alles über Satellitensteuerung, BUS-Systeme und CAN-Technik. Ich hab es sogar begriffen. Ich bin fasziniert. Die sind wirklich gut hier. Beeindruckende Technik. Weltklasse. Für Kunden wie Audi, Porsche, BMW und Toyota. Mit nachvollziehbarem Nutzen. Für Endverbraucher wie mich und Fahrzeughersteller gleichermaßen. Ich sehe mir noch die Fertigungsstätten an. Alles erinnert an die Forschungsabteilung von McLaren oder Ferrari. Aber das muss man der Welt doch erzählen! »Dann machen Sie uns mal ein Angebot für eine Corporate Language«, meint beim Abschied Herr Möhringer.

Bei REINSCLASSEN wird kalkuliert. Wir errechnen Zeit und Einsatzkraft für die zwölf Schritte zu einer Corporate Language für Navisys. Zusammen mit dem Kunden einigen wir uns auf einen »20-Wochen-Freundschaftspreis«. Herr Möhringer möchte zusätzlich noch einen neuen Namen für den N-GI und einen Firmen-Claim. Im Mai starten wir mit einem Workshop in Böblingen. Mit dabei aus unserer Agentur für Sprache: ein Texter mit Technikverstand, eine Beraterin zum Protokollieren. Denn es gibt vieles festzuhalten: die Sprachhistorie von Navisys, Produkt-Storys, Unternehmenspositionierung und Markenkerngedanken. Viele Unternehmensberater und Design-Büros haben sich hier schon Gedanken gemacht. Es gibt eine CI, ein CD. Zur Überraschung sogar ein Wording-Manual, in dem der Umgang mit der Rechtschreibung bei Navisys festgelegt ist. Aber eine Vorlage, wie das Unternehmen intern und extern spricht? Welche Werte im Vordergrund der Kommunikation stehen? Fehlanzeige.

Nachmittags ein Treffen mit dem Gründer und Inhaber. Und plötzlich die Sensation. Herr Heberle spricht, wie ihm als Schwabe der Schnabel gewachsen ist. »Sehen Sie, meine Herren«, sagt er, während er selbst an einem neuen Produkt bastelt, »sehen Sie, es ist doch so: Da wo der Daimler Wert drauf legt, ist doch: Der will halt nur Qualität. Das ist dem doch arg wichtig, dass er uns nur einbauen muss und vergessen kann. Und das ist Navisys. Wir denken an alles. Und vor allem: Wir bauen die Geräte maßgeschneidert für unsere Auftraggeber.« Später im Büro von Martin Möhringer definieren wir den Positionierungswert: Zuverlässigkeit und Flexibilität. Die finden sich wieder in sämtlichen existierenden Markenpositionierungen, für teures Geld über Jahre von Unternehmensberatern herausgefunden. Was bedeutet das für die Sprache? Welche Sprachpositionierungswerte können wir daraus ableiten? »Zuverlässigkeit« kann bedeuten, dass man in Zukunft in der Sprache Worte wie »verlässlich«, »solide«, »Vertrauen«, »Sicherheit« betont. Dass man mit Beweisen arbeitet, mit »echten« Produkt-Storys, mit Kundenstatements, mit Bezug zur Firmengeschichte und dass man authentisch ist (Umgangssprache, eigene Erfahrungen, normale Formulierungen, wenig Substantive, visuelle Sprache, auch mal sehr persönliche Kommentare abgibt). »Flexibilität« bedeutet sprachlich für die Zukunft: in jedem Text anregend sein (Kreativität wecken, Alternativen aufzeigen), mobilisierend sein, innere Mobilität schaffen, kleine Befreiungen aufzeigen, Hinführen zum Ziel, ermutigen, bestätigen, auffordern, entlastend sein, Problem lösend. Auf den Rückweg nach Hamburg gibt uns Herr Möhringer circa 800 Broschüren, Briefe, Vorstandsreden, Geschäftsberichte und Werbeanzeigen mit.

Wir machen uns also an die Arbeit. Lesen. Lesen. Lesen. Verstehen. Verstehen. Verstehen. Drei Texter analysieren die Navisys-Sprache und die Sprache der fünf wichtigsten Konkurrenten. Spätestens am Sprachpositionierungskreuz fällt auf: *Alle* Anbieter argumentieren über »Qualität« und »Innovation«. Unsere Positionierung mit »Zuverlässigkeit« und »Flexibilität« ist schon ganz gut. Aber reicht das?

Es fällt auf: überall die gleichen Fachausdrücke. Überall Distanzsprache. Keine Emotion. Keine Faszination. Keine Bilder. Kein Stolz. Der Marktführer Navisys unterscheidet sich sprachlich nicht vom 15-mal kleineren Anbieter. Alle sprechen gleich. Gleich schlecht. Es wird kein banales Wortspiel um »Wir bringen Sie auf den richtigen Weg« ausgelassen.

Wir kommen zu Schritt 3 der Corporate Language. Wir legen die Sprach-Stilgruppe fest. Nein, liebe Ingenieure, wir sprechen nicht nur mit euresgleichen. Es muss deutlich zwischen Entscheidern und Machern unterschieden werden. Entscheider sind wertorientiert. Macher ergebnisorientiert. Es gilt festzulegen: Wann und wo sprechen wir mit Entscheidern? Und wann mit Machern? Und wann mit beiden zusammen?

Herr Möhringer ruft an. Eine Marktforschung hat unsere Markenkernwerte erneut bestätigt. Man würde sogar Navisys als das »Zuverlässigkeits-verrückteste« Unternehmen bezeichnen. Er freut sich auf unser nächstes Treffen. Bis dahin haben wir noch viel zu tun. Wir lesen Fachanzeigen, Fachliteratur, begeben uns mit dem Navisys-Außendienst auf eine Tour und erleben den O-Ton der Zielgruppe mit. »Ja, die Navisys, das sind halt echte Schwaben. Detailversessen – aber sympathisch!« Und das Beste: »Die entwickeln uns genau die Navigationsinstrumente passend zu unseren neuen Modellen.« Wir filtern aus den Gesprächen die No-Nos raus. Nein, vor allem belehrt möchte man nicht werden. Und bitte auch nicht so problemorientiert. Bitte Lösungen aufzeigen. Man hat keine Zeit für lange Texte. Nun ist die Tonality klar.

Die Woche darauf haben wir einen Insight-Workshop mit dem Vertrieb. Endlich nimmt diese Menschen mal einer ernst. Frei von der Leber weg erzählen sie uns plastisch, worauf es ihren Kunden ankommt. Über deren Sorgen, Nöte, Herausforderungen. Randvoll mit Insights kehren wir nach Hamburg zurück. Veronika Classen versorgt uns noch mit ein paar interessanten Sprachtrends zum Thema B-to-B. Interessant, bau ich in die Präsentation ein. Das Meeting in Böblingen verläuft gut. Völlige Übereinstimmung. Navisys braucht eine neue Sprache. Eine andere Sprache. Hat auch der Vertrieb eingesehen. Als Dank bekommen wir eine Auswahl von Texten zum Analysieren und Überarbeiten.

Zurück in Hamburg kommt das Farbmodell der Corporate Language zum Einsatz. Textinventur. Wir analysieren circa 20 der wichtigsten Texte. Welche Sprachwerte finden wir wieder? Im Geschäftsbericht. Im Verkaufsprospekt. In den Salesfoldern. Im Messe-Image-Film. In den Geschäftsbriefen. In der Einladung zur Systems in München. Das Ergebnis zeigt deutlich: Scan 1: kaum »farbige Texte«. Die Werte finden sich selten wieder. Scan 2: handwerkliche Schwächen. Holprige Texte, wohin man liest. Entsprechend deutlich fällt der Inventurbericht aus. Herr Möhringer ist nicht überrascht, das zu hören.

Wir machen uns an die Sprachkorridore. Zwischen welchen sprachlichen Leitplanken wollen wir in Zukunft schreiben? Was sind die Keywords? Was sind die 100 wichtigsten Formulierungen? Für die Kommunikation. Für den Außendienst. Für den Vorstand. Wenn der zu Mitarbeitern, Journalisten, Analysten, Gewerkschaftlern spricht. Gibt es Buzzwords (neue provokante Begriffe für die Branche)? Die Navisys-Sprachbank ensteht. Und dazu ein neuer Claim: »Navisys. Wir denken an alles. An alles.« Idee: Sollte Navisys nicht in Zukunft häufig mal etwas »wiederholen«? In Headlines. Beispiel: »Navigationssysteme für jede Fahrzeugklasse. Für jede.« Und sollte N-GI nicht in Zukunft Navi-Gate heißen? Wir gehen an die Mustertexte. Text für Text wird auf die Sprachpositionierung umgeschrieben. Wir nehmen uns sogar die Texte des Call-Centers vor.

August. Wir sind zwei Wochen früher fertig als geplant. Große Präsentation in Böblingen. Der Chef der Ingenieure ist dabei. Das gesamte Marketing. Der Vertriebschef. Aber alle schweigen. Denn der Gründer sitzt auch im Meeting. Corporate Language ist Chefsache. Die Präsentation geht wie das Messer durch die heiße Butter. Tonality, Mustertexte, Korridore, Sprachbank, der gelegentliche »Wiederholer« und der Claim gefallen. Nur mit dem Navi-Gate kann man sich nicht anfreunden. Hatte ich mir fast gedacht. Da müssen wir wohl noch mal ran. In Hamburg geht's nun erst richtig los. Die Navisys-Sprache muss durchdekliniert werden. Vier Texter arbeiten in drei Schichten. Und alles muss kommentiert ins Corporate-Language-Manual. Im September schauen alle stolz wie Oskar auf die gedruckten Manuals auf dem großen Konfi-Tisch. In den kommenden Wochen wird die Navisys-Sprache in Workshops allen Inhouse-Textern und Textern der betreuenden Agenturen näher gebracht. Es ist vollbracht. Navisys hat eine eigene Sprache. Und wie heißt nun der N-GI? »Findo find ich ganz gut«, hör' ich den Gründer sagen. ■

Corporate Language.

ZEITPLAN, KOSTEN, *Durchsetzung* und Glaubwürdigkeit.

Eine Corporate Language kann man nur etablieren durch ein Wort von ganz oben.
Und durch das Einverständnis auf allen Ebenen.

Die Kosten

Sie sind vergleichbar mit der CD-Entwicklung für eine neue Marke oder für ein mittelständisches Unternehmen. Also deutlich günstiger als eine einzige Anzeige 2/1 4C im STERN. Und wenn Sie nun noch bedenken, dass diese Anzeige vielleicht nicht optimal getextet ist, eine Corporate Language hingegen – Aktualisierung vorausgesetzt – ein Markenleben lang hält.

Der Zeitplan

Phase	Tage
1 **Marken-Sprach-Analyse** Zweitägiger Inhouse-Workshop, Teilnehmer auf Kundenseite: Kompetenzteam Corporate Language	2
2 **Marken-Sprach-Codierung**	≈ 5
3 **Sprach-Stilgruppen-Definition**	≈ 5
4 **Sprachwelten-Analyse**	≈ 10
5 **Generelle Tonality-Definition**	5
6 **Insight-Findung**	5
7 **Textinventur (Basis: 50 Texte)**	14
8 **Aufbau Sprachkorridore und Sprachbank**	30
9 **Erarbeitung Mustertexte (Basis: 50 Texte)**	30
10 **Corporate-Language-Manual**	30
11 **Mitarbeiter-Workshops** Training »on the job«, zwei bis drei eintägige Inhouse-Seminare	2–3
12 **Aktualitäts-Check** Regelmäßige Sprachtrend-Beobachtung	
Gesamtzeit	**138**

Die Durchsetzung.

Nach 18 Corporate-Language-Projekten, die wir bisher bei REINSCLASSEN durchgeführt haben, haben wir eines gelernt: Wenn es am Anfang einer Corporate-Language-Entwicklung keine klare Ansage aus der Chefetage gibt, wird das Projekt scheitern. Denn es wird in den unteren Hierarchie-Ebenen zerredet werden. Oder endet als unbrauchbares Konsenspapier. Abgestellt im Regal unter »Kann man machen, muss man aber nicht«.

Eine Corporate Language lässt sich nicht demokratisch erarbeiten.

Es bedarf eines klaren Entscheiders. Der sich von Anfang an vor das Projekt stellt und es gegen alle Zweifel verteidigt. Am besten wird zu Beginn des Projektes ein Kompetenzteam gebildet. Holen Sie die Zweifler mit an den Arbeitstisch. Denn Zweifel und Skepsis gibt es immer, wenn man mit etwas Neuem beginnt. Das liegt in der Natur der Dinge.

Die internen Texter haben Angst vor einem einschnürenden Korsett. Die Marketing-Leute Furcht vor Mehrarbeit und Machtverlust. Die betreuende Agentur neidet der Konkurrenz den Auftrag. Erfahrungsgemäß legen sich diese Vorbehalte nach dem Start-Work-Meeting. Und sie legen sich halt umso schneller und umso gründlicher, wenn es einen Kreis von Verantwortlichen gibt, der Corporate Language zu seinem »Baby« macht. Der Weg von oben nach unten ist also wichtig.

Der Weg von unten nach oben ist jedoch genauso wichtig. Die Verantwortlichen, aber vor allem die Ausführenden, müssen die Chance erhalten, zu verstehen, warum eine Corporate Language etabliert wird. Sie müssen die Vorteile (Zeitersparnis, Abbau von Reibungsverlusten, Hilfe bei der Ideenfindung, Aufwertung der Sparte Text) sehen.

Die Textmannschaft sollte bei der Findung der Sprachpositionierung, beim Finden der Insights und bei der Auswahl der zu überarbeitenden Mustertexte mit einbezogen werden. Das Manual gilt es als »gemeinsames« Werk *aller* Textverantwortlichen auszuloben. Und wichtig: die Workshops zum Einarbeiten in den Alltagseinsatz der Corporate Language.

Die Glaubwürdigkeit.

»Unser Handeln ist von Verlässlichkeit, Fairness und Ehrlichkeit geprägt.«
(Aus dem Leitbild der Deutschen Bank)

»Wir sind dort, wo unsere Kunden sind.«
(Aus dem Geschäftsbericht der Deutschen Bank)

»Leistung aus Leidenschaft«
(Werbeslogan der Deutschen Bank)

»Peanuts«
(Hilmar Kopper zum Fall Schneider)

»Ich habe Vertrauen in das deutsche Rechtssystem.«
(Joseph Ackermann zum Fall Mannesmann)

»Das ist das einzige Land, wo diejenigen, die erfolgreich sind und Werte schaffen, vor Gericht stehen.«
(Joseph Ackermann)

»Die verbogene Bank«
(Die Zeit)

> **Einem Unternehmen kann man eine Corporate Language nicht aufpfropfen. Die definierten Sprachpositionierungswerte müssen deckungsgleich mit dem Markenkern, der Historie, der Kultur und dem täglichem Verhalten seiner Mitarbeiter sein. Eine Corporate Language muss glaubwürdig für das Unternehmen stehen.**

Das Thema Glaubwürdigkeit gilt übrigens auch für Marken der Konsumgüterindustrie. Neudeutsch: Fast moving consumer goods.

Das musste zum Beispiel die Margarinemarke *Lätta* schmerzhaft erfahren. *Lätta* warb jahrelang locker-leicht mit einem lichtdurchfluteten Loft und zwei jugendlich-modern-fröhlichen Margarineessern. Positionierung: *Lätta,* die leichte, gesunde, moderne Margarine. Und plötzlich traut die deutsche Fernsehgemeinde ihren Augen nicht. Liegt doch plötzlich eine nackte Frau mit *zwei* nackten Männern im Bett. Irgendwie erschöpftglücklich steht sie auf und geht splitterfasernackt zum Kühlschrank. Und was holt sie sich da? Nein, kein Mineralwasser zur Abkühlung. Sie holt sich eine Packung *Lätta*. Und kehrt breit grinsend zu den beiden Jungs zurück. Um was zu tun? Das bleibt unserer Fantasie überlassen. Ich habe schon Männer in meiner Umgebung etwas von »Sandwich« murmeln hören... Positionierung: *Lätta* ist eine sexy Margarine. Damit krieg' ich jeden rum.

Ergebnis? Ähnlich wie ein Clip von Marianne und Michael auf MTV: Verheerend. Vernichtend. Was bestätigt wird durch die Tatsache, dass der Spot ganz schnell wieder off air war. Der nachfolgende Spot zeigte dann wieder ein junges Paar auf einer Sommerwiese... Aber wie meine Mutter immer zu sagen pflegt: »Wenn die Zahncreme erst einmal aus der Tube raus ist...« Neulich ist mir aufgefallen, dass es bei meinem kleinen Kaufmann an der Ecke keine *Lätta* mehr gibt...

Man kann sich nicht leidenschaftlich geben, wenn man es nicht ist (Heinz Rühmann nannte sich einmal – in Selbsterkenntnis – einen »Inneren Don Juan«). Man kann nicht »witzig« sein, wenn man bisher ein hochseriöses Bild in der Bevölkerung hatte.

Wenn ich »partnerschaftlich« erscheinen möchte, dann darf ich nicht aus der Wir-Perspektive argumentieren. Wenn ich meinem Kunden eine Technik verkaufen möchte, die ihm das Leben leichter macht, dann darf ich mich nicht in 34 Worte langen Sätzen in Technikgeschwafel ergötzen. Wenn ich ein hochpreisiger Technologieführer mit Designanspruch bin, dann kann ich mich nicht krachledern-volkstümlich geben. Will sagen: Wer sich in der Sprache verstellt, zahlt einen hohen Preis.

Die Sprache muss passen. Sie muss vom Vorstandssprecher genauso gesprochen werden wie vom Leiter des Fuhrparks und von der Aushilfskraft im Call-Center. Nichts bemerkt der Verbraucher schneller als eine unechte Sprache. Nichts liegt uns mehr im Magen als Frühstücks-Zerealien und Milch-Jieper.

Deshalb, wenn Sie für eine bestehende Marke, ein bestehendes Unternehmen eine Corporate Language planen: Horchen Sie hinein in Ihr Unternehmen, in Ihre Zielgruppe, in Ihren Markenkern. Wie sprechen Sie? Wie kommt das bei den Kunden an? Sprechen Sie eine authentische Sprache? Werden Sie von allen verstanden? Und nehmen Sie sich, wenn es sein muss, Ihren Vorstandsvorsitzenden zur Seite...

Anders ist das natürlich, wenn Sie eine neue Marke aufbauen wollen. Dann sollten Sie sich gleich am Anfang fragen: Wie wollen wir sprechen? Wie können Sie diese Sprache durch alle Kommunikationsinstrumente deklinieren? Welche Konstanten haben Sie? Verwenden Sie zum Beispiel einen stark kinästhetischen Stil? Arbeiten Sie häufig mit Fragen? Oder stellen Sie den Insight immer an den Anfang Ihrer Texte? Duzen Sie oder siezen Sie? Erzählen Sie Geschichten? Verwenden Sie englische Begriffe? ∎

Eine Corporate Language ist eine weit reichende Entscheidung. Genauso wie ein neues Logo oder eine neue Hausfarbe. Haben Sie Ihre Corporate Language gefunden, dann sollten Sie für eine Weile dabei bleiben. Dann sollten Sie diese konsequent in allen Kommunikationsmitteln anwenden. Dann sollte jeder, der für Ihre Marke oder Ihr Unternehmen arbeitet, sie vor Augen haben.

Das Corporate-Language- MANUAL.
Die Beispiele BKK Gesundheit und GU.

Inhalte eines CL-Manuals:

1. Sinn und Zweck einer Corporate Language, Methodik
2. Die Markenpositionierung/Unternehmenspositionierung
3. Die Sprachpositionierung
4. Die Sprachwerte
5. Die ausgewählten Sprach-Stilgruppen
6. Die Sprachwelten der Sprach-Stilgruppen
7. Die Insights der Sprach-Stilgruppen
8. Das Textogramm (Welche Texte haben welche Aufgaben)
9. Die generelle Tonality
10. Die Sprachkorridore (ca. 100 Worte und Wendungen pro Sprachwert)
11. Die Sprachbank
12. Das Farbmodell der Corporate Language
13. Ausgewählte Mustertexte für sämtliche Kommunikationsmittel
14. Der »Handwerkskasten« des Texters. Tipps und Tricks des Textens
15. Eine Corporate-Language-Checkliste

Drei CL-Manuals aus der Agentur REINSCLASSEN.

Das Corporate-Language-Manual ist das Herz einer Marke oder eines Unternehmens. Es darf nur einzeln nummeriert an ausgewählte Mitarbeiter ausgehändigt werden. Der Inhalt muss vor Personen von außen geschützt bleiben. Im Folgenden möchte ich Ihnen gerne zwei CL-Manual-Beispiele aus der Arbeit unserer Agentur vorstellen.

Beispiel BKK Gesundheit.

Michael Knauf, Leiter des Marketing-/Produktmanagements, hatte klare Vorstellungen. Seit dem Jahr 2000 hat er in Balingen im Zollernalbkreis aus einer einst angestaubten Betriebskrankenkasse eine moderne, bundesweit agierende BKK Gesundheit entstehen lassen. Mit eigenständigen jungen Produkten. Mit einer auffallend frischen Werbung.

Und das sollte sich endlich auch in Broschüren, in Flyern, in Kundenzeitschriften und vor allem in der Sprache der 18 000 Briefe, die jeden Tag das Haus verlassen, wieder finden. Vom Akquisitions-Mailing bis zum Mahnschreiben sollte aus jedem Text der Grundtenor der BKK Gesundheit herauszuhören sein: »Die BKK Gesundheit sorgt dafür, dass du gesund bleibst und erst gar nicht krank wirst.«

Die Mustertexte im Manual dienen also als Standard für die bundesweit verstreute 25-köpfige Textabteilung. Revolutionär für eine Krankenversicherung. Denn so bisher noch nie dagewesen. Und erfolgreich. Denn schon nach wenigen Wochen Einarbeitungszeit erzählen die ersten »Ordner-Bevollmächtigten« (so heißen bei der BKK Gesundheit die Textverantwortlichen) davon, dass ihnen die Textarbeit leichter von der Hand geht. Dass sich Kunden für die freundlichen Briefe bedanken. Und dass das Neukundengeschäft tüchtig auf Touren gekommen ist.

Beispiel Gräfe und Unzer.
München, Grillparzerstraße 12. Gräfe und Unzer. *Der* deutsche Ratgeberverlag. Fünf Erlebnisfelder. 23 Buchreihen. Jährlich 140 neue Bücher. Und alle schreiben: Autoren, Lektoren, Redakteure, Programmentwicklung, Marketing, Agentur. Hier entstehen Bücher wie »Die Glyx-Diät« und »Abnehmen mit dem inneren Schweinehund«. Georg Kessler, Geschäftsführer Programm bei GU, ist der Erste, der für einen Verlag ein CL-Sprach-Manual in Auftrag gegeben hat.

Ich fragte ihn: Sollte sich ein Verlag wirklich eine eigene Sprache zulegen?

Georg Kessler: Ich denke, wenn er sich mit seiner Corporate Identity beschäftigt, kommt er nicht drumherum, auch ein Auge auf die Sprache zu werfen. Natürlich sind Bücher stark geprägt vom Design. Aber es ist nahe liegend, dass man sich nicht nur mit dem äußeren Gefäß beschäftigt, sondern auch mit der inneren Anlage der Bücher. Und dem Versuch, sich eine sprachliche Identität zu geben.

AR: Soll frau ein GU-Buch zukünftig schon an der Sprache erkennen?

GK: Dieses Ziel müssen wir haben. Gerade als ein Verlag mit einem so breiten Spektrum und so unterschiedlichen Zielgruppen. Dass, wenn auf einem bestimmten Buch nicht GU draufstehen würde, man durch die Stilistik der Ansprache auf dem Cover, in den Haupt- und Untertiteln, über die Formulierung der Benefits eine Unverwechselbarkeit und Wiedererkennbarkeit erzeugt, die ohne das Logo auskommt.

AR: Wie tief reicht dabei die Corporate Language für einen Ratgeberverlag?

GK: Die Fragen gehen weit ins Innere eines Buches. Wie sehen Bildlegenden oder Überschriften aus? Wie schreibe ich Vorspanntexte? Darf ich Fremdwörter benutzen? Muss ich mich in der Zielgruppenansprache auf das umgangssprachliche Niveau einer Zielgruppe begeben, oder darf ich darüber hinausgehen? Wie muss die Titelei gestaltet sein? Im Prinzip alle Texte, die ein Buch ausmachen und die über das Manuskript hinausgehen. Es geht um alle Texte, die den Leser in das Buch ziehen. Ein Content-Manual ist die Chance, eine Typik zu erzeugen, die *noch* stärker auf die Markenleistung einzahlt. Je mehr sprachliche Eigenständigkeit wir erzielen, desto weniger angreifbar sind wir. Das muss ständig der Antriebsmotor sein. Gerade bei Verlagen, weil die nur den Werkstoff »Sprache« haben. Sprache muss die Seelenverwandtschaft zur Zielgruppe aufbauen.

AR: Gab's am Anfang nicht viele Widerstände bei Autoren und Lektoren?

GK: Von der kulturellen Auffassung her ist das für einen Verlag ja fast eine Vergewaltigung, was wir hier versuchen. Aber ein Ratgeber muss heute auch Markenleistung transportieren. Diese Vorgaben sind für einen Autor oft nicht einfach zu verstehen. Aber letztlich überzeugend, wenn daraus Bestseller entstehen. Und die Autoren sind dann sehr, sehr schnell bereit, sich diesen Vorgaben zu beugen.

Und wenn Sie noch gar nicht sicher sind, ob Sie eine komplette Corporate Language brauchen? Wenn Sie vielleicht erst einmal einen griffigen Claim brauchen, der Ihren Markenkern in einen knackigen Satz fasst? Der morgens in der U-Bahn gepfiffen wird? Der von der *Titanic* verballhornt wird? Der ins Volksgut übergeht? Dann sollten Sie genauso methodisch vorgehen. Denn ein Claim ist der kleinste gemeinsame Nenner einer Corporate Language.

CLAIM-FINDUNG *nach der* Corporate-Language-Methode.

»**Auch bei der Hamburgischen Arbeitsgemeinschaft ARGE wird sprachlich umgestellt**«, sagte Sprecher Uwe Ihnen. »**Wir schaffen zurzeit ein neues Corporate Design und werden in Zukunft nur deutsche Begriffe gebrauchen – wie zum Beispiel Fallmanager und Jobcenter.**« *(Aus dem Altonaer Wochenblatt)*

Einen Claim zu finden, war Ende der Achtziger noch eine überschaubare Sache. Da wurden zuerst Unternehmensberater, Consulting-Firmen und Agenturstrategen beauftragt, die Positionierung des Slogan-suchenden Unternehmens zu ergründen.

Dann wurde kräftig gepre- und aftergetestet. Und Garnisonen von Textern durften anschließend schreiben, bis ihnen die Finger bluteten. Ergebnis: wirklich eingängige Claims. Nehmen wir zum Beispiel die Versicherungsbranche:

VPV	So viel ist sicher. Ihre Zukunft.
Aachener Versicherung	Träume brauchen Sicherheit.
Alte Leipziger	Ihre Sicherheit. Ihre Zukunft. Ihr Leben.
Barmenia	Wir sind Ihre Versicherung.
Gerling	Wir unternehmen Sicherheit.
DeBeKa	Mit Sicherheit zu ihren Vorteilen.
Generali	Löwenstark. Sicherheit und Service.
HUK	Da bin ich mir sicher.
Nova	Die Sicherheit persönlich.
Securitas	Das gute Gefühl versichert zu sein.
Nürnberger	Schutz und Sicherheit im Zeichen der Burg.
WGV	Wirklich gut versichert.

Agentur und Kunde waren zufrieden. Man hatte einen Konsenz-Claim. Tat niemandem weh. Bewegte zwar auch nicht viel. Aber das war ja auch ganz gut so. Denn wer sich bewegt, fällt auf. Und wer auffällig wird, wird nicht so schnell befördert.

Doch Mitte der 90er Jahre wurde alles anders. Die großen Merger kamen. Man wollte sich international geben. Und dazu brauchte man einen englischen Claim. Denn englischsprachige Claims vermitteln uns schließlich Werte wie Freiheit, Jugendlichkeit und Fortschritt. »AXA, the Future together now« machte den Anfang. Und die Sloganitis begann. Hier ein paar Beispiele – und was der Volksmund daraus gemacht hat:

Mitsubishi	Drive alive. (Die Fahrt überleben.)
Citibank	Where money lives. (Wo Manni lebt.)
Loewe	Stimulate your senses. (Befriedige dich selbst.)
Sat.1	Powered by emotion. (Kraft durch Freude.)
Douglas	Come in and find out. (Komm rein und find wieder raus.)
RWE	One Group. Multi utilities. (Eine Gruppe. Viele Werkzeuge.)
Henkel	A Brand like a friend. (Ein Durst wie ein Freund.)
Philips	Sense and simplicity. (Einfach Sense.)
Storck	Part of Your World. (Das Teilchen deiner Welt.)

Gut, gefallen hat uns das nie. Aber es war praktisch. Schließlich klang in Englisch auch die größte Plattitüde nicht mehr ganz so platt. »Peter Stuyvesant. Komm zusammen« klingt einfach besser, wenn es »Come together« heißt (auch wenn die genaue Übersetzung davon die Aufforderung zum simultanen Orgasmus ist, wie Santiago Campillo-Lundbeck in seinem Artikel »Deutsch als Fremdsprache« sehr schön darstellt). Das Marktforschungsinstitut Endmark hat herausgefunden, dass von 20 englischsprachigen Claims nur 17 verstanden werden. Den RWE-Claim verstehen nur acht Prozent. Der Hannoveraner Linguist Peter Schlobinski glaubt sogar, dass »Anglizismen durch den Gewöhnungseffekt an Reiz verloren haben«. Und er verweist auf die HipHop-Szene, wo verstärkt Deutsch gerappt wird.

Das Hamburger Trendbüro analysiert in einer Trendstudie, warum: »In Zeiten, in denen Filialen von Global Brands unser Stadtbild prägen, verliert Fremdes seinen Zauber. Stattdessen entdecken wir die Exotik der Nähe wieder. Quer durch alle Lebensbereiche und mittlerweile selbst in den Slogans der Werbung besinnt man sich auf die deutsche Sprache.« Und das – weil wir ja Deutsche sind – gründlich.

Von den nach einer Handelsblatt/Dialego-Studie 20 bekanntesten »Werbesprüchen« sind nur noch drei nicht-deutsche übrig geblieben: »Createur d'automobil« (Renault – französisch!), »There's no better way to fly« (Lufthansa) und »How are you?« von Vodafone. Auf Platz eins rangiert übrigens: »Ich bin doch nicht blöd« von Media Markt.

Die Kehrtwende zum Deutschen geht noch weiter: Besitzer ehemals englischer Claims legen sich wieder deutsche Claims zu. Hier ein paar Beispiele:

	alt	neu
McDonald's	Every time a good time.	Ich liebe es.
Douglas	Come in and find out.	Douglas macht das Leben schöner.
Sat.1	Powered by Emotion.	Sat.1 zeigt's allen.
RWE	One Group. Multi Utilities.	Alles aus einer Hand.

Das Problem an der Sache: Ich kann mir den neuen Douglas-Claim einfach nicht merken... Zeit, einmal darüber zu sprechen, was gute Claims ausmacht. Kann man sich der Claim-Findung methodisch nähern?

Ein guter Claim sagt, wofür ein Unternehmen »unterm Strich« steht. Er verleiht Identität und trägt zur Markenbildung bei.

Dazu braucht es ein paar handwerkliche Eingriffe:

Ein Claim darf keine Aussagen tätigen, die bedeutungsarm und austauschbar sind. Oder generalisierend für die gesamte Branche sprechen. Bauknechts »Heute leben« wird es schwer haben, »gemerkt« zu werden. Clarins' »Macht Ihr Leben einfach schöner« ist genauso austauschbar wie Douglas' »macht das Leben schöner«. Beide wollen sich schwer ins Hirn schrauben. FnBWs »Energie braucht Impulse« ist genauso nichtssagend wie der Agenda-2010-Claim »Die neuen Möglichkeiten« oder »Hier bin ich richtig« von Arcor.

Ein Claim muss die Positionierung einzigartig aussprechen. Am besten in einem starken, deutlichen Bild. Oder in einem neuen, noch nicht dagewesenen Wort. Oder in einer ungewöhnlichen Formulierung. Beispiel: »Der Fels in der Brandung« (Württembergische Versicherung). Oder: »Für Besseresser« (Hilcona). Oder: »Da werden Sie geholfen« (Telegate 11880).

Ein Claim muss mit dem Gewohnten brechen. Aber die neue Aussage muss glaubhaft sein. »Deutschland hat Geschmack« von der CMA bricht zwar mit dem Gewohnten. Bleibt aber unglaubwürdig. Schließlich nennt die Mehrheit der deutschen Verbraucher als wichtigstes Kriterium bei Lebensmitteln den *Preis* und nicht den Geschmack. »Es lebe billig« (Makro Markt) ist ebenso ungewöhnlich wie glaubhaft. Auch ebays »Drei–zwei–eins–meins« bricht mit den Erwartungen der Sprache – und wird zugleich von der Produktleistung gehalten. »Wohnst du noch, oder lebst du schon?« ist beides: sprachlich ungewöhnlich und durch die IKEA-Strategie belegbar.

Ein Claim muss heute mehr sein als eine Beschreibung der Marken- oder Unternehmensleistung. Er nennt die Weltanschauung der Zielgruppe. Deshalb muss er umgangssprachlich sein. Die Marke, das Unternehmen bietet mir als Konsumenten eine Haltung, mit der ich mich identifizieren kann. »Just do it« von Nike schafft das genauso wie »Ich liebe es« von McDonald's. »Freude am Fahren« (BMW) hat sich von einem Positionierungs-Claim zu einem Haltungs-Claim entwickelt.

Wie Sie innerhalb der Corporate Language das Thema Claim behandeln, möchte ich Ihnen am Beispiel unserer Entwicklung des Claims für den Piper Verlag vorstellen.

Schritt 1: Recherche.
In dieser Phase werden die Historie und die Gegenwart der Marke und/oder des Unternehmens untersucht. Welche Inhalte, Werte, Haltungen und Leistungen waren prägend? Welche Claims wurden wie, wo und warum benutzt? Welche Claims nutzt und besetzt die Konkurrenz?

Wir stellen uns also die Frage: Wofür hat der Piper Verlag seit 1904 gestanden? Antwort: für Bücher von Moore, Küng, Arendt, Mitscherlich, Buchheim, Finkelstein etc. Sie haben stets als Erste Themen belegt, die danach zu breiten Diskussionen führten. Piper-Bücher haben immer aufgerüttelt, waren immer am Puls der Zeit.

Schritt 2: Abgleich mit der Positionierung.
Ein Claim soll die Firmenphilosophie in einen Satz packen. Dazu muss diese zuerst noch einmal deutlich reflektiert werden.

Frage: Wie unterscheiden sich Piper-Bücher von denen anderer Verlage? Antwort: Immer wieder erscheinen bei Piper-Bücher, die für reichlich Gesprächsstoff sorgen. Bücher von Piper provozieren, polarisieren und lassen einen nicht kalt. Das können politische und gesellschaftliche Themen sein. Das können aber auch literarische Stoffe sein, die intensiv berühren.

Schritt 3: Die Suchkorridore.
Welche Positionierungswerte sollen Grundlage für die Suche sein? Welche Keywords sollen sich im Claim wortwörtlich oder inhaltlich wiederfinden? Welche Claims hat die Konkurrenz belegt (Claim-Positionierungskreuz)? Welche Sprach-Stilgruppe wollen wir ansprechen? Was ist dabei zu beachten? Welche Tonality wollen wir sprechen? Welche Werte, Reize, Gefühle, welchen Nutzen erwartet die Sprach-Stilgruppe?

Beispiel Piper. Die Entscheidung fiel auf die Gruppe der Trendorientierten. Wir entschlossen uns, die Suchgebiete »Provokation« und »Gesprächsstoff« als Basis für unsere Suche zu nehmen.

Schritt 4: Die Bewertung und Auswahl.
Drei Texter arbeiten 14 Tage am Suchen des Claims in den Suchkorridoren. In beiden Suchkorridoren wurden circa 100 Claim-Vorschläge formuliert.

Nach insgesamt drei Formulierungsphasen in beiden Korridoren bleiben übrig:

»Piper sagt, wie es ist« und »Piper. Bücher, über die man spricht«.

Nun beginnt der Realisierungs-Check mit folgenden Fragen: Welcher Claim deckt die Positionierung besser ab? Welcher Claim spricht für das gesamte Sortiment? Welcher Claim ist sprachlich eingänglicher? Welcher Claim berührt alle Absatzkanäle/Kommunikationsstufen (in unserem Fall: Handel, Leser, Presse, Autoren)? Welcher Claim ist kompetitiv? Über welchen Claim wird sich die Konkurrenz am meisten ärgern, wenn wir ihn besetzen? Und: Welcher Claim ist noch nicht besetzt?

Ergebnis: »Piper. Bücher, über die man spricht« hat die Nase vorn. Das ist eingängig, steht für den gesamten Verlag und findet Gefallen bei allen Zielgruppensegmenten. Und ist höchst kompetitiv. Und frei.

Noch scheinen gute Claims Glückssache zu sein. Bundestagswahlkampf in Deutschland. Die Parteien überfallen uns mit Plattitüden. »Besser für Menschen – CDU« wechselt sich mit »Näher am Menschen – CSU« ab. Den Vogel schießen jedoch die Grünen im Europa-Wahlkampf ab: »For Yourope!«

Überhaupt, Europa. Die Sprache wird durch die Europäisierung nicht einfacher. In einer Zeitung gerät mir ein Auszug aus dem Entwurf zur Europäischen Verfassung die Hände. Sie ist mit ihren 298 Paragrafen ein bürokratisches Meisterwerk. Dessen Sprache verrät sehr viel über ihren Geist.

Ein Satz aus Artikel 1-58: »Beschließt der Rat nach dem Erlass eines Beschlusses über die Aussetzung der Stimmrechte nach Absatz 3 auf der Grundlage einer Bestimmung der Verfassung mit qualifizierter Mehrheit, so gilt als qualifizierte Mehrheit hierfür die in Unterabsatz 2 festgelegte qualifizierte Mehrheit oder wenn der Rat auf Vorschlag der Kommission handelt, eine Mehrheit von mindestens 55 Prozent derjenigen Mitglieder des Rates, die die beteiligten Mitgliedstaaten vertreten, sofern die betreffenden Mitgliedstaaten zusammen mindestens 65 Prozent der Bevölkerung der beteiligten Mitgliedstaaten ausmachen…«

Vier Monate für eine CL? Rausgeschmissenes Geld, werden Sie sagen. Aber bekommen wir nicht auf allen Ebenen jeden Tag Dutzende von ebenso überflüssigen Texten? In Mailings? In Briefen? In Anzeigen? In Katalogen? Jedes Jahr werden dabei Hunderte von Millionen Euro rausgeschmissen. Und verbringen nicht Legionen von Werbetextern viel Zeit damit, diese immer wieder gleich wenig lesenswerten Texte zu verfassen? Würde sich eine Corporate Language nicht schon dann lohnen, wenn man – einer der kalkulierbarsten Bausteine – die Geschäftsbriefe verbessern könnte?

Ich bin auf der Fahrt nach Bad Homburg zu Ralph Jahnke bei Accenture. Ich will wissen, ob sich gute Texte rechnen. Ich bitte ihn als Unternehmensberater, uns einmal anschaulich vorzurechnen, was Corporate Language für ein Unternehmen an Einsparungspotenzialen bieten kann.

Die Rentabilität der *Sprache*.

Dr. Ralph Jahnke beantwortet die Frage: Rechnet sich eine Corporate Language?

Dr. Ralph Jahnke ist Executive Director
Abteilung Resources/Outsourcing
bei Accenture Deutschland.

Gute Unternehmen steigern und bewahren Ihre hohe Wertschöpfungskraft vor allem durch Führungsfähigkeit, Teamarbeit und nachhaltiges Management ihrer Zahlen, insbesondere ihrer Kostenstruktur. So ist es nicht verwunderlich, dass auch die Führungskräfte sehr erfolgreicher Unternehmen dem Thema Corporate Language immer noch nur geringe Aufmerksamkeit schenken. Die direkte Auswirkung auf die Kostenstruktur ist nicht augenfällig. Daher wird Corporate Language zunächst simpel den Corporate Communications zugeordnet, einer Stabsstelle, die Webpages gestaltet, Pressemitteilungen vorbereitet und bei börsennotierten Unternehmen eben auch die Presse- und Investorenveranstaltungen mit begleitet. Dies deckt nur die Spitze des Eisberges an Language-Themen ab.

Die Themen mit der wirklichen Auswirkung auf die Unternehmensrentabilität bleiben dagegen unberührt. Und doch beeinflussen sie die Arbeitseffizienz von Hunderten oder Tausenden von Mitarbeitern, wirken direkt auf das Kundeninteresse sowie die Kundenzufriedenheit und damit auf Top-Line sowie Bottom-Line der Unternehmenszahlen.

Im Folgenden treffe ich zunächst die notwendigen Definitionen und Vereinbarungen über das, was Rentabilität der Sprache ausmacht. Die verschiedenen Rentabilitätsbereiche werden erschlossen, anhand des Value Trees werden konkrete Einsparpotenziale erarbeitet und mit Beispielen unterlegt.

Die Zusammenfassung zeigt den Handlungsbedarf für alle Unternehmen auf, die sich noch nicht nachhaltig mit dem Thema Corporate Language beschäftigt haben.

Definitionen und Vereinbarungen.

Corporate Language ist das sprachliche Erscheinungsbild eines Unternehmens. Dabei untersucht Corporate Language Produkt- und Sachbezeichnungen auf erlaubte sowie unerlaubte Wörter und Formulierungen im Sinne der Firmenpositionierung. Corporate Language sorgt dafür, dass das Unternehmen bei konsequenter Anwendung eine einheitliche Sprache spricht.

Corporate Language ist innerhalb der Corporate Identity das Pendant zum Corporate Design auf sprachlicher Ebene.

Daraus ergibt sich ein sehr weit greifender Ansatz: Ausgehend von bestimmten Regeln, die aus dem gewünschten Erscheinungsbild oder Image des Unternehmens hervorgehen, werden Vorgaben für Wörter, Formulierungen sowie ganze Textsequenzen und Schriftsätze festgelegt. Das gesamte Erscheinungsbild eines Unternehmens soll sich in den Texten sämtlicher Geschäftskorrespondenz und aller Publikationen widerspiegeln und damit einen konsistenten Eindruck vermitteln. Das gilt auch für spezifische Marken und erlaubt dabei durchaus Unterregeln, die für eine Marke geringfügige Abweichungen von dem Gesamtbild enthalten.

Ziel ist es letztlich, einen Wettbewerbsvorteil am Markt für das eigene Unternehmen zu generieren und nicht Mittel zum Zweck zu sein. Maßgebend dafür ist, dass die Unternehmensleitung bewusst und sehr rational das gewünschte Erscheinungsbild am Markt definiert, gegebenenfalls auch differenziert nach regionalen Märkten. Je konkreter und je besser rational begründet, umso wirkungsvoller. Ferner ist bei der Umsetzung darauf zu achten, dass alle Mitarbeiter sich nach und nach die daraus abgeleiteten Corporate-Language-Bestandteile zu Eigen machen, dass sie wirklich Bestandteil der Unternehmenskultur werden und nicht nur auf dem Papier stehen.

Rentabilitätsbereiche und konkrete Einsparpotenziale.
Generelle Vorteile einer einheitlichen Corporate Language, die zunächst einmal nicht messbar sind, aber einen guten ersten Eindruck geben, sind…

Wiedererkennungseffekt: Die Kunden nehmen das Unternehmen als Einheit wahr, das führt zu Vertrautheit, was wiederum die emotionale Bindung zum Unternehmen stärkt.
Wir-Gefühl: Auch die Mitarbeiter nehmen das Unternehmen als Ganzes wahr, was das Zusammengehörigkeitsgefühl untereinander stärkt und die Loyalität zum Unternehmen erhöht.
Individualität: Durch die einheitliche Sprache hebt man sich von der Konkurrenz ab. Dies ist gerade in Märkten mit im Prinzip austauschbaren Produkten ein großer Vorteil.
Vereinfachung: Durch klare Vorgaben können bestimmte Kommunikationsaufgaben schneller und einfacher erledigt werden.
Professionalität: Eine einheitliche Sprache stärkt das professionelle Image eines Unternehmens durch Kontinuität. Das führt zu einer veränderten Wahrnehmung des Unternehmens und zu Vertrauen – vor allem bei Investoren.

Der Verweis auf Investoren und die dabei unterstellte mögliche Wirkung auf den Aktienkurs oder die Möglichkeit der Kapitalbeschaffung sind sicherlich nicht überzubewerten. Bis auf im Markenwert wirklich global hoch bewertete beziehungsweise gerankte Unternehmen wie Beiersdorf oder DaimlerChrysler wird sich kein zahlenmäßig nachweisbarer Effekt aus dem Eindruck von Investoren hinsichtlich des professionellen Images darstellen lassen. Jede Suche nach Kostensenkungspotenzialen bedarf einer Strukturierung, nicht zuletzt um Messbarkeit der Ergebnisse zu gewährleisten. Nur damit kann der Erfolg nachgewiesen und die Sinnhaftigkeit einer Kostensenkungsmaßnahme bewiesen werden.

Auf der Kostenseite sind dies vor allem:
Verringerte Vertriebskosten, insbesondere im Marketing-Bereich, durch Produktivitätssteigerungen, gesenkte Kosten für den Kundenservice sowie geringere allgemeine Verwaltungskosten, aber auch indirekt verringerte Kapitalbindung durch verbesserte Mahnprozesse.

Auf der Ertragsseite sind vor allem zu nennen:
Steigerungen im Absatzvolumen durch verbessertes Image des Unternehmens und überzeugendere Darstellung der Produkte beziehungsweise überzeugendere Kaufargumentation, längerfristigere Kundenbindung mit mittelfristig stabilerem Umsatzniveau und verringerten Rückgewinnungskosten, verbesserte Akzeptanz von Preissteigerungen.

Wir sprechen also über ein großes Spektrum an möglichen Rentabilitätsverbesserungen. Im Unterschied zu herkömmlichen Produktivitätssteigerungsprogrammen kann und soll Corporate Language an allen Hebeln gleichzeitig und ohne massiv höheren Aufwand angreifen. Und dies, ohne die stets als Gefahr im Raume schwebende »Veränderungsüberforderung« zu verursachen. Im Gegenteil: Da Corporate Language von einem themenübergreifenden Nukleus an Textbausteinen ausgeht, kann es ohne weiteres auf alle genannten Bereiche angewendet werden, erzeugt mehr Konsistenz und damit Anwendungszufriedenheit mit jedem zusätzlich einbezogenen Unternehmensbereich.

Bottom-Line.

Corporate Language als Mittel zur Rentabilitätssteigerung eines Unternehmens oder öffentlichen Betriebes wird am schnellsten im Kostenbereich der Geschäftsbriefe Wirkung zeigen. Standardisierte Textvorlagen, griffbereite Textbausteine, einheitliche Termini, die jeder Mitarbeiter kennt, greifen direkt in viele administrative Prozessabläufe ein. Wer nicht durch tägliche Routine gewohnt ist, Texte zu entwerfen, tut sich in der Regel schwer, in kurzer Zeit etwas Sinnvolles aufs Papier zu bringen. Mit »sinnvoll« meine ich kurze, verständliche und ansprechende Texte. Beispiele sind in diesem Buch bereits zur Genüge gebracht worden. Nicht umsonst gilt die Regel, dass kurze Briefe mehr Zeit auf der Seite des Schreibers erfordern als lange und umständliche. Hinzu kommt, dass Zeitdruck und Arbeitsstress, ob gering oder hoch, kreativitätshemmend wirken.

Für die meisten Mitarbeiter im administrativen Bereich, außer Marketing und Corporate Communications, gilt, dass Briefe oft neu entworfen oder angepasst werden müssen. Jeder macht sich in seinem Bereich das Leben leichter, indem er Vorlagen entwirft und seine Arbeit damit standardisiert. In der Folge gibt es oft über das Unternehmen gesehen dann vielleicht fünf »Standards« zu einem Themenbereich, die alle unterschiedlich sind. Jeder entwirft für sich eine Vorlage, ändert die, muss sie anpassen und, und, und. Eben alles fünf Mal.

Daraus lässt sich ein einfaches Beispiel entwerfen. Standardbriefe machen erfahrungsgemäß circa 90 Prozent des täglichen Schriftverkehrs aus. Im Falle einer mittelgroßen Sparkasse sind das circa 400 Schriftstücke. Verfügt ein Unternehmen nicht über unternehmensweite Briefvorlagen und Textbausteine, entsteht schnell folgende Situation: Fünf Mitarbeiter generieren eigene Vorlagen, modifizieren sie täglich und passen sie regelmäßig an veränderte Geschäftsbedingungen an. Die Erstellung einer neuen Vorlage benötigt leicht 30 Minuten. Das tägliche Anpassen nur fünf Minuten, eine Modifikation ist in 15 Minuten gemacht. Jeder Mitarbeiter benötigt fünf Standarddokumente für seine tägliche Arbeit und versendet am Tag 20 Schriftstücke. Alles sicher konservative Zahlen. Ferner unterstellen wir ein Brutto-Monatsgehalt von 2 500 Euro bei einer 38-Stunden-Woche und 20 Arbeitstagen im Monat. Noch ohne Sozialzulagen ergibt sich daraus gerundet ein rechnerisches Brutto-Stundengehalt von 16,50 Euro.

Unterstellen wir, dass jeder Mitarbeiter einmal im Monat eine Vorlage neu erstellt, 18-mal am Tag ein Schriftstück anpasst und zweimal am Tag eine Vorlage modifiziert. Dies führt zu einem Zeitaufwand von durchschnittlich zwei Stunden am Tag, also 40 Stunden im Monat, gleich fünf Tage. Multipliziere ich dies mit dem oben errechneten Stundengehalt und mit der Anzahl der Mitarbeiter, komme ich auf Kosten von gerundet 2 670 Euro, also mehr als das Brutto-Monatsgehalt eines Mitarbeiters. Kleiner Effekt. Große Wirkung.

Sicher gibt es bei dem Beispiel viele Wenn und Aber. Das Prinzip jedoch gilt, und die Wirkung liegt in der täglichen betrieblichen Regel (80:20) um plus/minus zehn Prozent richtig. Verschickt eine lokal tätige Sparkasse von ihren 400 Standardbriefen circa 20 Prozent täglich und die anderen 80 Prozent nur einmal im Monat, ergibt sich auch eine Brieflut von 19 840 Briefen im Jahr (bei unterstellten 200 Arbeitstagen). Bei Großunternehmen ist die Menge und damit der Hebel um ein Vielfaches größer.

Damit ist ein Blick auf den Bereich der Prozesskosten geworfen. Dies gilt gleichermaßen für den Marketing-Bereich, den Vertriebs- und den generellen administrativen Bereich. Da allein Vertriebs- und generelle administrative Kosten, also ohne direkte Vertriebskosten, oft in der Spanne von 15 bis 20 Prozent des Umsatzes bei Großunternehmen liegen, *zeigt sich ein interessantes Rentabilitätssteigerungspotenzial durch Corporate Language.*

Ein weiterer Bereich zur Kostensenkung ist die Kapitalbindung durch verbesserte Mahnprozesse (Mahnbriefe). Ein Großteil des Optimierungspotenzials liegt hier sicher in organisatorischen Festlegungen, welche die Days Sales Outstanding (DSO) senken und damit Zinsvorteile bewirken. DSO beziffert die Anzahl der Tage, welche eine Forderung ausstehend ist. In manchen Branchen sind das schnell mehr als 70 Tage, und die allgemeine Zahlungsmoral ist in Zeiten stagnierender Wirtschaft immer als schlecht einzustufen. Im Endkundenbereich, zu dem Servicedienstleister und Consumer-Goods-Unternehmen gehören, kann eine Corporate Language hier sicher einen Beitrag leisten.

Es macht einen Unterschied, wie ein Mahnbrief formuliert ist und ob gegebenenfalls auch darüber der direkte Kontakt zum Kunden wieder gesucht wird. Führt ein Unternehmen durch erhöhte Zahlungsmoral der Schuldner seinen DSO von 70 auf 65 Tage zurück, reduziert das die Weighted Average Costs of Capital (WACC) um circa acht Prozent. Für viele Unternehmen eine schnelle und attraktive Möglichkeit, Kosten zu senken, ohne an die Personalkosten rühren zu müssen.

Einen Haken hat die interne Effizienzsteigerung allerdings: Nur in wenigen Fällen sind dadurch direkt Arbeitsplätze einsparbar – abgesehen davon, dass Personalabbau im ersten Jahr fast immer mit Mehrkosten anstatt Einsparungen verbunden ist.

Hintergrund für dieses mangelnde Einsparpotenzial ist, dass zwar im Arbeitsablauf des einzelnen Mitarbeiters Zeitanteile für die langwierige Erstellung von Dokumenten herausgeschnitten werden, die insgesamt für den Mitarbeiter aber nur circa 15 bis 20 Prozent seiner täglichen Arbeitszeit, in manchen administrativen Bereichen bis zu 35 bis 50 Prozent, ausmachen. Nur in Ausnahmefällen, wo reine Schreibtätigkeit bezogen auf Standarddokumente vorliegt, werden tatsächlich ganze Stellen überflüssig. Die Folgerung daraus ist, dass es in erster Linie eine Herausforderung für das untere und mittlere Management darstellt, die gewonnenen Effizienzvorteile durch angepasste Arbeitsorganisation zu nutzen. Sie können die eingesparte Zeit sinnvoll einsetzen, zum Beispiel in eine verstärkte Akquisition oder Kundenbetreuung. Nur eine Neuauf- sowie -verteilung der Arbeit und damit das gezielte Freimachen beziehungsweise Nutzen von Ressourcen erlauben das Niederschlagen in der Bottom-line; das heißt im Budget eines Unternehmens.

Einzugehen ist hier auch auf das Dilemma zwischen der aktuell praktizierten Rücknahme von Arbeitszeiten in manchen Unternehmen und der damit real steigenden Arbeitslast pro Mitarbeiter. Durch das Nutzen der beschriebenen Effizienzpotenziale durch Einführung einer Corporate Language wird zumindest im administrativen Bereich ein Beitrag zur Auflösung des Dilemmas erbracht. Der erreichte Effizienzgewinn überschreitet in der Regel die nominalen Kürzungen an Arbeitszeiten (zwei bis drei Stunden pro Woche!) erheblich. Meist wird sogar die reale Kürzung inklusive bereits existierender kürzerer Pausen oder nicht festgehaltener Überstunden ausgeglichen.

Unterm Strich ergibt sich folglich auch ein volkswirtschaftlicher Effekt aus konsequentem Einsatz einer Corporate Language.

Top-Line.
Der Top-Line-Bereich ist sicher nicht geeignet zum Realisieren kurzfristiger Wirkungen. Auf der anderen Seite greifen gute Lösungen hier umso nachhaltiger. Dabei kann unterschieden werden nach Corporate-Language-Lösungen, die über eine konsistente Darstellung in Wortwahl sowie -stil das einheitliche Auftreten fördern, also mehr über die Form wirken, und solchen Lösungen, die direkt über Textaussagen, also Inhalt, wirken. In der Realität wird es meist eine Paarung aus beiden Bestandteilen sein, daher wird hier keine Einzelbetrachtung vorgenommen. Die hauptsächlichen Wirkungsbereiche sind *die Informationsfunktion, die Erlebnisfunktion, die Obligationsfunktion sowie die Kontaktfunktion* der genutzten Texte und Textbausteine.

Eine Steigerung im Absatzvolumen durch verbessertes Image des Unternehmens hängt sehr von dessen äußerem, oft bildlichem Auftritt ab. Während die überzeugendere Darstellung der Produkte beziehungsweise überzeugendere Kaufargumentation sich direkt aus den Inhalten heraus ergibt. Die Wirkungen lassen sich schwer über absolute Zahlen darstellen. Ein paar Indikatoren kann man jedoch heranziehen. Im Consumer-Goods-Bereich sind die operativen Margen bekanntermaßen ziemlich gering. Skaleneffekte spielen im Kostenbereich eine große Rolle, und auf der Absatzseite besitzt jeder Prozentpunkt Mehrumsatz eine starke Hebelwirkung für das Gesamtergebnis, nicht nur als gestiegener Deckungsbeitrag. Auch längerfristige Kundenbindung wird über eine Mischung aus verbesserter Form und verbessertem Inhalt erreicht. Inhalt fördert die Attraktivität des Produkts und auch ein Stück Identifizierung mit dem Geschäftspartner. Viele Verträge werden zu bestimmten Perioden gekündigt, ein Jahr ist nicht selten. Es lohnt sich schon, wenn der Kunde sagt:»Na ja, ein Mal kann ich ja noch dieses Produkt, diesen Service wählen, dann schauen wir mal.« Bei einer unterstellten durchschnittlichen Kundenverweildauer von vier bis sechs Jahren führt eine Verlängerung um ein Jahr schon zu einem Mehrumsatz von circa 15 Prozent. Kein schlechtes Ergebnis.

Drastischer wird es bei den Rückgewinnungskosten: Nicht nur, dass eine Ausfallzeit von bis zu zwei Perioden typischerweise in Kauf genommen werden muss, die Kosten der Rückgewinnung für einen Kunden belaufen sich häufig auf das Zwei- bis Dreifache der operativen Marge, die mit diesem Kunden pro Jahr erzielt wurde – wiederum ein starker Hebel.

Trotz weitgehend geringer Preiselastizität im Consumer-Goods-Bereich gilt doch eine Ausnahme für Markenartikel. Diese wurde zwar im Rahmen der »Geiz ist geil«-Entwicklung der letzten zwei Jahre in Deutschland teilweise aufgehoben, scheint aber jetzt doch eine Renaissance zu erfahren. *Gilt die aufgestellte These, dass eine gut herausgebildete Corporate Language zu einem Markenbild bei Produkten und Services führen kann, beziehungsweise dieses zusätzlich verstärkt, sind auch Preissteigerungen am Markt durchsetzbar –*

allein über die verstärkte Markenwirkung. Zweitens spielt der Inhalt eine große Rolle, also insbesondere die Informations- und Obligationsfunktion. *Transportiert das verschiedenartig werbende Textmaterial einfache, verständliche, auf den Punkt gebrachte Argumente, die auch eine Identifikationswirkung mit sich bringen, wird die Kaufbereitschaft deutlich steigen.*

Regelmäßig zeigt sich, dass die eigentliche positive Kaufentscheidung ein kurzer Akt ist, der durch einen bestimmten Schlüsselreiz hervorgerufen wird. Wird dieser Schlüsselreiz getroffen, tritt der Erfolg ein. Nicht die Menge der Argumente zählt, sondern das richtige Argument in der richtigen Form in verständlicher Weise. Preissteigerungen sind angesichts zunehmend reifer Märkte und verstärkter Commoditization ein besonders attraktiver Bereich, insbesondere weil sie direkt margenwirksam werden. Beträgt der Preis bisher 100 Euro und die operative Marge 1,50 Euro, erhöht sich bei einer Preissteigerung von fünf Prozent (105 Euro) die absolute Marge bei gleich bleibenden Kosten auf 6,50 Euro – das entspricht einer Vervierfachung! Wiederum also ein massiver Hebel.

Als letzter Punkt zur Top-Line sind Auswirkungen einer Corporate Language auf den Goodwill eines Unternehmens zu nennen und damit auf den gesamten Firmenwert. Sicher ist der Goodwill im Rahmen der Unternehmensbewertung nicht als *Muss* anzusehen. In manchen Verfahren wie dem Ertragswertverfahren oder dem Discounted-Cashflow-Verfahren wird er berücksichtigt, in anderen wie der Substanzwertmethode wiederum nicht. Auf jeden Fall unterliegt die Bewertung stark subjektiven Vorstellungen.

Die Praxis zeigt, dass immer wieder auch Goodwill im Rahmen von Firmenkäufen bezahlt wird. Er kann also nicht komplett außer Acht gelassen werden. Eine beispielhafte Bewertung lässt sich an dieser Stelle nicht vornehmen.

Nur ein wirklich starkes Firmen-Image wird zu einem Goodwill-Aufschlag führen, der allerdings auch sehr schnell verloren gehen kann.

Zielbranchen und -unternehmen.

Nicht alle Unternehmen respektive öffentlichen Betriebe können in gleichem Maße von einer Corporate-Language-Lösung profitieren. Allgemein ist zu sagen, dass Firmen, die noch ohne Dokumentenvorlagen (Effizienz) und damit erst recht ohne einheitliches sprachliches Erscheinungsbild (Effektivität) nach außen auftreten, den größten Effekt haben werden. Sehr schnell werden sich zunächst Effizienzsteigerungen im internen Arbeitsprozess nach Abschluss der Anfangsinvestition einstellen. Ein ROI auf die notwendige Investition von weniger als zwei Jahren entspricht den vorliegenden Erfahrungen.

Zielbranchen für Effizienzsteigerungen sind in erster Linie Branchen mit einem hohen Anteil an Bürokräften sowie solche mit einem naturgemäß hohen Anteil im administrativen Bereich. Dazu zählen vor allem öffentliche Betriebe, Dienstleistungsunternehmen sowie Unternehmen mit einer engen Bindung an Endverbraucher aus der Konsumgüterindustrie. Die Tatsache, dass in den letzten beiden genannten Branchen auch die meisten Markenunternehmen zu finden sind, belegt diese These.

Eine profilierte Marke mit einem hohen und positiven Wiedererkennungswert beim Endkunden bedarf einer konsistenten Darstellung nach außen in Wort und Bild.

Und der häufigste und intensivste Kontakt zwischen Unternehmen und Kunden findet ja nicht in der Werbung statt: Dieser ist nur punktuell und führt zu initialen Momentaufnahmen. Die Konsistenzprüfung – und damit die Bewährungsprobe für die initiale Momentaufnahme – findet während der Prüfung des angebotenen Services respektive des angebotenen Produktes durch den Kunden statt. Und deutsche Kunden sind hier nachgewiesenermaßen überdurchschnittlich kritisch.

Können also die Detaildokumente wie Kundenanschreiben, Werbebroschüren, Kundenbindungsunterlagen nicht nachhaltig überzeugen, weil sie mit der initialen Momentaufnahme nicht übereinstimmen, bricht schnell das ganze Bild wie ein Kartenhaus zusammen. Das Ergebnis ist, dass der zunächst positive Eindruck einer angebotenen Dienstleistung beziehungsweise des angebotenen Produktes in Enttäuschung umschlägt, die in der Regel einen weitaus stärkeren negativen Effekt hat als der vorangegangene positive Eindruck.

Auch die Unternehmensgröße spielt eine wesentliche Rolle. Die Korrelation zwischen steigen der Unternehmensgröße und überproportional wachsendem Overhead ist bekannt. Da die Vertriebs- und generellen Verwaltungskosten oft in Anteile von mehr als 15 bis 20 Prozent bei Großunternehmen hineinkommen, zeigt sich schon ein umfangreiches Angriffspotenzial für Effizienzsteigerungen. Auf der Gegenseite ist das Beharrungsvermögen dieser Unternehmensbereiche auch sehr groß, so dass es entweder klarer Management-Vorgaben oder eines umfangreichen Change Managements bedarf, um Veränderungen umzusetzen. Daher sind gerade auch kleine Unternehmen eine weitere interessante Zielgruppe für Corporate Language. In der Regel ist dort wenig standardisiert und es existieren keine Dokumentvorlagen oder harmonisierten Textbausteine. Dabei herrscht hohe Flexibilität. *Gerade kleinere Unternehmen können schnell und kostengünstig eine Corporate Language einführen und damit auch kurzfristig Gewinne erzielen.*

Zusammenfassung.

Corporate Language ist noch ein neues Konzept, um die Rentabilität von Unternehmen und öffentlichen Betrieben zu steigern. Die genannten Beispiele zeigen, dass bei richtiger Anwendung mit vergleichsweise geringen Kosten – circa 200 000 Euro bei einem Unternehmen mit circa 400 Standardbriefen – für das Unternehmensergebnis relevante Wirkungen erzielt werden können. Wie so oft hängt der Erfolg an der beherzten Umsetzung und der Überzeugung der Beteiligten. Wird eine Corporate-Language-Lösung zu einem Bestandteil der Unternehmenskultur, werden nachhaltige Rentabilitätssteigerungen erzielt und die Marktposition des Unternehmens verbessert.

Textqualität zahlt sich aus

Natürlich schreibt Ralph Jahnke in der Sprache der Ergebnisorientierten. Ich hoffe trotzdem, dass Ihnen als Wertorientiertem oder Trendorientiertem eines deutlich geworden ist: Es gibt auch eine Menge rationale Gründe für eine Corporate Language. (Das nur – falls Sie im Marketing arbeiten – als Information für Ihren Vorgesetzten. Oder – wenn Sie in einer Agentur arbeiten – für Ihren Kunden.)

Bleiben wir einmal beim Beispiel Mahnbriefe. Eine Bank, für die wir arbeiten, hat mir Folgendes mitgeteilt: Früher glichen nach der zweiten Mahnung rund 78 Prozent ihr überzogenes Girokonto aus. Seit der Umstellung der Mahnbriefe im Rahmen einer Corporate-Language-Entwicklung reagieren satte 94 Prozent der säumigen Zahler. Der Anzeigenverkäufer einer Fachzeitschrift im Textilbereich erzählte neulich stolz, dass er seine Akquisitions-Briefe auf die Insight-Methode umgestellt hat. Und dass er seitdem rund acht Prozent mehr Anzeigen verkauft. Wie schnell so eine Veränderung vonstatten gehen kann, zeigt das Beispiel »Lebensmittelzeitung« der Verlagsgruppe Deutscher Fachverlag. Früher eher bekannt für betuliche Akquisitions-Schreiben. Schon einen Monat nach dem Besuch eines meiner Textseminare erhielt ich von Jörg Meier untenstehendes Schreiben.

Ist es Ihnen aufgefallen? Jörg Meier arbeitet mit einer emotionalen Headline, die Attention erzeugt (Lassen Sie sich ... schmecken!«). Er beginnt seinen Brief mit dem Insight seiner

---

Lassen Sie sich die Konsumgüterindustrie schmecken!
Effizient kommunizieren mit LZ Spezial „Management – Konzepte, Köpfe, Karrieren"

Sehr geehrte Frau Classen,

Sie haben die Vertriebs- und Marketinglandschaft der Konsumgüterindustrie geprägt und möchten Ihre Aktivitäten in diesem Bereich ausbauen? Dann ist **LZ Spezial zum Thema Management** ein Leckerbissen für Sie. Präsentieren Sie als Seminaranbieter oder Verkaufstrainer sich den TOP-Entscheidern aus Handel und Konsumgüterindustrie.

Nutzen Sie das **Sprachrohr der Branche** und setzen Sie auf den Marktführer mit **Direktkontakten zu Führungskräften und Managern***. Zeigen Sie, dass Sie zu den kompetenten Trainern der Branche gehören und stellen Sie Ihr Leistungsprofil heraus.

Format- und Preisbeispiele, Termin und ein zusätzliches „Leckerli" finden Sie im beiliegenden Angebot. Greifen Sie zu. Wir freuen uns auf Sie und beraten Sie gerne.

Mit freundlichen Grüßen
Lebensmittel Zeitung & LZ | NET
Anzeigenverkauf

Jörg Meier

Zielgruppe (»Sie ... möchten Ihre Aktivitäten ... ausbauen«). Er ist visuell (»Zeigen Sie ...«), auditiv (»Sprachrohr«) und kinästhetisch (»Leckerli«). Und: Er kommuniziert gezielt mit der Sprach-Stilgruppe Wertorientierte (»... stellen Sie Ihr Leistungsprofil heraus«).

Trotzdem, Corporate Language steht in Deutschland erst ganz am Anfang. Und es gibt Branchen wie zum Beispiel die IT-Beratungsbranche, die scheinen von verständlicher Sprache überhaupt noch nichts gehört zu haben. Ein Beispiel. Nennen wir die Firma mal FUXION. Lesen Sie sich den Text zuerst einmal in aller Ruhe durch.

Consulting as unusual.
Consulting erfordert Vertrauen – Vertrauen in die Kompetenz und Erfahrung eines Partners, der Ihnen den bestmöglichen Weg für Ihre Fragestellung aufzeigt und Sie Schritt für Schritt bis zum Ziel begleitet. FUXION *gibt Ihnen diese Sicherheit. In enger Zusammenarbeit mit Ihnen entstehen Lösungen, die von allen in Ihrem Unternehmen getragen werden. Dabei verlassen wir uns nicht allein auf bewährte Methodiken und Denkmuster, sondern prüfen individuell für jedes Kundenprojekt, wie wir Sie Ihren Anforderungen entsprechend besser ans Ziel bringen können.*

Unser Engagement für die Ziele unserer Kunden impliziert die kontinuierliche Weiterentwicklung innovativer Ansätze und den Mut, neue Wege zu gehen. Schließlich wollen wir »Vorsprung« an Sie weitergeben. Dabei verbinden wir Offenheit für Neues mit dem Sinn für Machbares und der Konzentration auf für Sie Sinnvolles. Für unsere Kunden bedeutet dies über die Sicherheit Ihrer Investitionen hinaus, durch »consulting as unusual« besser beraten zu sein.

Ein guter Text, oder? Es kommt doch alles drin vor: Vertrauen. Kompetenz. Enge Zusammenarbeit. Sicherheit etc. Da würde doch so mancher Kommunikationsverantwortliche seine Haken drunter machen. Aber fragen Sie sich jetzt einmal, was Sie behalten haben. *Was unterscheidet* FUXION *von anderen* IT-*Consultern?* Richtig, nichts. Woran liegt das? Steigen wir noch einmal genauer in den Text ein. Lesen Sie ihn mal aus Kundensicht.

Consulting as unusual. [Na und? Fragt sich die Zielgruppe. Was hab' ich davon?] *Consulting erfordert Vertrauen* [Binsenweisheit] – *Vertrauen in die Kompetenz und Erfahrung eines Partners* [noch eine Binsenweisheit, wann kommt der Unterschied??? Stehlt mir keine Zeit!!], *der Ihnen den bestmöglichen Weg für Ihre Fragestellung aufzeigt* [Fragestellung?? Aber die habe ich doch schon! Ich brauche Antworten!] *und Sie Schritt für Schritt bis zum Ziel begleitet* [Nur begleitet? Helfen die auch?]. FUXION *gibt Ihnen diese Sicherheit* [Welche

Sicherheit?]. *In enger Zusammenarbeit mit Ihnen* [Ich muss selbst arbeiten???] *entstehen Lösungen, die von allen in Ihrem Unternehmen getragen werden* [Dafür sorge ich schon!]. *Dabei verlassen wir uns nicht allein auf bewährte Methodiken* [Oh, nicht? Bin ich etwa ein Versuchskaninchen?] *und Denkmuster, sondern prüfen individuell für jedes Kundenprojekt* [Versuchskaninchen!], *wie wir Sie Ihren Anforderungen entsprechend besser ans Ziel bringen können* [Meinen Anforderungen entsprechend? Woher kennen Sie die?].

Unser Engagement für die Ziele unserer Kunden [Kunden? Also nicht für mich?] *impliziert die kontinuierliche Weiterentwicklung innovativer Ansätze und den Mut, neue Wege zu gehen* [Versuchskaninchen!!]. *Schließlich wollen wir »Vorsprung« an Sie weitergeben* [Wessen Vorsprung? Bezahle ich Sie dafür nicht??]. *Dabei verbinden wir Offenheit für Neues mit dem Sinn für Machbares und der Konzentration auf für Sie Sinnvolles* [Ich bekomme also nicht *Neues* und *Machbares?*]. *Für unsere Kunden* [Also nicht für mich?] *bedeutet dies über die Sicherheit Ihrer* [Doch mein Geld?] *Investitionen hinaus, durch »consulting as unusual« besser beraten zu sein* [Warum??].

Der Text geht völlig am Kunden vorbei. Er greift keine Insights auf. Er kommt mit einer endlosen Kette an Plattitüden und 1000-mal Gehörtem. Was FUXION wirklich leistet, wir werden es nie erfahren. Denn wir werden nie zum Hörer greifen um anzurufen.

Fällt Ihnen sonst noch etwas auf in diesem Text? Keine visuell-auditiv-kinästhetischen Bilder. Und dadurch keine Haken, um Informationen in unserem Gehirn zu verankern. Ich kann mich schon nach wenigen Sekunden an so gut wie gar nichts mehr aus dem Text erinnern. Das Geld wurde – Ralph Jahnke hat es aufgezeigt – verschleudert. ▬

Begeben Sie sich nun mit mir auf unserer Reise zu zehn Unternehmen und Marken, die – nach meiner Einschätzung – im Umgang mit Sprache zu den Besten zählen. Beginnen wir ganz oben. Sie können unter »oben« jetzt den geografischen Start unserer Tour verstehen – Hamburg-Eimsbüttel. Ich meine es jedoch qualitativ. NIVEA ist für mich *das* herausragende Beispiel im Umgang mit Sprache. Mit »Die große Anziehungskraft des Einfachen« hat der langjährige Vorstandsvorsitzende von Beiersdorf, Rolf Kunisch, das Phänomen beschrieben. Ich wollte von seinem Nachfolger Thomas-Bernd Quaas und dem NIVEA-Marketing-Direktor Thomas Ingelfinger erfahren, wie schwer »einfach« auf dem Gebiet der Sprache ist.

DAS WORT ARBEITET
den Nutzen heraus.

Corporate Language am Beispiel NIVEA.

**Thomas-Bernd Quaas (links) und Thomas Ingelfinger verraten uns,
wie NIVEA zur Sprachmarke wurde.**

AR: Herr Ingelfinger, Herr Quaas, wenn Sie sich die Corporate Identity von NIVEA anschauen, welchen Stellenwert hat darin - neben dem Corporate Design - die Sprache?

Thomas-Bernd Quaas: Bild und Sprache sind bei uns gleich gewichtet. Wir haben das irgendwann einmal zusammengeschmiedet, weil wir glauben, dass das im Persönlichkeitsprofil der Marke zusammengehört.

Eine Marke ist wie ein Mensch: Sie hat nicht nur ein Gesicht, sie spricht auch.

Die Sprache hat bei uns höchsten Stellenwert. Wir versprechen am Ende des Tages unserer Verbraucherin und unserem Verbraucher einen konkreten Nutzen. Das Produkt muss einen Nutzen haben. Das Bild hat dabei unterstützende Funktion. Das Wort arbeitet den Nutzen heraus.

AR: Muss in Zeiten, in denen das Geld nicht mehr ganz so locker sitzt, der Nutzen einer Marke erst recht verstärkt herausgearbeitet werden?

Thomas Ingelfinger: Unbedingt. Der Nutzen muss deswegen stärker herausgearbeitet werden, weil es eine neue Gattung von Konkurrenzprodukten gibt – Handelsmarken, die sich annähern an das, was NIVEA bietet: Ausstattungsmerkmale, Blau-Weiß und Typografie. Deswegen müssen wir noch spitzer den Leuten sagen, warum sie NIVEA kaufen sollen und nicht Balea von DM. Sie haben Recht, im verschärften Wettbewerb spielt die Präzision der Sprache eine noch größere Rolle.

TBQ: Man muss umfassend versuchen, den Leuten so viel von positiven Qualitätsaspekten in der Kommunikation mitzugeben, dass ihnen klar wird: Das muss auch ein Stück teurer sein. Dafür ist Sprache das beste Mittel. Entweder macht man eine Demonstration. Die kostet Zeit und ist schwierig. Oder man macht eine Erklärung. Wenn die Erklärung nicht platt ist, sondern durch einen guten Text herüberkommt, dann hat man fast schon gewonnen.

AR: Wie stehen Sie zum Trend der »Brasilianisierung in der Werbung«? Markenbotschaften rein aus der Emotionsleistung von Bildern?

TI: Das mag in manchen Branchen, ich denk' da an Mode, eine Rolle spielen. Nur, wir verkaufen Produkte, die eine Funktion erfüllen in Bezug auf einen bestimmten Nutzen. Deswegen sprechen wir heute im Kern über Produktleistung. Da genügen Bilder definitiv nicht. Da bedarf es der Kraft der Worte.

TBQ: Wir machen selten Werbung, nur um Gefühle zu unterstützen, wir machen ausschließlich Werbung für neue Produkte. Es steht immer ein Produkt im Mittelpunkt. Und immer seine Produktleistung beziehungsweise Produktvorteile. Jede Kommunikation für diese Innovationen statten wir mit so viel Emotion aus, dass das automatisch auf die Gesamtmarke einzahlt. Es gibt viele, die kommen mit der Vorstellung: Machen wir mal ein bisschen Image-Werbung für NIVEA als Brand insgesamt. Das ist gut und schön, kann man alles machen, wenn man viel Geld hat. Wir machen immer nur Kommunikation mit Innovation und Produkt-Features. Und nutzen eine Kommunikation für HairCare, für Styling, für dekorative Kosmetik und für Baby-Produkte zur Emotion für das Gesamtbild der Marke.

AR: Würden Sie zustimmen, dass Sprache markenbildend ist?

TI: Ja. Wenn man sie zum Bestandteil des gesamten Markenauftrittes macht. Wenn man darin konsequent und konsistent ist, wenn man verantwortliche Leute hat, die darauf achten, dass es auch so bleibt, dann kann Sprache einer Marke erheblich nutzen.

TBQ: Wenn man springt, wenn man wechselt, wenn man variiert, kann das auch ein Weg sein. Ich will das gar nicht schlecht machen. Nur, wir haben für uns einen Weg gefunden, der gut funktioniert: Kontinuität.

AR: Welche Markenwerte werden in der NIVEA-Kommunikation durch Sprache abgedeckt?

TI: Besonders in der jetzigen Zeit gehören dazu Glaubwürdigkeit und Vertrauen. Das bedeutet, wir machen keine abgehobenen oder substantivierbaren Claims. Da unterscheiden wir uns deutlich von den Wettbewerbern.

Ein Beispiel: Der riesige Markt der Körperlotionen verspricht bei vielen Marken, ich nenne da besonders Dove oder Neutrogena, dass das Problem der Cellulite bekämpft werden kann. Das würden wir nicht tun, weil es wissenschaftlich, dermatologisch nicht haltbar ist. Produkte können höchstens einen Straffungseffekt *versprechen*. Aber einen Anti-Cellulite-Effekt erreichen sie nicht.

Deshalb: Bei allem, was wir versprechen, entweder in Form eines Produktnamens, einer Headline oder einer Copy, ist das oberste Kriterium Glaubwürdigkeit. Was die Leute uns zutrauen, was wir uns selbst zutrauen. Wir wissen, dass die Menschen eine Orientierung suchen. Und das im Zweifelsfalle bei Marken, denen sie sowieso schon trauen. Tritt eine Enttäuschung ein, ist der Schaden für die Marke umso größer.

TBQ: Wir machen auch selten andere schlecht, sondern wir kommunizieren prinzipiell ausschließlich über unsere eigenen Stärken. Unsere Sprache ist so angelegt, dass wir freundlich, sympathisch, nicht gestelzt, nicht zu witzig – trotzdem mit Humor – daherkommen wollen. Und trotzdem auch moderne Begriffe, wie sie die Jugend anwendet, wiederfinden wollen. Sofern sie uns nicht in eine Ecke bringen, die uns zu schnelllebig vorkommt. Allerdings haben wir irgendwann mal gemerkt: Wir können uns auch nicht zu sehr im seichten, nur pflegenden Feld bewegen. Manchmal muss man etwas spitzer werden. Wenn es zum Beispiel um Styling geht, um Produkte für junge Leute, dann versuchen wir gewisse Spitzen aufzusetzen. Doch wenn Sie es vergleichen: Diese Spitzen sind immer einen Tick weniger aggressiv, als möglicherweise der vermeintliche Konkurrent es tut.

AR: Wie unterscheidet sich dabei die Mainstream-Marke NIVEA von der Mainstream-Marke L'Oréal?

TBQ: Das lässt sich am Bereich Sprache besonders gut festmachen. Sie finden bei L'Oréal deutlich mehr Formeln, mehr Versuche, eine Pseudowissenschaftlichkeit reinzubringen. Die hämmern das dann mit aller Gewalt in der Kommunikation durch. Während wir die Wissenschaftlichkeit nur als Ausgangspunkt haben, um dann schnell wieder in eine einfachere Sprache zu kommen, um die Vorteile dieser wissenschaftlichen Entwicklung möglichst verständlich zu kommunizieren.

Keine Frage: L'Oréal ist gut gemacht in der Gesamt-Execution – immer mit einem tollen Anspruch ausgestattet. Aber das ist halt deren Stilmittel. Wir haben unseres. Wir sagen: Ja, Hightech haben wir auch. Aber: Wir versuchen, mehr darüber zu reden, was Hightech der Konsumentin und dem Konsumenten bringt. Damit gehen wir raus aus der Arroganz, ohne den Schulmeister zu geben.

AR: Wie schaffen Sie es, diese Werte durch all die unterschiedlichen Produktfelder und Submarken hindurchzutragen?

TI: Es gibt einen gemeinsamen Nenner: Wenn wir die Corporate Language sauber und vor allen Dingen konsistent über alle Produkte durchhalten, muss stets klar sein, was das Fundament darstellt. Und das heißt Pflege.

Wenn Sie irgendwo einen unserer Slogans hören, sind meistens die Begriffe Haut oder Pflege mit drin. Nehmen Sie den Bereich Haarpflege. Der Claim »So fühlt sich Pflege an« bettet NIVEA HairCare in die Gesamtmarke ein. Und natürlich auch in die Corporate Language von NIVEA.

TBQ: Es gibt viele Marketing-Leute, die sagen: Jetzt haben wir Pflege schon so lange gemacht, jetzt müssen wir was anderes machen. Das ist für mich immer ein Signal dafür, dass unsere Grundwerte wie Pflege im Moment nicht gut exekutiert werden. Deshalb den Ausgangspunkt völlig wegzuwerfen, was ganz Neues zu nehmen, das würde ganz einfach bedeuten, die Marke aufzugeben. Insofern sind wir froh über jeden, der uns sagt: Mensch, jetzt wird's aber zäh. Weil uns das immer wieder erfrischt und erneuert.

AR: Als ich für Sie 1996 NIVEA Beauté einführen durfte, haben wir zum ersten Mal feststellen müssen, dass es Segmente gibt, in denen Pflege nicht die treibende Kraft ist.

Von der Bodylotion bis zur Männerserie (nächste Doppelseite) wird die Marke durch den Claim »So fühlt si Pflege an.« zusammengehalten.

TI: Natürlich war uns klar, dass unser Marktanteil im Bereich dekorative Kosmetik nicht 100 Prozent sein kann. Weil Pflege dabei nicht für alle Frauen der relevanteste Teil ist. Das bleibt immer: Farbe und Verführung. Mir ist klar, dass wir mit dieser Submarke niemals flächendeckend erfolgreich sein können. Das muss man wissen, wenn man in so einen Markt eintritt, dass das Ziel ein anderes sein muss, als alle anzusprechen.

AR: Eine mutige Entscheidung für eine Mainstream-Marke.

TI: Na ja, die Entscheidung fällt leicht, wenn man weiß, wie groß der Markt der dekorativen Kosmetik ist. Er ist mit 700 Millionen Euro so riesig, dass selbst wenn Sie sagen, ich verzichte bewusst auf die Hälfte aller Verbraucherinnen, 350 Millionen immer noch eine ordentliche Größe ist.

TBQ: Wenn wir in ein neues Marktsegment gehen, dann gibt es bei uns immer einen Streit im guten Sinne: Muss man sich sofort voll und ganz den Regeln des neuen Marktes verschreiben oder nicht? Am Ende sagen wir uns: Nein, wir bringen in das Segment den NIVEA-Weg rein.

Mir kann einer hundertmal erzählen, in der dekorativen Kosmetik darf man nur über Farbe, Farbe, Farbe und nichts anderes reden. Weil es das ist, was die Frauen dieser Welt interessiert. Dann sagen wir: Wenn aber NIVEA in diesem Markt erfolgreich sein will, müssen wir den Frauen einen Grund geben, warum sie gerade NIVEA kaufen sollen. Also bringen wir die Pflege dann auch sprachlich mit in die Kommunikation rein.

Die Regeln eines Marktes muss man natürlich erst mal verstehen. Wie wird dort gesprochen, was ist die Lautstärke, die Tonart. Dann allerdings sagen wir: Okay, da einfach nur reingehen und mitspielen, das ist nicht unser Ding, sondern wir bringen dann unsere Sprache, versuchen sie mit den Regeln des Marktes zu verbinden. Imitieren nicht den Markt, sondern verwenden Energie darauf, die Verbindung zu schaffen: warum die Zielgruppe NIVEA kaufen soll.

AR: Wie halten Sie es mit den Anglizismen in der Sprache?

TI: Wir versuchen, die Sprache von Nivea nicht durch fremdsprachliche Komponenten zu unterminieren. Hier und da gebietet das Gesetz der Standardisierung dann aber Ausnahmen, weil Nivea in 170 Ländern stehen muss.

AR: Stichwort NIVEA Visage – große Debatte: Versteht eine deutsche Kundin den Begriff Visage – und wenn, ist er negativ belastet? Denn es ist nicht gerade ein Kompliment, wenn der Ehemann seiner Gattin sagt: Du hast heute eine schöne Visage.

TBQ: Es gab hier namhafte, hochbezahlte Leute, die haben nächtelang gekämpft, dass es weiterhin NIVEA Gesicht heißen muss... Da haben wir dann tonnenweise Marktforschung betrieben: Würde Visage in Deutschland irgendwelche Irritationen auslösen? Ergebnis: Das stört überhaupt keinen, im Gegenteil: Das weckt positive Assoziationen.

TI: All diese Fragen müssen, bevor man so was draufschreibt, diskutiert werden. Trotzdem: Müssen wir entscheiden zwischen globalem und lokalem Auftritt der Marke, dann schlägt das Pendel in Richtung globale Markenkennzeichnung aus.

Nehmen Sie NIVEA HairCare. Die gute Nachricht: Es hat sich nirgendwo gezeigt, dass diese englische Begrifflichkeit verkaufsbehindernd ist. Allerdings bleibt in jedem einzelnen Fall zu prüfen: Was können wir 82 Millionen Deutschen zumuten, die in der überwältigenden Mehrheit besser Deutsch sprechen als Englisch oder Französisch, ab wann polarisieren wir unter dem Motto: »Müssen die jetzt auch noch anfangen mit fremdsprachlichen Elementen?«

In der Tat kriegen wir im Jahr etwa 10 000 Briefe, 30 000 E-Mails und 30 000 Telefonanrufe, weil natürlich Nivea streng genommen nicht Beiersdorf gehört, sondern der deutschen Bevölkerung. Nivea ist ein Teil der deutschen Routine. Vielleicht *die* Marke. Daraus ergibt sich auch sprachlich eine gewisse Verpflichtung. Da müssen wir schon aufpassen.

TBQ: Die NIVEA-Sprache mit den Gepflogenheiten der Marktsegmente »zu verheiraten« ist eine hübsche Gratwanderung, wo man sich dann jedes Mal fragt: Wie viel Begrifflichkeit, welche Tonalität muss ich denn aus dem Markt nehmen, und wo grenze ich mich bewusst ab? Hier sind wir dann auch nicht die besseren Deutschlehrer, sondern folgen der breiten Strömung und sagen: Englische Begriffe, die mittlerweile so gelernt sind, dass sie nicht negativ und aggressiv oder missverständlich rüberkommen, dürfen verwendet werden. Das ist dann nicht schlimm, weil wir dadurch oft ein Stück »Modernität« in unsere Sprache nehmen.

Schauen Sie, zum Beispiel NIVEA *Sun*. Verstehen 90 Prozent der Menschen bei *Sun*, was damit gemeint ist? Ja, verstehen sie. Dann können wir das machen. Das kommt dann unseren anderen Zielen zugute, denn NIVEA *Sun* ist der Produktname. Jetzt heißt die ganze Serie weltweit *Sun*.

AR: Geht die Marke NIVEA sprachlich mit der Mode?
TI: Wir sind eindeutig keine Trendsetter. Wir sind Trendfollower.
TBQ: Ich würde es mit der Hosenschlagbreite vergleichen. Wenn es weltweit einen Trend zum breiten Hosenschlag gäbe, dann würden wir – es geht ja um NIVEA! – garantiert nicht den 50-cm-Schlag machen, aber wir würden auch nicht den Röhrenschlag machen, sondern wir würden dann wahrscheinlich etwas haben, was den Trend andeutet. Um zu zeigen: Wir haben das nicht übersehen, dass die Mode da hingeht.

Sprache ist offensichtlich etwas, was man sanft weiterentwickeln muss.

AR: Wie entsteht Sprache für NIVEA?

TI: Die Agentur kann endlos vorschlagen, der Kunde ist verantwortlich. Ende. Jedes Land hat dabei die sprachliche Hoheit. Es ist die Verantwortung des lokalen Managements in jedem Land, dafür zu sorgen, dass die Verbraucher verstehen, was wir ihnen anbieten. Ein Sonnenschutzmittel muss etwas ganz Konkretes leisten, nämlich gegen UVA- und UVB-Strahlen schützen. Ein Deo hat einen ganz konkreten Auftrag. Es ist kein Lifestyle-Produkt, sondern es hat einen konkreten Nutzen, den es erfüllen muss. Eine Haarkur hat einen konkreten Nutzen, den eine Haarkur erfüllen muss. Wenn es den nicht gäbe, würde ja ein No-Name-Shampoo absolut ausreichen. Dieser Nutzen muss sprachlich verständlich rüberkommen und dazu auch noch glaubwürdig. Das sehe ich als Handwerk. Das Handwerk der Texter.

TBQ: Wir brauchen Gefühl in der Sprache, aber wir brauchen auch bei den Menschen, die die Sprache einsetzen, ein Gefühl dafür, was sie und wie sie NIVEA ausdrücken sollen. Das verlangt eine Menge an Gefühl und Verständnis derer, die in dieser Sprache leben und die Sprache anwenden und die Sprache einsetzen, um dann eine Marke weiterzuführen. Und irgendwann haben wir das Gefühl festgehalten, in unserer blauen Bibel. Damit auch die, die eher nicht in langer Tradition mit dem Haus arbeiten, relativ schnell verstehen, wie es klingen soll, wie es aussehen soll, wie es sich anfühlen soll.

Dazu gehört dann schon ein Haufen von Disziplin. Wir überlassen es dabei den lokalen Sprachexperten oder Agenturen, aus dem Mustertext das zu machen, was in der lokalen Sprache so klingt, wie wir uns das vorstellen. Dabei erwarten wir nicht unbedingt die 1:1-Übersetzung des englischen Textes, wohl aber – und deswegen wiederum das Gefühl – erwarten wir von den Managern und Agenturen, die es in der Welt umsetzen, dass sie ein Gefühl dafür kriegen, das die Kommunikation der Marke sprachlich enthalten soll.

TI: Die Grundlagen jedes Briefings sind immer die vorhin angesprochenen Werte. Ich denke, dass die Kontinuität der Arbeitsbeziehungen eines der Erfolgs-Ingredienzen für NIVEA darstellt.

TBQ: Wir erwarten von unseren Agenturen und Mitarbeitern ein hundertprozentiges Markenverständnis. Das haben wir natürlich vom Gefühl her über viele, viele Jahre historisch entwickelt. Deswegen legen wir großen Wert auf Kontinuität bei den Menschen, mit denen wir zusammenarbeiten, sowohl auf der Agentursseite als auch bei uns im weltweiten Marketing. Dazu versuchen wir über möglichst viel Dialog miteinander dieses sprachliche Verständnis zu entwickeln, damit erst gar keine großen unterschiedlichen Auffassungen entstehen. Es ist selten so, dass wir vom Resultat extrem überrascht sind, weil es durch die Briefing-Phasen eigentlich schon so weit vorweg »durchgenommen« wird, dass auf der sprachlichen Seite keine großen Verirrungen entstehen können. Wir haben in unseren Marketing-Organisationen, in den Geschäftsführungsorganisationen, in den Verbindungen zu den Agenturen und sogar noch in den Agenturen selbst einen Haufen von Leuten sitzen, die mit viel Kontinuität teilweise schon sehr lange auf der Marke arbeiten. Die sprechen automatisch so.

TI: Die Tatsache, dass wir zum Beispiel mit Wilkens seit 1911 zusammenarbeiten, signalisiert auch, dass wir erwarten, dass die Agentur ihre Leute entsprechend schult und dass die Schulung nicht immer von uns über Grundsatz-Briefings erfolgen muss. Diese Übung muss auch unter Leitung des Kreativ-Direktors bei der Agentur stattfinden. Der muss seine Schäfchen auch wiederum zusammenhalten.

AR: Ich erinnere mich. Was zeichnet in Ihren Augen einen guten Texter aus?

TBQ: Ein guter Texter ist für mich nur einer, der auch dem Marketing mal sagt: Freunde, was ihr hier an Product-Benefits liefert, gibt für die Kommunikation nicht viel her. Liefert mir gute Benefits, so dass ich was zu sagen habe, dann werde ich gerne kreativ für euch.

TI: Häufig gelingt es nicht richtig, das Produkt auf den *Punkt* zu bringen. Und dann ist es manchmal ganz klug, den Forscher und Entwickler mit an den Tisch zu holen. Dass der Texter einfach mehr erfährt. Ein guter Texter hat für mich die Vorstellungskraft, zum Beispiel eine Formel zu hören und zu sagen: Da steckt doch eigentlich was drin, ich hab' die Botschaft gefunden. Unsere Aufgabe ist es, dass der Nutzen stimmt. Aber der schwierigere Part des Texters ist es, den Nutzen kristallklar rüberzubringen. Da geht der Schweiß rein.

AR: Dieses »Was ist noch NIVEA und was nicht?« habe ich am eigenen Leib erfahren, als wir den NIVEA-for-men-Spot geschrieben haben, in dem eine Frau ihrem Mann einen Klaps auf den nackten Po gibt. Gott sei Dank hat er wohl ganz ordentlich gearbeitet. Woran messen Sie, was auf der Marke NIVEA geht und was nicht?

TBQ: Immer dann, wenn wir geglaubt haben, wir müssen besonders schnell *Awareness* aufbauen, wie das so schön heißt, dann haben wir das im Zweifel auch geschafft. Aber im Regelfall haben wir hinterher immer offene Fragen gehabt nach dem Motto: Und, what's in for me? Immer dann war das meistens etwas, wo wir uns hinterher gesagt haben: Na ja, schöne Anzeigen, schöner Spot, aber es ist nicht das, was wir eigentlich wollen.

TI: Wenn man eine Marke betreut, die letztes Jahr 75 Prozent aller Deutschen gekauft haben, dann hat man natürlich eine besondere Verantwortung. Wir hatten mal eine Phase vor ungefähr zwei Jahren, da haben sich – weil wir nicht gut genug aufgepasst haben – zu viele Anglizismen eingeschlichen, auch in Headlines.

Ein Männershampoo haben wir zum Beispiel kurzzeitig beworben mit der Headline: »Shower for new power.« Das ging definitiv zu weit. Da wird schlichtweg der Nutzen nicht klar genug in der Headline herausgearbeitet. Das ist dann nicht mehr NIVEA.

Auch das Wort »sanft« ist heute zum Bestandteil der Marke NIVEA geworden.

An die Diskussion um den Klaps kann ich mich übrigens noch gut erinnern. Ich fand, der passte sehr gut zur Marke. Das war quasi ein sympathischer Pflegebeweis. (Lacht)

AR: Mir ist aufgefallen, dass es der Nivea-Sprache gelingt, die Fakten bildhafter und gefühlvoller zu transportieren als bei den Konkurrenten.

TI: Richtige Beobachtung. Für uns sind in Headlines zum Beispiel die Schlüsselworte ganz entscheidend. Es geht darum, motivatorische sprachliche Reize einzubauen, die im wahrsten Sinne des Wortes den Konsumenten »bewegen«, sich mit dem Produktnutzen auseinander zu setzen. Die dürfen auch abstrakter sein, aber sie müssen eingängig sein. Bildhafte Sprache ist für uns ein wesentlicher Impulsgeber. Zumal unsere Kategorie ja auch die Chance hat – im Unterschied zu einem Duft –, das Ergebnis zu zeigen.

TBQ: Diese plastische Sprache setzen wir bewusst ein, um den praktischen Mehrwert deutlich rauszuheben. So dass die Kundin oder der Kunde bereit sind, die 50 Cent extra für ein Deo und vielleicht die zwei Euro extra bei einem Top-Antifalten-Produkt draufzulegen. Und dann auch in der Anwendung den Lohn dafür erfahren, warum sie eben zwei Euro mehr bezahlt haben.

AR: Gilt das auch für ein so alltägliches Produkt wie die NIVEA Creme?

TI: Selbst da sprechen wir jetzt von noch mehr Hautverträglichkeit, keinerlei Konservierungsmitteln, hauteigenen Lipiden… in drei Wochen erhöht sich die Feuchtigkeit um 17 Prozent. Selbst bei diesem Produkt wollen wir noch präziser sagen: Was kauft der Verbraucher sich für einen Nutzen mit diesem Produkt ein? Und das quantifizieren wir auch. Er kauft sich damit ein deutlich höheres Feuchtigkeitsniveau. Er kauft sich nicht die Nachteile von Konservierungsmitteln, weil: Wir haben gar keine Konservierungsmittel drin. Diese Dinge, die wir noch vor ein paar Jahren als Selbstverständlichkeit mit verkauft haben, müssen jetzt aktiviert werden. Das ist, genau wie Sie sagen, für Produktmanager, für Texter, eine »neue« Aufgabe. Sprache muss heute den Mehrwert verkaufen.

AR: Zieht sich die NIVEA-Sprache bei Ihnen durch sämtliche Kommunikationskanäle?

TBQ: Alles, was wir gesagt haben, ist gültig für alle Werbemittel. Kann ja gar nicht anders sein. Bis hin zum letzten Regal-Stopper.

AR: Arbeiten Sie deshalb mit vergleichsweise wenigen Agenturen zusammen?

TI: Die Frage, wie viele Agenturen man hat, sehe ich nicht als die entscheidende. Der Kunde muss am Schluss dafür sorgen, dass die Konsistenz sichergestellt wird. Selbst wenn wir jetzt acht oder neun Agenturen hätten, würde ich sagen, das müsste nicht unbedingt einen Unterschied machen. Solange jede Agentur meisterhaft auf ihrem Feld spielt: die eine im Feld Internet, die nächste im Feld VKF, die dritte im Bereich klassische Werbung.

TBQ: Der Kunde – und das ist ja der Markeneigentümer – muss am Ende sicherstellen, unabhängig davon, wie viele Partner er hat, dass diese Kommunikation aus einem Guss beim Verbraucher draußen wahrgenommen wird.

AR: Kennen Sie Beispiele aus anderen Branchen, die ähnlich konsequent durch Sprache ihre Marke aufgebaut haben?

TI: So richtig viele, die da elegant und eindrucksvoll und nachhaltig in der Kommunikation Sprache gut einsetzen, fallen mir spontan nicht ein. Vielleicht McDonald's. Vielleicht Coca-Cola. Aber in Deutschland? Vielleicht Mercedes.

TBQ: Wer das sehr gut über die ganzen Jahre aufgebaut hat, ist Boss. Die haben es geschafft, mit wenig Sprache, durch Reduktion, die Leute nicht zu verwirren und ihren Markenkern deutlich zu machen.

Otto ist es ganz gut gelungen, Konsistenz aufzubauen in Deutschland. Sony hat über viele Jahre vorbildlich gearbeitet und findet gerade einen Weg zurück zu einer wieder einfacheren Kommunikation über das, was eigentlich Sony ausmacht.

Ich finde die IT-Welt absolut schwach.
Die haben es alle nicht geschafft, ein austauschbares Produkt zur Marke aufzubauen.

Und natürlich die Telekom. Unglaublich sprunghaft. Auch in der Auswahl der Mittel. Gott sei Dank, kann man aus deren Sicht nur sagen, haben sie so viele finanzielle Mittel, dass sie die Leute damit erschlagen können, dass dann doch bestimmte Dinge angekommen sind. Aber das hätte man erheblich effizienter machen können. Sobald da mal der Media-Druck raus ist, bleibt relativ wenig an Substanz.

AR: Was würden Sie einem Manager empfehlen, der eine Corporate Language in seinem Unternehmen etablieren will?

TBQ: Zunächst mal würde ich ihm sagen, dass er sich einer ziemlich großen Verantwortung stellt. Wenn jemand heute die Chance hat, eine neue Marke aufzubauen, dann muss er sich hinsetzen und sich sehr gut überlegen, welche Elemente er zum Kern seiner Botschaft machen will. Will er nur visuell beeindrucken? Will er das Visuelle kombinieren mit Sprache? Will er das Ganze kombinieren mit Produktleistung? Was will er langfristig nutzen? Und dann würde ich ihm sagen: Wenn du dich irgendwann entschieden hast, dann musst du gute Nerven behalten und den Weg konsequent weitergehen.

TI: Ich würde ihm sagen: Schreib dir auf, was du dir vorgenommen hast. Wie willst du auftreten, wie willst du antreten, wie willst du klingen? Später macht man das Management von Marken nicht mehr alleine, sondern es machen Gruppen von vielen Menschen. Und wenn man es global sieht, von sehr vielen Menschen. Und dann hilft das Aufgeschriebene. Das heißt ja nicht, dass das dann für Ewigkeiten festgehalten sein muss. Ein wichtiges Thema also – ich stelle mit Freude fest, dass Sie da an einem absoluten Top-Thema dran sind.

TBQ: Eine wichtige Sache möchte ich noch ergänzen: Eine Markensprache kann es nur geben, wenn sie ganz oben aufgehängt ist. Wenn sie Chefsache ist.

THOMAS-BERND QUAAS' UND THOMAS INGELFINGERS FAHRPLAN ZUM ERFOLG.

#1 Sprache muss die Qualitätsaspekte eines Produktes herausarbeiten.
Setzen Sie auf Vertrauen und Glaubwürdigkeit. Werben Sie nicht mit abgehobenen, übertriebenen Claims.

#2 Bauen Sie motivatorische sprachliche Reize ein, die im wahrsten Sinne des Wortes den Konsumenten »bewegen«, sich mit dem Produktnutzen auseinander zu setzen.

#3 Setzen Sie bewusst plastische Sprache ein, um den praktischen Mehrwert deutlich herauszuheben.

#4 Claimen Sie für Ihre Marke das entscheidende Wort der Kategorie.
Und bleiben Sie dabei.

#5 Machen Sie Sprache zur Chefsache.

Sonntagabend. Gegen 23 Uhr. Ich bin per Bahn auf dem Weg zu IKEA Deutschland in Hofheim-Wallau. Morgen früh treffe ich Benny Hermansson. Um mich herum Fußballfans vom Derby Bielefeld-Bochum. »Lass die Finger von Owomoyela« nach der Melodie von »Lass die Finger von Emanuela« von Fettes Brot. »Wir steigen auf, wir steigen ab, und zwischendurch UEFA-Cup«, antwortet die Bochumer Anhängerschar. Frei nach »O when the saints go marchin' in«. »Seid ihr noch Bayern-Fans oder lebt ihr schon?«, hallt es von den Bielefelder Sitzen zurück. Ich muss Benny Hermansson fragen, wie er *das* geschafft hat.

Wir sollten eigentlich *viel mehr Briefe vom Anwalt* bekommen.

Corporate Language am Beispiel IKEA.

Benny Hermansson, Marketing Manager von IKEA Deutschland, im Gespräch mit dem Autor.

AR: Herr Hermansson, ist es richtig, dass Corporate Language in der Corporate Identity von IKEA einen wichtigen Platz einnimmt?
   Benny Hermansson: Sprache ist ein Teil unserer Identity. Wir nennen das auch die IKEA-Sprache. Das ist uns wichtig. Aber was dahintersteckt, ist noch wichtiger.

Die Sprache ist Ausdruck für die Kultur, die bei uns herrscht.

Ich denke, man kann die Marke IKEA ganz einfach mit einer Person vergleichen. Sie hat eine Sprache, eine Stimme. Sie hat typische Verhaltensweisen. IKEA als Person ist menschlich, sympathisch, offen und auch immer ein kleines bisschen frech und fröhlich.
   AR: Sind das die Werte, die für IKEA stehen?
   BH: Ja, ich glaube, das kann man so sagen. Die sind durchgängig. In dem, was wir tun und wie wir uns verhalten, auch untereinander verhalten. In zwei Worten: Social Responsibility. Da könnte man jetzt dicke Manuals drüber schreiben. Aber wenn das nicht gelebt wird, und wenn das nicht vorhanden ist in der Firma, dann ist das künstlich. Ich glaube, Authentizität ist extrem wichtig. Ich glaube, dass das, was wir tun, sehr glaubwürdig ist.
   AR: Kommt die IKEA-Sprache aus der Geschichte des Firmengründers Ingvar Kamprad?
   BH: Ingvar hat von Anfang an so gesprochen, wie er gedacht hat. Ganz einfach. Ganz leicht verständlich. Nicht abgehoben. So gesehen haben wir eine Geschichte, die man auch erzählen kann. Darauf sind wir schon ein bisschen stolz.
   AR: Und diese Sprache wurde zur heute typischen IKEA-Sprache?
   BH: Das hat sich langsam entwickelt. Aber wir haben Sprache ganz bewusst als Mittel eingesetzt, um uns abzuheben. Wobei ich sagen würde, der Text war vor drei, vier Jahren besser als heute. Ich habe mir überlegt, warum das so ist. Und ich glaube, das hat damit zu tun, dass die Bilder bei uns in der Kommunikation immer wichtiger geworden sind. Und das geschriebene Wort nicht genügend wertgeschätzt wird. Ich spüre, dass wir dadurch oft ungenau werden in dem, was wir eigentlich sagen wollen.
   AR: Werden Sie das wieder zurückdrehen? Soll die Sprache bei IKEA wieder wichtiger werden?
   BH: Nicht nur die Sprache. Ich möchte die Kommunikation wieder einfacher und genauer machen. Ich habe die Angst, wir wollen oft zu viel erzählen. Aber dabei kommt keine Botschaft rüber. Ich finde, man muss aufpassen, dass man die Message nicht verliert.
   AR: Da ich ja auch für IKEA schreibe, war ich sehr überrascht, als ich plötzlich »Room Wear« auf einem Ihrer Plakate gelesen habe. Englischsprachige Headlines sind für mich nicht IKEA.

BH: In diesem Fall war der Gedanke, der dahintersteckte, schwer zu übersetzen. Wir haben das bei den Kunden getestet, ob es verstanden wird. Bei der großen Mehrheit war das eigentlich kein Problem. Obwohl ich auch gesehen habe, dass die Deutschen nicht mehr so gerne englische Ausdrücke mögen. Wir müssen das beobachten.

AR: Ich finde, das ist gerade einer der Pluspunkte der Sprache im Katalog. Eine ganz normale deutsche Sprache, die sehr visuell ist. »Träum dein Schlafzimmer ein«, »Abenteuer in Wolkenstadt«, »Vergnügungspark« – das sind alles starke, bildhafte Worte. Ich habe das Gefühl, dass Sie die Headlines ganz bewusst visuell, auditiv und »gefühlig« schreiben lassen.

BH: Absolut. Emotion ist sehr wichtig beim Möbelkauf. Ich glaube, unsere emotionale Sprache ist eine ganz natürliche Konsequenz aus dem, was wir erreichen wollen.

Sprache, die verkaufen soll, muss stark sein, sie muss berühren. Das geht nicht, wenn man rein rational beschreibt.

AR: Wie sollte ein guter IKEA-Text sein?

BH: Einfach, bildhaft, ohne dass er zu naiv ist. Aber auch sehr persönlich.

AR: Haben Sie gute Erfahrungen mit dem »Du« gemacht?

BH: Wir haben uns natürlich viel darüber unterhalten: Wie gehen wir mit »Sie« und »Du« um? Wir waren ja die Ersten mit dem »Du« in Deutschland. Vor IKEA gab's niemanden, der geduzt hat. Ich glaube, es ist inzwischen akzeptiert, wenn IKEA so etwas macht. Wir haben uns jetzt entschieden: Überall, wo wir allgemein mit den Menschen sprechen, werden wir das »Du« einsetzen. Und da, wo wir eine Einzelperson ansprechen, zum Beispiel in Briefen, werden wir das »Sie« benutzen. Intern ist das manchmal nicht so einfach. Das merkt man bei einigen Kollegen. Sie haben das »Sie« immer noch sehr gerne.

AR: Wenn man über die Sprache von IKEA spricht, muss man natürlich über den Claim »Wohnst du noch, oder lebst du schon?« sprechen.

BH: Ich habe am Anfang gesagt: Ich weiß überhaupt nicht, ob ich hier einen Claim haben möchte. Dann kamen wir zu einem Punkt, wo wir gesagt haben: Unsere strategische Richtung ist, die Leute vom Wohnen zum Leben anzuregen. Daraus ist unter viel Anstrengung der Claim entstanden. Er ist zuerst einmal ein klares Statement, wofür wir *heute* stehen. Vom IKEA der 70er Jahre, mit dem sich hauptsächlich Studenten eingerichtet haben, zum IKEA von heute, mit dem die ganze Familie leben kann. Und dann – das wissen Sie als Texter ja besser als ich – soll er natürlich vor allem polarisieren. IKEA hat ja immer gesagt: Wir sind für alle da. Und plötzlich sind wir *nicht* mehr für alle da. Durch diese Polarisierung sind wir wieder Gesprächsstoff geworden.

Wohnst du noch oder lebst du schon?

Frau Veronika Classen
Herbert-Weichmann-Str. 13
22085 Hamburg

Wallau, im März 2004

Lieber IKEA Kunde,

für Kinder ist eine Wohnung keine Wohnung, sondern eine einzige große Abenteuerlandschaft: Da wird das Wohnzimmer zur Spielwiese, das Schlafzimmer zur Wolkenstadt und das Bad zum Planschparadies. Eine Perspektive, die wir so spannend fanden, dass wir daraus unser Motto für den neuen IKEA Katalog 2004 gemacht haben: „Lass den Spieltrieb raus!"

Und genau darauf dürfen Sie sich jetzt freuen: auf jede Menge tolle Anleitungen und Lösungen, um Ihre vier Wände spielerisch – und kinderleicht! – in Ihr persönliches Paradies zu verwandeln. Und das nicht nur einmal, sondern immer und immer wieder. Schließlich sind Einrichtungsideen von IKEA so flexibel und vielseitig, dass Sie daraus immer wieder etwas Neues zaubern können.

Also, nehmen Sie uns beim Wort: Lassen Sie Ihren Spieltrieb raus und der Fantasie freien Lauf! Ich bin sicher, mit unseren Anregungen im neuen IKEA Katalog und vielen weiteren Ideen im IKEA Einrichtungshaus wird Einrichten zum schönsten Abenteuer.

Viel Spaß dabei – und viel Vergnügen jetzt mit dem neuen IKEA Katalog 2004!

Ihr

Werner Weber
IKEA Deutschland

IKEA Deutschland GmbH & Co. KG • Am Wandersmann 2–4 • 65719 Hofheim-Wallau

ch Briefe werden bei IKEA stark kinästhetisch geschrieben.

Die Revolution in der Gähnforschung

Wir präsentieren: SULTAN, die Matratze für den besten Schlaf aller Zeiten! Guter Schlaf ist die Voraussetzung für Gesundheit und Wohlbefinden. Unsere völlig neu entwickelte Matratzenserie SULTAN bietet dir mehr Komfort als je zuvor. SULTAN fühlt sich an, als sei die Matratze für dich maßgeschneidert. Komm ins IKEA Einrichtungshaus und such dir deine Größe aus. Der Preis tut ein Übriges, um dein Wohlbefinden zu steigern.

44

Der Katalog verführt uns mit visuellen und kinästhetischen Sprachbildern.

1. RACKEN Seifenspender 9.99 Design: K. Hagberg/M. Hagberg. Edelstahl/Kunststoff. 600.621.08
11×8 cm, 10 cm hoch. 200.621.10
2. RACKEN Behälter für Wattestäbchen 3.99 Edelstahl.
3. ANORDNA Drahtkorb 3.50 Passend für die VÄTTERN Schränke, siehe Seite 268. Grau lackiertes Metall. 35×34 cm, 25 cm hoch. 900.478.71
4. RISTEN Box mit Deckel 1.49/St. Stapelbar. Spülmaschinenfest. Design: Erika Pekkari. Weißer Kunststoff. 10×15 cm, 16 cm hoch. 946.121.10
5. ANORDNA Korb mit Griff 4.99 Grau lackiertes Metall.
19×30 cm, 19 cm hoch. 600.478.82
6. ANORDNA Wäschekorb 4.99 Passend für die VÄTTERN Schränke, siehe Seite 268. Grau lackiertes Metall. 35×34 cm, 35 cm hoch. 000.564.74
7. RACKEN Kosmetiktuchbehälter 6.99 Edelstahl/Kunststoff. 24×13 cm, 10 cm hoch. 400.621.09
8. FIBBE Tonne mit Deckel 11.50 Design: Monika Mulder. Kunststoff. 34×36 cm, 61 cm hoch. 366.999.10

Die beste Kosmetik für dein Bad kostet weniger als die für deine Haare

AR: Und nun ist er zum Leitsatz für die gesamte neue IKEA-Werbung geworden.

BH: Ich würde mir wünschen, dass wir diesen strategischen Gedanken noch klarer in der Werbung – in allen Medien, nicht nur im TV – umsetzen können. Das haben wir bisher noch nicht konsequent getan.

AR: Testen Sie Sprache?

BH: Eigentlich nicht. Das Einzige, was wir getestet haben, ist unser Claim. Da haben wir einen kurzen Research gemacht übers Internet. Mit ganz klarem Ergebnis. Ich glaube, wir haben vier oder fünf Claims getestet, und zum Schluss haben wir gesagt: Okay, der letzte hier, der hat die größte Reaktion ausgelöst, der ist anregend – den nehmen wir.

AR: Ich freue mich immer über die vielen Verballhornungen des Claims. Gehen Sie dagegen eigentlich gerichtlich vor?

BH: Nein. Überhaupt nicht. Wenn die daran Spaß haben, dann sollen sie es tun. Unsere Bekanntheit ist ziemlich groß – sie wird dadurch nur noch größer. Das führt eher dazu, dass die Leute noch mehr an IKEA denken.

Wir werden sowieso viel kopiert, zum Beispiel unsere schwedischen Möbelnamen. Die ganze Möbelbranche in Deutschland hat das nachgemacht. Sie verwenden jetzt auch Namen von Städten oder von Männern.

AR: Wie muss ein Texter sein, der für IKEA schreibt?

BH: Schlau! Er muss aus einer komplizierten Geschichte etwas ganz Einfaches machen können. So dass auch ein Kind es verstehen kann. Ich glaube, dass das ein dankbarer Job für Texter ist. Das hab' ich oft erlebt, die meisten Texter finden das ganz packend, für IKEA Texte zu schreiben.

AR: Vielleicht quälen sich die Texter für IKEA ja auch mehr, weil sie mehr Spaß dran haben, dafür zu schreiben.

BH: Das kann sein. Ich weiß es nicht. Ich glaube, dass wir sehr anstrengend sind als Kunde. Wir haben extrem hohe Erwartungen. Wo es bei vielen Firmen ein »Okay« geben würde, sagen wir: Jjjaaa, ist schon ganz gut, aaaaber… Und dann wird es noch einmal gedreht und noch einmal gedreht.

AR: Mir ist vor allem aufgefallen, dass es immer wieder spannend ist, für IKEA das Selbstverständliche neu zu sagen. »Träum dein Schlafzimmer ein!« ist neu. Ist das das Geheimnis, dass Sie die IKEA-Sprache immer wieder neu entdecken?

BH: Unsere Werte bleiben schon gleich. Aber wir nehmen nie Headlines vom letzten Jahr. Wir wollen unseren neuen Katalog immer lebendig, spannend und auch im Text ein bisschen anders als den alten darstellen.

AR: Wann würde ein Text nicht für IKEA erscheinen?

BH: Wenn er zu rational ist. Zu kopflastig. Wenn er zu voraussehbar wird. Wenn er Klischee ist.

AR: Ist der Unterhaltungsaspekt ein wichtiger Punkt?

BH: Der ist sehr wichtig. Und dass die Texte vielleicht auch ein bisschen zum Nachdenken anregen.

AR: Intelligenter Humor.

BH: Ja. Obwohl ich glaube, dass wir vielleicht ab und zu etwas zu intelligent gewesen sind. Ich glaube, dass wir die Sprache ein bisschen einfacher machen müssen. Wir dürfen nicht nur für besser Ausgebildete verständlich sein.

AR: Die IKEA-Sprache soll also unterhalten, polarisieren, provozieren, Aufmerksamkeit erzeugen.

BH: Ich finde, das passiert noch zu wenig. Wir sollten eigentlich viel mehr Briefe vom Anwalt bekommen. Erst dann ist unsere Werbung gut: wenn Sie Emotionen weckt.

AR: Zieht sich die IKEA-Sprache durch sämtliche Kommunikationsmittel? Auch durch die internen Mitarbeiterinformationen oder die Education-Programme?

BH: Ich glaube, wir sind da schon ganz durchgängig in der Art und Weise, wie wir mit unserer Sprache umgehen. Wenn Leute allerdings neu zu uns kommen, wird oft noch ganz typisch deutsch geschrieben, zum Beispiel interne E-Mails. Die hören sich an wie ein Brief von der Zentrale.

AR: Was ist für Sie typisch deutsch?

BH: Viel zu viel zu schreiben. Eine »Frankfurter Allgemeine« finde ich so trocken und langweilig, die würde ich nie kaufen. Wenn man so viele Wörter braucht, um etwas Vernünftiges zu erzählen, dann ist das heavy. Das merkt man auch im Katalog. Man braucht mehr Wörter auf Deutsch. Ich glaube, der Text nimmt 30 Prozent mehr Platz weg als im Schwedischen oder Englischen. Man beschreibt unheimlich viel Details – Details, die vielleicht in einem anderen Land nicht so wichtig sind, um den Kontext zu verstehen. Holländer müssen nicht unbedingt jedes Detail wissen, um ein Verständnis von dem Möbelstück zu bekommen. Da glaube ich, gehen die Deutschen immer sehr, sehr tief ins Detail.

AR: Glauben Sie, dass es deshalb ein Vorteil ist, dass Sie nicht 100 Prozent deutsch sprechen? Dass Sie einfach einen Blabla-Filter haben?

BH: Ich weiß es nicht. Aber es passiert ziemlich oft, dass ich sage: Das finde ich extrem kompliziert. Kann man das nicht einfacher sagen?

AR: Was mir auch auffällt: Sie kreieren intern gerne IKEA-eigene Begriffe.

BH: Das ist ziemlich wichtig bei IKEA. Wir lieben es, unsere eigenen Ausdrücke zu finden. Dass man spürt: Ah! – Das ist ein IKEA-Ausdruck! Das ist etwas, was fast nur von IKEA kommen kann. Wörter, die bestimmte Ladungen haben. Zum Beispiel: Kraftsammler.

Ordnung in der Garderobe, die dich nicht dein letztes Hemd kostet

Selbst Preisthemen werden visuell erzählt.

AR: Kraftsammler?

BH: Für Kraftbündelung. Auch in diesen internen Texten sind wir bildlich sehr stark (lacht).

AR: Die meisten IKEA-Texte werden ja inhouse geschrieben. Lernen Ihre Texter die IKEA-Sprache schnell?

BH: Ja, ich glaube, sie lernen das sofort. Meist wird ein Texter von alten IKEA-Texten inspiriert und probiert es dann selbst. Wir sind jetzt seit 30 Jahren in Deutschland. Da baut sich bei Textern schnell ein Gefühl dafür auf: Was ist IKEA, was ist IKEA-Sprache? Der Rest geschieht im Alltag.

Wenn Sprache – wie bei uns – eine Teil der Kultur ist, dann muss man nicht viel darüber reden. Kultur bedeutet, wie man miteinander umgeht. Dann ist natürlich Sprache ein wichtiger Teil davon.

Ihre Bewerbung vom «PTXT1_WWBEGDA» als «ZWORD_ZBEWTXT»

«PTXT1_SALUT» «PTXT1_ENAME»,

wir wollen Ihre Geduld nicht unnötig strapazieren. Wir haben uns sehr bemüht, für Sie das Richtige zu finden. Doch bei IKEA fühlen sich die Mitarbeiter so wohl, dass wir leider derzeit nicht den passenden Arbeitsplatz für Sie haben.

Eines ist sicher: Ihre Bewerbung hat uns sehr gut gefallen und wir freuen uns, wenn Sie uns wieder einmal schreiben.

Bis dahin wünschen wir Ihnen viel Erfolg für Ihre berufliche Zukunft. Und richten Sie sich doch einfach mit uns ein.

Freundliche Grüße

e Klasse einer Corporate Language beweist sich gerade bei einer Absage an Bewerber!

AR: Im Katalog 2004 ist mir an manchen Stellen aufgefallen, dass die IKEA-Sprache unterschiedliche Zielgruppen ansprechen will. Da taucht eine Oma auf. Auch mal ein farbiges Kind.
    BH: Das geschieht natürlich ganz bewusst. Wir haben probiert, ein bisschen mehr diversifiziert zu denken, mit unterschiedlichen Kulturen, mit unterschiedlichen Lebensaltern. Das bedeutet natürlich auch, dass wir in der Sprache die Tonality leicht ändern.
    AR: Also unterschiedliche Headlines zu Wohnwelten und Zielgruppen?
    BH: Ja. Alles ist emotionaler, spielerischer geworden. Nicht mehr so steif. Unsere Texte werden ja im Original in England geschrieben. Unser interner Texter übersetzt es dann. Allerdings nicht wörtlich, sondern sinnbildlich, gedanklich. Da sind wir inzwischen ganz gut, finde ich. Die Headlines und Texte korrespondieren sehr schön mit den Bildern.
    AR: Gibt es eine Kontrolle für die Einheitlichkeit der IKEA-Sprache?
    BH: Es gibt keine Kontrolle in der Form, dass bei uns jemand in einer Ecke sitzt und sagt: Das darfst du schreiben und das nicht. Ich habe aber ein Brand-Team aufgebaut, um sicherzustellen, dass, wenn wir lokal aktiver werden – mit PR, Internet, IKEA-Family –,

59.90

IKEA PS SVINGA Hängestuhl 59.90
Kunststoff Metall. Bis 100 kg belastbar.
74x107 cm. Seillänge 3 Meter.
Super zum Rumsvinga oder einfach Rumhänga!

wir nicht plötzlich anfangen, in jedem Einrichtungshaus selbst Dinge zusammenzubasteln. Das Brand-Team dient als Support für eigene Anzeigen, für die Sprache, grafische Darstellungen. Das muss sein, wenn Sie sehen, was für einen katastrophalen Mischmasch wir zum Beispiel intern in der Typografie haben. Ich glaube, dass wir mit der einheitlichen Sprache da schon viel weiter sind.

AR: Letzte Frage: Wenn zu Ihnen ein junger Manager kommt und sagt: Ich will in meinem Unternehmen eine Corporate Language etablieren. Was würden Sie ihm raten?

BH: Dann würde ich sagen: Wofür steht deine Firma? Welche Werte herrschen bei der Firma vor? Was bedeutet das für deine Sprache? Wenn man Klarheit darüber schafft, welche Werte in der Firma Gültigkeit haben, dann kommt die Sprache dabei als Konsequenz heraus.

BENNY HERMANSSONS FAHRPLAN ZUM ERFOLG.

#1 Fragen Sie sich: Wie würde Ihr Unternehmen als Person sprechen?

#2 Seien Sie glaubwürdig und authentisch.

#3 Sprechen Sie so, wie Sie denken.

#4 Sprache, die verkaufen soll, muss emotional berühren. Berühren Sie!

#5 Schreiben Sie komplizierte Dinge so einfach, dass es jedes Kind versteht. Schreiben Sie nicht nur für »besser Ausgebildete«.

Natürlich, werden Sie sagen, NIVEA und IKEA, das ist einfach. Die einen hatten schon immer eine starke Marke. Und die anderen haben eine aufgeweckte Zielgruppe. Aber wie steht es um wirklich große, globale Marken? Kann ein Unternehmen mit 88 000 Angestellten, diversen Standorten, unterschiedlichsten Sparten und Produkten *eine* Sprache sprechen?

Ich stehe auf dem Hamburger Hauptbahnhof und schaue auf eine Tafel, die eigentlich »Hier hält Ihr Wagen« heißen müsste. Aber sie heißt »Wagenstandsanzeiger«. Nein ich möchte mit Ihnen nicht über die Sprache der Deutschen Bahn sprechen. Mich nicht mit Ihnen amüsieren, wenn kurz vor Dortmund der »Fahrdienst-Begleiter« bekannt gibt, »dass der außerplanmäßige Halt bereits in den Zugplan eingearbeitet wurde«. Nein, ich möchte mich mit Ihnen nicht über Deutschlands schlimmsten Sprachfall, die Bahn, unterhalten. Sondern über Deutschlands besten. Die BASF. Das fand nämlich die FAZ. Und verlieh ihr 2004 den Image-Award.

Ludwigshafen. BASF. Nach drei Sicherheitskontrollen sitze ich in seinem kleinen, bescheidenen Büro Jörg Kordes gegenüber. Von ihm will ich erfahren, wie es ein Unternehmen geschafft hat, in zehn Jahren ein Drittel des Geschäfts umzubauen und trotzdem seine Identität zu bewahren. Wie hat es das einstige Aschenputtel BASF geschafft, zu einem europäischen Benchmark-Unternehmen aufzusteigen? Hat das etwa etwas mit Sprache zu tun? Weil sich die BASF darin treu geblieben ist, als irgendwelche trendsprachigen Hype-Unternehmen, die heute keiner mehr kennt, an der Börse das Zigfache der BASF wert waren? Die BASF hat vielleicht nicht die aufregendste Sprache, aber ich finde die konsequenteste: Sie ist immer aufregend einfach.

Als Leiter der Abteilung Corporate Messages hat Jörg Kordes eine typische BASF-Sprache entwickelt.

DIE SPRACHE *muss heute das Konzept führen.*
Corporate Language am Beispiel *BASF.*

Armin Reins: Herr Kordes, wie ernst nimmt die BASF Corporate Language?
Jörg Kordes: Für uns ist Sprache genauso ein starkes Element wie Design oder wie die Bilder, die wir nutzen. Wir nehmen Corporate Language sogar immer wichtiger. Weil wir sehen, dass wir über die Sprache Inhalte, Werte und Ziele des Unternehmens besser ausdrücken können. Wir haben gerade einen Prozess abgeschlossen, der zu einer neuen Ausrichtung unserer Brand geführt hat. Wir nennen uns jetzt »The Chemical Company«. Als Zusatz zu BASF. Einfach um klar zu sagen, wer wir sind. Denn viele haben vergessen, was BASF war. Durch die unternehmerischen Entscheidungen der letzten Jahre sind wir wieder auf das gekommen, wofür wir stehen. Und das wollen wir auch ganz klar bekennen. Letztendlich müssen sich diese Inhalte des Unternehmens, das sich klar zu seiner Herkunft und zu seiner Tätigkeit bekennt, auch in der Sprache wiederfinden.

AR: Sind Sie deshalb auch relativ vorsichtig beim Benutzen von Sprachtrends? Ich erlebe die BASF-Sprache als eine konsistente Sprache.

JK: Bei der BASF wird es nie eine coole Trendsprache geben. Das kommt vielleicht auch so ein bisschen aus unserer naturwissenschaftlichen Tradition heraus. Wir müssen da immer eine Stufe mehr Demut in der Sprache zeigen.

AR: Was die BASF sagt, muss belegbar sein.

JK: Ja. Wir sind kein abstraktes Unternehmen, wir sind keine Vermögensberatung, wir sind keine Bank. Wir sind sehr konkret spürbar, riechbar. Sie haben es gesehen, hier ist eines der größten Chemieareale auf der Erde. Und da muss man authentisch kommunizieren, denn es nimmt einem keiner ab, wenn man sagt: Wir sind die tollste und sicherste Fabrik der Welt. Und in dem Augenblick kommt die Dampfwolke hinten raus. Das kann mal passieren, soll nicht passieren. Es passiert hier Gott sei Dank relativ selten – nur, von daher ist auch hier Authentizität angesagt.

AR: Was bedeutet das, wenn Sie sagen, Corporate Language bekommt bei Ihnen eine größere Bedeutung?

JK: Früher stand auf meiner Visitenkarte »Corporate Publications«. Weil wir uns bisher über Medien definiert haben. Jetzt steht da »Corporate Messages«. Wir sagen jetzt ganz bewusst: Wir orientieren uns an den Botschaften. Und wollen diese Botschaften durchgängig in die Welt hinaustragen. Nach innen und nach außen. Das ist ein ganz klares Bekenntnis zur Sprache. Wir haben uns insofern neu aufgestellt, dass wir sagen: Wir haben nur noch *eine* Stelle, die sich um die sprachlichen Belange der Brand ganzheitlich kümmert. Das ist das Neue: Wir verbinden die klassische Pressestelle und die Mitarbeiterkommunikation.

AR: Glauben Sie, dass Corporate Language für ein Unternehmen wie die BASF brand building sein kann?

JK: Ich glaube es nicht nur, ich gehe fest davon aus. Die Sprache muss heute das Konzept führen. Stichwort Authentizität, Nähe zum Menschen. Weil wir mit Sprache letztendlich die Partnerschaftlichkeit mit unseren Kunden, Mitarbeitern, mit der ganzen Region hier zum Ausdruck bringen wollen. Hier fahren Lkws hin, hier fahren Züge hin, hier gehen Menschen täglich ein und aus. Wir haben Kunden in vielen Branchen, von der Automobilindustrie bis zu Bauern, die unsere Pflanzenschutzmittel einsetzen. Mit allen müssen wir eine klare, verständliche Sprache sprechen. Nicht die Sprache von irgendwelchen internationalen Managern, sondern die Sprache, die in der Nachbarschaft verstanden wird.

Auch Investoren schätzen es heute nicht mehr, wenn ihnen irgendein Blabla vorgelegt wird, sondern es muss ganz klar gesagt werden: Was haben die vor, was machen die mit meinem Geld?

Das Komplizierte spannend und einfach erzählen - darum geht's bei der BASF.

Oder wenn es um die eigenen Mitarbeiter geht – und gerade in Zeiten, die wirtschaftlich angespannter sind – dann braucht man ein klares, auch sprachliches Konzept, das zum Beispiel sagt: Wie geht es mit meinem Arbeitsplatz weiter?

AR: Haben Sie sich vorher die Konkurrenz angeguckt, um sich zu unterscheiden?

JK: Wir haben uns angesehen: Wie positionieren sich die anderen Unternehmen? Die eiern zum Teil ziemlich rum, indem sie sich »The Miracle of Science Company« nennen. Wir haben uns lieber gefragt: Was können wir richtig gut? Und dann haben wir das einfach hingeschrieben. Ich denke mal, da hilft uns unsere naturwissenschaftliche Herkunft. Klare Sprache. Was können wir – was können wir nicht?

AR: Wie fließt diese Positionierung in den BASF-Alltag ein?

JK: Wir haben – im Englischen wie im Deutschen – einen Kanon mit Begriffen, die wir belegen wollen.

AR: Können Sie ein paar Beispiele nennen?

JK: Was wir sehr stark benutzen, ist das Thema »Verbund«. Das ist für die BASF sowohl im Deutschen als auch im Englischen ein Wort, das eine ganz große Rolle spielt.

Was übrigens – wieder belegbar! – aus dem naturwissenschaftlichen »Produktionsverbund« kommt. Wofür die moderne BASF ja heute stehen will. »Verbund« ist ein Begriff, den wir in den letzten Jahren geprägt haben, den wir nun für uns claimt haben.

AR: Sie sagen auch im Englischen »Verbund«? So wie Audi das macht mit »Vorsprung durch Technik«?

JK: Ja. Das Wort wird inzwischen weltweit in Deutsch eingesetzt und mit der BASF verbunden. Das war natürlich ein längerer Weg. Es hat zwei, drei Jahre gebraucht. Man muss es immer wiederholen und sauber erklären, wofür es steht. Dass es eben nicht nur ein Verbund von Röhren ist, sondern dass es ein Konzept ist, Dinge integriert zu betrachten, über den Tellerrand zu sehen.

AR: Warum hat es funktioniert?

JK: Es hat funktioniert, weil es absolut glaubhaft ist. Es war nicht irgendwo eine Luftblase, die wir aufgeblasen haben. Nach dem Motto: Kurz mal in ein Event investiert und dann wieder weg. Es wurde aus der Unternehmensrealität getragen; es wurde gelebt; man sah's; man konnte es förmlich anfassen. Das muss getragen werden, das muss von innen kommen.

AR: Sie wollen also auf Dauer eine sprachliche Eigenständigkeit kreieren?

JK: Es ist mittelfristig ein Ziel, das wir über alle Möglichkeiten, die uns zur Verfügung stehen, ganz klar machen: Was ist das für ein Unternehmen? Was kann ich mit denen verbinden? Und dafür ist Sprache natürlich ein hervorragendes Instrument. Unsere Werte werden wir in Zukunft mit ganz wenigen, klaren Begriffen auf allen Ebenen unserer Kommunikation abdecken.

AR: Ich empfinde die BASF – wenn ich es einmal mit der Sprache der Bayer AG vergleiche – als das bodenständigere Unternehmen. Anfassbar statt distanziert. Ein internationales Unternehmen mit starken traditionellen Wurzeln.

JK: Tradition darf man niemals über Bord werfen. Dafür sind wir auch viel zu stolz auf unsere fast 140-jährige Geschichte. Unsere Sprache wird das immer zum Ausdruck bringen. Sie darf dabei aber nicht verstauben. Sie darf sich nicht auf den Erfolgen ausruhen, sondern sie muss sich weiterentwickeln.

Heute muss unsere Sprache das zeitgemäß sagen, was die BASF im Markenkern sagen will: Wir stehen für die Partnerschaftlichkeit mit unseren Kunden.

Wir gehen mit in die Wertschöpfungsketten der Kunden und machen unsere Kunden erfolgreicher. Wir schmeißen ihnen nicht Produkte über den Zaun nach dem Motto: Seht zu, was ihr damit macht. Sondern wir versuchen, mit den Produkten, die wir machen, über Dienstleistung den Kunden erfolgreicher zu machen. Nehmen Sie als Beispiel einen Mineralölproduzenten, für den wir Additive produzieren, die heute dafür sorgen, dass die Motoren sauberer bleiben und dadurch die Umwelt entlasten. Das geht nur, indem man sich *gemeinsam* weiterentwickelt. Und diese harte wirtschaftliche Partnerschaftlichkeit – nicht partnerschaftlich im Sinne von Wattebäuschchen werfen – die muss man in der Sprache zum Ausdruck bringen.

AR: In welcher Form bringen Sie »Partnerschaft« in Ihre Texte?

JK: Wir haben in diesem Jahr zum ersten Mal einen neuen Unternehmensbericht rausgegeben, in dem wir sehr stark das Wort *Partner* betont haben. Wir hatten früher eine Formulierung, die hieß: Fremdfirmenmitarbeiter. Ein fürchterlicher Begriff. Das zeugte von einer unheimlichen Distanz. Dabei sind diese Fremdfirmenmitarbeiter die Mitarbeiter, mit denen wir heute zusammen Dinge nach vorne treiben. Die für uns an vielen Stellen das Geschäft machen. Das sind heute für uns Partner.

Wir versuchen in den Texten einen Schulterschluss.

Das sind die Dinge, die gehen wir immer stärker an. Wir versuchen diese Distanz – den sicheren Werkzaun – nach innen wie nach außen wirklich aufzubrechen.

AR: Ich nenne das den Perspektivwechsel. Vom Wir zum Sie.

JK: Richtig. Früher haben wir gesagt: Wir haben doch das beste Produkt der Welt. Die Reihenfolge des Denkens war: *Produkt-Marketing-Kunde*. Heute heißt die Richtung: Wie kannst du, Kunde, mit uns wachsen? *Kunde-Markt-Dienstleistung* beziehungsweise *Produkt*.

AR: Wie tief geht dieser Wechsel der Ansprache?

JK: Er geht zum Beispiel mit hinein in die Kommunikation des Vorstandsvorsitzenden. In die Online-Medien. In die Geschäftsberichterstattung. Der neue Bereich Corporate Messages wird Schritt für Schritt überlegen: Was heißt das für die interne und externe Kommunikation weltweit? In den letzten fünf, sechs Jahren wurde die Kommunikation sehr stark dezentralisiert. Wir werden die Zusammenarbeit mit den lokalen Kommunikationsbeauftragten wieder intensivieren. Um zu überlegen: Wo bestehen die Freiheiten auf lokaler und regionaler Ebene? Wo aber muss die Konsistenz der Sprache sein, um eine klare Wahrnehmung im Sinne der Marke zu erreichen?

AR: Wie wird dieses Wissen um die BASF-Sprache weitergegeben?

JK: Jede größere Unternehmenseinheit hat einen Brand-Champion, der dafür sorgen soll, dass die Gestaltungselemente, auch die der Sprache, wirklich durchgesetzt werden. Der Brand-Champion soll dafür sorgen, dass die BASF als *eine* durchgängige Marke

„Als ich mit der Chemie anfing, tat sich mir eine ganz neue Welt auf, gerade so, als ob mir die Chemie ein Tor geöffnet hätte."
MICHAEL HELL

Michael Hell

Auf den ersten Blick wirkt das Zimmer von Michael Hell wie das irgendeines 19-jährigen Studenten – Kleidungsstücke sind achtlos über einen Stuhl geworfen, ein PC und Bücher beherrschen seinen Schreibtisch, daneben eine Lavalampe. Im Schrank stapeln sich Packungen seiner Lieblingslebkuchen, „importiert" aus Nürnberg, seinem Zuhause. Erst bei einem Blick auf die Wände fällt der Unterschied auf: Wo normalerweise Poster von Pamela Anderson oder Britney Spears hängen, hängt das Periodensystem der Elemente, gegenüber ein kompliziertes Diagramm mit biochemischen Pfaden.

Als Gewinner der Goldmedaille und bester Deutscher bei der Internationalen Chemieolympiade 2004 ist Michael wohl der vielversprechendste Nachwuchs-Chemiker des Landes. Dabei ist es typisch für den eher schüchtern und zugleich gelassen wirkenden jungen Mann, dass er nicht einmal seinen Klassenkameraden oder Lehrern von seinem Erfolg erzählt hat. Michael liebt die Chemie ganz einfach um ihrer selbst willen. „Meine Begeisterung für die Chemie habe ich von meinem alten Lehrer, Dr. Hitschel. Er lebte für die Chemie – und für seine Schüler", erklärt Michael. An Michaels Schule in der kleinen Gemeinde Altdorf bei Nürnberg ist Dr. Hitschel eine Institution. Er erkannte, was in dem Jungen steckt. „Als ich mit der Chemie anfing, tat sich mir eine ganz neue Welt auf", ergänzt Michael, „gerade so, als ob mir die Chemie ein Tor geöffnet hätte."

Dank des Extraunterrichts hat es Michael bis zum Finale der Olympiade geschafft. Dass er sogar eine Goldmedaille gewonnen hat, verblüffte ihn ebenso wie seinen Lehrer. „Er hat mir gesagt, dass ich im praktischen Teil nicht so supertoll bin", sagt Michael. Seine Mutter dagegen: „Ich habe immer gewusst, dass er eine Goldmedaille bekommen wird." Eine Goldmedaille gilt als Eintrittskarte zu den besten Universitäten der Welt. Auf Michael warteten Harvard und das MIT (Massachusetts Institute of Technology). Er aber wollte lieber in Deutschland bleiben und bekam einen Studienplatz an der angesehenen Technischen Universität in München.

„Die Chemie wird mir helfen, die Welt und jede Menge neuer Ideen zu entdecken", schwärmt er. „Schauen Sie sich unsere Lebensqualität an. Die wäre ohne Polymere und Arzneimittel sehr viel geringer. Dies alles haben wir der Chemie zu verdanken. Die Chemie hat unser Leben verbessert und wird das hoffentlich auch weiterhin tun." Michael ist sich dennoch dessen bewusst, dass der Chemie aus vergangenen Jahren der Ruf anhängt, Umweltprobleme zu schaffen. Aber er ist überzeugt, dass sich die Chemieindustrie – zumindest in Deutschland – heute verantwortlich gegenüber der Umwelt verhält. Die Wissenschaft seiner Wahl trägt in vorderster Linie zur globalen nachhaltigen Entwicklung

„Ich werde einen bedeutenden wissenschaftlichen Beitrag leisten. Ich weiß nur jetzt noch nicht so genau, was das sein wird."
ALEXEY ZEIFMAN

bei. „Mich begeistert die Idee, eine neue, sauberere Ressource aus erneuerbarer Energie zu gewinnen. Die Chemie kann hier über Wasserstoff einen großen Beitrag leisten", sagt er. Heute gelten Wasserstoff-Brennstoffzellen als große Hoffnung der Welt, die Abhängigkeit von fossilen Brennstoffen zu reduzieren. Für Michael Hell ist das erst der Anfang der Ideen, die unsere Zukunft revolutionieren könnten. Er träumt davon, Sonnenkollektoren aus Sand zu bauen und glaubt, dass es möglich sein wird, irgendwann eine Maschine für die Photosynthese zu bauen.

Michael weiß, dass er dafür mehr verstehen muss als Chemie. „In einem Chemieunternehmen geht es nicht nur um Forschung, da geht es auch um Wirtschaftlichkeit", sagt er. Was macht er also in seiner Freizeit? Er liest Bücher über Wirtschaftswissenschaften. „Meine ehemaligen Klassenkameraden, die Wirtschaft studieren, halten mich für verrückt", erzählt er. Verrückt? Na wenn schon! Diese Art von Verrücktheit kann die Chemie einen großen Schritt nach vorne bringen. ■

Alexey Zeifman

Das chemische Labor an dem multidisziplinären Gymnasium in Vologda, in dem Alexey Zeifman einen Großteil seiner Zeit verbringt, scheint aus einem anderen Jahrhundert zu stammen. Verblasstes gelbes Linoleum bedeckt den Boden. Auf den alten hölzernen Werkbänken stapeln sich Kochbecher und Messzylinder – das krasse Gegenteil eines schicken, modernen Hightech-Labors.

Doch auch wenn es fast museumsreif wirkt, leistet dieses Labor bereits einen großen Beitrag für die Zukunft der Chemie: Immerhin gehört sein Musterschüler zur Spitze der Chemietalente, nicht nur in Russland, sondern auf der ganzen Welt. Alexey ist der Gesamtgewinner der Internationalen Chemieolympiade 2004 – ein Gymnasiast, gerade einmal 16 Jahre alt. „Schule ist langweilig", sagt er und verdreht dabei die Augen. Denn Alexey ist kein gewöhnlicher Sechzehnjähriger, wie sein Chemielehrer Alexandr Zosimovich Lisitsin betont.

„Alexey kann unglaublich schnell und brillant Informationen verarbeiten", sagt Zosimovich. „Er hat schon fast das ganze Programm absolviert, das an der Universität in den ersten drei Jahren gelehrt wird. Bald wird es Zeit für ihn, sich ein Spezialgebiet in der Chemie auszuwählen", so Zosimovich.

wahrgenommen wird. Und zwar in allen Unternehmensfacetten – weltweit. Ein Sprach-Manual haben wir allerdings noch nicht.

AR: Ich denke, dass Sie mit vielen Agenturen und mit vielen Textern arbeiten. Wie schaffen Sie es, dass alle die gleiche Sprache sprechen?

JK: Wir arbeiten eigentlich gar nicht mit so vielen Externen. Wir leisten uns für unsere Mitarbeiter eine eigene journalistische Ausbildung. Und die meisten, die bei uns Texte schreiben, haben dieses zweijährige Volontariat durchlaufen. Das ist schon eine harte Schule. Wenn man da mal an einem Geschäftsbericht gearbeitet hat, weiß man, was geht und was nicht.

AR: Was ist der Grund für diese doch recht kostenintensive Ausbildungsform?

JK: Die Erfahrung mit nicht bei uns geschulten Textern und Presseleuten war sehr schmerzhaft. Vor sechs Jahren haben wir mal eine Image-Broschüre durch eine Agentur texten lassen. Wir haben tolle Texte bekommen, aber was da beschrieben wurde, war nicht die BASF. Das war für uns eine Lehre.

AR: Woran sah man, dass es nicht BASF war? Was war daran falsch?

JK: Es wurden Begriffe gewählt, die wir nie so wählen würden. Es wurden Zusammenhänge hergestellt, die wir nie so ausdrücken würden. Ich glaube, die Kunst besteht darin, das Selbstverständnis der BASF so zu übersetzen, dass es draußen verstanden wird. Ich finde es wichtig, dass man die Firma nachvollziehbar wiedergibt. Dass ich wirklich sagen kann: Ja, das ist die BASF.

Es hilft ja nicht, dem Unternehmen eine Sprache zu geben, die es intern nicht spricht.
Man kann einem Unternehmen eine Sprache nicht aufpfropfen.
Man darf nicht auf die Zielgruppe schielen, sondern man muss auf den Markenkern schauen.
Man darf sich nicht beim Kunden anbiedern.

AR: Mir ist aufgefallen, dass Sie nicht diese typische Ingenieurssprache pflegen. Sie haben eine bildhafte Sprache. Sie arbeiten sehr stark mit Emotionen. Ihre Texte sehen, hören, fühlen, schmecken, riechen.

JK: Das sind alles Dinge, die in der Ausbildung den jungen Kolleginnen und Kollegen an die Hand gegeben werden. Nominalstil zu vermeiden. Klare, nachvollziehbare Bilder zu benutzen. In den Bildern nicht zu springen. Das gehört bei uns zum Basishandwerkszeug. Ich warne immer vor der PowerPoint-Wirklichkeit. Die auf hohem abstrakten Niveau Konsens an die Wand knallt, die sich dann aber sehr, sehr schnell als heiße Luft erweist. Deshalb braucht man immer wieder die Bilder, die Erdungen, die Vernetzung mit der Wirklichkeit.

Citral: Schlüsselbaustein in der Feinchemie

Das Parfüm verströmt weiche Blumennoten, nach dem Putzen weht ein Geruch von Sauberkeit durch das Haus, die frische Wäsche duftet angenehm. Kaum jemand würde vermuten, dass hinter dem Duft von Zitronen, Veilchen oder Rosen ein Alleskönner steckt: Citral. Die Aromachemikalie wird nicht nur in die Riechstoffindustrie verkauft, sondern dient auch bei uns als Rohstoff für zehn weitere Duft- und Geschmacksstoffe, Vitamin A und E sowie für Carotinoide. Im Jahr 2004 haben wir in Ludwigshafen eine neue World-scale-Anlage mit einer Kapazität von 40.000 Tonnen pro Jahr in Betrieb genommen. Auf diese neue Kapazität haben wir in den vergangenen Jahren die gesamte Wertschöpfungskette ausgerichtet. Der Vorteil des neuen Verfahrens: Es ist einfacher und kostengünstiger. Zudem ist die Citral-Anlage vollständig rückwärtsintegriert, das heißt, sie nutzt die Vorteile unseres Verbunds bis hin zu den Grundchemikalien des Steamcrackers. Die Citral-Anlage ist ein wichtiger Baustein für unsere Zukunft – sie hilft, unsere führende Position im Bereich Feinchemie langfristig zu stärken.

Verschiedenheit ist unsere Stärke

Funktionale Polymere – ohne diese unsichtbaren Helfer im Alltag würden Babys nicht trocken liegen, würde die Frisur nicht halten, Papier leichter reißen, Buntwäsche abfärben. Clevere Produktinnovationen des Teams von Dr. Thomas Weber sichern Markterfolge. Kein Wunder also, dass er bei der Auswahl seiner Mitarbeiterinnen und Mitarbeiter auf Vielfalt besonderen großen Wert legt. Von den 32 Laboren der Forschung für Lösungspolymerisate in Ludwigshafen werden zehn von Frauen und acht von ausländischen Laborleitern geführt. Gemeinsam hat das Team festgestellt, dass Vielfalt spannend ist und den Zusammenhalt sowie die Kommunikation fördert. Selbst das mögliche Problem der Sprachenvielfalt wird vor diesem Hintergrund zum Vorteil. „In unserer fachlichen Kommunikation konzentrieren wir uns auf das Wesentliche und werden dabei immer präziser. Das führt dazu, dass wir gerne und mehr miteinander reden", so Weber. „Und das ist der richtige Weg, um aus einem neuen Forschungsprojekt ein gewinnbringendes Produkt zu machen."

Technik wird durch visuelle, auditive und kinästhetische Sprache emotionalisiert.

AR: So ganz konsequent erlebe ich das aber noch nicht. Vor allem in den unterschiedlichen Kampagnensprachen...

JK: Da haben Sie sicherlich Recht. Es klappt schon ganz gut in der Sprache mit Investoren, mit Mitarbeitern. In der Kommunikation mit Kunden sind wir sicherlich in einigen Bereichen noch stark aufs Produkt fixiert. Aber wir haben jetzt eine Stelle geschaffen, die diese sprachliche Qualität auch in der Produktkommunikation sicherstellen soll. Das sind sicherlich Aufgaben, die wir in der nächsten Zeit angehen müssen: Wie kriegen wir neben dem reinen Produktnutzen sprachlich die Brücke hin zu den Kernattributen des Unternehmens, die wir darstellen wollen?

AR: Kundenperspektive...

JK: Da sind wir wieder bei diesem *erfolgreicher Machen*. Die Inhalte der Kundenkommunikation sind vielleicht ein bisschen anders, aber die *Sprache* muss aus meiner Sicht wirklich auf einer Linie fahren. Dafür sind wir auch zu groß. Wir haben 88 000 Mitarbeiter. Wenn wir heute sagen: Für eine Werkzeitung schreiben wir anders als im Intranet und für eine B-to-B-Anzeige wieder anders, dann haben wir ein Problem. Denn uns lesen Kunden, Journalisten, Politiker, Pensionäre, Mitarbeiter. Da kann man es sich eigentlich nicht leisten, mit unterschiedlichem Zungenschlag zu sprechen.

Eine einheitliche Unternehmenssprache zu installieren, ist eine unendliche Baustelle. Aber das ist im Corporate Design ja nicht anders.

Alexey, ein gut aussehender junger Mann, verbirgt sein fein geschnittenes, leicht sommersprossiges Gesicht hinter einer langen braunen Mähne. Beim Sprechen wendet er sich ein wenig ab und senkt die Augen. Sein Englisch – das er an der Schule in Vologda gelernt hat – ist nahezu perfekt, trotz seines deutlichen nordrussischen Akzents. Modisch ist er mit seinem langen schwarzen Ledermantel und dem Sweatshirt mit Reißverschluss ein ganz cooler Teenager – von Wissenschaftskauz keine Spur.

Erstaunlich, dass Alexey erst vor zwei Jahren seine Begabung für die Chemie entdeckt hat. „Oft brauchten meine Schulkameraden zwei Stunden für die Aufgaben, ich nur 15 Minuten", erklärt er. Zu Hause hat Alexey einige seiner Experimente durchgeführt – die Hälfte mit Sprengstoffen, fügt er mit einem Grinsen hinzu. „Das war natürlich dumm, das weiß ich jetzt. Ein Glück nur, dass meine Eltern das nicht gesehen haben."

Vor seinem Sieg in Kiel gewann Alexey bereits zwei Medaillen bei zwei Mendelejev-Olympiaden, benannt nach dem russischen Erfinder des Periodensystems. Teilnehmer waren Studenten aus der ganzen ehemaligen Sowjetunion. War er überrascht, dass er in Kiel Gesamtsieger wurde? „Ja und nein", sagt er. „Mir war klar, dass ich einer der Stärksten war, aber nicht unbedingt, dass ich einen der ersten Plätze erreichen würde", fügt er hinzu – mit gekonnt eingesetztem Understatement.

Alexey will sich auf die organische Chemie spezialisieren und steckt mit seinem Lehrer Zosimovich schon den Weg ab. Zusammen bauen sie ein kleines kommerzielles Syntheseunternehmen auf. Alexey durchforstet die Webseiten von Moskauer Pharmaunternehmen, um deren Chemikalienbedarf zu prüfen. Er konzentriert sich auf die Produktion von 2-Aminomethylbenzimidazol, das er dann an diese Firmen vermarkten kann. Er hofft, einmal 20 Substanzen herstellen zu können. „Ich glaube, dass das eine wertvolle Erfahrung sein wird", sagt er, fügt jedoch rasch hinzu, dass diese eigene Firma nicht Endziel seiner Karriere ist, sondern nur ein Schritt auf dem Weg zur Entwicklung ernsthafter Forschungsprojekte.

Im Kreis der Familie zeigt Alexeys Mutter stolz die Medaillensammlung. Im kommenden Herbst wird Alexey endgültig flügge werden von zu Hause, wenn er einen Platz an der staatlichen Universität in Moskau bekommt. Er hätte überall auf der Welt studieren können, aber er hofft, dass er seine Träume in Russland verwirklichen kann. „Es ist wichtig, dass die Talente hier bleiben – mit guter Forschung kann Russland der Welt seine Stärken zeigen", sagt er.

Alexey ist überzeugt, dass die Chemie auch in Zukunft die wichtigsten wissenschaftlichen Errungenschaften in der Welt mitgestalten wird, vor allem auf dem Gebiet neuer Arzneimittel. Seinen eigenen Platz in der Zukunft kann Alexey bis jetzt noch nicht so genau bestimmen. Aber es entspricht seinem Naturell, in großen Dimensionen zu denken. „Ich werde einen bedeutenden wissenschaftlichen Beitrag leisten", sagt er. „Ich weiß nur jetzt noch nicht so genau, was das sein wird." Bei Alexey Zeifman ist das ganz sicher keine Frage ob, sondern höchstens wann er das schaffen wird. ∎

AR: Wie wird das intern aufgenommen? Empfinden die Mitarbeiter Corporate Language als Korsett oder mehr als Chance?

JK: Als Chance. Eindeutig. Ich scheue mich aber nicht, das Wort »Vorgaben« zu benutzen. Natürlich geben wir Ländern und Regionen die Freiheit, in ihren eigenen Sprachbildern zu schreiben. Sie müssen sich ja den Gegebenheiten des Marktes anpassen. Aber was die Kernbotschaften betrifft, machen wir deutliche Vorgaben.

AR: Wenn Sie heute Coach wären für einen jungen Kollegen, der in einer Firma eine Corporate Language aufbauen will, was würden Sie ihm an Hilfen und Ratschlägen mit auf den Weg geben?

JK: Ich glaube, das Wesentliche ist, nicht auf den Effekt zu schielen, nicht auf das Event oder auf die Plattform, auf die ich zunächst mal springen möchte. Sondern das Unternehmen zu interpretieren und zu lesen. Was ist die Strategie des Unternehmens, wo will es hin – und was sind die Attribute, die dieses Unternehmen kennzeichnen? Und da nichts erfinden. Und da nichts hinzudeuten, sondern sich auf wirklich authentische Begriffe konzentrieren, die ich dann aber mit *sehr* viel Kraft über *alle* Möglichkeiten der Kommunikation hinweg auch wirklich an die Zielgruppen bringe. Bitte nicht in Panik verfallen und sich sagen, wir müssen jetzt wie die Preussag auf einmal aus dem Stahlunternehmen ganz schnell ein Reisebüro machen. Und konsequent sein. Auch in der personellen Kontinuität. Das macht eigentlich den Kern aus: den Atem zu haben und in der Kommunikation nicht jeder Modeerscheinung hinterherzuhecheln. ∎

JÖRG KORDES' FAHRPLAN ZUM ERFOLG.

#1 Besinnen Sie sich auf Ihre Tradition. Polieren Sie sie auf.

#2 Pfropfen Sie Ihrem Unternehmen keine fremde Sprache auf.
Laufen Sie keinen Modeerscheinungen hinterher.
Schielen Sie nicht auf die Zielgruppe, sondern schauen Sie auf den Markenkern.

#3 Drehen Sie die Sichtweise: von Produkt-Marketing-Kunde
hin zu Kunde-Markt-Dienstleistung/Produkt.

#4 Konzentrieren Sie sich auf wenige klare Aussagen und Begriffe.
Und wiederholen Sie diese so oft es geht.

#5 Bilden Sie Ihre Mitarbeiter sprachlich selbst aus.

»Man muss in Bildern sprechen, um verständlich zu sein«, sagt Lothar Späth zu mir, als ich mich im Fahrstuhl eines Hotels in Leipzig mit ihm über Sprache unterhalte. Ja, die Schwaben. Sie können alles außer Hochdeutsch. Sie haben wirklich diese Fähigkeit, einem auch die komplizierteste Erfindung in wenigen Worten zu erklären. Vorbild Nummer eins ist dabei Deutschlands größter Konzern. Ich treffe den Gesamtleiter Werbung von Mercedes-Benz, Lothar Korn, zusammen mit »seinem« damaligen Cheftexter, Alexander Schill, Geschäftsführer Kreation bei Springer & Jacoby in Hamburg.

Was wir machen, ist »*Intelligente Tiefdenke*«.
Corporate Language am Beispiel *Mercedes-Benz*.

**Lothar Korn (links) beschäftigt sich bereits seit den 80er Jahren mit der Sprache von Automobil-Konzernen.
Alexander Schill (rechts), bis vor kurzem Chef-Kreativer für Mercedes-Benz.**

Armin Reins: Lothar, wie wichtig wird die Sprache im Hause Mercedes-Benz genommen?

Lothar Korn: Sehr wichtig. Sie ist neben dem Corporate Design ein selbstverständlicher Teil unserer Corporate Identity. Sie ist allumfassend. Aber nirgendwo komplett festgelegt. Trotzdem haben alle Menschen, die bei Mercedes-Benz intensiv mit der Kommunikation zu tun haben, ein ziemlich präzises Verständnis davon.

AR: Alexander, wie weit gilt eigentlich noch »Freitag in Flanell«, das Mercedes-Wörterbuch, basierend auf der ersten Präsentation von Reinhard Springer und Konstantin Jacoby?

Alexander Schill: »Freitag in Flanell« ist bei uns immer noch die Bibel der Mercedes-Benz-Kommunikation. Sie hat damals die Bild- und Ideensprache definiert, und sie hilft uns heute noch genauso, Copys mehr Faszination zu geben.

AR: Welche Werte deckt die Corporate Language im Hause Mercedes-Benz ab?

LK: Konstantin Jacoby hat mal über die Sprache gesagt: Schreibe, wie du sprichst. Das ist auch die Weisheit, die für Mercedes gilt.

Wir wollen im Prinzip jede Copy so schreiben, als wenn ich meiner Mutter oder meiner Frau eine Geschichte erzähle. Authentizität ist für mich der wichtigste Markenwert, den wir in der Sprache kommunizieren wollen.

AR: Als Mercedes-Benz vor 15 Jahren mit der noch heute gültigen Kampagne startete, war das eine mittlere Revolution. Besonders in der Sprache kreierte sie einen neuen Stil. Denn Automarken bevorzugten damals, vielleicht mal abgesehen von Volkswagen, die Ingenieurssprache. Plötzlich waren die Merkmale der Mercedes-Benz-Sprache Freude und intelligenter Humor.

LK: Und Nähe vor allem. Mercedes-Benz wollte reden mit den Leuten. Man hat zu der Zeit erstmals den »Zweifrontenkrieg« aufgegeben: Hier spricht einer, und ob da drüben einer steht, der spricht, oder ob der zuhört, war zweitrangig. Die Mercedes-Benz-Kampagne setzte damals – und das tut sie noch heute – stark auf Dialog. Auch wenn der Rezipient, bedingt durch das Medium, nicht antworten kann, dann hat er sich zumindest dazu eingeladen gefühlt. Das ist ganz wichtig, dass ich die Leute nicht vor der Tür stehen lasse.

AR: Umso mehr, wenn man so groß ist wie Mercedes-Benz. Die Deutsche Telekom oder die Deutsche Bank, die ja ähnlich riesig erscheinen, haben diesen Dialog nicht aufgenommen.

LK: Ich weiß auch nicht, wie das gehen soll: wie man bewusst den Zuhörer mit einer kühlen, technoiden, arroganten Sprache auf Distanz hält und dadurch erfolgreich

sein will. Wir sind jedenfalls davon überzeugt, dass das, was wir tun, ausgesprochen gut zu Mercedes passt.

AS: Wichtig ist dabei auch die Souveränität der Sprache. Weil wir als Technologie- und Marktführer sprechen und nicht als Angreifer. Normalerweise kann man ja nur als Angreifer frech und locker auftreten. Wir wollen aber beides: auf sympathische, intelligente, nachvollziehbare Weise Technik erklären. Und dabei kreativ und hoch emotional sein.

AR: Deshalb höre ich Mercedes-Benz zu. Und Mitsubishi nicht.

LK: Das Geheimnis liegt in der Tat in der Sprache. Denn grundsätzlich könnte Mitsubishi ein Automatikgetriebe mit denselben Worten beschreiben, könnte in derselben Sprache sprechen. Sie tun's aber nicht.

AS: Es kommt noch ein Punkt dazu: Das könnte auch nicht *jede* Marke machen. Denn wenn sich eine Marke aus der dritten Reihe hinstellt und spricht über ein vermeintlich banales Stück Technologie, würde da erst einmal keiner zuhören. Selbst wenn sie es nett und intelligent machen würden, es bliebe die Frage: Hört denen jemand zu?

LK: Und da kommt der Mercedes-Effekt ins Spiel. Die Marke hat ein ganz anderes Auditorium. Wenn ein Technologieführer spricht, hören die Leute eher hin, als wenn irgendein Importeur aus Fernost spricht. Denn die Erwartungshaltung ist doch, dass der Marktführer, der Technologieführer, tendenziell eher was Spannendes zu sagen hat. In aller Regel gehen die Leute da ja auch recht in der Annahme.

AR: Bei Siemens gibt es diesen Effekt für mich nicht. Siemens höre ich nie zu. Obwohl sie in vielen Bereichen auch Markt- und Technologieführer sind. Denn ich finde, sie haben eine viel zu technokratische Sprache, sie begeistern mich nicht – die Sprache ist entmenscht.

LK: Sie sind einfach nicht prickelnd. Gut, sicher ist das für integrierte Schaltungen oder Medizintechnik ungleich schwieriger als für Autos. Aber sie machen Technik buchstäblich nicht anfassbar.

AS: Sie schaffen es vielleicht übers Bild. Über die Sprache haben sie es noch nicht geschafft.

AR: Mercedes-Benz ist für mich eine Marke, die auf beiden Kanälen funktioniert – über das Bild und über die Sprache. Beide emotionalisieren mich, denn beide sind unglaublich visuell.

LK: Das hat mit einem Lernfaktor zu tun. Als wir die Sprache vor 15 Jahren etabliert haben, ist die Sprache fast ausschließlich als Long-Copy erschienen. Das signalisierte sehr deutlich, dass hier eine Marke was zu sagen hat. Wenn sich Leute in etwas haben reinziehen lassen – was durch die Leichtigkeit der Sprache nicht so schwer gefallen ist –, dann ist es auch *immer* kurzweilig gewesen.

Die Geschichte des Mercedes-Benz 300 SL mit der Fahrgestellnummer 198 040-55 00038.

▶ Am 11. März 1955 rollt in Sindelfingen der Mercedes-Benz 300 SL mit der Fahrgestellnummer 198 040-55 00038 vom Band. Dies ist seine Geschichte.

▶ „Ich war ein Mothusalem. Ein Methusalem aus Blech. Ich habe 125 Eltern. Erschrecken Sie nicht, ich kann das erklären. 125 Menschen mit 250 Händen waren an meiner Herstellung beteiligt. Vom Mechaniker über den Polsterer bis hin zum Lackierer. Am 11. März 1955 erblickte ich in Sindelfingen das Licht der Welt. Ich, ein Mercedes-Benz 300 SL Coupé, auch bekannt als „Flügeltürer". Zu diesem Zeitpunkt hatte ich schon 182 Geschwister in meiner Baureihe.

▶ Als sich die mächtigen Stahltore des Daimler-Benz Werkes in Sindelfingen knarrend für mich öffneten, empfing mich eine gleißende Frühlingssonne. Ich hatte nicht lange Zeit, mich an das Licht zu gewöhnen. Denn schon bald wurden meine Flügeltüren geöffnet und ein Mann schwang sich gekonnt in meinen Fahrersitz. Ein besonderer Mann. Ein Mann aus Schweden. Sein Name war Uno Ranch. Er sollte mich erziehen.

▶ Uno Ranch war in seiner nordischen Heimat schon damals eine Legende. Er, ein passionierter Rennfahrer, galt als Begründer des schwedischen Motorsports.

Ranch und ich machten uns auf den Weg nach Schweden. In meinem zarten Alter erwies ich mich schon als seetauglich und überstand klaglos die Überfahrt nach Helsingborg. Noch heute bewahrt mein Aschenbecher die Billets der Passage als Souvenir auf.

▶ Die Fahrweise meines Besitzers gefiel mir. Wenn ich nicht in seiner Automobilsammlung in Göteborg stand, jagte er mich über die Straßen des Königreiches.

Ein paar typische Redewendungen der Schweden, zumal derjenigen auf meinem Beifahrersitz, beherrsche ich jetzt noch. Etwa: „Vilkan fin bil du här! Men var snäll och kör lite saktare?" (Ein wirklich schönes Auto haben Sie. Aber können Sie bitte etwas langsamer fahren?) Oder: „Mitt hjärta tål inte uppståndelsen!" (Mein Herz verträgt diese Aufregung nicht so gut!) Meistens hörte ich diese Sätze nur einmal von den jeweiligen Mitfahrer, dann sah ich ihn nie wieder. Die königliche schwedische Polizei wiederum begrüßte meinen Fahrer häufig mit einem freundlichen „Kör in till höger. Fordonshandlingarna, tack". (Fahren Sie mal rechts ran. Die Papiere bitte.) Schließlich galt auf Schwedens Straßen eine Geschwindigkeitsbegrenzung von 110 Stundenkilometern. Solche Konfrontationen mit dem Arm des Gesetzes gingen jedoch meist glimpflich aus. Oft gestattete er Ranch den Beamten, bei mir einzusteigen oder meinen Motor zu bewundern, was diese meist dazu veranlasste, ein Auge zuzudrücken.

12. 05. 1957

▶ Ganz zufrieden war mein Besitzer noch nicht mit mir. In der röhrende Schrecken der Eiche, hielt ich eigentlich immer Füße waren, die mein Gaspedal bearbeiteten.

Die beiden begeisterten Automobilisten ließen mein stählernes Herz jedes Mal kräftig pulsieren. Meine sechs Zylinder pumpten ordentlich Öl und Benzin durch meine Adern. 215 PS ließen sich gegeben, um dem sportlichen Fahrstil meines Besitzers zu genügen. Ein Bremskraftverstärker sowie eine rennerprobte Bremsdruckanzeige wurden mir eingebaut.

Mindestens genauso gut wie an die Eingriffe erinnere ich mich an eine Begegnung in Stuttgart. Ein Zusammentreffen mit einer Legende: Karl Kling.

▶ Vielleicht erinnern Sie sich an den Namen Kling. Er war einige Jahre zuvor zum Helden der Bundesrepublik geworden. Gemeinsam mit Hans Klenk hatte er einen meiner großen Brüder, einen 300 SL Rennsportwagen (W194), beim Langstreckenrennen Carrera Panamericana durch Mexiko gejagt. Eine staubige und heiße Angelegenheit war dies. Die drei waren selbst durch einen Geier nicht zu stoppen, der wie ein gefiedertes Geschoss die Tempo 200 durch die Windschutzscheibe schlug. Mein lädierter Vorgänger wurde über Nacht verarztet. Eigenhändig montierten die Rennfahrer nach dem Zusammenstoß ein Schutzgitter vor die Windschutzscheibe, um sich so vor weiteren Attacken der mexikanischen Fauna zu schützen. Die Mühe der Beiden wurde belohnt: Kling, Klenk und mein Bruder gewannen das Rennen. Man sprach damals von einer Sensation.

▶ Geier hatte ich bis dahin nicht kennen gelernt. Meine Bekanntschaft mit Kling wurde dafür umso intensiver. Er, damals Rennsportleiter meines Elternhauses Mercedes-Benz, freundete sich mit Ranch an. Während unseres Aufenthalts im Schwäbischen erlebten wir einige Fahrten miteinander. Hierbei bekam ich von den harten Händen meiner Fahrer noch nicht mit mir. In der Wobel diese Hände eigentlich immer Füße waren, die mein Gaspedal bearbeiteten.

schnell meine Höchstgeschwindigkeit von 225 km/h erreichen. Beim Jagen über die Straßen um Stuttgart merkte ich, dass ich kein gewöhnliches Auto war. Ich war ein Rennauto mit einer mir alles neuer Bedeuter an. Mein

▶ Schnell hatte ich mich daran gewöhnt. Scheinbar sogar schneller als Kling und Ranch. Zumal dann, wenn sie einmal nicht hinter dem Steuer, sondern auf dem Beifahrersitz saßen. Denn Rennsportler hin, Rennsportler her: Wurden sie von jeweils anderen chauffiert, kehrten sie schweißgebadet und mit schlotternden Knien von den gemeinsamen Fahrten zurück. Unter meinem Dach wurde so manches stille Stoßgebet ob meiner Fahrweise zum Himmel geschickt. Trotzdem hatten beide den gleichen Appetit wie ich: den Appetit aufs Kilometerfressen. Kling und Ranch waren zwei jener Menschen, für die ich erdacht und gebaut wurde. Motorsportler durch und durch.

▶ Die schwäbischen Straßen sollten nicht mehr lange das charakteristische Dröhnen vernehmen, mit dem ich meinen Fahrer besonders ab 5.400 Umdrehungen zujubele. Denn bald ging es wieder zurück nach Schweden. Zum Abschied strich er Kling fast zärtlich über die Motorhaube.

▶ Ich fühlte mich wohl in diesem Land mit einem Straßennetz von damals 17.000 Kilometern Länge. Insgesamt 34 Jahre, die wie eine Vollgasfahrt vergingen, verbrachte ich hier. Und gewiss wären es auch einige Jahre mehr geworden, wenn ich etwas bequemer konstruiert worden wäre. Meinem inzwischen hochbetagten Besitzer fiel es nämlich schwerer, seinen Körper in mein Chassis zu wuchten. Unsere gemeinsamen Ausfahrten wurden seltener. Im Jahre 1991 bekam Uno Ranch Besuch aus Deutschland.

17. 08. 1991

▶ Eigentlich sollte Hans Jürgen Conredel aus dem deutschen Sauerland Ranch nur ein Ersatzteil für einen anderen Wagen bringen. Doch als er meiner ansichtig wurde, muss es bei ihm gefunkt haben. Ich weiß nicht genau, wie er es bewerkstelligte, doch seine Heimreise trat er mit mir als neuer Besitzer an. Mein neues Zuhause war nun Werdohl im Sauerland.

▶ Conredels Fuß auf meinem Gaspedal ließ mich meinen vorherigen Besitzer nicht lange vermissen. Schon bald verschmolzen wir zu einer Gemeinschaft, für die das Sauerland schnell zu klein wurde. Neuer Besitzer hatte viel mit mir vor. Deshalb überquerten wir die Alpen. Nicht auf Elefanten wie einstmals Hannibal, sondern auf dem Brenner.

05. 06. 2000

▶ Es war am 5. Juni 2000 im italienischen Brescia. Wir standen auf dem Marktplatz inmitten anderer ähnlich betagter Sportwagen. Es regnete Bindfäden. Um uns herum eine tosende Menge, die Fahnen schwenkte und fotografierte. Es war die Mille Miglia. Das größte und wichtigste Veteranenrennen der Welt. Conredel und ich gingen gemeinsam an den Start.

▶ Die legendären tausend Meilen führen von Brescia nach Rom und zurück. Es waren über 1.600 Kilometer in drei Tagen herunterzuschnurren, wobei mein Schnurren eher ein Röhren ist. Conredel und ich waren im Verbund mit einem Ferrari aus dem Jahre 1955. Und das wurde für mich zu einer unerwartet harten Prüfung. Vor allem aber für den Fahrer des Roten aus Maranello. Er muss etwas reifere Jahrgangs wesentlich schneller vorstatten ging. Am Ziel in Brescia wurden wir viel umjubelt.

einen anderen Wagen bringen. Doch als er meiner ansichtig wurde, muss es bei ihm gefunkt haben. Ich weiß nicht genau, wie er es bewerkstelligte, doch seine Heimreise trat er mit mir als neuer Besitzer an. Mein neues Zuhause war nun Werdohl im Sauerland.

▶ Zwischen Conredel und mich kommt nichts. Wir halten zusammen. So kann ich ihm auch verzeihen, dass er mich einmal fast in die ewigen Jagdgründe für Sportwagen geschickt hätte. Es geschah auf den „Mercedes-Benz Classic Days 2001". Hierzu reisten wir zur Rennstrecke „L'anneau du Rhin" im elsässischen Colmar.

Im Renom mit einem wesentlich jüngeren Veteranen passierte es dann. Mein Antritt ließ den Kontrahenten förmlich stehen. Conredel wollte ihn dann ausbremsen. Und als er das Bremspedal betätigte, schoss mir Bremsflüssigkeit aus die Schläuche. Meine Bremsbacken griffen zu und plötzlich durchfuhr mich ein brennender Schmerz. Meine Bremstrommel brannte durch. Heiß gelaufen und blockiert musste ich Invalid den Parcours verlassen. Mit 46 Jahren versagte ich zum ersten Mal den Dienst.

▶ Ich erntete mitleidige Blicke und mein Fahrer Anteil nehmendes Schulterklopfen. Aber auch Bewunderung. An der Rennstrecke befanden sich Menschen, die so ganz anders aussahen und sprachen als alle anderen, mit denen ich bisher zusammengetroffen war. Es war eine Abordnung des japanischen Mercedes-Benz Veteranen-Clubs. Plötzlich stand ich in einem Blitzlichtgewitter, das dem des Siegers der Veranstaltung in nichts nachstand. Ich wurde ausgiebig bestaunt und angehimmelt. Noch heute bekommen wir Post aus dem Land der aufgehenden Sonne. In den Briefen wird Conredel ehrfurchtsvoll als „SL-Papa-san" angeredet. So hatte ich hier wohl völkerverbindend gewirkt. Meine Bremsen wurden natürlich umgehend erneuert. Die einzigen Ersatzteile, die ich je benötige.

29. 08. 2001

16. 09. 2001

▶ Für ein Auto bin ich zwar hochbetagt, aber dafür habe ich ein Gedächtnis wie ein Elefant. Wen mich einmal gefahren hat, den vergesse ich nicht. Erst recht nicht einen meiner besten Fahrer, Karl Kling. Nach über vier Jahrzehnten traf ich ihn wieder. Es begab sich nämlich, dass wir dem alten Heroen der Asphaltpisten, der mein Gaspedal so unvergleichlich zu bedienen wusste, an seinem 90. Geburtstag unsere Aufwartung machten. Der alte Herr zeigte sich gerührt. Er nahm sogar die Tortur auf sich, in meinen Cockpit zu steigen, was wesentlich jüngeren Menschen eine gewisse Gelenkigkeit abverlangt.

Noch einmal spürte ich seine Hände über das Lenkrad und eine wie immer gewienerten Armaturen streichen. Mit einem ehrfurchtsvollen Quietschen meiner Sitze erwies stolz trage ich seitdem seine Unterschrift, mit der er sich auf meinem Armaturenbrett verewigt hat. Es war ein großer Tag.

Heute.

▶ Über 117.000 meist schnell gefahrene Kilometer habe ich inzwischen auf den Tacho. Mit dem richtigen Fahrer ist selbst für heutige Sportwagen en kein Mann silbrig schimmernd einzuholen. Und die breite Autobahn, die jeden irgendwann in Richtung Automobilhimmel entlangfahren muss, liegt für mich noch in unabsehbarer Ferne. Ich habe auf den Straßen dieses Landes noch sehr viel vor.

Und wenn Conredel hier die Garage betritt, die Schutzplane von meinem silbrig schimmernden Körper zieht und sich auf meinen Lenkrad quetscht, springe ich mit einem kräftigen Röhren, die nach wie eh und je. Mit einem kräftigen Röhren, das meinen unstillten Appetit verrät. Meinen Appetit aufs Kilometerfressen."

Die Geschichte des Mercedes-Benz 500 SL mit der Fahrgestellnummer 2304751 F 038258 5.

▶ Am 11. Dezember 2002 rollte im Werk Bremen der Mercedes-Benz 500 SL mit der Fahrgestellnummer 2304751 F 038258 5 vom Band.

Mercedes-Benz
Die Zukunft des Autom

AS: Die Leute müssen sich sagen, das ist ja spannend, das habe ich so noch nicht gewusst. Da stehen in der Regel interessante, gut recherchierte Fakten drin. Das ist spannend zu lesen.

LK: Da hat nicht ein Werbetexter Schaum geschlagen, um noch fünf Zeilen vollzukriegen, sondern es ist unglaublich viel Substanz drin. Das merken sich die Leute. Deshalb lesen sie unsere Texte auch bereitwilliger. Wir haben zwar keine Untersuchung im Detail, ich glaube aber, dass bei uns die Textlesequoten überproportional hoch sind. Ähnlich wie früher beim Fiat Panda. Da sind die Texte immer von den Lesern verschlungen worden. Das war auch eine Marke, die einen hohen Sympathiefaktor hatte. Es war eine Kampagne, die auf den SPIEGEL geschrieben war, auf ein Medium mit Leuten, die gerne lesen. Da war jede Zeile der Copy lesenswert.

AR: Der Fiat Panda war für mich ein Beispiel, dass Sprache brand building sein kann.

LK: Der Panda war ja technisch nichts. Dann wurde die »Tolle Kiste« kreiert, und die Kommunikation hat ohne Zweifel dazu beigetragen, dass er dann ein Erfolg wurde. Bei Mercedes-Benz ist das doch ein bisschen anders gelagert. Die Marke bringt eine unglaubliche Substanz mit. Die gibt es seit 119 Jahren. Die Substanz der Marke ermöglicht erst der Sprache so zu sein, wie sie ist.

AS: Es wäre sicherlich nicht möglich, so leidenschaftlich zu sprechen, wenn die Leidenschaft nicht aus dem Produkt käme. Wenn ich über Technik begeistert sprechen soll und die Technik ist gar nicht begeisternd, sondern eine olle Kamelle, dann nützt auch eine leidenschaftliche Sprache nichts. Ich glaube, da haben sich bei Mercedes-Benz die Sprache und das Produkt sehr gut gefunden. Umgekehrt könnte ich leidenschaftliche Autos nicht mit einer technokratischen Sprache bewerben.

Man muss bedenken: Diese Autos werden geliebt.
Ich kann nicht jemanden, der sein Auto ein Leben lang über alles liebt, faktisch, kalt, technisch ansprechen. Da muss die Sprache der Werbung genauso begeisternd sein, wie es das Auto für ihn ist.

AR: Ich finde es faszinierend, dass es einem Multi-Unternehmen gelungen ist, so anfassbare Nähe zu erzeugen. Mercedes spricht zu mir nicht als unnahbares Unternehmen, sondern als Partner auf Augenhöhe. Das gelingt zum Beispiel BMW in meinen Augen noch nicht.

LK: Ich habe da einmal ein Praktikum gemacht. BMW spricht eine komplett andere Sprache. Ganz bewusst. Sie haben sich irrsinnig früh mit Sprache beschäftigt – und zwar hochprofessionell. BMW hat ja nicht nur eine Sprache kultiviert, sondern sie haben sogar

Nur joggen ist besser.

Joschcar.

Sauber um die Welt:
mit dem A 160 CDI, dem umweltfreundlichsten Auto seiner Klasse.

▶ Über Ökologie zu reden ist gut. Etwas dafür zu tun ist besser. Deshalb stand bei der A-Klasse der Umweltgedanke bereits bei der Konzeption Pate: Viele Bauteile werden aus recyclebaren Kunststoffen und Naturmaterialien hergestellt, schonende Produktionsverfahren und wasserge- löste Lacke werden benutzt. Die CO_2-Emission des A 160 CDI liegt weit unter dem Klassendurch- schnitt, sein Verbrauch mit 4,5 l/100 km (NEFZ gesamt) ebenso. Dafür bekam der A 160 CDI zum dritten Mal in Folge die Auszeichnung zum umweltverträglichsten Auto seiner Klasse* verliehen. Deshalb laden wir den Außenminister und Vertreter seiner Partei hiermit zu einer Pro- befahrt mit unserem Spitzenkandidaten ein – und jeden anderen natürlich auch. Mehr Informa- tionen zur A-Klasse und zum A 160 CDI finden Sie im Internet unter www.mercedes-benz.de.

Mercedes-Benz
Die Zukunft des Automobils.

die Aussprache kultiviert. Mir ist jedes Mal das Blut in den Adern gefroren, wenn da mit gespreiztem Akzent von »Sechszylinder-Triebswerkstechnologie« gesprochen wurde.

AR: Walter Lürzer nannte diese Sprache immer »dickhodig«.

LK: Ja, das ist die typische Ingenieurssprache. Mit stolz geschwellter Brust dem Verbraucher die Technik eintrichtern. Ob es ihn interessiert oder nicht. Auch wenn BMW seine Kommunikation umgestellt hat – dieser Grundton ist geblieben. Ich finde sogar, sie kehren Schritt für Schritt wieder dahin zurück.

AR: Der Unterschied zu Mercedes-Benz ist, ich kann mich auch nach Jahren noch an Headlines oder komplette Dialogzeilen erinnern.

AS: Weil die Mercedes-Benz-Sprache anfassbar ist. Sie geht ins Ohr.

Wenn ich in einer Sprechsprache schreibe, ist es immer leichter nachzuerzählen, als in einer gestelzten Schreibsprache. Die Headline spielt dabei die größte Rolle, weil sie das Thema spannend und merkfähig macht.
Sie muss provozieren, überraschen, mit dem Erwarteten brechen.
Deswegen haben wir bisweilen auch sehr intensive Diskussionen um einzelne Zeilen.

AR: Was macht eine typische Headline für eine Mercedes-Anzeige aus?

AS: Eindeutig die Idee. Und die muss ich mit einem Überraschungseffekt rüberbringen. Eine noch so schön geschriebene Headline wird nicht erinnert, wenn sie keine Idee hat. Und keinen Inhalt. Die erste Headline auf Mercedes bei Springer & Jacoby in den 80ern – »Unser meistgebrauchtes Ersatzteil« –, das ist ja keine Headline, das ist eine intelligente Information. Damit will ich sagen: Wir »texten« unsere Headlines und Copys nicht. Wir wollen informieren und überraschen.

Natürlich waren wir da auch nicht immer 100 Prozent sauber. Wir hatten auch schon Copys, die eher Kataloginformationen waren: Das Auto hat das, das, das und das. Oder wir hatten Anzeigen mit immer weniger Copy. Das war ja in den letzten Jahren der Trend – diese so genannte brasilianische Art der Werbung: großes Bild – und am besten gar keinen Text. Aber wir haben festgestellt, dass das gar nicht zu Mercedes-Benz passt. Mercedes-Benz spricht auch über die Copy.

LK: Das, was wir im Moment gerade in der Pipeline haben, ist exakt das Gegenteil von »brasilianisch«. Im Moment sind wir in hohem Maße dem treu, was wir vor 15 Jahren angefangen haben.

Natürlich hatten wir auch schon Head-Word-Kampagnen. Das waren aber nicht die Kampagnen, mit denen wir Furore gemacht haben, zum Beispiel für das klassische Sport-Coupé. Da haben wir dann Wortmüll wie »Hingabe«, »Sehnsucht« drunterge-

Seit 33 Jahren auf jeder Demo dabei. Und seine Ideale bis heute nicht verraten.

▶ Berlins treuester Demonstrationsteilnehmer nimmt Abschied: unser 508 D. Nach über drei Jahrzehnten scheiden er und seine Kollegen 609 D und 611 D aus dem Polizeidienst – und somit aus der aktiven Innenpolitik. Für ihre Ideale Sicherheit, Zuverlässigkeit und Qualität mussten sie einiges einstecken – und wurden zur Legende: Der Spiegel spricht ehrfürchtig von einer „Ikone der bundesdeutschen Demonstrationskultur" – der Berliner sagt schlicht „die Wanne".

▶ Wie die Wanne zur Wanne wurde, weiß heute niemand mehr so genau. Fest steht nur: Es war ein steiniger Weg dorthin. In den 70er Jahren lautete das Ideal der Berliner Hausbesetzer „Keine Macht für niemand", ausgegeben von der Musikgruppe Ton Steine Scherben. Steine und Scherben flogen dann auch durch die Straßen, wenn Hausbesetzer und Rechtsstaat aneinander gerieten. Auf die Wanne ging alles nieder, was nur irgendwie fliegen konnte: Pflastersteine, Farbbeutel, Flaschen, Molotowcocktails, Eisenstangen und Katapultgeschosse – besonders kräftige Steinewerfer schmissen sogar mit ganzen Gehwegplatten. Doch beim Thema Fahrgastsicherheit machte die Wanne keine Kompromisse. Ausgestattet mit doppelter Blechhaut, verstärktem Dach, Boden, Tank und Motor sowie mit Sicherheitsglas, Schutzgittern und Rodgard-Notlaufbereifung bot sie allem, was da flog, die von vielen Einsätzen gezeichnete Stirn.

▶ Eigentlich hätte es in den 80er Jahren ruhiger werden müssen, denn jetzt hießen die Ideale Pazifismus und Umweltschutz. Passend dazu sang die Band Gänsehaut: „Karl der Käfer wurde nicht gefragt, man hat ihn einfach fortgejagt." Doch in Kreuzberg kam die Friedensbewegung nicht bei jedem an. Auch die Wanne wurde nicht gefragt – aber sie ließ sich deswegen noch lange nicht fortjagen. Der 1. Mai 1987 begann mit einem friedlichen Straßenfest, endete in einer Straßenschlacht und begründete damit die Tradition der Berliner Mai-Krawalle. Seither bahnt sich der 2,8-Liter-Diesel der Wanne jedes Jahr heiser grollend seinen Weg durch den Kreuzberger Steinhagel.

▶ Eines wollen wir an dieser Stelle nicht vergessen: Die meisten Demonstrationen verliefen friedlich, und die Wanne war ein gern gesehener Gast. So auch 1989, als ein gewisser Dr. Motte mit 150 Gleichgesinnten über den Ku'damm zog. Aus ihrem Lautsprecherwagen tönten keine Parolen, sondern Technomusik. Wie der 1. Mai in Kreuzberg wurde die Loveparade zu einem alljährlichen Pflichttermin für die Wanne. Bis zu 1,5 Millionen Menschen demonstrierten ihre Bereitschaft zum bedingungslosen Tanzen, und Dr. Motte lieferte in seinen Ansprachen den ideologischen Überbau: mit gesellschaftskritischen Meilensteinen wie „Friede, Freude, Eierkuchen" (1989), „The spirit makes you move" (1992) oder „Music is the key" (1999). Immer mittendrin: die Wanne – ein Raver der ersten Stunde.

▶ Und heute? Wo sind all die Ideale hin? Wo sind sie geblieben? Aus so manchem Hausbesetzer wurde inzwischen selbst ein Hausbesitzer. Und im Gegensatz zu vielen Zeitgenossen, die sich längst ins Privatleben zurückgezogen haben, erscheint die Wanne noch immer hoch motiviert auf jeder Kundgebung. Hand aufs Herz: Wann waren Sie das letzte Mal auf einer Demo? Nutzen Sie doch die nächste Gelegenheit und verabschieden Sie sich von der Wanne – einem der letzten Berliner Originale. Aber bitte friedlich.

Mercedes-Benz

schrieben. Und plötzlich ist das plumpe Werbung. Auf keinen Fall Premium. Das kann Opel machen. Wir nicht.

AS: Was wir machen, ist »Intelligente Tiefdenke«. Texter müssen bei uns fast journalistisch arbeiten. Sie müssen viel recherchieren, damit sie die Idee finden, mit der sie eine Geschichte erzählen können. Sie müssen Leidenschaft für Autos haben. Es kann nicht sein, dass der Texter Autos eigentlich blöd findet und sich überhaupt nicht damit auseinander setzen will. Jemand, der sich mit Autos beschäftigt, der wird auch *Spaß* daran haben zu recherchieren. Der *freut* sich dann wie ein kleines Kind, wenn er feststellt, dass der Stern das meistgebrauchte Ersatzteil ist. Das sind die Glücksmomente eines Texters, der für Mercedes-Benz arbeitet.

LK: Mein jüngster Liebling ist eine Anzeige für die E-Klasse: »118 Jahre nach Erfindung des Automobils überrascht Mercedes-Benz mit heißer Luft.« Das ist für eine Luftfederung. Da hat jemand recherchiert, die Luft in der Federung ist nicht kalt, die ist erwärmt. Das ist eine geniale Headline, die auf den Wert der Marke einzahlt und gleichzeitig die Leute überraschend in ein Thema reinzieht.

AR: Meine Hypothese ist, dass der Verbraucher heute für das Geld, das er ausgibt, mehr Nutzen haben möchte. Gerade, wenn's um Marken geht. Er lässt sich nicht mehr nur mit Emotionen fangen, er will einen Gegenwert haben. Um diesen zu erfahren, verlangt er nach mehr Informationen. Nach Texten. Das können durchaus auch Grauwert-Texte sein. Aber er möchte das Gefühl haben: Ich kann, wenn ich möchte, mehr erfahren. In der Marke steckt anscheinend mehr drin fürs Geld.

LK: Das erfahren wir auch. Es gibt an manchen Stellen eine Rückbesinnung, dass Leute sagen: Ich mache diese Oberflächlichkeit nicht mehr mit, ich will wieder vertiefende, ausführliche Informationen. Denn die tatsächlichen Zusammenhänge sind massiv komplex. Da hat es oberflächliche Werbesprache – Headline und ein Bild – schwer. Da funktioniert nur tief greifende Information. Da brauche ich eine Long-Copy. Um klarzumachen, so einfach ist das nicht, wie du denkst. Da steckt hochmoderne Technologie dahinter, die mit schwäbischer Gründlichkeit von Heerscharen von Ingenieuren mit unglaublicher Tüftelei, die nach wie vor über alles hinausgeht, was in der Industrie üblich ist, entwickelt worden ist.

AR: Wie konsequent wird die Corporate Language below the line angewendet?

LK: Es dauert ein bisschen, bis ein Unternehmen infiziert ist – schließlich sind wir ein sehr großes Unternehmen mit sehr unterschiedlichen Kommunikationsbereichen. Aber inzwischen finden wir unsere Sprache in weiten Teilen der Marke, in weiten Teilen des Unternehmens. Das wird sehr konsequent umgesetzt. Bis hin zur viertelseitigen Gebrauchtwagenanzeige in den Lüneburger Nachrichten.

AR: Wird die Sprache in der Organisation trainiert?

LK: Nicht explizit. Als integraler Bestandteil der allgemeinen Schulung kriegen alle beigebracht, warum die Kommunikation ist, wie sie ist. Beim Launch der neuen A-Klasse schleusten wir 11 000 Leute durch Positionierung und Kommunikationsgedanken. Das ist der maximale Schritt, den man als Headquarter einer solchen Marke machen kann. So habe ich alle meine Multiplikatoren im Wort. Wenn ich mir unsere interne Kommunikation anschaue, dann ist es mit der Durchdringung des Kampagnengedankens und der damit verbundenen Mercedes-Benz-Sprache erheblich besser geworden.

AR: Wenn ein Kollege kommt und sagt: Ich überlege mir, in meinem Unternehmen eine Corporate Language aufzubauen. Worauf sollte er achten?

AS: Ich würde ihm sagen, er soll in das Unternehmen gehen und da mal eine Woche arbeiten und mit den Leuten sprechen.

LK: Überleg dir: Wie sieht die Marke aus, und wie spricht die Marke? Man kann nicht jede beliebige Sprache über ein Unternehmen stülpen, nur weil einem die Sprache gefällt. Sondern ich muss die Sprache sprechen, die das Unternehmen und die Menschen dort sprechen. Ich kann sogar arrogant sein, wenn ich von Hause aus ein arrogantes Unternehmen bin. Dann muss meine Sprache arrogant sein. Ist es glaubhaft, dann werden die Menschen das auch annehmen und sagen: Du bist ein arrogantes Unternehmen, aber das find' ich grade gut. Und wem's gefällt, der kauft die Produkte. Aber ich kann ein arrogantes Unternehmen nicht zu einem freundlichen Unternehmen umschreiben.

**Sprache ist ein Fingerabdruck des Unternehmens.
Und seinen Fingerabdruck kann man ja auch nicht verändern.**

AS: Klassisches Beispiel: Wenn ich einen Bäckerei-Lieferwagen auf der Straße fahren sehe mit dem Claim »Ihr freundlicher Bäcker« und um die Ecke schreit mich der Typ an – das passt nicht zusammen.

AR: Gibt es bei Mercedes-Benz für die verschiedenen Car-Lines unterschiedliche Sprachen? Spreche ich mit A-Klasse-Fahrern anders als mit C-Klasse-Fahrern?

LK: Graduell. Bei Mercedes geht's darum, dass ein Mercedes ein Mercedes ist. Also die Marke zusammenzuhalten und sie nicht aufzusplitten. Nächstes Jahr werden wir 16 verschiedene Baureihen haben. Wenn ich da anfange, jeder Reihe eine andere Sprache zu geben, komme ich in Teufels Küche.

Anders verhält sich das bei Zielgruppenmaßnahmen. Beispiel: E-Klasse-Launch. Parallel dazu hatten wir ein gewaltiges Agentenspiel im Internet, »Men in black«, wo wir eineinhalb Millionen Leute hatten, die sich dort durchschnittlich 37 Minuten bewegt haben. 37 Minuten Auseinandersetzung mit der Marke, das ist doch phänomenal! Dass so ein Spiel eine andere Tonality hat, ist klar. Aber ich würde *nie* anfangen, Baureihen sprachlich unterschiedlich zu behandeln. Selbst bei Katalogen nicht.

AR: Das ist der Unterschied zu Opel und Ford.

LK: Genau. Wenn man die Leute fragt: Was fährst du für ein Auto, dann antworten sie bei uns: »Mercedes.« Und bei Ford antworden sie: »Einen Ford Mondeo.« Und bei Opel: »Einen Opel Corsa.« Und dafür, dass dieser Unterschied – der Abstrahleffekt auf die Marke – bestehen bleibt, dafür sorgt bei uns auch die durchgängige, eigenständige Sprache. Sie stärkt die Stärken und repariert die Schwächen. Dadurch hält sie die Marke am Strahlen.

LOTHAR KORNS FAHRPLAN ZUM ERFOLG.

#1 Schreiben Sie, wie Sie sprechen.

#2 Sprache ist der Fingerabdruck des Unternehmens.
    Versuchen Sie nicht, einem Unternehmen eine Sprache überzustülpen.

#3 Machen Sie Ihr Produkt durch Sprache anfassbar.
    Vermeiden Sie Arroganz.

#4 Finden Sie Dinge, die noch keiner von Ihrem Produkt wusste.

#5 Unterhalten Sie, langweilen Sie nicht!

Auf zum Vorbild aller Sprachvorbilder. Wenn man Kunden, Texter und Studenten fragt, welchen Sprachcase sie am beeindruckendsten finden, fällt sofort der Name SIXT. SIXT hat es geschafft, dass man sie aus jeder anderen Sprache heraushört. »Kreativität heißt für mich Provokation«, lautet das Credo des Unternehmers Erich Sixt. Er und seine Agentur Jung von Matt scheuen in ihrer Werbung nicht davor zurück, Politiker wie Angela Merkel, Gerhard Schröder oder Oskar Lafontaine durch den Kakao zu ziehen.

Auch unternehmerisch eckt der gebürtige Österreicher mit deutscher Staatsbürgerschaft gern an. Doch der Erfolg spricht für ihn: Auf der Aktionärshauptversammlung geht es dieses Jahr sehr harmonisch zu. SIXT hat gerade das beste Quartal der Unternehmensgeschichte vorgelegt. Hat das etwa auch mit der typischen SIXT-Sprache zu tun? Weil Sprache auch bei SIXT ganz »oben« aufgehängt ist? Fragen wir dazu doch den verantwortlichen Vice President Marketing and Sales – Regine Sixt.

SIXT fragen.
Corporate Language am Beispiel der *SIXT AG*.

Regine Sixt sieht Sprache als Ausdruck der Markenidentität.

Armin Reins: Frau Sixt, wie groß sollte in einem Unternehmen Ihrer Meinung nach die Bedeutung von Corporate Language sein? Betrachten Sie Corporate Language als genauso wichtig wie Corporate Design?

Regine Sixt: Grundsätzlich sind sowohl Corporate Language als auch Corporate Design wichtige Faktoren innerhalb der Corporate Identity eines Unternehmens. Die jeweilige Gewichtung hängt dabei von der individuellen Ausrichtung des Unternehmens und seiner Tätigkeitsfelder ab. Generell sollten Sprache und Design – insbesondere im Hinblick auf die integrierte Kommunikation – miteinander verschmelzen und nicht nebeneinander stehen.

AR: Kann eine Corporate Language »markenbildend« sein?

RS: Über welchen Weg der Kern einer Marke kommuniziert wird, ist sicherlich von Unternehmen zu Unternehmen verschieden. Die stabilsten Marken, das zeigt die Erfahrung, sind diejenigen, die auf dem soliden Fundament einer Gesamt-Corporate-Identity basieren. Schon im Hinblick auf die unterschiedlichen Zielgruppen mit ihren individuellen Ansprüchen sollte sich das brand building nicht auf einen allein stehenden Ansatz reduzieren, sondern die gesamte Klaviatur der Kommunikation nutzen.

AR: Welche Bedeutung hat Corporate Language in Ihrem Unternehmen?

RS: Sicher sind die frechen Slogans unserer Anzeigen, die immer mit einem gewissen Schmunzeln und Augenzwinkern verbunden sind, inzwischen ein Markenzeichen von SIXT. Die Corporate Language verdeutlicht dabei das Denken bei SIXT und dient gleichzeitig zur Differenzierung im Wettbewerb.

AR: Welche Unternehmens- und Markenwerte werden bei Ihnen durch die Corporate Language abgedeckt?

RS: Speziell im Bereich Rent-a-Car setzen wir unsere Corporate Language verstärkt ein. Im Mittelpunkt stehen dabei Innovation, Spritzigkeit, Kundenorientierung und Spaß.

AR: Welche Ergebnisse haben Sie mit Corporate Language erzielt?

RS: Sicherlich ist die Marke SIXT durch den gezielten Einsatz unserer Corporate Language deutlich geschärft und stabiler geworden.

Gleichzeitig ist spürbar, dass sich das Wir-Gefühl im Unternehmen verstärkt hat und wir darüber hinaus näher an die Kunden gerückt sind.

AR: Lassen sich diese Ergebnisse messen?

RS: Corporate Language lässt sich schwerlich nach althergebrachten Maßstäben bewerten und schon gar nicht allein nach rein quantitativen. Die Qualität einer Marke zeigt sich natürlich im allgemeinen Bekanntheitsgrad und in der Sympathie, mit der

SIXT hat es geschafft, für sich eine ganz typische Tonality zu prägen.

die Menschen einer bestimmten Marke begegnen. Dass die aktuellen SIXT-Kampagnen große Aufmerksamkeit und Zustimmung finden, freut uns daher sehr und bestätigt uns auf unserem Weg.

AR: Unterscheiden Sie zwischen interner und externer Corporate Language?

RS: Unterscheiden wäre zu viel gesagt. Intern ist die Sprache natürlich sachlicher, schon im Hinblick auf effiziente Arbeitsprozesse, aber niemals ohne Humor und innovatives Denken. Der Kern der Marke SIXT wurde ja auch aus dem Denken und Handeln unserer Mitarbeiter entwickelt.

Wir verstehen unsere Corporate Language nicht als sprachliches Korsett für unsere Mitarbeiter, sondern als Ausdruck unserer Identität.

AR: Wie sind Sie zu Ihrer Corporate Language gekommen?

RS: Jedes Unternehmen hat seine eigene gewachsene Kultur und seine eigene gewachsene Sprache. Grundlage jeder Corporate Language sollte es daher sein, diese

Eigenarten zu erkennen und intelligent aufzugreifen. Konkret auf SIXT bezogen, ist dies insbesondere durch die Agentur Jung von Matt zu Stande gekommen.

AR: Wenden Sie Ihre Corporate Language weltweit an?

RS: So weit dies sinnvoll ist, wendet SIXT seine Corporate Language weltweit an. Natürlich lassen sich einige Wortspiele nicht eins zu eins in eine andere Sprache und Kultur übertragen. Hier ist die große Kunst, den richtigen Ton zu treffen.

AR: Was würden Sie einem Manager empfehlen, der gerade eine Corporate Language in seinem Unternehmen etablieren will?

RS: Zunächst einmal sollte dieser Manager in das eigene Unternehmen gehen und den Mitarbeitern sorgfältig zuhören.

Jedes Unternehmen hat ganz bestimmte individuelle Charakterzüge. Dies gilt vor allem auch für die Sprache – sei es in Bezug auf die Inhalte oder auch in Bezug auf die Tonalität. Darüber hinaus sollte er nicht versuchen, andere zu kopieren. Solche Versuche scheitern schon im Ansatz. Und wenn er gar nicht weiter weiß: SIXT fragen.

REGINE SIXTS FAHRPLAN ZUM ERFOLG.

#1 Verschmelzen Sie Grafik und Text miteinander.
    Stellen Sie sie nicht nebeneinander.

#2 Die Sprache muss von jeder Zielgruppe verstanden werden.
    Spielen Sie auf der gesamten Klaviatur der Kommunikation.

#3 Sprache sollte Ihre Marke von der Konkurrenz differenzieren.

#4 Stärken Sie durch gemeinsame Sprache auch intern das Wir-Gefühl.

#5 Verdeutlichen Sie durch Sprache die typischen Charakterzüge Ihres Unternehmens.

So weit die Kundin. Und wie sieht es die betreuende Agentur? Ich besuchte Wolf Heumann, Geschäftsführer bei Jung von Matt und dort verantwortlich für die SIXT-Texte.

Spätestens an der Sprache merkt man, ob eine Marke weiß, woran sie glaubt.

Wolf Heumann,
Geschäftsführer Jung von Matt

Armin Reins: Wolf, denkst du, dass Corporate Language in Agenturen ein Thema ist?
Wolf Heumann: Bedingt. Im Autobereich stellen wir fest, dass die Texte für verschiedene Marken oft auf erschreckende Weise gleich klingen. »Sein Auftritt besticht durch markante Präsenz und spannungsvolle Souveränität« und so weiter. Da wird zu wenig um eine eigene Sprache gerungen. Man sieht nur wenige gelungene Beispiele, wie eine Sprache einer Marke Charakter geben kann. Und das macht es dann wiederum schwerer, Texter für diese Baustelle zu begeistern.

AR: Wenn man mit Kunden über Kampagnen spricht, spielt da Sprache eine Rolle?

WH: Sie ist gegenüber der Gestaltung immer noch ein Stiefkind. Oder besser gesagt: immer mehr. Die große Zeit der feinsinnigen, ausgefeilten Long Copys liegt ja lange zurück, das Publikum ist ungeduldiger geworden. Und das verschiebt dann leider auch die Prioritäten. Heute entscheidet man zwischen »frech« und »weniger frech«, und man erkennt natürlich, wenn ein Stil komplett mit der Markenidentität kollidiert. Aber es wird selten im Vorfeld *bewusst* darüber gesprochen: Wie soll unsere Sprache klingen?

So wie man es bei der Gestaltung tun würde: Wie möchten wir rüberkommen – möchten wir moderner wirken, möchten wir authentischer wirken, möchten wir inszenierter wirken? Das könnte man bei der Sprache ja auch alles tun. Und das wird selten getan.

AR: Dabei gibt es viele Marken, die die Sprache dringend brauchen.

WH: Ja, zum Beispiel um zu unterstreichen, dass sie Kompetenz mitbringen. Bei BMW heißt es eben niemals »Sie sitzen am Steuer«, sondern immer »Sie sitzen hinter dem Lenkrad«. Der Leser versteht in beiden Fällen, was gemeint ist, aber für eine Ingenieursmarke kommt nur die Profi-Formulierung in Frage.

AR: Kann man mit Sprache einer Marke ein neues Gesicht geben?

WH: Auf jeden Fall. Mir fällt da sofort die HypoVereinsbank ein. Als damals die Kampagne mit den nachdenklichen, poetischen Headlines begann, wurde es eine völlig neue Bank für mich. Der Name HypoVereinsbank klingt ja eigentlich unemotional, trocken. Das Produkt sowieso. Aber durch die Art der Sprache haben sie ein zutiefst menschliches Gesicht bekommen. Ob dieses Gesicht immer mit der Realität übereinstimmt, steht natürlich auf einem anderen Blatt. Da muss man aufpassen:

Eine neue Sprache ist gefährlich, wenn das Produkt nicht mitzieht.

AR: Kommen wir zu SIXT. Welche Markenwerte werden bei SIXT in der Sprache abgedeckt?

WH: SIXT ist zunächst Angreifer. Vom No-Name unter den großen internationalen Autovermietern hat man sich auf beispiellose Weise zur Nummer eins in Deutschland hochgekämpft. Dieses Angreifer-Gefühl besteht noch heute. Deswegen klingt jede Headline nach Angriff. Da ist nichts Beschauliches, Defensives drin.

SIXT ist der Partner des Jedermann, der plötzlich die Möglichkeit bekommt, privilegiert zu erscheinen. Indem er ein tolles Auto fahren kann für wenig Geld. Und dabei den hochnäsigen Gutbetuchten eins auswischt.

SIXT ist ein bisschen wie Robin Hood.

FAXMESSAGE

AN:	Frau Fiedler
FAX:	030/ 040/21992199

VON:	SIXT GmbH & Co Autovermietung KG Zugspitzstr. 1, 82049 Pullach Tel.: 089 / 7 44 44 - 4011 Fax: 089 / 7 44 44 8 4011 Email: TriebelnigM@Sixt.de

Mietwagenrechnungsnummer:	-.-
Amtliches Kennzeichen:	DN-SN 2328
Schadennummer:	023009639
Ihr Aktenzeichen:	

Folgeseiten: -0-   Datum: 06.05.04

Sehr geehrte Frau Fiedler,

Ihr Fax vom 03.05.2004 haben wir erhalten.

Der Vorgang ist abgeschlossen und fü r Sie erledigt.

Mit freundlichen Grü ßen
SIXT GmbH & CO Autovermietung KG

i.A. Michael Triebelnig
Schadencenter

Aber auch das ist SIXT: Bei der Abgabe des Leihwagens ist alles in Ordnung. Aber per Telefon wird einem mitgeteilt, dass der Wagen voller Kratzer sei. Man verweist auf das einwandfreie Übergabeprotokoll. »Wir melden uns«, heißt es am Telefon. Die »Meldung« sieht dann so aus (siehe oben). Woran wir erkennen können: Eine Corporate Language muss sich vor allem im alltäglichen Schriftverkehr bewähren.

AR: Das Faszinierende ist, dass Robin Hood inzwischen der Größte ist.

WH: Das ist das Tolle. Die Leute erleben SIXT immer noch als den mutigen Angreifer, der sich gegen die Etablierten tapfer schlägt und deswegen ein cleveres Angebot für mich hat. Das liegt zu einem guten Teil an der Sprache.

AR: Wie wird dieses Wissen um die SIXT-Sprache weitergegeben? Von Texter zu Texter?

WH: Die SIXT-Sprache wird weitergegeben durchs tägliche Arbeiten. Denn erstaunlicherweise trifft sie keiner auf Anhieb. Sie muss offensiv sein, aber niemals billig. Erst mit der Zeit bekommt man dafür ein Gefühl.

Wir haben ja glücklicherweise Jean-Remy von Matt hier sitzen, den Vater der SIXT-Kampagne, der uns gelegentlich auf den Pfad der Tugend zurückbringt. In der Regel spürt jeder Texter nach einer gewissen Zeit, wie es funktioniert.

AR: Und das wurde nie in einem Manual festgehalten?

WH: Bisher ist man mit dem Bauchprinzip ganz gut gefahren. Es gibt ja einen Haufen brillante Motive aus zwei Jahrzehnten, an denen man sich schulen kann. Dazu kommt natürlich, dass die klassische SIXT-Werbung kaum längere Texte hat. SIXT funktioniert meist über die schnelle Bild-Headline-Mechanik. Vielleicht würde es aber im Below-the-line-Bereich helfen.

AR: Das wäre meine nächste Frage gewesen. Wie weit zieht sich die SIXT-Sprache durch die SIXT-Kommunikation?

WH: Die pragmatische Antwort ist: Wir machen hauptsächlich die klassische Werbung. Flyer, Geschäftsbriefe, Internetauftritte entstehen nicht bei uns.

AR: Ich finde, das merkt man leider. Gerade darin zeigt sich aber die Sprache und damit die Kultur einer Firma.

WH: Das stimmt. Möglich, dass da ein Manual helfen könnte.

AR: Was müsste da für SIXT drinstehen?

WH: SIXT ist zwar günstig und clever, aber eine Premium-Marke. Es steckt immer ein intelligenter Gedanke dahinter, nicht nur ein Kalauer. Zusätzlich stünde da vieles drin, was grundsätzlich für gute Texte gilt: nämlich einfach und verständlich zu schreiben. Im Prinzip all das, was man in deiner »Mörderfackel« nachlesen kann oder bei Wolf Schneider: Lass die Substantivierungen weg, nimm nur wenige, starke Adjektive. Vermeide die Bürokratensprache. Gerade wenn man einen Geschäftsbrief verfasst, wäre das schon die halbe Miete. Man müsste die Texter immer wieder erinnern: Schreib lieber so, wie du sprechen würdest.

AR: Aber wenn ich mir die Leasing-Formulare oder Geschäftsbriefe angucke, dann passiert genau das nicht bei SIXT. Kannst du dir erklären, warum?

WH: Ich muss zugeben, ich bin mit den Geschäftsbriefen nicht vertraut. Wahrscheinlich wird Herr Sixt sich sagen: In diesem Bereich zählt Seriosität, sonst nichts. Wenn meine Vertragsformulierungen genauso salopp klingen wie die Werbung, dann könnte man an der Qualität der Produkte zweifeln.

Aber du hast natürlich Recht: Die Durchgängigkeit der Sprache darf man nicht aus den Augen verlieren. Man möchte schließlich keinen Kunden, der durch die Kampagne angelockt wurde, im »kleinen Briefverkehr« wieder abschrecken.

AR: Könntest du mir sagen, was typisch nicht SIXT wäre?

WH: Alles, was nicht klar und einfach gedacht ist, oder was bewusst künstlich formuliert ist. »Entscheiden Sie sich für ein außergewöhnliches Automobil« würde SIXT niemals sagen. Also wenn man das Gefühl hat: Aua, da kommt Werbedeutsch ins Spiel.

AR: Würdest du diese unwerbliche Sprache als Markenzeichen von SIXT sehen?

WH: Ja. SIXT spricht Umgangssprache, was nicht Flapsigkeit heißt.

Jedes Wort zu viel ist bei SIXT verkehrt. Da wird nicht ausgeschmückt mit Füllwörtern, die das Ganze preziöser erscheinen lassen sollen.

AR: Um diese Qualität und Durchgängigkeit zu erhalten, ist es da notwendig, dass es in der Agentur einen Hauptverantwortlichen für Sprache gibt?

WH: Ich denke schon. Ich sehe fast alles, was erscheint, die wichtigsten Motive prüft zusätzlich Jean-Remy. Gerade weil SIXT eine große Sichtbarkeit hat. Da kann man es sich nicht erlauben, dass eine Zeile mal grob unter den Standard rutscht. Schließlich wird man mit den Reaktionen darauf auch ständig konfrontiert. Bei SIXT kommen sofort »liebe Kollegen« und fragen: »Ist das von euch? Das gab's so ähnlich schon mal besser.«

AR: Gibt es auf Kundenseite auch dieses Nadelöhr für Qualität?

WH: Das gibt es, und es heißt Herr Sixt. Alle zwei, drei Wochen präsentieren wir ihm einen Stapel neuer Ideen. Und er entscheidet am Ende, was gemacht wird. Er hat – da muss man ihm wirklich ein Kompliment machen – ein sehr gutes Gespür für die auffälligere, überraschendere Idee. Er sagt sehr unverblümt seine Meinung und ist kein Mann für Vorstandsvorsitzenden-Floskeln. Vor allem spürt er die Alarmsignale, wenn etwas nicht den Punkt trifft. Oder er sagt uns: Nee, Leute, das ist zu langweilig. Immer wieder wählt er Sachen aus, bei denen wir nicht im Traum gedacht hätten, dass ein Kunde da mitgeht.

AR: Liest er auch alles?

WH: Nicht alles, er hat ja eine gute Mannschaft. Aber die maßgeblichen Dinge, für die man Geld in die Hand nehmen muss, die sind ihm sehr wichtig. Was an den Flughäfen hängt und was in den Zeitschriften erscheint, das hat er vorher abgenickt.

AR: Und wenn Herr Sixt einmal etwas nicht sieht?

WH: Im gesamten Unternehmen haben sie ein gutes Gespür dafür, was SIXT-Sprache ist. In allen Büros hängen SIXT-Plakate, die Werbung wird wirklich gelebt. Es besteht ja auch wie bei wenigen anderen Marken eine totale Einheit zwischen Kommunikation und Produkt. SIXT ohne die typische Werbung, das wäre kaum vorstellbar.

AR: Ist die SIXT-Kampagne mal getestet worden?

WH: SIXT testet zum Glück nicht so viel wie die großen Markenartikler. Herr Sixt ist jahrzehntelang gut damit gefahren, dass er aus dem Bauch heraus entschieden hat. Allerdings wurden gerade unsere Flughafen-Promotions getestet und haben extrem gute Werte bekommen. Man kennt vielleicht in Hamburg dieses von der Decke hängende Auto »Vorsicht! Nur mit Billigleim befestigt. (Mehr war bei unseren günstigen Tarifen nicht drin.)« Das ist natürlich spektakulär. Aber auch unsere Manager-Puppen, die am Gate sitzen und eine Zeitung mit SIXT-Anzeige in der Hand halten, wurden erstaunlich gut erinnert. Wir hätten nicht gedacht, dass die Leute die Headlines so gut wiedergeben können.

AR: Das würde bedeuten, dass die Leute die SIXT-Sprache inzwischen als Teil der Marke ansehen?

WH: Ich glaube sogar, sie lieben sie ein Stückchen. Diese typische SIXT-Sprache macht eben den Unterschied zur Konkurrenz. Oft bekommen wir ungefragt Briefe in die Agentur mit Vorschlägen für neue SIXT-Headlines. Wohlgemerkt nicht von Bewerbern, sondern von kreativen SIXT-Kunden.

AR: Was macht die SIXT-Sprache aus?

WH: Sie hat immer einen klaren Gedanken. Die Kunden fühlen sich verstanden, als Freunde, als Gesinnungsgenossen. Das Unternehmen ist kein Fremder, da ist nichts abgehoben. Das schafft die Sprache.

AR: Denn die Fotos sind ja nicht die weltbewegendsten.

WH: Nein, überhaupt nicht, es sind ja nur ganz einfache Produkt-Shots, wenn auch gut gemacht. Im Mittelpunkt steht immer der Text. Viele Anzeigen nutzen nicht mal die klassische Bild-Text-Mechanik. »Ist es nicht ungerecht, dass Ihr Müll immer Mercedes fährt und Sie nicht?« – da kann ich das Bild weglassen, und trotzdem ist es ein genialer Gedanke. Weil die Sprache das Bild erzeugt.

AR: Inwieweit hilft dabei das Briefing?

WH: Für eine typische Sprache braucht man eben auch eine wirklich klare Position. Es geht um die Haltung. Wenn ich weiß, die Marke sieht sich als Robin Hood, der sagt »Du kannst Business fahren zum Economy-Tarif«, dann weiß ich als Texter auch, wie ich sprechen muss.

Spätestens an der Sprache merkt man, ob eine Marke weiß, woran sie glaubt.

AR: Ist das bei Jung von Matt üblich, dass man das Planning ins Boot holt, wenn's ums Finden einer Sprache geht?

WH: Das Planning ist als Erstes im Boot, wenn es ums Finden einer Kommunikationsbasis geht. Da werden nicht nur Kernbotschaften gesucht, da geht es auch um eine Eingrenzung der Tonality. Also: Welchen Klang hat die Kommunikation und welchen gerade nicht? Der konkrete Schritt zur Sprache bleibt dann aber den Textern überlassen. Vielleicht sollte man einmal damit experimentieren, im Vorfeld noch weiter zu gehen. Es wäre spannend herauszufinden, ob ein definiertes Fahrwasser für die Sprache hilfreich ist.

AR: Aber ihr habt Kampagnen draußen mit ganz eigenständigen Sprachen. NOAH zum Beispiel.

WH: Ich war an NOAH nicht beteiligt, aber das ist sicherlich nicht aus einer strategischen Überlegung am grünen Tisch gekommen. Wenn jemand wirklich den Schmerz der Tiere spürt, dann kommt eben so eine Sprache aus ihm heraus. Und weil diese Sprache dem Gefühl entspricht, das der Texter hatte, wirkt die Sprache auch authentisch und passt gut zum Thema.

AR: Also muss man beim Schreiben ein tiefes Gespür für die Marke haben?

WH: Das glaube ich sowieso. Ganz oft ist es der Bauch, der eine Marke versteht. Man merkt es beispielsweise bei Wettbewerbspräsentationen: Man kriegt ein Briefing und fummelt sich in die Aufgabe rein. Zuerst ist alles schwammig, weil man einfach keine Worte für die unbekannte Marke findet. Manchmal gibt es dann einen Moment, wo man morgens aufwacht und spürt: Das müsste der Slogan sein. Einfach weil man plötzlich fühlt: Das ist die Marke. Es muss nicht unbedingt der kreativste Satz sein, aber es platzt ein Knoten. Auf einmal spürt man: Stimmt eigentlich, so müssten die reden.

AR: Wie weit bedeutet das Schreiben auf SIXT Blut, Schweiß und Tränen?

WH: Brillante Zeilen zu schreiben ist immer eine Quälerei. Bei SIXT wird sie noch größer dadurch, dass die Kampagne so lange läuft. Hunderte gute Lines sind schon geschrieben worden, und die Themen bleiben zwangsläufig die gleichen. Man erlebt das auch bei anderen Dauerbrenner-Kampagnen. Wenn ich die aktuellen Lucky-Strike-Headlines mit denen aus der Anfangszeit vergleiche, sind sie im Schnitt nicht schlechter geworden. Trotzdem hat man häufig das Gefühl: Hab' ich irgendwie schon gehört. Folgerichtig gewinnt die Kampagne weniger Medaillen. Eigentlich ungerecht für die Texter von heute.

Ähnlich geht es uns bei SIXT. Das Niveau zu halten, reicht nicht mehr. Die Latte, die man überspringen muss, liegt täglich ein Stück höher. Gerade für Texter, die neu auf SIXT arbeiten, ist das nicht einfach. Sie schreiben herrliche Cabrio-Zeilen über »Günstig braun werden« und »Fliegen zwischen den Zähnen« und müssen feststellen, dass es alles längst gegeben hat. Bangemachen gilt allerdings nicht – wie die Anzeige mit Heino und Roberto Blanco beweist.

AR: Wurden die beiden vorher gefragt?

WH: Die haben beide mitgemacht. Ganz offiziell sogar.

AR: Herrn Stolpe habt ihr aber nicht gefragt?

WH: Nein. Hatte aber offenbar nichts dagegen. Die Politiker in den SIXT-Anzeigen wurden nie vorher gefragt. Genau weiß man natürlich nicht, wie der Einzelne reagiert. Gut, dass SIXT immer den Mut hatte, es auszuprobieren. Der bekannteste Fall ist sicherlich Angela Merkel. Sie ist ganz entspannt mit der Sache umgegangen, wahrscheinlich weil sie ahnte, dass alles andere nur Minuspunkte bringen kann. Wenn die ganze Nation schmunzelt, ist es unklug, den Griesgram zu spielen. Der Einzige, der prozessiert hat, war Herr Lafontaine. Er hat sogar gewonnen. Allerdings nicht an Lässigkeit.

AR: Wie viele Headlines werden geschrieben, bis eine genommen wird?

WH: Zu einem großen Thema wie »Cabrio« sind es vielleicht hundert Ideen. Fünf bis zehn wählen wir intern aus, die Hälfte wird am Ende genommen. Wir haben eine ziemlich gute Trefferquote. Wir liegen selten unter 50 Prozent.

AR: Glaubst du, dass die Sprache aus der Marke heraus kommen muss?

WH: Entweder aus den Köpfen, die für die Marke stehen, die der Marke ihr Gesicht geben. Oder aus dem Angebot, der Positionierung, die die Marke hat.

AR: Bleibt die Sprache der Marke wie ihr Logo für immer gleich?

WH: Natürlich kann sich die Sprache auch weiterentwickeln. Muss sie sogar manchmal. Adi Dassler hat sich sicherlich einen ganz anderen Sportschuh vorgestellt, als er heutzutage getragen wird. Deswegen darf Adidas heute auch anders sprechen.

AR: Wie schafft man es, für SIXT und BMW in zwei ganz unterschiedlichen Sprachen zu schreiben?

WH: SIXT und BMW würden sich sprachlich nie ins Gehege kommen. Bei BMW schreibt im Hinterkopf immer der ernsthafte Sportwagenliebhaber mit und bei SIXT der schlitzohrige Businessman. Wie unterschiedlich die Sprachen sind, merken wir oft, wenn wir für SIXT ein BMW-Modell bewerben. Die Verantwortlichen bei BMW verzweifeln ein ums andere Mal an unseren Headlines. Sie verstehen einfach nicht, wie wir auf diese Weise über ihre Autos reden können, wo wir die Marke doch eigentlich so gut kennen.

AR: Es gibt Texter, die behaupten, sie könnten nur in einer Sprache, in ihrer eigenen Sprache, schreiben. »Sprichst« du verschiedene Sprachen?

WH: Ich denke, ich bin »mehrsprachig«. Bei den Sprachen, die ich »kann«, bin ich sehr beeinflusst von dem, was ich jahrelang selbst konsumiert habe. Auf der einen Seite bin ich SPIEGEL-Leser, ich mag die sprachliche Klasse, den gelegentlichen Anflug von Zynismus, die distanzierte, aufgeklärte Art, eine Geschichte zu erzählen. Auf der anderen Seite bin ich *Titanic*-geschult, ich mag die Satire, die dahin geht, wo es auch mal wehtut. Zum Vergleich: Wie viel weniger kann man sprachlich lernen von einem *Focus,* obwohl auch Nachrichtenmagazin, oder einem *Eulenspiegel,* obwohl auch Satiremagazin. Da liegen Welten dazwischen. Es kann aber auch passieren, dass ich morgens unter der Dusche eine fiktive Fußballreportage spreche oder eine Bundestagsdebatte. Die Phrasen sind im Sprachzentrum gespeichert, da kann man nichts machen. Ich bin ein bisschen ein Sprach-Chamäleon.

AR: Sind gute Texter wie Schauspieler? Müssen sie in jede Rolle schlüpfen können?

WH: Das trifft es sehr gut. Wobei man sich manchmal sehr quält, um das hinzukriegen. Ich kann mich erinnern, wie ich als Textpraktikant Oster-Headlines für einen Hersteller von Tischservietten schreiben sollte. Das braucht schon große Anstrengung, diese gnadenlose Heile-Welt-Sprache zu Papier zu bringen.

Die EG-Gesundheitsminister: Rauchen kann tödlich sein. Der Rauch einer Zigarette dieser Marke enthält 10 mg Teer, 0,9 mg Nikotin und 10 mg Kohlenmonoxid (Durchschnittswerte nach ISO).

Auch eine Zigarette kann eine Corporate Language haben. Beispiel West.

AR: Wie näherst du dich der Sprache eines Produktes an?

WH: Es ist wichtig, mit Leuten aus dem Unternehmen zu sprechen, um das Produkt zu verstehen. Durch das Gespräch mit dem Ingenieur oder Entwickler kriegt man wertvolle Anregungen darüber, was man in der Anzeige zum Thema machen kann. Genauso wichtig ist es aber, mit den Menschen zu sprechen, die das Produkt später kaufen und benutzen sollen.

Als Werber ist man ja eine Art Übersetzer. Man übersetzt die Sprache der Hersteller in die Sprache des normalen Publikums.
Eine Sprache, die man nicht nur verstehen kann, sondern fühlen.

AR: Aus eurem Haus kommt die neue West-Kampagne. Für eine Zigarette ist sie auffallend textorientiert. War das ein bewusster Schritt?

WH: West hatte lange Zeit keine Sprache mehr. Die Kampagne funktionierte maßgeblich über das Visuelle. Wir waren überzeugt, dass die Marke wieder eine Sprache braucht, um ihre Haltung nach draußen zu tragen. Die plakativen Gegensätze, hier der Punk, dort der Spießer, hier die Schlampe, dort die Lady, gelten ja heute nicht mehr. Deshalb braucht man mehr als Bilder, wenn man Stellung beziehen will. Mit Sprache kann ich da sehr variabel und subtil umgehen. Sie hilft mir, authentisch zu sein. Die Sprache ermöglicht den Leuten, jetzt wieder zu sagen: Da stehe ich zu, da stehe ich nicht zu. Und das ist ein großes Kapital der West, dass sie immer relevante Themen zur Diskussion gestellt hat. Mit der Textorientierung wollten wir West diesen Charakter zurückgeben.

AR: Wie kommt diese Kampagne beim Verbraucher an?

WH: Die Reaktion ist tatsächlich sehr gut. Man merkt das zum Beispiel im Internet: Die Leute machen mit, sie sehen die Kampagnenmechanik als Sprachrohr, um ihre eigenen Überzeugungen zum Ausdruck zu bringen.

AR: Formt sich da bereits eine typische West-Sprache heraus?

WH: Könnte sein, dass sich hier ein – bewusst deutscher – eigener Stil entwickelt. Auf West-Art zu sagen, wofür man ist. Die Sprache ist keine herkömmliche Werbesprache, sie hat mehr persönlichen Touch, einen speziellen Charme. Natürlich müssen wir noch daran arbeiten. Wir wollen zwar unterhalten, aber teilweise auch ernsthafter sein als etwa P&S oder Lucky Strike. Wenn wir in einem Motiv fordern, nicht gleich mit jedem ins Bett zu gehen oder auch mal Fehler machen zu dürfen, dann kann man sich darüber durchaus Gedanken machen. Obwohl die Umsetzung natürlich trotzdem eine ironische Wendung hat.

AR: Mal angenommen, man hat für eine Marke eine Positionierung gefunden. Wie entwickelst du daraus die passende Sprache?

WH: Die Positionierung hat man ja gefunden, indem man sich gefragt hat: Welche Persönlichkeit verkörpert diese Marke? Als Nächstes frage ich mich: Wie würde diese Persönlichkeit sprechen? Und welche Vorbilder gibt es, die auf ähnliche Weise sprechen? Bei der Entwicklung der West-Kampagne sind wir zum Beispiel auf das leider inzwischen eingestellte »Jetzt«-Magazin der »Süddeutschen Zeitung« gestoßen. Da haben wir Sachen gefunden, die dem sehr nahe kamen, wo wir die West spürten.

Es gab dort diese Listen: Was wünschen sich Menschen wie du und ich für ihre Zukunft? So etwas hilft. Das sind dann Steilvorlagen für die Sprachfindung einer Marke. Man tut das allerdings meist nicht bewusst, sondern man beschäftigt sich mit Medien, mit Filmen, mit Zeitschriften, mit Musikstücken, von denen man das Gefühl hat, sie passen zur Marke.

AR: Und welche Sprache spricht West?

WH: Vielleicht ist es ein bisschen die Sprache von neuen deutschen Bands wie »Sportfreunde Stiller« oder »Wir sind Helden«. Deren Stil ist im Grunde ja nicht neu, er erinnert an vieles aus den 80ern. Aber er ist extrem unpoliert und direkt, das trifft den Geist der Zeit. Für mich schrammen manche ihrer Texte knapp am Gutmenschentum und so einer Ökoseligkeit vorbei, aber sie schaffen es dann doch, nicht abzukippen. Das ist eben immer die Gratwanderung.

AR: Ist das ein typischer Weg von dir, sich der Sprache über Musik zu nähern?

WH: Ja. Weil ich aus der Musikecke komme und Sprache immer zuerst als Akustik erlebe. Ein Satz mit einer unausgewogenen Anzahl von Silben ist für mich kein guter Satz. Wenn er gesprochen nicht gut klingt, mag ich ihn auch geschrieben nicht. Dann muss man ihn ändern.

WOLF HEUMANNS FAHRPLAN ZUM ERFOLG.

#1 Reden Sie mehr über die Sprache Ihrer Marke. Nehmen Sie sie ernst.

#2 Unterscheiden Sie zwischen Umgangssprache und Flapsigkeit.

#3 Machen Sie den Leser zu Ihrem Freund.

#4 Seien Sie ein Übersetzer. Übersetzen Sie die Sprache des Herstellers in die Sprache des Verbrauchers.

#5 Denken Sie daran: Sprache muss auch gut klingen!

Schopenhauer hat mal gesagt: »Sprache ist etwas, was man hört und nicht liest.« Anscheinend ist Schopenhauer den meisten Banken nicht bekannt. Anders lässt es sich nicht erklären, dass Banken in Sachen Sprache immer noch zu den beratungsresistentesten Branchen gehören. In Banktexten herrscht immer noch der Substantivismus. Da wird verzweifelt der Ertragswinkel gesteigert. Da heißt es bei der Dresdner Bank immer noch schön hochnäsig: »Bedarfsorientierte Betreuung für Commercial-Banking-Produkte und kapitalmarktorientierte Finanzlösungen«. Schön, dass es die berühmte Ausnahme von der Regel gibt. Die HypoVereinsbank. Eine Bank, die in ihrer Branche etwas Unerhörtes tut: Sie spricht mit ihren Kunden, statt ihnen zu schreiben. Ein Meilenstein im sprachlichen Umgang mit Finanzdienstleistungen. Ich spreche mit dem Verantwortlichen für diese Ausnahme: Dirk Huefnagels, dem Leiter der Markenkommunikation. Kurz nach unserem Gespräch wird in der Presse die Übernahme der HVB durch die Unicredito bekannt gegeben.

Die Leute interessieren sich nicht für Banken. *Die Leute interessieren sich für Geld.*

Corporate Language am Beispiel *HypoVereinsbank*.

Dirk Huefnagels hat einer Bank eine menschliche Sprache gegeben. Das war eine Sensation.

Armin Reins: Herr Huefnagels, ich hab' das Gefühl, dass Corporate Language bei der HVB genauso wichtig genommen wird wie Corporate Design.

Dirk Huefnagels: Das ist richtig. Ich denke sogar, dass Corporate Language bei uns vielleicht noch wichtiger ist als Corporate Design. Das ist einfach das Stückchen Neuheit, das wir initiieren wollten, was – glaube ich – auch einigermaßen gelungen ist. Dass wir für die Bankenwelt eine neue Sprache finden. In der nicht die große Bank sagt: »Du kleiner dummer Kunde«, sondern in der sie von Mensch zu Mensch und von Partner zu Partner kommuniziert. Wesentlich umgangssprachlicher.

Sprache ist bei uns eine ganz entscheidende Brandbuilding-Maßnahme.

AR: Ein bewusster Schritt.

DH: Absolut. Es ist doch so: Geld ist den Verbrauchern wahnsinnig wichtig. Sie sind dabei extrem emotional und furchtbar unsicher, weil sie normalerweise sehr wenig Ahnung davon haben. Die Commerzbank hat's in einer Untersuchung gezeigt: 50 Prozent der Deutschen wissen nicht, was ein Fonds ist. Davon geht man als Bank erst mal nicht aus. Das heißt, normalerweise war unsere Sprache, das heißt die interne Bank-Sprache, gleichzeitig die externe Sprache. Das haben die Verbraucher nicht verstanden.

Und dadurch ist letztendlich eine große Distanz zwischen der Bank und den Menschen entstanden. Die Bank wurde dadurch natürlich noch unnahbarer, weil die normale Frau, der normale Mann den Eindruck hatten: Die sind so schlau, ich versteh's nicht, ich bin das Dummerchen – und da ist die große Bank. Das ist nicht gerade die Partnerschaft, die wir wollten.

AR: Nun sind Sie ja auch eine große Bank. Haben Sie sich bewusst von den anderen Großbanken absetzen wollen?

DH: Das muss man ja. Wenn man sieht, welches Image die Banken haben, dann ist das nicht gerade doll. Das heißt, da muss man was anders machen – zumindest versuchen. Wir haben uns unsere Stärken angeschaut. Wo kann man ansetzen? Und mit Authentizität, Augenhöhe spreche ich so, dass mich die Leute verstehen.

AR: Hat beim damaligen Pitch die Agentur gewonnen, die das beste Sprachkonzept präsentiert hat?

DH: Es hat die Agentur gewonnen, die das beste Allgemeinkonzept präsentiert hat. Wobei die Sprache letzlich das transportiert, was uns grundsätzlich wichtig ist. Wenn Sie sich die Bilder anschauen, dann sind das eben nicht Models, sondern es sind sehr authentische Menschen. So, wie das Leben halt ist, das wollen wir in allen Facetten der Kommunikation der Marke widerspiegeln. Auch in der Sprache.

»Ich bin im zweiten Lehrjahr und mache grade meinen Führerschein. Ist doch logisch, dass ich ständig **Geld brauche**.«

AR: Sie haben eine Kampagne, in der Sprache eine wichtige Rolle spielt. Aber Ihre Agentur sitzt in Amsterdam.

DH: In der Tat ist es nicht gerade typisch, dass ein deutsches Unternehmen eine ausländische Agentur hat. Wobei ich nach Hamburg genauso lang fliege wie nach Amsterdam. Letztendlich entscheidet, wo einem das beste Konzept vorgeschlagen wird. Natürlich sind die Texter dort keine Deutschen.

AR: Sie briefen in Englisch, die Texte werden in Englisch geschrieben und dann ins Deutsche adaptiert?

DH: Meistens. Das ist manchmal ein bisschen anstrengend, gebe ich offen zu, weil sich vieles in Englisch natürlich besser anhört als in Deutsch. Aber es funktioniert sehr gut.

AR: Für mich ist die HVB vorbildlich in der Durchgängigkeit der Sprache. Vom Plakat bis zum Flyer, von der Anzeige bis zum TV-Spot. Wer ist bei Ihnen der oberste Wächter über diese Einheitlichkeit?

DH: Nun gut, am Ende des Tages bin ich das natürlich. Wir haben ein Brand-Book, wo auch drinsteht, wie wir miteinander kommunizieren wollen. Das ist für jeden bindend. Es ist nicht so ausführlich, weil die Sache sehr einfach ist: Sprich mit dem Kunden so, wie du zu deinem Freund sprichst. Der Satz reicht ja schon.

AR: Umgangssprache und Banksprache – geht das zusammen?

DH: Natürlich dürfen wir nicht *zu* salopp werden. Irgendwo ist eine Bank immer noch eine Bank. Die Sache muss seriös rüberkommen. Teilweise ist das schwer einzuhalten; vor allen Dingen wenn es um Leaflets geht. Oder bei Produkten, die schwer zu verstehen sind. Oder bei Zielgruppen, die weg vom normalen Privatkunden gehen. Dann kommen wir manchmal schon an die Grenze des Machbaren. Aber das sind eher Ausnahmen. Sehen Sie die FC-Bayern-Sache mit Max. Das war klar, dass er normal spricht, wie ein Fan nun mal spricht. Und es ist auch okay, dass man ihn jenseits der Donau nicht verstehen kann. Aber deswegen lassen wir ihn nicht weniger bayrisch sprechen.

AR: Welche Unternehmenswerte außer Sympathie und Authentizität sollen durch Ihre Corporate Language abgedeckt werden?

DH: Auf jeden Fall das Thema Kompetenz. Aber Kompetenz zeichnet sich nicht nur durch Produkt-Performance aus. Natürlich ist es schön, wenn die Produkte auch performen. Die normalen Menschen gucken sich aber keine Rankings in Geld.de an. Die müssen das Gefühl haben, da ist einer, der gibt mir Sicherheit. Dem kann ich vertrauen.

Entscheidend sind die weichen Faktoren. Die Summe daraus ist Kompetenz. Kompetenz ist nicht, wie die Deutsche Bank es macht, aus der Sicht der Bank, aus der Wir-Sicht. Die immer nur faktische, kalte Dinge nach vorne stellt. Ich glaube, das wollen die Leute einfach nicht. Das gilt übrigens auch für Millionäre. Man sollte nicht so tun, als wenn größeres Einkommen größeres Wissen bedeutet, das ist Quatsch. Auch diese Menschen möchten ganz normal angesprochen werden. Keine abgehobene Sprache. Nicht in der Kommunikation nach außen. Und nicht nach innen. Schauen Sie sich unsere Relationship-Manager für Filmkunden an, ich würde sie mal Networker nennen, die sind hemdsärmelig, die saufen Bier mit denen.

AR: Gibt es Testergebnisse, die zeigen, dass dieser Sprachwandel in der neuen Kommunikation von den Kunden positiv aufgenommen wird?

DH: Wir haben zwar nie explizit die Sprache getestet. Aber die Brand-Faktoren der HypoVereinsbank haben sich gerade in den Bereichen Authentizität, Kümmern, Partnerschaft extrem positiv entwickelt. Und das, obwohl es einige Probleme mit dem Business gab, obwohl bei der Fusion hinter den Kulissen nicht alles so war, wie ich es mir vorgestellt habe.

AR: Ist die Sprache in der Kommunikation der Pacemaker für den Vertrieb?

DH: Es stimmt, die Sprache ist teilweise den Vertriebsmitarbeitern voraus. Die Verhaltensweise eines Bankberaters ist über Jahrzehnte gewachsen. Das zu ändern, ist nicht ganz leicht. Das Problem haben wir vielleicht sogar am Anfang unterschätzt. Aber so langsam geht's in die richtige Richtung. So, wie wir uns nach außen dargestellt haben, haben die Kunden es nicht ausreichend in den Filialen erlebt. Das lag daran, dass dieser Change-Prozess in der Kommunikation natürlich viel leichter ist als in den Köpfen der Berater. Das hat uns Probleme gebracht.

Auf der anderen Seite war das aber auch ein riesiger Asset für uns, weil: Wenn ich warten würde, bis die sich ändern, kann ich lange warten. Und hier sehe ich die Aufgabe, die Wurst davor zu hängen und zu sagen: Da müssen wir hin. Ich habe den Leuten im Vertrieb gesagt: Wenn Kümmern für euch zu viel ist, dann haben wir keine Chance. Es gibt keine Alternative zu Kümmern.

Es geht um die Wertschätzung des Kunden. Ihn zu verstehen. Mit ihm auf Augenhöhe zu sein. Sich mit ihm normal zu unterhalten.

Das ist wie im normalen Leben auch. Wenn ich irgendwo abends eingeladen bin und da meint einer, dauernd rumdozieren und mit irgendwelchen Fremdwörtern um sich werfen zu müssen, da habe ich auch keinen Bock drauf, mich mit dem zu unterhalten.

AR: Wie tief geht bei der HVB die Corporate Language? Geht das auch bis in die Geschäftsbriefe?

DH: Nein. Ich muss Ihnen ganz ehrlich sagen: Das ist ein schwarzer Fleck bei uns.

AR: Ich finde, dass bei den meisten Banken ein Bruch zwischen der Kommunikation und dem One-to-One-Kontakt im Geschäftsverkehr besteht. Letztendlich werden da die Geschäfte gemacht. Da wird Image aufgebaut. Wenn ich da einmal einen unerwartet freundlichen Brief kriege, bin ich meiner Bank für alle Zeiten treu.

DH: Da sprechen Sie wirklich ein großes Problem an. Ich würde sagen, es ist absolut wichtig, dass *alles* zusammenpasst. Da spielen die Briefe eine ganz entscheidende Rolle. Ich bin immer wieder erstaunt, wie viele Briefe für alle Eventualitäten es eigentlich bei einer Bank gibt. Und wie ungehobelt, unfreundlich, unpartnerschaftlich manchmal jemand darauf hingewiesen wird, dass er seinen Dispo um zwei Euro fünfzig überschritten hat. Das haben wir nur zum Teil abgestellt.

Wir haben uns die 30 bis 40 häufigsten Briefe angeguckt und haben sie verändert. Aber gerade letzte Woche habe ich selber wieder so einen Horrorbrief gekriegt, den ich dann meinen Leuten vorlegt habe. Darauf sagten die mir: Da können wir gar nichts dafür, das ist ein Textbaustein aus den Filialen. Den schicken die selber raus. Wenn man da was ändern will, kommt ein Rattenschwanz von Bürokratie auf einen zu. Da ist man leicht geneigt aufzugeben. Aber wir tun's nicht. Das ist eine echte Baustelle.

Aus dem Corporate-Language-Manual der HypoVereinsbank.

AR: Wie hoch ist bei der HVB das Thema Corporate Language aufgehängt?

DH: Sie sprechen dabei einen wichtigen Punkt an. Ich finde auch, die Leute im Vorstand müssen mindestens einigermaßen synchron sein mit der Haltung, die wir in der Kommunikation vertreten.

AR: Trainieren Sie sprachlich Ihre Mitarbeiter bis runter zum Counter in den Filialen?

DH: Nicht was die Sprache betrifft. Aber was wir natürlich gemacht haben, ist der Umgang mit dem Kunden. Wir haben dazu bestimmte Tools eingerichtet. Das geht von »Warten Sie, ich helfe Ihnen in den Mantel« bis zu »Wollen wir einen neuen Termin machen?« Tools, die zwar immer noch nicht voll genutzt werden, denn jeder Berater ist ja auch ein Mini-Kostolany. Und will letztendlich nicht an einem Tool langarbeiten. Obwohl es sicherlich hilft, wenn man weiß, dass einem die Frage »Wie hoch ist Ihr Gehalt?« weniger bringt als »Wie viel Geld haben Sie monatlich zur Verfügung?«.

Aber ich muss Ihnen ganz ehrlich sagen: Noch geht vieles, was den persönlichen Einsatz von Sprache, das *Leben* der Kampagne in der Filiale betrifft, nach dem Faktor Zufall. Aber ich glaube, dass wir da schon bald die nächste Stufe zünden werden.

AR: Wenn Sie heute einen jüngeren Kollegen treffen würden, der gerade vor dem Schritt steht, eine Corporate Language aufzubauen. Welche Ratschläge würden Sie ihm mit auf den Weg geben?

DH: Er muss versuchen, das Stückchen Wahrheit der Marke rauszufinden. Denn es geht nicht darum, irgendwas Neues zu machen. Viele haben als erste Prämisse: Ich muss was Neues machen. Das ist komplett falsch.

Wenn Sie nicht die Wahrheit haben, dann holt sie Sie irgendwann ein.

Das heißt, es geht um das absolute Bemühen herauszufinden: Was ist das Beste? Und nicht darum: Was möchte ich gerne haben, was ist momentan geil, wie kann ich eine schicke Medaille gewinnen? Sondern: Womit werde ich den meisten Erfolg haben? Und wie kann ich den kontinuierlich messen?

AR: Kann Sprache ein Image ändern?

DH: Da sind wir beim Thema Revolution oder Evolution. Das hängt vom Einzelfall ab. Ich denke, dass Revolution durchaus unter bestimmten Voraussetzungen möglich ist.

AR: Ihr neuer Auftritt war für Bankenwerbung eine Revolution.

DH: Bei uns war es damals eine große Fusion. Es gab diese beiden Banken nicht mehr. Es gab eine neue Bank. Eine einmalige Chance, auch sprachlich was Neues zu machen. Das wäre jetzt schon wieder schwieriger. Wenn wir jetzt sagen: Tralala, wir sprechen jetzt ganz anders, das ginge nicht.

Deswegen ist der erste Schritt auch verdammt wichtig. Den sollte man sehr, sehr ernst nehmen. Wenn Sie den nachher um 180 Grad korrigieren, dann kommen Sie noch tiefer in die Kiste rein.

In der Regel ist sprachliche Veränderung eine Evolution. NIVEA kann beispielsweise nicht plötzlich anders sprechen. Die Menschen kennen die Marke seit Jahrzehnten. NIVEA ist das beste Beispiel für Evolution. Die Marke ist in den letzten 30 Jahren auch sprachlich immer wieder ein Stückchen verändert worden, ohne dass man es richtig gemerkt hat. Weil die Sprache sich in den Markenwerten treu geblieben ist. Sie sagen immer noch dasselbe. Aber halt im Geschmack der Zeit. Ich glaube sowieso nicht, dass die Sprache von Marken *gleich* bleiben muss, sondern sie muss den gleichen Spirit haben.

Ich finde, Nike ist ein schönes Beispiel. Die Sprache von Nike hat sich auch immer wieder verändert, aber sie ist immer gleich Inspirations-orientiert. Sie sind einfach von der Art, wie sie Menschen darstellen, wie die miteinander reden, konstant. Konstant an der Zielgruppe. Man hat als 20-Jähriger immer das Gefühl, das ist cool. Aber wenn ich mir Spots anschaue von vor 20 Jahren, die sind heute überhaupt nicht mehr cool. Aber damals waren sie cool.

AR: Wenn ich mir dagegen die Deutsche Bank angucke. Das Motiv mit den Schachfiguren. Headline: »Erfolg ist eine Frage des Ertragswinkels…«

DH: Über die Deutsche Bank mag ich gar nicht mehr nachdenken. Ich kann's nicht nachvollziehen. Doch. Ich kann's wohl nachvollziehen. Die Jungs da oben sind dermaßen abgehoben im Vorstand, dass sie nur noch das zulassen, wie sie sich selber sehen wollen. Das heißt: als große Strategen, die der Menschheit helfen und die über allem schweben. Die längst nicht mehr die Sprache der Menschen auf der Straße sprechen.

AR: Was mir an der HVB auffällt, Sie kommen weitestgehend ohne das übliche Bank-Denglisch aus.

DH: Wenn Sie versuchen, einigermaßen verständlich und authentisch mit Menschen zu reden, dann kommen automatisch nicht so viele englische Sachen drin vor.

AR: Was mich auch wundert, ist Ihr Mut zu längeren Headlines.

DH: Das ist ganz einfach. Die Menschen habe keine Lust, sich Werbung anzuschauen. Also brauche ich was, was sie von ihrem Vorhaben, nicht hinzugucken, abbringt. Und das sind bei uns die Bilder. Bilder, bei denen die Leute wissen wollen: Wat soll denn dat

Die Benutzung von Logo und Slogan

Das Logo ist die Unterschrift der Bank. Genauso wie wir unsere Kunden an ihrer Unterschrift erkennen, erkennen sie uns an unserer.

Der Slogan „Leben Sie. Wir kümmern uns um die Details." ist das einmalige Markenversprechen der HypoVereinsbank. Solange wir dieses Versprechen mit Taten untermauern, kann uns keine andere Bank unsere Positionierung als die Bank, die sich um die Details kümmert, streitig machen.

Helfen Sie mit, die Integrität von Logo und Slogan zu erhalten. Bitte befolgen Sie die Regeln für ihre korrekte Benutzung.

Wenn Sie eine Copy schreiben, denken Sie an folgende Schlagwörter:

Ehrlich

Menschlich

Einfach

Inspirierend

Überraschend

Anders

dem Corporate-Language-Manual der HypoVereinsbank.

eigentlich? Und dann lesen sie den Text. Interessanterweise haben wir festgestellt: Wenn der Text mit einem konkreten Produkt anfängt, steigen die Leute sofort aus.

AR: Glauben Sie, dass es ein Vorteil ist, dass Sie nicht in Frankfurt in einem großen Turm sitzen?

DH: Ich glaube, der Vorteil, den wir haben, ist, dass ich kein Banker bin. Dass viele Leute bei mir im Team keine Banker sind. Dass wir eine Agentur haben, wo fast nur Ausländer drin sind, ich weiß nicht, aus wie viel Nationen. Dieser Blick von außen ist für mich ganz entscheidend. Absolut kundenorientiert. Denn Banken sind nicht kundenorientiert.

AR: Perspektivwechsel.

DH: Richtig. Der Satz, den Dan Wieden in der ersten Präsentation gesagt hat, gilt noch immer: Die Leute interessieren sich nicht für Banken, die Leute interessieren sich für Geld. Ich würde ergänzen wollen: Sie interessieren sich für einen Berater, der ihre Sprache spricht. Wenn Sie das mal verinnerlicht haben, dann ist das ganz einfach. Und dass sich das so lange in fast allen Bereichen unserer Kommunikation durchgezogen hat, darauf bin ich schon ein bisschen stolz.

DIRK HUEFNAGELS' FAHRPLAN ZUM ERFOLG.

#1   Menschliche Sprache überwindet Berührungsängste.

#2   Werfen Sie nicht mit Fremdwörtern um sich.

#3   Verständliche Sprache beweist Kundennähe.

#4   Vermeiden Sie typische Werbesprache.

#5   Sprache verändert sich. Verändern Sie sich mit.

Work-Life-Balance, Gender Mainstreaming, Balanced Scorecard, Corporate Citizenship. In Deutschland schreibt man englisch, zumindest in den Informationsschriften der Bundesregierung. Muss das sein? IKEA spricht mit schwedischem Akzent. Ricola wirbt in Schwyzerdütsch. Seat punktet durch spanische »Auto-Emotion«. Fosters hat uns Australisch beigebracht. Fanta spricht bamboocha. Ramazotti kommt uns italienisch.

Rührt der Erfolg von Gauloises in Deutschland (Platz 3 nach Marlboro und West) vom Einsatz der französischen Sprachen? Oder – andersherum ausgedrückt – entsteht er durch die Vermeidung der englisch-amerikanischen Sprache? Kann eine Fremdsprache zur Corporate Language werden? Ich bin auf dem Weg zu Thomas Wallek und Robert Philipp bei der British American Tobacco in Hamburg. Zusammen mit der Agentur KolleRebbe sind beide die Väter von »Liberté, toujours«. Messieurs, comment parler Gauloises?

Ich glaube ja, dass Denken unglaublich viel Spaß macht.

Corporate Language am Beispiel *Gauloises*.

Thomas Wallek und Robert Philipp haben mit Gauloises Sprachgeschichte geschrieben.

Armin Reins: Herr Wallek, Herr Philipp, ich habe den Eindruck, dass Sprache für die Marke Gauloises ein wichtiger Eckpfeiler in der Markentypik geworden ist. Geschieht dieser – speziell für eine Zigarette – doch sehr ungewöhnliche, intensive Einsatz von Sprache ganz bewusst? Oder muss ich mir das als ein persönliches Hobby von Ihnen vorstellen?

Thomas Wallek: Auf die Sprache wird bei uns markenspezifisch sehr geachtet. Wobei es dafür keine großen Richtlinien gibt. Für die Marke Gauloises geht es durch einen Filter. Der Filter sitzt hier am Tisch. (Lacht) Bei uns wird an der Sprache extrem viel geschliffen, sie geht durch viele Loops, bis ein Stück Kommunikation erscheint. So gesehen: Das Niveau, das wir haben, ist schon persönliches Hobby.

AR: Haben Sie die Corporate Language von Gauloises in einem Sprach-Manual festgelegt?

Robert Philipp: Mein Problem ist, dass ich nicht gerne viel schreibe. Das geht los bei den Briefings, die in erster Linie mündlich erfolgen. Tatsache ist, dass ich eine extreme Vorliebe habe für gute Sprache und inhaltlich richtige Texte.

Es geht nicht ein Text in den Druck, der nicht mindestens vier verschiedene Überarbeitungsphasen durchlaufen hat.

Es ist also nicht so, dass der Texter in der Agentur etwas vorschlägt und das dann so einfach genommen wird. Ich liebe es, mit den emotionalen Stilmitteln zu spielen – mit Gedankenstrichen, mit Punkten, mit Ausrufungszeichen… – natürlich nur da, wo sie hingehören, nicht nur, weil sie augenblicklich modern sind. Das ist ein Mix aus inhaltlich korrektem Text und gefühlsmäßig geschriebenem Text.

Wir bekommen aus Frankreich jedes Jahr optisch eine neue Brand-Architektur vorgeschrieben. Was aber konstant bleibt, nun schon über viele Jahre, was die Marke quasi sauber hält, ist die Sprache. Ich merke das sofort, wenn sich da im Text was ändert. Ich merke sofort, ob da ein Hilfstexter oder ein neuer Azubi in der Agentur ausgeholfen hat. Das merkt die Agentur dann in der Regel an meinen etwas kecken Bemerkungen.

AR: Kann man in allem, was sprachlich rausgeht, die Gauloises Brand-Values wiederfinden?

TW: Das ist das Schöne bei Gauloises, dass letztendlich alles in »Liberté, toujours« mündet. Unser wichtigster Markenwert, den wir insbesondere bei den Verkaufsförderungsmaßnahmen immer in den Vordergrund rücken, ist ein Schuss positive Unverschämtheit. Das ist der Wert, der sich durchzieht. Wenn der nicht drin ist, dann geht überhaupt nichts. Dann muss sich noch mal drangesetzt werden.

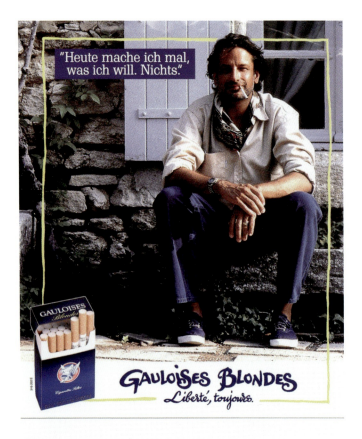

Die Deutschen lernen Französisch mit Gauloises.

Wir merken es immer, wenn wir mit neuen Agenturen zusammenarbeiten. Wie schwierig es ist, den neuen Agenturen das beizubringen. Wir erleben das gerade mit einer PR-Agentur. Denen diesen Geist rüberzubringen, ist nicht ganz leicht.

AR: Das heißt, dass man versuchen sollte, länger mit einer Agentur zusammenzuarbeiten?

TW: Das ist mein Bestreben. Ich halte überhaupt nichts davon, die Agentur zu wechseln, wenn irgendeine Marke oder ein Teil von ihr krankt. Ich hasse es auch, wenn jedes Jahr in der Agentur der Texter wechselt und ich nicht auf Erfahrungen zurückgreifen kann, die wir gemeinsam in der Vergangenheit gemacht haben.

Neue Texter einzuarbeiten, ist ein unglaublich zäher und aufwendiger Prozess.

RP: Ich glaube, dass es ganz wichtig ist, dass sie nicht drei Monate Zeit haben. Ich glaube, man gibt einem Texter zwei Wochen. Wenn er das nach zwei Wochen nicht kann, dann ist er nicht gut.

AR: Was zeichnet die typische Gauloises-Sprache aus? Sie hat für mich erstaunlich viele Französisch-Anteile.

TW: Und das ganz im Widerspruch zu unseren Franzosen, die mit ihrer Gauloises-Werbung in Frankreich fast Berührungsängste haben, was das Französische betrifft. Weil sie aus der Historie heraus Angst haben, dass die Marke zur Großvater-Marke abschmiert. Die erleben es dort schmerzhaft, dass Marlboro von den jungen Franzosen geraucht wird und nicht mehr Gauloises. Was Deutschland betrifft, ist Französisch ein Muss.

Es ist absolut wichtig, dass wir der Marke keinen internationalen Touch geben. Gauloises ist bewusst nicht Amerika.

Frankreich steht für Kultur in *allen* möglichen Lebensbereichen: Für Haute Couture, Savoir Vivre, nicht für das Normale. Besonders bei allem, was mit Genuss zu tun hat. Das möchte ich kommunizieren. Das verpflichtet auch bei der Sprache. Ich arbeite sehr gerne mit Bildern, die im Kopf entstehen. »Liberté, toujours« ist ja etwas anderes als »Come to where the flavor is«. Ich möchte, dass dieses Gefühl, dieses Losmachen von Zwängen, jederzeit von jedermann im Kopf nachvollzogen werden kann.

RP: Unsere Sprache regt immer zum Denken an. Man führt den Konsumenten in eine etwas anspruchsvollere Welt. Das kann schon in der Überschrift sein. Spätestens aber im Text muss er eintauchen in die Markenwelt der Gauloises. Es muss immer eine Geschichte passieren.

Und am einfachsten findet man Aufmerksamkeit, wenn man einen kleinen intellektuellen Haken in die Überschrift baut. Aber das darf nicht kalauerhaft sein. Das bedauere ich gelegentlich bei sehr kurzen Headlines. Das ist wirklich eine Schwierigkeit. Eigentlich brauchen wir längere Lines, aber wir müssen sie kürzen, dass man sie noch liest. Dann kann es haarig werden.

TW: Ich arbeite auch für Lucky Strike, obwohl das nicht so meine Sprache ist. Deren Sprache mir etwas fremder ist. Lucky ist manchmal ein bisschen platt, ein bisschen zu türkisch-international. Vielleicht ist es die Sprache der Zukunft. Sicher ist sie mehr kurzer Bild-Zeitungs-Stil. Lucky ist eben nicht Gauloises. Mit Absicht. Die Sprache von Gauloises hat immer die kleinen Feinheiten, die kleinen Schnörkel, die kleinen intellektuellen

Weine nicht, wenn die Sonne kommt.

Pierre pflegt stets zu sagen Deutschland sei ein abwechslungsreiches Land. Vor allem, was das Wetter anbelangt. In keinem anderen Land kann der Regen so viele Flüssigkeitszustände zwischen Nebel und Sintflut annehmen. Pierre muss es wissen, denn er studiert Meteorologie an der Université de Nantes. Was er vielleicht nicht weiß: In Deutschland scheint auch die Sonne. Zwischendurch und unvermutet. Gerade das macht uns zu schaffen. Kaum hat man die Sonnenbrille abgenommen, um durch die plötzliche Regenwand den Partner zu erkennen, da stolpert man schon wieder, vom Sonnenlicht geblendet, durch die Gegend. Das ist nicht nur peinlich, sondern auch mühsam. Durch das ständige Auf- und Absetzen ihrer Sonnenbrille leiden viele Deutsche bereits unter dem so genannten Sonnenbrillenarm. Ein Problem, aber auch eine Chance für Trendsetter.
Also, GAULOISES Tüte öffnen, Accessoire auf- und nie wieder absetzen. Denn auf Regen folgt Sonnenschein, das ist so sicher wie der Regen danach.

Es ist bereits relativ früh!

Auch wer 95 % seiner Physikvorlesungen verschlafen hat, wird mitbekommen haben, dass Zeit relativ ist. Ein Beispiel: Tanzt ein Mann mit einer bezaubernden Frau durch die Nacht, kommt es ihm wie eine Minute vor. Sitzt er hingegen eine Minute nackt auf einer glühenden Herdplatte, erscheint es ihm wie eine Ewigkeit. Das ist Relativität. Sie hat jedoch nichts damit zu tun, dass es z. B. in Hong Kong bereits relativ früh ist. Oder ist es dort relativ spät? Schauen Sie am besten gleich mal auf Ihren GAULOISES Gewinn.

Einfacher gesagt als geschrieben.

Stellen Sie sich einmal vor: Sommer, Reisezeit. Sie liegen gerade vor Ihrem Einmannzelt nahe Burgund. Es ist warm und am Himmel funkeln die Sterne. Vor Ihnen liegen ein Blatt Papier und eine Adresse aus Lyon. Das Problem: Ihre neue Bekanntschaft wartet auf ein Zeichen von Ihnen. Das eigentliche Problem: Man erinnere sich – wir befinden uns in Frankreich! Hier erwartet man Worte, die Auge und Herz gleichermaßen streicheln, und keine teutonische Abhandlung von Sinneswahrnehmungen. Zu dumm, dass Sie, als in der Schule die großen Romantiker durchgenommen wurden, immer ins Schwimmbad mussten. Und Ihr letzter längerer Liebesbrief war eine 30-Zeichen-SMS, die ohne Antwort blieb.
Was Ihnen jetzt fehlt, ist eine kleine Inspiration. Zum Beispiel ein Licht, das ein romantisches Umfeld zaubert und Ihren Brief zu einem der ergreifendsten Schriftstücke der Gegenwartspoesie macht.
Ihr Mäzen GAULOISES

Im Namen des Schicksals!

Man sieht es ihr vielleicht nicht an, aber diese Geschenktüte könnte Ihr Leben verändern. Ein Beispiel? Bitte schön: Ihren heutigen Heimweg kreuzt ein weltberühmter Regisseur. Er sieht Sie und denkt: Oh là là, eine Person mit einer GAULOISES Tüte, genau der richtige Typ für meinen neuen Film! Er lädt Sie zum Filmset ein. Probe, Nebenrolle, Hauptrolle. Dann geht alles ganz schnell: Filmdreh hier, Premiere dort und Schauspielpreise in der ganzen Welt. Bevor Sie sich versehen, liegen Sie in der Marmorbadewanne Ihrer New Yorker Loftwohnung, im feinsten französischen Champagner.
Natürlich kann alles auch ganz anders kommen. Nehmen Sie es gelassen. Das Leben ist eine Wundertüte, man weiß nie, was drin ist.

Haken. Gauloises ficht Florett und schlägt nicht mit dem Säbel. Auf diese verbalen Unterschiede im Marken-Portfolio achten wir sehr streng.

AR: Wie überprüfen Sie, ob Ihre Sprache bei der Zielgruppe ankommt?

TW: Das ist schwer zu überprüfen. Man könnte natürlich einfach sagen: Wir machen das am Erfolg fest. Wir haben im letzten Jahr Lucky Strike überholt und sind – gesamt gesehen – nach Marlboro und West schon die Nummer drei im Markt. Die Marke hat sich also ganz hervorragend entwickelt und ist sehr gesund.

AR: Und das bei einer nicht ganz einfachen Zielgruppe.

RP: Wichtiger Punkt. Gauloises ist ja immer noch *die* Studentenmarke. Eine Gruppe, die grundsätzlich Werbung nicht unbedingt aufgeschlossen gegenübersteht. So gesehen scheinen wir die richtige Sprache zu sprechen.

AR: Wie tief geht dabei der Einsatz der Sprache?

RP: Mein Hauptaugenmerk liegt auf der direkten Ansprache des Konsumenten durch speziell trainierte Hostessen. Auch da haben wir eine Besonderheit. Wir haben Hostessen-Teams, die zum Teil zehn Jahre für uns arbeiten. Jeweils für ein komplettes Jahr. Seit drei Jahren haben wir Kommunikationstrainings durch speziell geschulte Trainer. Wir haben da ein relativ hohes Level erreicht. Merken auch am Response, dass unsere Sprache gut ankommt.

Jetzt zum Beispiel zieht ein Kommunikationstrainer mit den Hostessen durch die Szene, guckt, wie sie arbeiten, guckt, wie die Konsumenten reagieren. Um das dann bei der Schulung mit einzubauen. Auch da ist Sprache für uns das Wichtigste.

AR: Sie würden also sagen, dass bei der Marke Gauloises Sprache zum brand building beiträgt?

TW: Absolut. Definitiv. Wir kriegen in unseren Consumer-Information-Centern mit, dass die Leute bei Promotions anrufen und sagen: Das ist meine Marke, die sprechen meine Sprache.

AR: Sprache verändert sich. Ihre Zielgruppe auch. Wie weit reflektiert die Sprache diese Veränderung?

RP: Ich schätze mal, dass wir Promotionspiele und die Texte vom Vorjahr nicht wieder einsetzen könnten. Es ist schon so, dass wir jedes Jahr einen neuen Duktus haben und auch Besonderheiten der Jetzt-Zeit immer aufnehmen. Das einzige Problem ist bei unseren Ganzjahres-Promotions, dass wir nicht spontan für die zweite Hälfte des Jahres etwas aufgreifen können. Dafür haben wir aber ein spezielles Tool entwickelt. Wir haben auch eine so genannte Event-Promotion-Reihe, die wir dann jahreszeitlich nutzen können. Die können wir immer ganz aktuell gestalten. Und ich sorge dafür, dass die Mittel erst kurz vor Einsatz fertig werden, so dass ich tatsächlich die Besonderheiten der Jetzt-Situation mit einarbeiten kann.

TW: Unsere Texte sind zeitgemäß. Aber nicht modisch. Es ist eigentlich mehr die Sprachfarbe, die sich verändert. Und einige Sachen sind – das betrifft überwiegend unsere Kinofilme – extrem gutes Handwerk. Dadurch behalten sie immer eine gewisse Relevanz. Unser erster Textfilm war ein Paukenschlag in Cannes. Es war ein sehr mutiger Schritt zu sagen: Ich mache Kinowerbung ohne Bilder. Weil: Zigarettenwerbung hat ja normalerweise große, starke Bilder. Er war revolutionär. Aber nicht modisch. Ich vermeide ganz massiv – und das ist auch ein Teil des Briefings – modische Kommunikation.

AR: Ist dieser reine Textfilm nicht einfach nur aus Budget-Gründen entstanden?

TW: Nein, der Film war erstaunlicherweise gar nicht preisgünstig. Das war sogar einer der teuersten Filme, die wir gemacht haben. Denn die Schrift lesbar zu machen nachher auf Videogröße, das war relativ kompliziert. Ich bin ziemlich neugierig. Und ich möchte auch nicht gerne zwei Jahre, drei Jahre lang das machen, was alle machen. Man sagt mir nach, wenn es irgendwo gar nicht mehr geht, dann fängt es an, mir Spaß zu machen. Und irgendwann mal einen Film zu machen ohne Bilder, der nur aus Text besteht, da hat sich die Agentur zusammen mit mir wirklich hochgeschaukelt an der Grundidee. Und die Exekution war dann auch ziemlich gut. Und auch die Filmproduzenten haben von diesem Film unglaublich profitiert, weil das einer der höchstdotierten Werbefilme der letzten drei, vier Jahre gewesen ist. Aber dieser Film hat auch eine neue Kategorie von unseren Promotion-Filmen ins Leben gerufen. Wir konnten dann noch ein paar ordentliche nachhängen.

AR: Wie haben die Zuschauer darauf reagiert, die historisch gesehene Bildmarke Gauloises plötzlich als Sprachmarke zu erleben?

TW: Ich glaube, es gab Gelächter. Klar, bei einem Text, der sich verdoppelt, verdreifacht und die Leute verwirrt. Dieses Spiel, das dann im Kopf passiert, macht ihnen Spaß. Auch die intellektuelle Herausforderung. Ich glaube ja, dass Denken unglaublich viel Spaß macht.

Für mich ist sprachliche Kreativität eine Überlebenstechnik für Marken.

RP: Bei unseren Gewinnspielen zum Beispiel ist eine der Forderungen: Der Konsument darf sich *niemals* benutzt fühlen. Er bekommt geistig wie materiell immer etwas geschenkt. Diesen – wenn Sie so wollen – altruistischen Hintergrund, dem tragen die Konsumenten auch Rechnung.

TW: Das ist auch ein ganz entscheidendes Merkmal – versus Lucky Strike. Gauloises hat eine soziale Komponente. Wird also niemals jemandem irgendwie was aufzwingen. Gauloises ist ungezwungen. Wirbt mit charmantem Humor, nicht mit dem Holzhammer.

AR: Es gibt ja den schönen Satz: Humor ist ein Kompliment an die Intelligenz des Gegenübers.

TW: Das empfinde ich auch immer. Ich krieg' von Gauloises das Gefühl, dass sie mich sehr ernst nehmen, dass sie mir zutrauen, dass ich intelligent bin. Das ist bei vielen Marken nicht so gefragt. Das führt sogar dazu, dass Konsumenten bei unserer Promotion mitmachen, obwohl unsere Gewinnquote sehr viel geringer ist als bei anderen Marken. Bei uns gewinnt jeder Vierte im Durchschnitt; bei anderen ist es jeder Zweite oder nahezu jeder.

RP: Die Menschen honorieren das, dass wir so intelligent mit ihnen umgehen. Weil die Werbung normalerweise nicht intelligent mit Menschen umgeht. Sie nutzt ja meistens die Konsumenten aus. Sie benutzt sie, um ihr Produkt zu verkaufen. Für uns war von vornherein immer das Ziel: Wir möchten, dass die Verbraucher nett über uns denken und sich dann auch in der Markenwelt wohl fühlen und *deswegen* die Marke rauchen.

TW: Leider haben wir jetzt einen kleinen Nachteil entdeckt. »Liberté, toujours« – sei frei für deine eigenen Entscheidungen – fällt uns gerade ein bisschen auf die Füße. Die Konsumenten in dieser Zielgruppe, die wirklich studentischen, denen wir Freiheit vorgelebt haben, die verabschieden sich sehr leicht von einer Marke, um eine Billigmarke zu rauchen. Ob sie da bleiben, weiß ich nicht, weil sie da keine Markenwerte kriegen, sie kriegen da eben nur Preis-Wert. Aber das ist was ganz Spannendes. Da muss man sehr sorgfältig mit umgehen.

Oder Ostdeutschland. In der Region Südharz, da haben sie schon Berührungsängste, das Wort Gauloises auszusprechen. Da halten sie uns für arrogant, weil wir intelligent sind. Da ist das Ausbildungsniveau so tief unten, dass Intelligenz nur einer gewissen Oberschicht – sprich Ausbildungsschicht – zugebilligt wird. Deshalb haben wir auch bis zu 20 verschiedene Promotion-Spiele. Absichtlich mit unterschiedlichem Niveau. Da gibt es Spiele, da muss man nur manipulativ was tun. Und andere Sachen, da muss man ganz viel Kopfarbeit leisten. Und die Hostessen sind drauf trainiert, dann jeweils das Mittel einzusetzen, mit dem sie meinen, in diesem Outlet die richtige Zielgruppe anzusprechen.

TW: Genauso ist es mit den Gewinnen. Da gibt es Gewinne, die werden sehr intellektuell erklärt und manches Mal sind es nur Gewinne: Schluss. Aus.

AR: Was denken die Franzosen über Gauloises in Deutschland?

TW: Die Franzosen möchten nicht, dass wir mit französischen Klischees arbeiten. Nur, die Frage ist: Was ist ein französisches Klischee?

AR: Das Baguette.

RP: Ja! Wir haben das mal bildlich dargestellt, indem wir gesagt haben: Den Eiffelturm ganz normal frontal zu zeigen, ist definitiv ein Klischee. Möchten wir nicht. Aber die Wiese vor dem Eiffelturm mit ein paar Schuhen, die dort abgestellt sind, und Sie sehen nur noch einen Ausschnitt, ist schon wieder *kein* Klischee. Insofern haben wir da starke Kämpfe. Es fällt immer wieder bei den Texten auf: Sobald das Wort Baguette oder Eiffelturm drin vorkommt, haben sie ein Riesenproblem. Was wir schade finden. Denn es sollen eigentlich nur kleine Anker sein, um die Leute in die französische Welt zu führen. Denn es ist ja nett, wenn man in einer deutschen Kneipe sitzt und auf einmal wird man gedanklich kurz nach Frankreich geführt.

AR: Das war wahrscheinlich schon das Problem 1989/90, als Sie plötzlich merkten, dass die Hälfte des Landes über Frankreich nicht viel wusste.

TW: Das war genau das Problem. Das haben wir jetzt immer noch: Die Headline »Heute mache ich mal, was ich will. Nichts« ist natürlich in Gegenden, in denen eine Arbeitslosigkeit von 25 Prozent herrscht, katastrophal.

Es ist ja im Osten immer noch so, dass man nicht Croissant sagt, sondern Hörnchen. Es ist eher der Milchkaffee als der Café au lait.

Das Spannende ist mittlerweile, dass wir in ostdeutschen Studentenorten eine spitzere und klassischere Zielgruppe haben als in Westdeutschland.

Es gibt spezielle Promotion-Spiele für den Osten, in denen das Gemeinschaftsgefühl gestärkt wird, weil wir wissen, dass im Osten das gemeinsame Erleben wichtiger ist als im Westen. Wobei wir da auch schon wieder ein bisschen in eine Grauzone mit der Marke kommen.

Gauloises ist eine ganz individuelle Marke. Individualismus ist wichtig bei dieser Marke. Aber wenn wir das Gemeinschaftserlebnis über den Individualismus stellen, dann passt es nicht hundertprozentig zur Marke. Vielleicht müssen wir einsehen, dass wir in Ostdeutschland im Moment nur ein sehr niedriges Potenzial haben.

AR: Geht Ihre Corporate Language bis in die interne Kommunikation?

TW: Ganz eindeutig. Wo sich diese Sprache zum Beispiel wiederfindet, ist in der Kommunikation zwischen uns und der Agentur. Das ist sogar bei den E-Mails so. Auch die Faxe, die geschrieben werden, haben diese Sprache. Es ist komisch: Es dauert immer eine Zeit, auch wenn wir neue Lieferanten haben, die uns wegen dieses lockeren Umgangstons verwundert anschauen. Ich bin aber der Meinung, man sollte sich das Leben und die Arbeit so angenehm wie möglich machen, so lange man in der Sache konsequent und hart bleibt. Unsere Mitteilungen an den Außendienst unterscheiden sich definitiv von denen, die zum Beispiel Lucky Strike oder Prince machen.

AR: Fällt Ihnen spontan etwas ein, wo Sie sagen: Da haben wir sprachlich völlig danebengelegen?

TW: Als wir Ostdeutschland dazubekommen haben, haben wir versucht, ihnen Gauloises nahe zu bringen, indem wir Headlines gebracht haben, die wir mit Klammern und phonetischer Unterschreibung erläuterten. Das war definitiv falsch und viel zu schulmeisterlich.

AR: Wenn ein junger Kollege zu Ihnen käme und gerade vor der Aufgabe stünde, seiner Marke eine typische Sprache zu geben. Was würden Sie ihm an Ratschlägen mit auf die Reise geben?

TW: Das Wichtigste wäre auch für mich: Er sollte so viel wie möglich über die Marke erfahren. Er sollte versuchen, wirklich die Markenwelt zu erleben.

RP: Und er sollte die Sprache seiner Marke selbst sprechen. Sonst versteht er die Marke nicht.

THOMAS WALLEKS UND ROBERT PHILIPPS
FAHRPLAN ZUM ERFOLG.

#1 Machen Sie Sprache zu Ihrer persönlichen Leidenschaft.

#2 Respektieren Sie Einschränkungen. Aber verbiegen Sie sich nicht.
    Bleiben Sie sich treu.

#3 Werben Sie mit Humor. Nicht mit dem Holzhammer.

#4 Setzen Sie auf authentische Sprache. Vor allem in Promotions.

#5 Unterfordern Sie Ihre Zielgruppe nicht.

»Zoom Zoom« macht es in der Mazda-Werbung. Aber was habe ich sonst noch von dieser Marke behalten? Und was von Nissan, Suzuki, Opel und Fiat? Warum ist Volkswagen laut Aussage der Stern-Markenprofile »die stärkste Marke« Deutschlands (vor Nokia, BMW)? Hat das mit der besonderen Art der VW-Sprache zu tun? Ich fragte Andreas Grabarz von Grabarz & Partner. Und anschließend seinen Kunden, Jürgen Henrichs von VW, Leiter Markenkommunikation bei der Volkswagen AG in Wolfsburg.

Einen Freund *belügt man nicht.*

Andreas Grabarz über das Schreiben für einen Kunden wie VW.

Andreas Grabarz ist Inhaber der Agentur Grabarz & Partner.

Sprache sagt bekanntlich eine ganze Menge über denjenigen, der da spricht. Jeder kann davon sein eigenes, meist schmerzhaftes Lied singen. Wer kennt sie nicht, die Nichtssager, die Aufschneider, die Phrasendrescher, die Blender – und ganz schlimm auch: die Labersäcke, um nur einige der Widerlichsten zu nennen. Wie angenehm und unterhaltsam auf der anderen Seite empfinden wir diejenigen, die uns Interessantes zu berichten haben. Die nur reden, wenn sie etwas zu sagen haben, und wenn sie etwas sagen, dann mit Hand und Fuß. Die Prise Humor ist dann das i-Tüpfelchen für unsere Beurteilung: »Was für eine nette Person, die würde ich gerne näher kennen lernen.«

Ja, ja, alles nichts Neues. In der Werbung allerdings hat sich diese Binse nur bedingt als Erkenntnis durchgesetzt. Da wird getönt, was das Zeug hält, da wird hemmungslos aufgeschnitten, geprahlt und – leider – manchmal sogar gelogen.

Macht nix? Ist doch nur Werbung? Irrtum, macht eine ganze Menge! Marken geben mit jedem Satz, den sie schreiben oder sprechen, einen Teil ihrer Persönlichkeit preis. Ob sie wollen oder nicht. »Bevor Sie einen Volkswagen kaufen, sollten Sie überlegen, wie Sie ihn wieder loswerden.« Das ist die Headline einer Volkswagen-Anzeige, in der ausführlich beschrieben wird, warum die überragende Qualität eines Volkswagens zu einem hohen Wiederverkaufswert führt. Was wiederum zur Folge hat, dass ein gebrauchter VW mitunter teurer ist als manch anderer Neuwagen. Letztendlich mündet der Text in dem Rat: »Sie sehen also, dass gebrauchte Volkswagen mit Recht teuer sind. Kaufen Sie also einen neuen.« Diese Anzeige ist 1967 erschienen. Sie könnte mit entsprechenden Anpassungen noch heute so erscheinen. Ebenso wie viele der Spots und Anzeigen, mit denen Volkswagen Werbegeschichte geschrieben hat. Nicht um Werbegeschichte zu schreiben, sondern um die Geschichte der Marke immer weiterzuschreiben. Volkswagen ist eine der ganz wenigen Marken, die ihre ganz eigene Sprache und ihren ganz eigenen Stil in der Werbung entwickelt und über die Jahrzehnte gepflegt haben.

Es ist eine ganz normale, ganz einfache Sprache, so, wie man sich unterhält. Von Mensch zu Mensch eben. Mit dem Ergebnis, dass die Marke ständig lebendig wirkt. Sie ist kein anonymes Wesen, sondern eine Person mit einem eigenen Charakter, Charme, Witz und manchmal auch mit verzeihlichen Fehlern.

Diese Person ist ehrlich, menschlich und sympathisch. Über die Jahre wächst einem diese Person richtig ans Herz, ja, sie wird sogar zu einem guten Freund. Und jedes Mal, wenn mir dieser Freund etwas erzählen will, höre ich natürlich gerne zu. Weil ich ihn mag, diesen Burschen. Weil ich gespannt bin, was er mir dieses Mal erzählt. ■

Bevor Sie einen Wagen kaufen, sollten Sie überlegen, wie Sie ihn wieder loswerden.

Denn was Ihr Wagen wert ist, hängt nicht zuletzt davon ab, was er Ihrem Nachfolger wert ist.

Nehmen Sie also zunächst mal eine Zeitung. Sehen Sie im Anzeigenteil nach, was die Leute für ihre gebrauchten Wagen verlangen. Ihnen wird auffallen, daß besonders VW-Besitzer ganz schön rangehen. Sie fordern für ihre gebrauchten Käfer oft mehr, als man für manchen neuen Wagen bezahlen muß.

Und sie bekommen auch mehr.

Der VW hat einen sehr hohen Wiederverkaufswert. Man wird ihn nach einigen Jahren so günstig los, weil der nächste Käufer ihn auch günstig los wird. An einen, der ihn dann auch wieder günstig los wird. An einen, der dann noch lange nicht der Besitzer eines Autofriedhofs ist. Sondern erst der vierte von den vielen Besitzern desselben VW.

Dieses Auto ist so gebaut, daß es lange hält. (Und fährt.) Die Karosserie ist viermal lackiert. Damit der Wagen im Freien rasten kann, ohne zu rosten. Sein Boxermotor braucht viele Jahre, ehe er sich auszählen läßt. Und dann läßt er sich für ca. 680 Mark gegen einen Austauschmotor auswechseln.

Etliche Teile, wie Wasserschläuche, Wasserpumpe oder Kardanwelle, gehen bei ihm nie kaputt. Weil er sie nicht hat. Andere Teile gehen nur kaputt, wenn man mal nicht aufpaßt. Kotflügel zum Beispiel. Aber selbst eine dicke Beule ist keine Katastrophe: ein vorderer Kotflügel kostet grundiert ganze DM 43,25. Hinten ist er sogar noch billiger. DM 29,90. (Sagen Sie also Ihrer Frau, sie soll rückwärts in die Garage fahren.)

Selbst die Reifen halten beim VW sehr lange. Denn er hat große Räder. Und große Räder brauchen für die gleiche Strecke weniger Umdrehungen als kleine.

Er verbraucht 8,2 Liter pro 100 Kilometer (DIN). Aber es ist für Sie wichtiger zu wissen, daß er auch dann noch nicht viel mehr Benzin verbraucht, wenn mancher andere Wagen überhaupt keins mehr verbraucht. Weil er verbraucht ist.

Sie sehen also, daß gebrauchte Volkswagen mit Recht recht teuer sind.

Kaufen Sie also einen neuen.

Volkswagen verlängert die
Gewährleistung auf Neuwagen ab sofort
von einem Jahr auf zwei Jahre.
(Ach, Werbung kann so einfach sein.)

Bei so guten Nachrichten ist es leicht, Werbung zu machen: Ab 1. November 2001 bietet Ihr Volkswagen Partner für jeden Neuwagen zwei volle Jahre Gewährleistung für Fehlerfreiheit. Weiterhin wird sich die Gewährleistungsfrist für Volkswagen-Originalteile, Original-Austauschteile und Original-Zubehör auf zwei Jahre verlängern. Das und die dreijährige Gewährleistung auf Lack, die zwölfjährige gegen Durchrostung und die einzigartige Volkswagen-Mobilitätsgarantie sollten wiederum Ihnen etwas leicht machen: die Entscheidung für einen Volkswagen.

Bordell-Affäre, Hartz-Sex, Golf-Misere, Phaeton-Flaute ... gerade in stürmischen Zeiten kann eine starke, konsistente Sprache das Vertrauen in eine Marke stärken.

Hinter der Sprache verbirgt sich *der Charakter*.

Corporate Language am Beispiel *Volkswagen*.

Jürgen Henrichs sieht Sprache als brand building für eine Marke an.

AR: Herr Henrichs, wie ernst wird Sprache bei VW genommen?

Jürgen Henrichs: Sehr ernst! Es gibt in unserer Corporate Identity ein Corporate Design, das den optischen Teil behandelt. Aber genauso wichtig ist bei uns das Thema Corporate Language. Allerdings ist es wesentlich schwieriger in Richtlinien zu fassen. Es sind mehr Leitplanken, die wir haben, würde ich sagen.

AR: Ist Sprache bei Ihnen ein Teil des Markenbildes?

JH: Ja. Die Art, wie wir und unsere Mitarbeiter über Volkswagen sprechen, hat eine große Wichtigkeit. Dass sich in unserer Sprache die Markenwerte wiederfinden. Auch im Zusammenhang mit der Positionierung der einzelnen Marken innerhalb des Konzerns. Volkswagen hat eine übergreifende Rolle. Das mündet in dem Marken-Claim: »Aus Liebe zum Automobil.« Aber schon bevor wir den Claim hatten, haben wir immer gesagt: Wir brauchen eine Definition unserer Tonalität, die ganz eng mit den Markenwerten zusammenhängt.

AR: Welche Werte sind das?

JH: Wir haben fünf Werte gefunden, die wir für wichtig halten. Das sind: authentisch, offen, sympathisch, klar und menschlich. All diese Werte findet man in verschiedensten Ausprägungen innerhalb der Marke wieder. Sie spielen eine ganz, ganz wichtige Rolle und sind für uns auch der Maßstab, wonach wir die Arbeit an der Sprache, an den Texten, an den Headlines messen. Und wonach wir die Agenturen messen.

Es sind auch die Tonalität und der Sprachstil von Volkswagen, die unsere Werbung besonders machen. Wir sind hier einer gewissen Tradition verpflichtet. Der alte Bernbach hat sehr klar diesen Stil geprägt. Und in gewisser Weise sind wir diesem Stil auch heute noch verbunden. Obwohl wir inzwischen eine völlig andere Produktpalette haben. Starke Bildmotive aber genauso starke Headlines, die die Nation bewegen. Da gibt es bei Volkswagen eine Tradition zu verteidigen.

AR: Sehen Sie Corporate Language als brand building an?

JH: Ja. Für mich ist Sprache ein wichtiger Bestandteil, eine Marke aufzubauen.

Und das gilt nicht nur im externen Bereich, das gilt auch im internen Bereich. Auch da müssen wir genauso auftreten, um glaubwürdig und nachvollziehbar zu sein.

AR: Haben Sie Messwerte, an denen Sie erkennen können, dass die Sprache, die Sie gewählt haben, die richtige Sprache für Volkswagen ist?

JH: Was wir beobachten, sind natürlich die laufenden Imagewerte, die hinter einer Marke stecken. Und natürlich die laufenden Anzeigen- oder TV-Tests, in denen wir die Kunden, Betrachter, Leser befragen, wie sie eine Anzeige empfinden. Und wenn dann

Für den Phaeton setzt VW auf eine vielbeachtete Long-Copy-Kampagne von Grabarz & Partner.

die Gefühle und die Werte mitschwingen, die wir gerne vermitteln möchten, dann muss irgendwas richtig sein. Andersherum kommt es auch vor, dass die Leute schon mal sagen: Wir sind nicht gewohnt, dass Volkswagen in einer Headline so redet. Dann müssen wir handeln. Die Leute sind sehr, sehr sensibel, wenn es nicht mehr ihre Volkswagen-Sprache ist. Das haben wir immer im Hinterkopf.

AR: Können Sie uns ein Beispiel nennen?

JH: Denken Sie an unsere Kampagne »Der neue Golf fährt jetzt auch geradeaus«. Da hat es von verschiedenen anderen Herstellern – ich will nicht Wettbewerbern sagen – Ansätze gegeben, uns anzugreifen. Natürlich hätten wir darauf reagieren können. Wir hatten aber das Gefühl, dass wir das gar nicht nötig haben. Ich glaube, eine aggressive Retourkutsche oder eine Antwort auf das, was da teilweise passiert ist, hätte nicht zu Volkswagen gepasst.

Hinter der Sprache verbirgt sich der Charakter. Die Sprache ist ja nur ein Ausdruck eines bestimmten Charakters. Und zum Charakter von VW passt es nicht, aggressiv zurückzubeißen. Das ist genau das, was gegen die eingangs erwähnten Werte sprechen gartige Qualität Sie nicht nur mit den Augen wahrnehmen können. Sondern auch mit der Nase und mit den Fingerspitzen. Denn von Anfang an war es unsere Idee, ein besonders sinnliches Leder für den Phaeton herzustellen. So sinnlich und fein, wie Sie es sonst nur von den elegantesten Möbeln italienischer Designer kennen. Mehr als 40 einzelne Arbeitsgänge sind nötig, bis aus ausgesuchten Häuten ein solch feines Nappaleder entsteht. Das Leder Sensitive, wie Sie es nur in einem Phaeton finden.

Damit Sie die Lederausstattung eines Phaeton mit allen Sinnen genießen können, lassen wir uns von Anfang an von unseren Sinnen leiten. Zum Beispiel von unserem Tastsinn. Er hilft uns bei der Entscheidung, welche Häute fein und perfekt genug sind, um daraus ein besonderes Feinnappa-Leder zu gerben. So makellos, dass sogar der kleinste Mückenstich die Perfektion der weichen, absolut glatten Oberfläche stören würde. Häute, die fehlerfrei genug sind, findet man nicht überall. Daher stammt ein Großteil des Leders Sensitive aus den USA. Von Bullen, die in den Weiten der Great Plains aufgewachsen sind – fernab enger Zäune, an denen sie sich verletzen könnten. Ihre Häute werden eigens für die lange Schiffspassage sorgfältig unter Salz konserviert.

Unser Tastsinn zeigt uns auch bei der weiteren Verarbeitung, ob wir behutsam genug mit dem Leder Sensitive umgehen. Denn Fingerspitzen lassen sich nicht täuschen. Sie spüren sofort, ob sie etwas Natürliches, Ursprüngliches berühren. Aus diesem Grund liegen zwischen dem Leder Sensitive und Ihrer Haut gerade mal 0,010 Millimeter High-Tech-Beschichtung. Das ist dünn genug, um den einzigartigen Charakter des Leders zu erhalten. Ein Charakter, der das Interieur des Phaeton zu einem unverwechselbaren Einzelstück macht, das die Individualität seines Besitzers unterstreicht. Und mehr noch: Obwohl die Schicht fünfmal dünner ist als das Haar einer Frau, ist sie doch stark genug, um das Leder Sensitive absolut zuverlässig vor sengender Sonne oder klirrender Kälte zu schützen. Genauso wie vor eilig auf den Rücksitz geworfenen Aktentaschen.

Aber nicht nur auf unseren Tastsinn verlassen wir uns. Sondern auch auf unseren Geruchsinn. Feiner Lederduft verrät präzise, wie schonend wir unser Leder Sensitive gerben. In Venetien, dem norditalienischen Zentrum der Lederverarbeitung, verwandelt eine kleine, international renommierte Gerberei die edlen Häute in allerfeinstes Leder. Äschen, färben, trocknen, zurichten: Fachleute übernehmen die Arbeit, auf die sie seit Generationen spezialisiert sind. Das eigens für das Leder Sensitive des Phaeton entwickelte Gerbverfahren kommt übrigens ganz und gar ohne Chrom aus. Wir haben das Schwermetall völlig aus dem Leder verbannt. Dies allerdings nicht wegen des Geruchs. Sondern wegen der Umwelt.

Der gesamte Prozess der Veredelung wird von unseren Fachleuten mit wachsamem Blick verfolgt. Schließlich sollen nicht nur die geschmeidige Oberfläche und der Duft der Lederausstattung Sensitive überzeugen. Sondern vor allem ihr perfektes Aussehen. Perfekt bis in die kleinste Farbnuance. Deshalb wird in jedem Phaeton nur Leder eines einzigen Färbegangs verwendet, da die Häute unterschiedlicher Färbegänge minimale Unterschiede in der Schattierung aufweisen und so unseren Ansprüchen nicht genügen würden.

Im Anschluss schneiden geübte Hände aus den großen Häuten die bis zu 143 Elemente eines einzigen Innenraums. Ein Puzzle, das sich nur in Handarbeit wieder zusammenfügen lässt. Bereits der Bezug eines 18-Wege-Sitzes stellt höchste Anforderungen an das handwerkliche Geschick. Über 100 von Hand gesetzte Nähte sorgen für die unübertroffene Haltbarkeit des Sitzbezugs. So aufwändig diese Nähte auch sind: Die meisten bleiben dem Auge verborgen. Bis auf wenige, sparsam gesetzte Kapp-, Doppelkapp- und Ziernähte. Manche von ihnen so anspruchsvoll, dass sie auf die denkbar sorgfältigste Art genäht werden müssen. Mit festem Garn und einer feinen, gebogenen Sattlernadel.

Der letzte Schritt steht aber noch aus. Gewissenhaft kontrollieren wir jede einzelne Lederausstattung jedes einzelnen Phaeton. Quadratzentimeter für Quadratzentimeter. Naht für Naht. Und zwar auf die gleiche Art und Weise, wie wir diese unvergleichlich feine Lederausstattung geschaffen haben: mit den Händen.

Der Phaeton. Ohne Handarbeit nicht zu bauen.

Aus Liebe zum Automobil

Weitere Informationen erhalten Sie unter 01802-PHAETON (01802-7423866), EUR 0,06/Anruf.

---

würde. Also, wenn man authentisch, menschlich ist, macht man das nicht. Dann verbietet sich das.

AR: Was würde aus Ihrer Sicht sprachlich nicht zu Volkswagen passen?

JH: Ich könnte mir zum Beispiel einen Slogan in Englisch für eine deutsche Marke wie Volkswagen nicht vorstellen. Deshalb versuchen wir Englisch und Anglizismen in der Verwendung in Deutschland so gering wie möglich zu halten.

AR: Für mich ist einer der Werte - den haben Sie zwar nicht genannt - demokratisch. Ich finde, Volkswagen hat eine »demokratische Sprache«. Über alle Generationen, über alle Gruppen hinweg ist das der Wagen für alle. Volkswagen hat eine Sprache, die nie ausgrenzt.

JH: Ja. Gut beschrieben. Volkswagen steht von Anfang an auch für die Demokratisierung der Mobilität.

AR: Und für die Demokratisierung der Seh- und Hörgewohnheiten. Ich denke da an Ihren Spot, in dem eine Mutter mit ihren beiden Kindern zu einem Haus kommt - und in dem Haus lebt offensichtlich ein homosexuelles Pärchen.

JH: Das zeigt, wie weit wir gehen, und manchmal auch, dass wir ein bisschen weiter gehen müssen. Der Spot hat durchaus für Empörung gesorgt, und zwar einfach, weil man glaubt, dass Volkswagen an den Grundfesten der deutschen Familie rüttelt.

Wir geben uns dann auch sehr viel Mühe, den Leuten, die uns schreiben, eine sehr ordentliche Antwort zu geben, warum wir es so gemacht haben und dass es überhaupt nichts mit Ausgrenzung zu tun hat, sondern eher mit Einbeziehen von Randgruppen in unser System. Und das wird dann auch verstanden. Nicht immer und überall, aber in sehr vielen Fällen.

AR: Sie werden natürlich als deutsches Volksgut betrachtet. Jeder Deutsche fühlt irgendwie das Recht, auf diese Marke zu achten.

JH: Ja, jeder Schritt, den Volkswagen macht, ist für die Menschen ziemlich wichtig. Da muss man sehr aufpassen, was man tut und wie man es tut.

Volkswagen wird doch etwas intensiver beäugt als manch andere Marke.

Es ist eine große Ehre. Es kann einen aber auch ein bisschen limitieren. Aber wir versuchen, uns durchaus ab und zu davon mal freizuschwimmen.

AR: Wie gehen Sie mit diesem Widerspruch um? Auf der einen Seite harmonisch sein zu müssen - auf der anderen Seite aber auch ab und zu mal zu provozieren?

JH: Ach, ich glaube, man kann sympathisch und offen und klar und menschlich sein - und trotzdem provozieren.

Einfach dadurch, dass man bestimmte Themen vielleicht nicht in der ganzen Schwere rüberbringt. Worin Volkswagen immer ganz gut war, ist, eine Situation aus dem wirklichen Leben rauszugreifen, die jeder eigentlich nachvollziehen kann, die keinem wirklich fremd ist. Es mögen durchaus fremde Situationen oder komische Situationen sein; aber jeder könnte sich vorstellen, in solche Situationen zu geraten. Und allein das macht es dann wieder sehr sympathisch und sehr menschlich – nachvollziehbar, verbunden mit einer sehr, sehr positiven Akzeptanz.

AR: So gesehen ein echter Volkswagen - mit Betonung auf *Volk*.

JH: Ich glaube, wir haben uns davon auch nicht entfernt. Es gibt durchaus den Vorwurf – und den muss man auch sehr ernst nehmen –, dass wir uns eine Zeit lang zu sehr um die oberen Klassen innerhalb des Automobilmarktes gekümmert haben. Aber wir kümmern uns genauso um die unteren Klassen und wollen auch diese Volksnähe, wenn man es so nennen kann, durchaus beibehalten. Und das Fahrzeugprogramm, das gerade rausgeht, das wird zeigen, dass wir auch Fahrzeuge in einem sehr erschwinglichen Bereich bauen und anbieten können.

AR: Ich habe auch für einige Technikmarken schreiben dürfen und hatte immer mit dem Marketing zusammen gegen die Ingenieure zu kämpfen, die am liebsten immer sagen wollten: Wir müssen Technologieführer sein. Die im Wesentlichen Technologie pur als ihre Sprache hören wollten. Wie schaffen Sie es, sich da immer mit Ihrer »normalen« Sprache durchzusetzen?

JH: Jetzt wollen Sie eine ehrliche Antwort?

AR: Ja. Natürlich.

JH: Also, die ehrliche Antwort ist: Wir kämpfen natürlich auch mit unseren Ingenieuren – und die kämpfen auch mit uns. Was die ganze Sache etwas einfacher macht, ist, dass wir die Möglichkeit inzwischen bekommen, unseren Technikern zu erklären, was wir wirklich wollen und vor allem, was der Kunde will. Und der Kunde will halt keine ausführlichen technischen Beschreibungen haben. Die Botschaft, dass wir zum Beispiel einen sparsamen und trotzdem flotten TDI verkaufen, die kann man durchaus mit Humor verpacken. Das Schöne ist, wir brauchen unseren Kunden nicht mehr deutlich zu machen, dass wir Technik können. Wenn wir sagen, wir haben etwas Tolles, dann glauben uns die Kunden das. Für den Kunden ist eigentlich nur wichtig: Was kriege ich raus? Was bringt mir eure Technik?

Und je einfacher man so eine Botschaft erzählt, desto besser ist es.

AR: Wenn ich mir die Polo-Kampagne angucke, zum Beispiel das Motiv mit den Polizisten, die hinterm Polo Deckung suchen, das Thema Seitenaufprallschutz hätte man auch wesentlich trockener erzählen können. Sie übertragen also den technischen Nutzen in einen emotionalen Mehrwert. Und die Sprache ist dafür das Instrument.

JH: Ja. Genau. Für uns ist wichtig, dass rüberkommt, was für den Kunden wichtig ist. Und wir haben in der Werbung natürlich die Chance, leicht zu übertreiben, wie wir es in der Polo-Werbung auch manchmal tun. Oder zu provozieren. Wie in der Golf-V-Einführungswerbung, wo wir gesagt haben, unser Auto kann sogar geradeaus fahren. Damit haben wir den Nutzen eines neuen Lenksystems erklärt. Sehr wohl beabsichtigt: etwas provokativer, um einfach die Aufmerksamkeit voll auf den Golf zu lenken. Ich glaub, das ist uns auch gut gelungen. In den Tests, die wir dann parallel gefahren haben, haben die Kunden auch genau die Inhalte, die sie mitbekommen sollten, zurückgespielt. Es hat funktioniert. Es war ein »Anderssein in der Kommunikation« – ohne aber die Sprache von Volkswagen dabei zu verlieren.

AR: Gibt es einen Abschied von der »Brasilianisierung der Werbung« der späten 90er Jahre?

JH: Ich glaube, das hängt von der jeweiligen Aufgabe ab. Und ich glaube, man kann das auch nicht so festschreiben. Werbung muss nach wie vor den überraschenden Charakter behalten. Ich denke, wir haben häufig auch eine selektive Sichtweise, was die brasilianische Werbung angeht. Was wir hier in Europa sehen, sind häufig Einzelmeister, die in irgendwelchen Manuals gedruckt werden. Wir haben für den Touareg zum Beispiel eine Anzeige mit einer Kaffeetasse mit einem senkrechten Löffel gemacht, und da drunter steht dann nur »Touareg V10 TTI«. Das war aber nicht die Kampagne. Das waren selektive Plakate.

Es wird immer beides geben. Plakatartige Anzeigen mit wenig Text. Und Anzeigen, in denen man sehr viel Text findet, zum Beispiel eine Anzeige über die Innovationskraft, die der Golf seit dem Jahre 1974 bringt. Wir zeigen alle fünf Generationen nebeneinander und erklären ausführlich, was alles an Neuerungen in diesen Fahrzeugen steckte. Das haben andere Wettbewerber in dieser Form nicht zu bieten. Wir hatten das Gefühl, es ist an der Zeit, dass wir das mal sagen. Und dann geht es halt nicht ohne Copy.

[...]endwo zu kaufen gibt. Für kein Geld der Welt. Das war die erste Feststellung, die wir machten, als wir über die perfekte Lackierung für ein Fahrzeug wie den Phaeton nachdachten. Denn es galt, ein einzigartiges Automobil in einen ebenso einzigartigen Lack zu kleiden. Von besonderer Brillanz, geheimnisvoller Tiefe und maßgeschneidert wie ein perfekt sitzender, handgenähter Anzug.

Wo aber beginnt man mit der Suche nach dem perfekten Lack? Wenn man es ernst meint, ganz am Anfang. Bei den Erfindern der Lackierkunst: im alten China. Von dort aus durchkämmten wir die Welt bis in die modernen Werkstätten der berühmtesten Möbeldesigner. Das Ergebnis: Nur ein einziger Lackierungsaufbau genügte unseren Ansprüchen. Verwendet wird er in einer der renommiertesten Klaviermanufakturen der Welt – um Konzertflügel zu fertigen, die so tief und edel glänzen, wie wir es uns von Anfang an für den Phaeton vorgestellt hatten.

Die Freude über die Entdeckung wich schnell der Ernüchterung. Schließlich fährt ein Klavier weder mit 250 Stundenkilometern über die Autobahn, noch muss es Regen, Hagel, Eis, Sonne und Steinschlag trotzen. Ein Klavier besteht aus Holz und nicht aus unterschiedlichen Materialien wie Aluminium, Zink oder High-Tech-Kunststoffen. Wir hatten also keinen gebrauchsfertigen Lack, sondern eine große Herausforderung.

Unsere Ingenieure, Designer und Lackierer mussten die Klavierlackierung für den Phaeton ein zweites Mal erfinden. Nach dem gleichen Prinzip wie bei einem Konzertflügel: mehrere, äußerst glatt geschliffene Schichten Klarlack über einer Farbschicht. Wie übereinander gelegte Brillengläser brechen sie die einfallenden Lichtstrahlen mehrfach und schaffen, was sonst kein Lack schafft: eine unergründliche Tiefe, erzeugt von einer zehntelmillimeterdicken Klarlackschicht.

So weit die Theorie. In der Praxis bedeutete es, noch einmal von vorn zu beginnen. Eine Halle, groß wie ein halbes Fußballfeld, wurde zum Zentrum der Entwicklung dieses völlig neuen Lacks. Monatelang wurde experimentiert, probiert und vor allem: lackiert. Unterschiedliche Materialien. Unterschiedliche Verfahren. Unterschiedliche Methoden. Die lackierten Testkarosserien wurden wieder und wieder in langen Reihen nebeneinander geparkt und bei unterschiedlichsten Lichtverhältnissen verglichen.

Unzählige Vergleiche zeigten dann, dass nur ein Weg zum perfekten Ergebnis führen würde: der aufwändige Weg. Denn je mehr Handarbeit wir in die Lackierung investierten, desto brillanter wurde sie. Handarbeit, die bei der Lackierung eines Phaeton bereits bei dem sogenannten Füller beginnt – einer Flüssigkeit, die die Poren der rauen Grundierung schließt. Auf jeder einzelnen Karosserie schleifen fünf Mitarbeiter diese glatte Schicht für den Klavierlack noch glatter. Und zwar auf die einzig perfekte Art und Weise: mit ihren Händen. Nicht einmal in Klaviermanufakturen wird so früh zum Schleifpapier gegriffen.

Wo so gründlich geschliffen wird, entsteht natürlich feinster Staub. Die chinesischen Lackiermeister sind vor rund 3.000 Jahren zum Fertigen ihrer Kunstwerke vor dem Staub auf das offene Meer geflüchtet. Wir flüchten nicht vor dem Staub. Wir eliminieren ihn. In unseren Lackkabinen absorbieren ausgeklügelte Feinststaubfilter-Systeme und Nassabscheider mit dichten Wasserschleiern kleine und kleinste Stäubchen. Hier wird jede Karosserie gründlich von Partikeln befreit – bis hin zu einer Größe von wenigen tausendstel Millimetern. Erst dann geben wir die Karosserie für die Lackierung in der späteren Wagenfarbe frei.

Auf diesen Lack wird ein spezieller Klarlack aufgebracht. Ein High-Tech-Lack, den es so nur für den Klavierlack gibt. Und nachdem diese bereits spiegelglatte Oberfläche ein weiteres Mal in Handarbeit geschliffen und penibel entstaubt wurde, folgt der Arbeitsgang, der aus einem sehr aufwändigen Lack den einzigartigen Klavierlack entstehen lässt: Eine zweite Klarlackschicht wird auf die Karosserie aufgebracht. Oder, um das Beispiel mit der Brille noch einmal aufzugreifen: das zweite Glas, das für die überaus tiefen Reflexe verantwortlich ist.

So gesehen ist es kein Wunder, dass wir Klavierlack nicht einfach kaufen konnten. Er enthält zu viele seltene und kostbare Zutaten: Erfahrung, Liebe, Geduld und vor allem eins – Handarbeit.

Der Phaeton. Ohne Handarbeit nicht zu bauen.

Aus Liebe zum Automobil

Weitere Informationen erhalten Sie unter 01802-PHAETON (01802-7423866), EUR 0.06/Anruf.

AR: Könnten Sie uns in der alltäglichen Arbeit mit Ihren Agenturen den Weg vom technischen Nutzen zum emotionalen Mehrwert beschreiben?

JH: Zuerst mal gibt es eine Aufgabenbeschreibung, die sich – wenn es nicht gerade um ein Markenthema geht – um das Produkt selbst kümmert. Wo wir schon intern die notwendige Arbeit gemacht haben. Uns gefragt haben: Was sind die wichtigsten Kundenvorteile, die wir rüberbringen wollen? Die Aufgabe der Agentur ist es dann, das in eine kommunikative Sprache zu packen. Die für den Leser interessant und spannend ist, dabei aber auch »Volkswagen« bleibt.

AR: Sitzt der »Wahrer der VW-Sprache« auf Kundenseite?

JH: Aus meiner Sicht ist es ein Zusammenarbeiten zwischen der Agentur und dem Kunden. Ich glaube, man erkennt mit der Zeit, ob die Agentur die Sprache spricht oder nicht. Wenn nicht, ist die Zusammenarbeit auch sehr schnell sehr stark gefährdet (lacht).

AR: Es gibt Kunden, die sagen, okay, auf die Headline guckt der Chef, die Copy betreut dann der Junior-Brand-Manager.

JH: Das wäre bei uns undenkbar. Eine Headline wie: »Die Faszination der neuen Automobilität erleben« – das wird es aus diesem Hause nie geben.

AR: Wie hoch ist die Sprache im Haus Volkswagen aufgehängt?

JH: Ich habe mit Dr. Pischetsrieder eine Vereinbarung, dass ich nur Herrn Wittig und ihm die Werbung vorher zeige. Sie geht nicht durch irgendwelche Gremien. Denn sonst kommen weichgespülte Headlines bei Anzeigen und Motiven raus.

AR: Ich habe festgestellt, dass Volkswagen sehr stark mit Bildern in der Sprache arbeitet. Geschieht das bewusst?

JH: Ich glaub' nicht, dass es sooo bewusst passiert. Es ist nur ein sehr gutes Hilfsmittel, um unseren Punkt zu machen.

AR: Die Audi-Sprache ist wesentlich weniger bildhaft. Sie ist wesentlich technischer. Wird im Hause Volkswagen in unterschiedlichen Markensprachen gesprochen?

JH: Ja. Mit Sicherheit. Man versucht, einen Audi abzugrenzen vom Passat. Die Differenzierung zwischen den Marken ist schon ziemlich stark. Also SEAT lässt sich von Audi und Audi lässt sich von Volkswagen sprachlich sehr gut unterscheiden. Seat ist Emotion. Audi ist Vorsprung durch Technik. Skoda findet jetzt auch seinen Weg – die haben ihn noch ein Stück vor sich. Aber bei den anderen ist er schon sehr klar.

AR: Ich könnte also keine Audi-Copy unter einen Volkswagen Passat schreiben?

JH: Nein. Das würde nie funktionieren.

AR: Gibt es die Volkswagensprache mit Ausprägungen für die einzelnen Car-Lines?

JH: Natürlich sind die Positionierungswelten, die die einzelnen Fahrzeuge von Volkswagen mitbringen, unterschiedlich geprägt. Wobei, es gibt einen großen gemeinsamen Nenner. Sicherlich ist ein Phaeton-Text seriöser; vielleicht im positiven Sinne des Wortes etwas konservativer. Aber es gibt immer die Klammer der gemeinsamen Werte und der übergreifenden Tonalität. Mit zehn Prozent Ausprägung für das jeweilige Modell.

AR: Wie tief geht die Corporate Language bei Volkswagen?

JH: Das ist ja die Frage, wie man das viel beschworene Thema der integrierten Kommunikation generell im Haus löst. Wir haben im Rahmen der Marktkommunikation, wie diese große Hauptabteilung heißt, verschiedene Prozesse, die garantieren, dass Kampagnen eine Durchgängigkeit haben. Dass sie sich auch im Bereich der Below-the-Line-Maßnahmen, im Bereich des Handelsmarketing, im Bereich des Direktmarketings, im Bereich der Internetkommunikation wiederfinden. Da gibt es schon eine große Durchgängigkeit. Und dem sind bestimmte Prozesse einfach zugeordnet, um wirklich diese integrierte Kommunikation sicherzustellen.

AR: Das bedeutet, die Werte, die Sie hier festlegen, gelten bis zu einem Geschäftsbrief, in dem ich mitgeteilt bekomme, dass es eine neue Leasing-Rate gibt?

JH: Bis zu dem, was wir selbst produzieren, ja. Eine Sprache zeigt sich dann, wenn sie nah am Verbraucher ist, gerade auf den letzten Metern. Das ist auch eine Frage der Haltung.

Hinter der Sprache steckt ein Wert. Wer diesen Wert nicht von der klassischen Kommunikation bis in die Handelskommunikation durchtragen kann, macht große Fehler.

Natürlich gibt's immer Bereiche, wo man das Gefühl hat, die geraten vielleicht ein bisschen aus dem Ruder; die muss man wieder einfangen. Es ist sehr schwer, die Händler in ein enges Korsett zu pressen, weil sie eigenständige Unternehmer sind. Und damit über die Jahre auch ihre eigene Tonalität entwickelt haben. Was wir anbieten, ist ein so genanntes Supportcenter für den Händler. Im Prinzip Händler-Eigenwerbung. Wir schaffen ihm Möglichkeiten, mit eigenen Motiven, eigenen Themen, die der Händler sich selbst ausdenkt, in der Volkswagen-Sprache sichtbar zu werden.

AR: Sind Sie aus Deutschland heraus verantwortlich für die Gesamt-Tonality von Volkswagen weltweit? Gibt es eine globale VW-Tonality?

JH: Noch nicht überall. Aber das Markenverständnis ist dasselbe. Die Marke ist weltweit in sehr unterschiedlichen Phasen der Entwicklung, wenn man das mal so vorsichtig formulieren will. Wir übertragen zum Beispiel gerade »Aus Liebe zum Automobil« in den chinesischen Markt. Da haben wir wirklich Experten daran gesetzt, um diese Liebe auf eine vernünftige Art zu übersetzen.

AR: Das heißt, Sie haben in allen Ländern Spezialisten, die für Sie schreiben?

JH: Wir haben überall Agenturen, die versuchen, Volkswagen-Kommunikation so Volkswagen-typisch, aber auch so landesspezifisch wie möglich zu machen. Ich glaube, das ist ganz wichtig. Denn die Mentalitätsunterschiede sind doch sehr groß.

AR: Es gäbe theoretisch ja auch den anderen Weg. Zu sagen: Wir haben *eine* Anzeige, die wird in der ganzen Welt geschaltet.

JH: Aber die sind sicherlich in dem Land nicht immer die Erfolgsreichsten. Da kann zwar der Marketing-Leiter sagen, wir haben viel Entwicklungsgeld gespart, weil wir nur eine Anzeige entwickelt haben. Aber ob die dann bei dem Publikum und bei dem Kunden ankommt, ist doch fraglich. Wenn ich versuche, unsere Werte nach Asien einfach zu übertragen, muss ich scheitern. Das kann ich nicht von Europa aus machen.

AR: Wenn heute ein Manager einer anderen Marke – keiner Automarke – sagt: Ich baue eine Marke durch Sprache auf, was geben Sie ihm mit auf den Weg?

JH: Ich glaube, es ist sehr wichtig, dass man erst mal definiert: Was ist die Marke? Für was steht die Marke? Was sind die Markenwerte? Und wenn man *die* einmal definiert hat, dann kann man eigentlich auch logisch daraus folgern, was für eine Tonalität sich daraus ergibt. Guck dir die Geschichte der Firma an; vergleiche sie mit den heutigen und mit den zukünftigen Markenwerten, da, wo man hin möchte; und versuche, so viel wie möglich von dem Guten in die Zukunft mit rüberzunehmen.

AR: Das bedeutet, man muss immer aus dem Markenkern kommen? Kann man nicht sagen: Die Marke hat sich verändert – und ich setze auf die Marke eine neue Sprache drauf?

JH: Ich glaube, eine Marke kann sich nicht so schnell verändern.

AR: Und wenn ich mit einer Marke an einen Punkt komme, wo ich mit ihr nicht weiterkomme?

JH: Ja, das kann natürlich sein, aber deswegen heißt es noch lange nicht, dass man sie verändert. Man muss ständig an der Marke arbeiten. Eine Marke ist durchaus ein lebendiges Gebilde. Ich sehe sie mehr wie eine Person, wo man sagt: Eine Person forme ich auch nicht von einem Tag zum anderen völlig um. Eine Person hat einen Charakter, hat bestimmte Stärken und Schwächen. Und im Zuge der Entwicklung verändern sie sich vielleicht – aber der Kern bleibt derselbe. Ich glaube, so ist das mit einer richtigen Marke auch. Schauen Sie sich den New Beetle an. Obwohl er vom Fahrzeugkonzept her ein völlig neues Auto ist, hat er doch ganz starke Wurzeln in der Marke.

Es geht immer darum, den Markenkern zu bewahren. Aber die Sprache durchaus auf die Zielgruppe abzustimmen. Wir achten sehr darauf, dass die Themen Sympathie und Menschlichkeit stets rüberkommen. Wenn Sie die Anzeigen lesen, da ist eigentlich auch immer ein Schuss Humor dabei, ein Twinkle in the Eye. Denn jede Werbung von uns muss etwas haben, das einem zum Schluss ein bisschen lächeln lässt. Nur dann haben wir irgendwas geschafft, was mehr ist als die normale Übermittlung von Information.

Das ist eine sehr subtile Form der Unterhaltung. Das ist eigentlich kein höherer Anspruch – andererseits: Es ist halt doch ein sehr hoher Anspruch, jedes Mal etwas rauszubringen, bei dem man Spaß hat, es zu lesen. ∎

JÜRGEN HENRICHS' UND ANDREAS GRABARZ' FAHRPLAN ZUM ERFOLG.

#1 Berücksichtigen Sie konsequent die Werte Ihrer Marke in Ihrer Sprache.
Und seien Sie trotzdem stets neu und provokant.

#2 Bewahren Sie den Markenkern.
Aber stimmen Sie ihn sprachlich auf Ihre Zielgruppe ab.

#3 Kunden wollen keine komplizierten technischen Erklärungen.
Sie wollen einfach verstehen, welchen Nutzen sie davon haben.

#4 Wenn Ihre Agentur nicht die Sprache Ihrer Marke spricht,
überlegen Sie, ob Sie sie austauschen.

#5 Lassen Sie Ihren Kunden beim Lesen lächeln.

#6 Übersetzen Sie nicht plump in fremde Sprachen.
Lassen Sie vor Ort eine intelligente Kreation im Sinne der Grundidee entwickeln.

Beim Lesen der Phaeton-Kampagne stellt sich natürlich die Frage: Kann eine Long-Copy-Kampagne markenbildend sein? »Wir hatten einfach mehr zu erzählen als andere«, erklärt mir Nicolai Lassen, Referatsleiter Werbung, Markenbildung und Verkaufsförderung bei Jet in Hamburg. Lassen: »Wir sagten durch die längeren Texte in unserer Relaunch-Kampagne 2003-2005 dem Verbraucher: Was wir versprechen, das hat Substanz und ist nachprüfbar. Das war natürlich eine Strategie, die ein bisschen mühsamer und langfristiger ist, aber irgendwann hat sie zum Erfolg geführt.

Besonders wichtig war uns, dem Kunden klarzumachen, dass er, wenn er bei Jet tankt, clever ist, weil er verstanden hat, es gibt ein günstiges Angebot, das von der Qualität her genauso gut ist wie bei anderen Marken. Das muss sich auch in der Sprache wiederfinden. Was wir dabei natürlich in Tests herausgefunden haben, ist, dass sicherlich viele sagten: Nein, das lese ich nicht. Das führte vielleicht auch dazu, dass die Anzeigenerinnerung nicht ganz so hoch war. Aber die Intensität, mit der eine solche Anzeige wahrgenommen wird, die ist deutlich höher. Auch das offene Feedback, das man bekommt, also die Überzeugung, die dadurch erreicht wird, ist sehr groß. Wir hatten sehr viele Leute in den Tests, die sagten: Mensch, das hab' ich jetzt noch gar nicht gewusst. Ich bin jetzt viel schlauer über Jet geworden; das finde ich gut, dass mich mal jemand informiert und mich ernst nimmt und nicht einfach versucht, mir etwas zu verkaufen. Das ist ein Teil der Kommunikationsstrategie, dass wir sagen: Wir haben ein ehrliches Angebot, und dahinter steht eine Jet-Story.

Es gibt eine bestimmte Gruppe von Menschen, die gerne zu den Kleinen geht. Jet ist für viele der kleine David gegen die großen Multis. Das schafft irgendwie mehr Treue. Was ja eigentlich erstaunlich ist. Schließlich ist der Tropfen Benzin überall gleich. Wenn der Verbraucher da plötzlich scheinbare Unterschiede rausliest, dann muss das wohl von der Kommunikation her kommen.«

Im Flieger nach Düsseldorf unterhalten sich zwei Reihen hinter mir zwei Männer darüber, welcher ihrer Berufe wohl mehr Molesten mit sich bringt. »Ich bin Versicherungsvertreter. Ich habe nach einer Statistik den Job, der in Deutschland die niedrigste Glaubwürdigkeit erfährt«, sagt der eine. Antwortet der andere: »Dann waren wir Banker wohl nicht in der Bewertung.«

Eine große Fonds-Gesellschaft lud mich unlängst in ihren hohen Turm nach Frankfurt. Zwei Tage ließ sie sich von mir ihre Texte auf Herz und Nieren prüfen. Mein Fazit: seelenlos, kalt, arrogant, distanziert. Antwort der grauen Zweireiher: »Danke, Herr Reins. Genau das wollten wir hören. Wir werden daran nichts ändern.«

Ich besuche also eine der wenigen Ausnahmen. Die Victoria Versicherung in Düsseldorf. Ich spreche mit Michael Rosenberg, Vorstand, und Klaus Fabri, Marketingleitung, darüber, wie viel Mut es braucht, sich von der Konkurrenz so deutlich zu unterscheiden.

Sprache ist der Träger UNSERES PRODUKTES.

Corporate Language am Beispiel *Victoria Versicherung*.

Michael Rosenberg (links) und Klaus Fabri.

VICTORIA

44 jahre

frauchen

11.50 uhr

postbote klingelt

bello aufgeregt

brav, bello, brav

aus! bello! aus!

victoria versichert

Die VICTORIA. Ein Unternehmen der **ERGO** Versicherungsgruppe.

VICTORIA

39 jahre

hotelier

pension am see

zimmer mit aussicht

rohrbruch im bad

wasser im erdgeschoss

umsatz im keller

wegen sanierung geschlossen

victoria versichert

Die VICTORIA. Ein Unternehmen der **ERGO** Versicherungsgruppe.

Immer wieder abgeschlossene Kurzromane: die Copys der Victoria.

Armin Reins: Herr Rosenberg, Herr Fabri, würden Sie Corporate Language bereits als wichtigen Bestandteil Ihrer Corporate Identity bezeichnen?

Michael Rosenberg: Ich könnte die Frage ganz einfach mit Ja beantworten. Aber das würde dann nach großer Strategie aussehen, die seit vielen Jahren klar durchdacht und sauber durchdekliniert ist. Das wäre sicherlich zu weitgehend formuliert. Das Thema Corporate Language hat – offen gesagt – als eigenständige strategische Größe am Anfang bei uns nicht auf der Agenda gestanden. Wenn man das rückblickend betrachtet, dann sind wir zum Thema Corporate Language ein Stück zufällig, aber auch ein Stück intuitiv gekommen.

Klaus Fabri: Wir haben uns als Bestandteil unseres Auftrittes natürlich sehr intensiv mit Corporate Design und Corporate Identity beschäftigt. Dazu haben wir klare Ziele formuliert. Dass wir wiedererkennbar sein wollen, dass wir Aufmerksamkeit erreichen wollen. Dass man uns abnimmt, was wir sagen. Aus diesem Grund haben wir uns vor fünf Jahren für die Kampagne von Eiler & Riemel, heute McCann Erickson München, entschieden. Und wenn man so will, haben wir uns damals intuitiv für ein Wortkonzept entschieden.

AR: Intuitiv richtig, weil Sie irgendwo gespürt haben, dass Sprache zu Ihrem Markenkern gehört?

MR: Versicherungen sind doch eigentlich unsichtbar. Anders als Industriegüter oder Handelsgüter, die Sie »begreifen« können. Wie erklärt man »Versicherung«? Großes Problem. Nicht nur für das Marketing. Schlussendlich auch für den Außendienst.

An sich kann man Versicherungen nur über die Sprache erklären.

»Versicherung« ist ja nichts anderes als der Verkauf von Sprache. Eingekleidet in Beschreibungen, eingekleidet in rechtliche Darstellungen. Sprache ist der Träger unseres Produktes. Versicherungen sind im Kern »verschriftete« Informationen. Insofern spielt für Versicherungen, wenn man's genau betrachtet, die sprachliche Darstellung eine besondere Rolle.

Wer, wenn nicht Sprache, kann verkaufen?

KF: Und es gibt für Versicherungen einen zweiten, wichtigen Gesichtspunkt im Zusammenhang mit Sprache. Versicherungen gelten ja als schwierig beschreibbar, um das mal sehr vorsichtig zu sagen. Der Branche haftet ja immer das Stigma des Kleingedruckten an. Und das ist das Überzeugende, das Besondere an unserer Kampagne – wir haben

34 jahre

männlich

in der kantine

tagessuppe 2,20

hauptspeise 4,50

karamelbonbons 2,20

neue krone 2.200,-

victoria versichert

Die VICTORIA. Ein Unternehmen der **ERGO** Versicherungsgruppe.

▬◤ VICTORIA ▬◤

38 jahre

männlich

familienurlaub

raststätte napoli

2 insalate miste

4 pizze funghi

2 espressi doppi

1 auto futschikato

victoria versichert

Die VICTORIA. Ein Unternehmen der **ERGO** Versicherungsgruppe.

die Sprache reduziert auf ganz einfache Begrifflichkeiten. Auf eine für Versicherer ganz untypische Form der Kürze.

MR: Diese Kürze, diese Prägnanz ist die Corporate Language der Victoria geworden.

Die Kampagne versteht es, Versicherungsinformationen wirklich auf sieben Schlagsätze im *Kern* zu reduzieren. Diese Kürze in unserer Sprache ist ja nichts Aufgesetztes, sie kommt aus der Geschichte der Victoria und aus dem Leben unserer Versicherten heraus.

KF: Gerade die Victoria hat ja eine relativ breite Kundenbasis und bewegt sich in den normalen Bevölkerungsschichten. Wenn man das weiß – und das wissen wir nicht erst seit heute, das wissen wir seit 150 Jahren –, dann muss man auch die Sprache der Zielgruppe, in der wir uns bewegen, aufnehmen und nicht irgendeine andere, fremde Sprache sprechen.

AR: Viele Versicherungen sprechen immer noch aus der Distanz heraus: »Ich bin groß und wichtig, du bist klein und unwichtig. Und ab und zu bedienen wir dich mal.«

MR: Es ist die Frage, ob man das Unternehmen zur Sprache bringt, oder ob man den Kunden zu Sprache bringt.

Man muss den alten Vertriebsspruch einfach nur akzeptieren: Versicherungen werden verkauft und nicht gekauft. Insofern kommt dem Kunden eine besondere Bedeutung zu.

Sie können nicht verkaufen mit unklarer Sprache. Komplizierte und komplexe Sprache funktioniert nicht.

KF: Das ist auch das, was uns der Außendienst permanent zurückspiegelt: Macht euren Auftritt einfach. Macht eure Prospekte verständlich. Macht eure Sachverhalte selbsterklärend. Das ist die Herausforderung, der wir seit zig Jahren unterliegen. Und das ist uns in mit unserer Marketing-Kampagne ausgesprochen gut gelungen.

AR: Verständlichkeit und Authentizität - welche anderen Werte der Victoria wollen Sie mit der Kampagne zur Sprache bringen?

MR: Unser wichtigster Grundwert ist *Nähe*. Nähe bedeutet nah zu sein am Kunden-Verständnis, am Kunden-Verhalten und am Kunden-Bedürfnis. Und da spielt der Text eine wichtige Rolle. Der *Text* ist bei uns eine sehr nahe Geschichte. Da finden Sie nie etwas Kompliziertes. Der zweite Grundwert ist Bodenständigkeit. Nicht abgehoben zu argumentieren, sondern über die alltäglichen Dinge des Lebens zu argumentieren. Versi-

19 jahre

männlich

schützenfest

halli-galli

remmi-demmi

quatsch mit soße

auf nachbars jacke

victoria versichert

Die VICTORIA. Ein Unternehmen der **ERGO** Versicherungsgruppe.

cherungen sichern letztendlich alltägliche Bedürfnisse. Nach Schutz bei Krankheit; nach Vorsorge für ein langes Leben; nach Schutz für Güter, mit denen sich der Mensch umgibt. Für sein Wohngebäude, seinen Hausrat, seinen Rechtsschutz, seine Haftpflicht.

AR: Die Victoria ist im Verbund der ERGO der zweitgrößte Versicherer. Und trotzdem wirkt sie auf mich - als bei Ihnen seit 21 Jahren Versicherter - anfassbar und partnerschaftlich. Wenn ich mir anschaue, wie eine AXA auftritt, eine Deutsche Bank - da spür ich immer: Die wollen sich groß tun.

Goethe hat einmal geschrieben: Am Großtun erkennt man die Kleinen. Ich finde, das ist bei Ihnen genau umgekehrt. Die Victoria wirkt anfassbar, partnerschaftlich und nah. Und das macht für mich die eigentliche Stärke aus. Dass jemand die Größe hat, sich so persönlich und klein zu geben. War das ein bewusster Schritt?

MR: Größe spielt unter anderen Gesichtspunkten, zum Beispiel finanziellen, schon eine Rolle. In den Fragen: Wie sicher ist eine Versicherungsgesellschaft – wie innovativ kann sich eine Versicherung verhalten. Aber das sind mehr unternehmerische Sachverhalte. In dem Moment, in dem Sie in ihr Kerngeschäft – nämlich zum Kunden – und in seine

Bedürfnisse hineingehen, müssen Sie ein völlig anderes Feld bespielen. Unternehmerisch kann ich ja auf meine Größe stolz sein. Aber im Auftritt zum Kunden ist Größe nicht das Vorrangige. Produkte verkaufen Sie nicht über Unternehmensgröße, die verkaufen Sie durch eine völlig anderen Ansprache.

AR: Aber es gibt viele Konkurrenten, die ihre Größe in den Vordergrund stellen.

MR: Die zielen vielleicht in Richtung der Investoren oder in Richtung der eigenen Mitarbeiter oder in Richtung anderer Zielgruppen, aber eben nicht in die Richtung des Kunden. Ich glaube, dass es dem Kunden wichtig ist, dass er vernünftig betreut wird, dass er die richtigen Produkte bekommt, dass seine Versicherung verlässlich ist. Ob eine Versicherung 10 oder 20 Milliarden in der Bilanz stehen hat, das ist dem Kunden nicht ganz so nah.

AR: Die Victoria-Kampagne läuft fünf Jahre. Würden Sie sagen, dass die Sprache in Ihrer Kampagne Teil des brand building der Victoria war?

KF: Ganz eindeutig. Ja.

Unsere eigenständige Sprache ist wesentlicher Teil unserer Kampagne geworden.

Weil wir gesehen haben, dass unsere Sprache das, was wir erreichen wollen in Richtung Kunden, mehr unterstützt als nur ein bildliches Konzept. Wir haben das in den Reaktionen, die wir bekommen haben – aus der Mitarbeiterschaft, aber insbesondere auch aus der Kundschaft –, klar erfahren. Sie sprechen uns nicht nur auf das Bildkonzept an, sie sprechen uns viel, viel mehr auf unsere Sprache an.

AR: Viele Unternehmen haben Angst davor, sich sprachlich so authentisch, so - um Gottes Willen - »menschlich« zu geben. Das Victoria-Format hat ja auch eine gewisse Form von Verspieltheit. Fürchten Sie nicht um Ihre Seriosität?

MR: Im Gegenteil. Wir wollen ja menschlich erscheinen. Und inspirierend. Die Kampagne regt extrem die Fantasie unserer Kunden an. Das geht ja teilweise so weit, dass man Glückwunschkarten von Kunden bekommt. Das ist mir mit einer Werbekampagne das erste Mal passiert.

AR: Die Kunden schreiben dann auch pro Zeile in drei Worten und klein?

KF: Die schreiben genau nach diesem Konzept: sieben Zeilen, klein, kurze Worte. E-Mails habe ich in diesem Stil bekommen, selbst SMS. Dann weiß man, das Konzept ist wirklich angenommen worden.

AR: Wie geht der Vertrieb mit dieser Sprache um?

MR: Er spricht natürlich nicht exakt die Kampagnen-Sprache. Aber in der Grundeinstellung – nahe, nicht kompliziert, nicht abgehoben – finden sie sich wieder.

**Bei der Victoria hält man keinen wissenschaftlichen Vortrag.
Da kommt man schnell auf den Punkt.**

Das ist viel älter als die Kampagne. Das ist die Wesens-Einstellung der Victoria. Unsere Versicherungen werden verkauft von Leuten, die wissen, wie man mit normalen Menschen redet. So gesehen kommt die Sprache der Kampagne ganz tief aus dem Markenkern.

KF: Ich glaube, die Sprache der Kampagne wirkt auch als erzieherische Maßnahme nach innen. Der Vertreter weiß: Ich kann mich nicht in lange Sätze fassen; ich darf nicht kompliziert reden; ich kann nicht irgendwie abstrakt sein; ich muss basic, hemdsärmelig sein.

MR: Wir haben nicht gesagt: Du musst so und so kommunizieren. Das ist viel mehr die Mischung aus der Kampagne, aber auch der Grundstimmung bei uns im Vertrieb. Es kommt einfach alles zusammen. Die Sprache unserer Druckstücke trifft den Ton der Vertreter. Das ist schließlich die Forderung des Außendienstes, die Vielfalt an Informationsnotwendigkeiten, die wir haben, von Komplexität zu befreien. Und da haben wir wohl mit unserer Sprache den richtigen Nagel in die richtige Wand geschlagen.

AR: Gilt das auch für Ihre Geschäftsbriefe?

KF: Wir haben über 10 000. Sie haben natürlich Recht, man muss langfristig die gesamte interne Geschäftsverkehrs-Sprache auf »Einfachheit« umstellen. Das ist ein langer, mühseliger Prozess. Wir haben damit begonnen, die Briefe, die mengenmäßig relevant sind, zu überarbeiten. Da gibt es natürlich Grenzen. Aber auch hier sagen wir uns: Juristen hin, Fachleute her – jetzt gucken wir mal, ob wir diese Briefe nicht ein kleines bisschen verständlicher formulieren können.

MR: Für diesen Prozess ist es ganz wichtig, von der Geschäftsleitung her ein klares Signal zu setzen: *Wir wollen das.* Nicht jeder hört gern, dass er bisher in seinen Geschäftsbriefen geschwafelt hat. Aber da muss man durch. Es ist sehr wichtig, dass eine Sprache durchgängig ist. Auf allen Ebenen. Denn, wenn die Sprache irgendwo aufhört und wieder von oben herab spricht, dann ist das Markenbild gestört. Nur durch die Durchgängigkeit der Stilelemente – und dazu gehört bei uns auch die Sprache – empfindet der Kunde Sympathie für eine Marke.

AR: Wenn ein jüngerer Kollege für sein Unternehmen eine Corporate Language entwickeln möchte; was würden Sie ihm nach den Erfahrungen, die Sie gemacht haben, an Ratschlägen mit auf den Weg geben?

MR: Der wichtigste Ratschlag: Frage dich zuerst einmal, was willst du eigentlich erreichen? *Wen* willst du erreichen? Eine Corporate Language kann man nicht einführen, ohne die Zielsetzung im Auge zu behalten. Und wenn du die herausgefunden hast, dann kommt erst die Frage: Was brauchst du dafür, um diese auch sprachlich umzusetzen. Und das Zweite, was ich ihm mit auf den Weg geben würde: Habe *Mut*. Denn sonst kommt man im Sprachlichen nicht an ein neues Ufer. Habe Mut. Was wir bei der Victoria gemacht haben war für uns ein völlig ungewöhnlicher Schritt. Den wir *heftig* diskutiert haben. Ob man so radikal eine Wandlung vornimmt oder nicht. Man muss aber den *Mut* haben, sich für einen Radikalschritt zu öffnen.

Sprachliche Halbheiten werden draußen nicht angenommen. Für diesen Radikalschritt braucht man allerdings das Commitment von oben. Und den etwas längeren Atem. Ohne langen Atem kriegst du das nicht hin. Wenn man nach einem Jahr einen sprachlichen Wechsel vornimmt, dann ist im Prinzip alles für die Katz gewesen. ▄

KLAUS FABRIS UND MICHAEL ROSENBERGS FAHRPLAN ZUM ERFOLG.

#1 Produkte, die man nicht »begreifen« kann, lassen sich am besten durch Sprache verkaufen.

#2 Einfache Sprache lässt Kompliziertes einfach erscheinen.

#3 Produkte verkaufen sich nicht durch das Prahlen mit der Unternehmensgröße.

#4 Leben Sie Sprache auf allen Ebenen. Setzen Sie sie durchgängig ein.

#5 Eine Corporate Language ist auch eine Erziehungsmaßnahme nach innen.

Warum ist man eigentlich bereit, sich Victoria-Texte durchzulesen? Gibt es Tricks, einen Text »lesenswert« zu schreiben? Ich befragte Robert Schenck, den Verantwortlichen für die Victoria-Kampagne bei McCann Erickson, München.

Mit sieben Zeilen *eine kleine Geschichte* erzählen.

Robert Schenck

Armin Reins: Robert, was ist das Typische an der Victoria-Sprache?
Robert Schenck: Das Typische an der Victoria-Sprache ist ein Stück weit Einfachheit und Nähe. Nähe, die darstellt: Wir von der Victoria sprechen keine gekünstelte Sprache, sprechen keine Sprache von oben herab, sondern wir sprechen einfach *deine* Sprache.
AR: Mir ist aufgefallen, dass die Victoria das Wort »Wir« vermeidet.
RS: Ja. Richtig. Weil: »Wir« hat meistens was mit zu großer Selbstsicht oder Eitelkeit zu tun. Die Victoria redet aber gar nicht so gerne über sich, sondern der Kunde soll im Mittelpunkt stehen. Nicht: *Wir* sind toll und *wir* haben die besten Verträge und *wir* haben die besten Vertreter. Sondern: *Sie* haben Sorgen? Da kann die Victoria *Ihnen* helfen.

AR: Magst du uns kurz verraten, was die Geheimnisse sind, dass diese Kampagne in allen Tests immer wieder hohe Lesewerte erhält? Welche Tricks habt ihr angewandt?

RS: Es sind tatsächlich Tricks. Mit nur sieben Zeilen ist die Copy ja eine sehr kurze Copy. Fast eine lange Headline, könnte man denken. Beim flüchtigen Vorbeilesen glaubt man, dass man diesen Text einfach noch so mitnehmen kann. Man braucht – gefühlt – nicht mehr als sieben Sekunden, um den Text zu lesen. Man erweckt den Eindruck, da kommt eine kleine, leicht verdaubare Geschichte. Typografisch wie inhaltlich. Jede Zeile steht ja eigentlich für sich. Ich muss mich hier nicht schwer durcharbeiten. Wir haben es hier quasi mit Häppchen-Journalismus zu tun. Und den lieben unsere Leser ja schon im »Focus« und in »Woman«.

AR: Für mich ist auch ein Trick, dass es nicht mehr als drei Worte pro Zeile gibt.

RS: Ja.

AR: Dass ihr nicht mit mehreren Sätzen arbeitet, nicht mit einem langen Satz arbeitet, sondern mit vielen kleinen Sätzen.

RS: Ja.

AR: Dass ihr klein schreibt.

RS: Ja.

AR: Dass ihr einen hohen Durchschuss habt zwischen den Zeilen.

RS: Ja.

AR: Keine Satzzeichen. Außer Fragezeichen.

RS: Ja.

AR: Dass du Zahlen nicht ausschreibst.

RS: Ja. Das ist alles im Sinne der Einfachheit. Um alles möglichst knapp zu halten – konsumierbar. Das ist meistens sowohl grafisch als auch textlich begründet. Wenn man zum Beispiel angefangen hätte, gemischt zu schreiben, dann wäre der Schritt zur Interpunktion nicht mehr weit gewesen. Und dann wäre es auch wieder sehr viel schwerer geworden im Konsumieren der ganzen Geschichte. Die bewusste Kleinschreibung ist auch ein bewusstes Stück Corporate Language. Da schafft man sich auf einem sehr simplen Weg Eigenständigkeit. Es ist auch eine Form von »demokratisch«. Das hat was mit der Schriftgeschichte zu tun, dass die Großbuchstaben vorher von den Herrschaftshäusern kamen, und die kleinen Buchstaben kamen aus dem Volk, die so genannten Minuskeln. Kleinschreibung passt also ganz gut zu einer Versicherung, die einen Schwerpunkt im Ruhrgebiet hat und bei Schalke 04 auf der Trikot-Brust prangt.

AR: Was mir auffällt, ist, dass du sehr stark visuell-auditiv-kinästhetisch schreibst. Also zum Beispiel »6 jahre dreikäsehoch«. Oder »quatsch mit soße«.

Motive aus der Victoria-Kampagne.

Oder ein auditives, lautmalerisches Beispiel: »halli-galli«. Arbeitest du bewusst damit? Oder ist das einfach dein Stil?

RS: Das addiert sich. Das ist auch die Kunst dieser Kampagne, dass du einen Film im Kopf erzählst.

AR: Und das fast ohne Adjektive.

RS: Braucht es nicht. Weil die Sprachbilder stark genug sind. Aus einem guten Text kann man kein Wort mehr rausstreichen.

AR: Wie stellst du sicher, dass die Victoria-Sprache in der Agentur, von deinen Textern, verinnerlicht wird, gelernt wird, weiter gelebt wird?

RS: Manche sind daran eindeutig gescheitert. Weil sie diese Textmechanik *extrem* unterschätzt haben. Die denken: Ja, ja, schreib' ich sieben Zeilen drunter, und das letzte ist Victoria Versicherung in Blau; schon habe ich eine Victoria-Anzeige; so leicht ist es ja leider nicht. Man muss es schaffen: Mit sieben Zeilen eine kleine Geschichte erzählen – mit einer Pointe, wo vielleicht noch das eine oder andere Wortspielchen drin ist. Das ist nicht ganz leicht. Die Leute, die auf Victoria schreiben, die dürfen nicht im Elfenbeinturm leben. Das müssen ganz normale Menschen sein, die einfach im Leben stehen; die

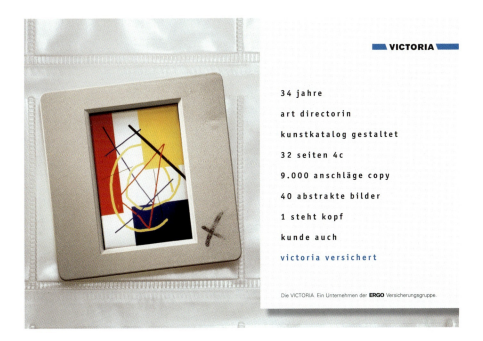

auch Straßenbahn fahren. Ansonsten gilt bei uns: Vorbilder sind wichtiger als Nachschlagewerke. Man lernt durch Nachmachen. Aber es kommt schon vor, dass wir mehrere Tage an den sieben Zeilen schreiben.

In den vorangegangenen neun Fallbeispielen haben wir erfahren, wie eine eigenständige Sprache Marken und Unternehmen profilieren kann. Wie man durch Sprache mit Verbrauchern fast ein Liebesverhältnis aufbauen kann. Aber wie steht es um die B-to-B-Kommunikation? Muss ich zu Fachleuten anders sprechen als zu »normalen Menschen«? Bevor ich Simon Ellis, den Director International Professional Partner Services bei Schwarzkopf Professional treffe, suche ich mir in der Nähe der Hamburger Schwarzkopf-Zentrale ein Café zum Frühstücken. Ich lande im – Achtung, kein Druckfehler – »Café Randevou«. Und trinke eine »Power-Melange«. Um mich herum kaputte Dauerwellen.

Die Sprache MUSS DAS FEUER SEIN.

Corporate Language am Beispiel *Schwarzkopf Professional.*

Simon Ellis hat bei Schwarzkopf Professional die ASK Academies gegründet.
Sie versuchen für die Kommunikation mit 160 000 Friseur-Salons in 80 Ländern auf fünf Kontinenten eine einheitliche Sprache zu finden.
Kann man eine Sprache für so unterschiedliche Kulturen finden?

Armin Reins: Simon, ihr legt bei Schwarzkopf Professional großen Wert auf Sprache. Glaubst du, dass in den nächsten fünf Jahren die Sprache markenbildend bei Schwarzkopf sein wird?

Simon Ellis: Ich bin sogar fest davon überzeugt. Unser Ziel ist es, alle Submarken mit der Dachmarke zu harmonisieren. Über die Sprache.

AR: Wofür steht die Hauptmarke Schwarzkopf Professional?

SE: Übergeordnet steht für Schwarzkopf Professional der Begriff »Passion« – also »Leidenschaft«.

AR: Aber sind die Zielgruppen der Submarken vom Alter her nicht sehr heterogen? Zum Beispiel Frauen über 40 verstehen Leidenschaft doch bestimmt anders als Frauen um die 20.

SE: Klar. In der »Welt der Farben«, wo unsere Klientel älter ist, müssen wir eine deutlich »rundere«, ja softere Sprache einsetzen, während die Sprache, mit der wir die Zielgruppe unter 20 ansprechen, mehr punchy sein muss. Aber wir reden immer von Leidenschaft.

AR: Bedeutet das in der Konsequenz, dass dieses Wissen um eure Corporate Language ins CI-Manual aufgenommen werden muss?

SE: Absolut. In unserer »World of Education« überarbeite ich gerade die CI und führe ein von uns so genanntes »Language Manual« ein. Das gibt uns vor, welche Schlüsselworte (zum Beispiel lead, innovate, motivate, inspire, global partnership, success, focus, expert, excite, desire, relax) unabhängig von der Textform auf jeden Fall zu benutzen sind…

AR: Ihr baut also aus diesen Worten – ich nenne es Sprachbank – euer Markengebäude?

SE: Ja, aber diese Worte sind offen und damit eine Art Einstiegsmöglichkeit für jedermann, der auf der Marke textet.

Die Worte sind ein bisschen wie eine Kirche, ein Dom. Sie stellen eine »Kultstätte« dar, einen Ort der Besinnung, eine Art gelebte Erfahrung. Das ist unser Ziel.

AR: In den ASK Academies wird das ja sogar optisch deutlich.

SE: Ja, wir projizieren sie dort, in unserer Ausbildungsstätte, sogar an die Wand auf Plasmabildschirme. Die Idee, die wir damit verbildlichen wollen, ist: Sprache ist offen für jeden. Jeder schlüpft in diese Begriffe rein. Das ist ein ganz wichtiger Punkt. Die Worte müssen von jedem Einzelnen, der sie liest, mit Bedeutung gefüllt werden.

AR: Mit diesem Ausbildungsprojekt für eure Friseure seid ihr absolut führend.

SE: Aber ich frage dich: Wie willst du sonst so schnell mit so großen Menschengruppen kommunizieren und eine prompte Wirkung erzielen? Wie erzeugst du lang wäh-

Die ASK Academies stellen Sprache in den Vordergrund.

rende Eindrücke? Und wie bringst du die Menschen dazu, sich daran zu erinnern? Die Menschen finden über die Sprache eine persönliche Brücke zur Marke – in diesem Fall Schwarzkopf Professional.

AR: Wann und wo ist der erste Shop mit der »Schwarzkopf-Dome-Sprache« realisiert worden?

SE: Der wurde in London eröffnet. Und jetzt gibt es auch einen in Tokio. Und in Südamerika gibt's welche. Alle unsere Fortbildungseinrichtungen besitzen Schritt für Schritt ihre eigenen »Domes«.

AR: Werdet ihr etwas Ähnliches in Hamburg oder Frankfurt implementieren?

SE: Ich hoffe sehr, dass wir bald einen »German Dome« haben werden.

AR: Ausbildung durch Sprache, durch Schlüsselbegriffe. Wie muss ich mir das praktisch vorstellen?

SE: ASK steht für Academy Schwarzkopf. Aber natürlich auch für weit mehr: für die Philosophie insgesamt. Die Botschaft lautet: »Learn to be best, beautiful, yourself, inspired, ambitious, first, successful, driven.« ASK repräsentiert sozusagen die Bildungswelt von Schwarzkopf.

AR: Die ASK Academies – was bringen sie der Schwarzkopf-Marke? Konntet ihr schon substanzielle Erfahrungen mit den ASK Academies sammeln?

SE: Ich glaube, dass die allergrößte Überraschung für unsere Klientel war, dass wir überhaupt so eine klare Identität haben. Die Friseure haben es sehr positiv aufgenommen. Interessanterweise ist genau dieser Bildungsaspekt für sie der zweitwichtigste Faktor nach dem Produkt.

AR: Die Macht der Sprache. Für die Ausbildung.

SE: Genau so ist es. Aber nicht nur. Wir verfolgen zurzeit diese klare Umsetzung auf Basis der Sprache, der Schlüsselbegriffe, auch zum Aufbau der Submarken. Wir setzen für jede Submarke relevante Keywords ein. Seah ist HairSPA. Bonacure ist HairTherapy. Wir interpretieren Leidenschaft unterschiedlich, je nach Submarke. Wir haben damit angefangen. Aber es liegt noch viel Arbeit vor uns.

AR: Dabei bleibt ihr weltweit bei der persönlichen Ansprache der Business-to-Business-Zielgruppe Friseure.

SE: Einer der ersten Schritte, die wir bei der weltweiten Neuausrichtung der Marke anstrebten, war, eine auf dem *you* basierende Sprache als persönliches Element der allgemeinen Kommunikation zu implementieren. Als konstitutiver Teil der Hauptmarke. Das ist uns allerdings in Deutschland noch nicht komplett gelungen. Ich glaube, dass zwischen unseren Sprachen eine gewisse Kluft existiert. Die Art, wie wir uns in englischer Sprache präsentieren, und das, was die deutschen Agenturen durch Übersetzungen und

Die Sprache muss das Feuer sein.

sprachliche Anpassungen daraus machen... da liegen immer noch Welten dazwischen. Schau dir die ursprüngliche sprachliche Umsetzung vom Englischen ins Deutsche an! Und schau sie dir jetzt an. Wir mussten das alles wieder und wieder umformulieren. Aber lies mal, wie die Sprache in unserer deutschen Kommunikation durch diese kurze, dynamische, direkte Form plötzlich gewonnen hat.

Mein Learning: Es ist möglich, eine Corporate Language durchzuziehen. Es ist nur viel Arbeit. Man muss es nur wollen.
Ich glaube, dass man um die richtigen Worte große Kämpfe führen muss.

AR: Welche Schritte müssen jetzt folgen, bis deine Vision Realität wird?
SE: Wir müssen die Marken immer besser miteinander verkoppeln. Und wir brauchen Spezialisten wie euch, die die Vorgehensweise für uns genau bestimmen. Es gibt zwei große Aufgaben, auf die wir uns konzentrieren wollen. Die erste ist, zu erklären, welche Werte hinter all diesen Worten stecken. Was ist das richtige Verständnis dieser Worte? Denn wir dürfen nicht vergessen, dass wir unterschiedliche Übersetzungen für jedes Wort haben. Das Wort »Freude« (engl.: *pleasure*) bedeutet für mich Familie, Harmonie. Anders als bei Coca-Cola: In deren Verständnis ist »Freude« gleich Zusammensitzen in Harmonie, keine schmutzigen Dinge sagen und schönen sauberen Spaß haben. Pepsi dagegen versteht unter »Freude« etwas vollkommen anderes. Deswegen bin ich der Meinung, dass wir zuerst *definieren* müssen, was »Passion« für uns bedeutet und welche »Bilder im Geist« zu welchem Begriff gehören.

Die zweite Aufgabe ist, uns die Menschen – die Zielgruppen – anzuschauen. Interne und externe Kommunikation sollten kongruent verlaufen. Es funktioniert nicht, wenn du eine fantastische Kampagne mit den richtigen Worten hast – und die Mitarbeiter sagen: »Mich interessiert das nicht.« Es ist nicht genug, wenn die Vertriebsmannschaft die innere Haltung hat: »Ich muss zu meinem Frisör gehen und ihm sagen, ich hab' ein neues Produkt für dich. Kaufe es!« Die Sales-Repräsentanten müssen die ganze Philosophie hinter dem Produkt nicht nur verstehen, sondern auch leben, das heißt in Worte packen können.

AR: Die Diskrepanz zwischen dem beworbenen Image und der alltäglichen Realität des Verkaufspersonals ist das größte Problem vieler Unternehmen. Und meist liegt es an der Sprache!
SE: Virgin zum Beispiel – die sind einfach hervorragend! Beginnend mit ihrem Flugmanagement über die Abwicklung bis zu der Art, wie dich die Flugbegleiter in der typischen Virgin-Sprache ansprechen! Alles, was sie tun, ist unglaublich konsistent. Am Ende des Tages müssen wir – glaube ich – all das leben, was wir so laut predigen. Das

ist essenziell. Wir müssen es aussprechen! Wir müssen das richtige Verkaufspersonal rekrutieren, weil sie die »wichtigsten Gesichter« sind, die von unseren Kunden aus unserer gesamten »Schwarzkopf-Welt« wahrgenommen werden. Ich bin der Überzeugung, dass eine Marke erst durch das Gespräch mit dir an Lebendigkeit gewinnt. Du gehst weg und denkst dir: »Das also ist Schwarzkopf Professional? Simon ist Schwarzkopf Professional!« Frage ich unsere Kunden, an was sie sich in Zusammenhang mit Schwarzkopf Professional erinnern, antworten sie, dass es die Person ist, mit der sie persönlichen Kontakt gehabt haben. Die Person, mit der sie gesprochen haben.

AR: Wenn der Außendienstmann nicht die gleiche oder eine ähnliche Sprache spricht wie der Frisör, ist er raus aus dem Business.

SE: Ja. Das Gespräch mit dem Vertriebsmenschen beeinflusst die Art, wie der Kunde die Marke und somit auch die Produkte wahrnimmt… Wenn der Frisör den Eindruck hat: »Oh, er ist menschlich«, dann überträgt er diese Wahrnehmung auch auf die Marke, die ihm ebenfalls als »menschlich« erscheint. Und mit dieser Auffassung liegen sie bei Schwarzkopf Professional völlig richtig! Der Hauptträger einer Botschaft im Marketing ist die Sprache.

Die Sprache verbindet. Die Sprache haucht Werten Leben ein und lässt sie zu einer unverwechselbaren Marke zusammenschmelzen.

Das wird in Zukunft meine Hauptaufgabe sein. Und: Darum kümmere ich mich selbst. Ich selbst sehe mich in der Rolle des Predigers in meiner Firma. Ich schleppe die Holzstämme, ich mach' das Feuer und trommle die Leute zusammen. Dann rede ich mit ihnen. Dann müssen sie weggehen und woanders ihr eigenes Feuer anzünden. Die Sprache muss das Feuer sein.

AR: Kennst du weitere gute Beispiele für eine Corporate Language?

SE: Ich bin immer wieder von Nike verblüfft. Die haben diesen Claim: »Just do it!« Das sagt alles darüber, was sie machen. Es sagt etwas aus über die Menschen, die für Nike arbeiten. Apple ist ein ähnliches Unternehmen, das ich sehr bewundere, wegen der Art, wie sie ihre Vision gestalten, umsetzen und kommunizieren.

AR: Es ist fast wie Religion.

SE: Es *ist* Religion! Alle großen Firmen haben ihre eigene Religion, weil sie sich alle gewissermaßen wie die Kirche verhalten. Sie haben das Kreuz in der Hand – und sie haben ihre spezifische Sprache. Weil du mit einem einzigen Wort augenblicklich Emotionen auslösen kannst. Nur mit einem einzigen Wort! Schönheit ist die Tochter der Einfachheit. Das Schöne an der Sprache ist, dass man damit sehr, sehr direkt, kurz und scharf sein kann.

AR: Welche Tools müssen jetzt bei der Gestaltung der neuen Schwarzkopf-Sprache noch eingesetzt werden?

SE: Ich denke, die Produktbeschreibungen sind wahrscheinlich die wichtigsten Kommunikationswege für die allgemeinen Markenwerte. Schau dir die meisten Packungstexte an! Grausam. Ich glaube auch, dass die Sprache nicht nur bei der Ausbildung, sondern schon vorher, bei der Personalrekrutierung, entscheidend ist. Indem man Kandidaten in der richtigen Sprache anspricht, gewinnt man automatisch auch diejenigen als Mitarbeiter, deren Sprache mit der Firmensprache übereinstimmt.

AR: Was würdest du einem Manager empfehlen, der in Betracht zieht, Corporate Language in seine Firma einzuführen?

SE: Lass dich nicht von den bevorstehenden Herausforderungen abschrecken. Just do it! Tue es einfach. Wenn du daran glaubst, zieh es einfach durch, und halte selbst durch, bis es vollbracht ist. Der Bereich der Corporate Language ist, glaub' ich, die herausforderndste Arena überhaupt. Darin befinden sich aber auch die einträglichsten Ziele. ■

Das Interview wurde aus dem Englischen ins Deutsche übersetzt.

SIMON ELLIS' FAHRPLAN ZUM ERFOLG.

#1 Versuchen Sie, einen »Dom« Ihrer wichtigsten Schlüsselworte anzulegen.

#2 Versuchen Sie, durch eine einheitliche Sprache Ihre Submarken mit der Hauptmarke zu harmonisieren.

#3 Arbeiten Sie hart an den Übersetzungen in fremde Sprachen.

#4 Sorgen Sie dafür, dass Ihre Sprache von jedem im Unternehmen gesprochen wird. Besonders vom Vertrieb. Sorgen Sie für sprachliche »Weiterbildung«.

#5 Bedenken Sie, dass auch die Sprache in Personalanzeigen für ein Unternehmen wirbt!

Kämpfen tun auch Unternehmen, wenn sie mergen. Meistens jedoch gegeneinander. Dabei ist jeder Merger eine Chance. Für das Geschäft und die Kommunikation. Auch für die Sprache des gemergten Unternehmens?
Veronika Classen, Professorin für Sprache und Kommunikation an der Muthesius Kunsthochschule in Kiel und Partnerin des Trendbüros in Hamburg, stellt uns vier Merger-Möglichkeiten vor: drei geschäftsschädigende und eine Erfolg versprechende. Welche wählen Sie?

MERGER-*Matsch*.

Welche Rolle Sprache
bei Unternehmensfusionen spielt.
Von *Veronika Classen*.

Veronika Classen ist Partnerin von REINSCLASSEN, Agentur für Sprache,
und Professorin für Kommunikationsdesign an der Muthesius Kunsthochschule in Kiel.

Wenn zwei sich zusammentun, dann müssen sie sich erst mal zusammenraufen, damit zusammenwächst, was zusammengehören soll. Bei Menschen, bei Marken, bei Unternehmen. Zusammenraufen kann man auch so übersetzen: eine gemeinsame Philosophie finden. Und die ist die Basis für einen guten gemeinsamen Auftritt.

Leider verstehen viele Firmen unter diesem guten neuen Auftritt nur ein neues visuelles Erscheinungsbild. Beispiel: Nach dem Merger zwischen Allianz und Dresdner Bank hat im Herbst 2004 die Düsseldorfer Design-Agentur Claus Koch ein einheitliches Corporate Design entwickelt, um beide Marken zu harmonisieren. Und in puncto Sprache? Da erfährt man über die grüne Bank lediglich: »Ein Unternehmen der Allianz«. Dabei soll die »synchronisierte Mehrmarkenführung« doch eine Stärke des Konzerns sein! Die »Wertpapierbude« hat an Image verloren (2004 in den »Imageprofilen« im Ranking der 172 größten Unternehmen nur noch auf Platz 149 zu finden), während die Allianz noch über ein passables Ansehen verfügt. Und die sprachliche Identität? Jeder spricht vor sich hin.

Stellen Sie sich vor, Sie kennen zwei nette Menschen. Mensch **A** ist ein selbstständiger Gewerbetreibender, Bayer, katholisch. Der tut sich zusammen mit MenschIn **B**, einer lucky Lehrerin aus London. Klassischer Fall eines Sprach-Mergers. Was passiert?

Als Außenstehender hört man mit gespitzten Ohren zu. Da ist einem vielleicht nur **A** oder **B** aus dem Zweierbund vertraut. Man kennt sie/ihn; man weiß, wie er/sie spricht. Und plötzlich spricht er/sie anders. Daraus kann man vieles raushören. Man kriegt gleich spitz, ob und wer den Ton angibt. Oder ob man eine Sprache spricht.

Was ist, wenn die Werte des einen sich sehr unterscheiden von den Werten des anderen? Was ist, wenn die Sprachen deshalb auch total unterschiedlich sind? Wie findet man zu einer gemeinsamen Sprache? Was könnte die neue Sprache der beiden sein?

Gehen wir mal mathematisch vor. Erste Möglichkeit: A + B = AB.

Die gemeinsame Sprache mischt sich einfach zusammen. Auf unsere beiden Menschen übertragen heißt das: Es entsteht Bayerisch-Londonian. Jo mei, do you get me? Wahrscheinlich zucken wir bei jedem Satz zusammen.

Sie haben Recht. So etwas passiert im wirklichen Leben nicht. Nicht in dieser zusammengeworfenen Form. Aber in der Kommunikation, da haben wir solche Fälle. Da entsteht zum Beispiel Braun-Gillette-isch. Da wird ganz ungehemmt zusammenaddiert (auch so ein wunderbarer Sprachmatsch). Eine klare deutsche, ungeschnörkelte Sprache auf Fachhandels-Niveau wird gespickt mit einer lauten englischen Rausverkauf-Discount-Sprache.

Resultat: Der Rasierer, der die Zweitrasur überflüssig macht – jetzt neu mit Money-Back-Garantie. Gefühls-Resultat: Wer Braun wertschätzt, ist extrem verunsichert. Die

sprechen plötzlich so… billig. So anmachend. Und wer Gillette aus den Staaten kennt, denkt: Hey, was reden die so… so ernst? Unterm Strich bleiben bei einem Mischmasch dieser Art beide auf der Strecke. **Formel A + B = AB.** Das bedeutet Identitätsschwund auf beiden Seiten.

Mit Braun-Gillette-isch sind wir aber noch nicht am Ende der Merger-Mixsprache. Jetzt kommt Braun-Gillette-isch-Procter-and-Gamble-isch auf uns zu. Mal hören, was das ergibt. In jedem neuen Merger liegt ja auch eine neue Chance. Rechnen wir uns erst mal weiter durch die Möglichkeiten.

Da gibt es als zweite Option: A + B = B.

Heißt auf gut Deutsch: Einer gewinnt – der andere verstummt. Könnte also sein, dass unser Münchner seinen Dialekt drangibt und nur noch Englisch spricht. Schade. Denn damit haben wir einen guten Freund verloren. Wenn die Sprache verschwindet, verschwindet die Persönlichkeit, die Marke.

In der Welt um uns herum kommt es eher selten vor, dass ein Mensch in einer Zweierbeziehung vollkommen seine Sprache aufgibt und nur noch zu 100 Prozent die Sprache des Partners spricht. Als Außenstehende würden wir in einem solchen Fall schwer verstört reagieren. Um Gottes willen, was ist da los? Vielleicht würden wir die Polizei

Linke Seite:
Ellen Betrix – The Care Company

Rechte Seite:
»Vereinigte« Ellen-Betrix-/MaxFactor-Kombi-Anzeige aus Deutschland.

einschalten. Oder zumindest einen Gang zum Psychotherapeuten empfehlen. Aber bei professionellen Zusammenführungen, da gibt es das schon.

Da verstummt zum Beispiel die selbstbewusste Ellen Betrix. Die Frau war mal überzeugt von The Care Company, glaubte daran, dass frau schön ist, wenn frau sich gut fühlt. Statt ihrer spricht nun nur noch dieser MaxFactor-Glamour-Make-up-Artist. Sie hat gar nichts mehr zu melden. Aber das ist ja auch nicht mehr ihre Welt, wenn der Typ in absoluten Superlativen darüber schwadroniert, warum dieser 2000-Calorie-Mascara auf den Lashes von der worldwide bekannten Actress in dem Film Soundso fantastic aussieht. Befremdlich nur, dass als Absender unten beide grüßen: Ellen Betrix und MaxFactor.

Mein lieber Mann, da hat die Frau Betrix sich aber um 100 Grad verändert! Von selbstbewusst keine Spur mehr! Macht gar nicht mehr den Mund auf, die Arme – und lässt nur noch ihren amerikanischen Kerl zu Wort kommen! Ohne Worte.

Wir fassen zusammen: **Formel A + B = B** – das heißt nicht mehr und nicht weniger als: Hier verabschiedete sich A. Eine Marke zum Beispiel. Schade um das Leben, das Eigen-Leben. Schade um die Anstrengungen und die Investition, die es kostete, eine (Marken-)Persönlichkeit zu werden. Schade um die vielen Freundinnen und Freunde.

Kleine Anmerkung: Warum nur, warum tut sich **A** mit **B** zusammen und zahlt auch noch reichlich Mitgift, um dann alleine weiterzuleben. Ist das nicht… kriminell dumm?

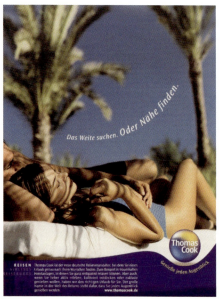

Condor mit dem Insight »Sicherheit« (links), Condor by Thomas Cook mit dem Insight »Weite« (rechts).

Und: Wäre es nicht pietätvoller und konsequenter, im Absender nicht an die Verblichene zu erinnern?! Wir halten fest: **A + B = B**. Diese Formel ist teuer – und für Freunde und Bekannte von A tieftraurig bis shocking.

Weiter geht's. Möglichkeit drei – voilà: A + B = A.

Noch ein Mord? Sieht ganz so aus. Auch hier wieder der kleine Trost: Im Privatleben geschieht das eher selten. Aber bei wohlstudierten Fachleuten auf dem Fachgebiet der Markenführung… da wird das sehenden Auges exekutiert.

Da gibt es zum Beispiel einen Urlaubsflieger mit einer eigenständigen Urlaubsflieger-Sprache. Man redet im Gegensatz zur Geschäftskunden-Linien-Sprache nicht businessmäßig, sondern wie ein Mensch im Urlaub, also umgangssprachlich. Und dann mutiert diese sonnige Condor-Sprache zum neutralen Thomas-Cook-international-Deutsch. Das Ergebnis: Das Urlaubsgefühl bleibt auf der Flugstrecke. Als Urlauber fliegt man dann lieber mit anderen, die mehr Urlaubsgefühl anklingen lassen.

Formel A + B = A kann also dazu führen, dass Freunde und Bekannte von **B** sehr, sehr sauer sind und die Verantwortlichen abstrafen, was sehr, sehr teuer für die Verantwortlichen werden kann. Aber man kann ja was tun dagegen: auf rewind drücken. Und

Condor mit dem Insight »Günstig«.

schwupp – das Ganze wird korrigiert. Thomas Cook wird wieder Condor, wird wieder populär-sprachig. Holla, **B** lebt wieder! Wenn auch jetzt mit vielen Fliegen. Aber das ist ja auch klar: So ein mistiges Vor-Zurück, das zieht die Fliegen an.

Und jetzt die letzte Möglichkeit: A + B = C.

Das ist das, was unsere beiden Menschen, der Sepp und Lucky Linda machen, wenn sie sich zusammentun und nett miteinander umgehen. Klar, der Sepp hat seine Überzeugungen und Werte – und die englische Lady auch. Aber man kommt ja zusammen, um was Neues aufzubauen – zusammen schafft man sich eine neue Basis. Eine neue Welt. Man redet zuerst viel, streitet sich auch um einige Ansichten. Aber dann entstehen gemeinsame Anschauungen. Und die vertritt man als Paar. Das macht stark. Es wächst was zusammen. Und wenn man spricht, dann aus einem Rohr.

Und bei den Profis? Jaa, auch da kommt das vor! Ein Beispiel: Da gibt es eine eher katholische, den Selbstständigen zugewandte Bayerische Bank. Und eine eher protestantische, Großanleger-orientierte Hypo-Bank. Die zwei haben auch zwei Sprachen. Dann tut man sich zusammen. Aus der katholischen, den Selbstständigen zugewandten Bayerischen-Bank-Sprache und der protestantischen, Großanleger-orientierten Hypo-Bank-

Sprache wird? ... eine neue Bank mit einer neuen Philosophie mit neuen Werten. Und daraus leitet sich eine neue Sprache ab. Eine neue Sprache bedeutet hier: die absolut kundenorientiert ausgerichtete HypoVereinsbank-Sprache.

Wie das? Basis dafür ist das neue gemeinsame Werteverständnis. Man hat einen gemeinsamen neuen Bankkunden-Typus ins Visier genommen. Und darauf aufbauend wächst die neue, ungewohnt unbankerische Sprache. Die sorgt für viel Aufmerksamkeit. Man schenkt der neuen Bank viel Gehör. Man hört ihr gerne zu. **Formel A + B = C.** Das ist die Lösung, die Menschen und Marken gerecht wird.

Natürlich geht das Leben weiter, und wir sind gespannt, wie die UniCredit/Hypo-Vereinsbank sprechen wird. Sie beschreibt sich jetzt schon als wahre europäische Bank. Das lässt hoffen. Auch gespannt sind wir auf Sony BMG, die Fusion von Bertelsmann Music Group (BMG) mit Sony Music. How will this sound? An der Sprache werden wir erkennen, ob es eine gemeinsame Philosophie gibt.

Wir lesen gerade: HEW wird Vattenfall, aber das Engagement bleibt. Und was ist mit Siemens BenQ? Spricht da weiter Siemens oder talkt Taiwan? Mit Mannesmann sind wir über D2 Mannesmann bei Vodafone gelandet. How are you? Nicht zu verwechseln mit O_2, jetzt Telefonica. Wird aus O_2 nun Olé oder Oje? Da die Angebote immer ähnlicher werden, die Produkte und die Dienstleistungen austauschbarer, wird das visuelle Erschei-

Links eine Anzeige der Hypo-Bank vor der Fusion.
Und rechts das Pendant von der Vereinsbank.

nungsbild immer wichtiger. Aber auch das Design hilft oft nicht mehr weiter. Oder ist es Ihnen möglich, alle Kaffeemaschinen und Kleinwagen – ohne lange zu überlegen – an der Formensprache zu erkennen?

Vielleicht geht es uns ja so wie ganz am Anfang unserer Entwicklung – und wir werden unsere Lieben (Menschen, Marken und Firmen) in Zukunft am schnellsten und eindeutigsten an der Sprache erkennen? Dann sollten wir mit Feingefühl vorgehen und jeden Merger als Aufgabe und Chance begreifen. Und dafür gilt dann folgendes Fazit: **A + B = AB, A + B = A, A + B = B:** In diesen drei Fällen handelt es sich um feindliche Sprachübernahmen. **A + B = C:** Hier ist eine Sprache entstanden, die auf einer gemeinsamen Werteorientierung aufbaut.

Letzteres ist der Vorgang, den wir in glücklichen Paarbeziehungen beobachten können. Gemeinsame Werte führen dazu, dass man erkennbar zusammengehörend spricht. Letzteres sollten wir nach Mergern in Zukunft auch häufiger beobachten dürfen. Man setzt sich zusammen, definiert seine Werte. Und als Ausdruck dessen gibt es dann nicht nur ein neues einheitliches Corporate Design, sondern auch eine einheitliche Corporate Language. Erst dann hört sich Merger gut an.

Als Resultat: Die Marke HypoVereinsbank (links).
Wie wird UniCredit (rechts) dazu passen?

Bleibt die Frage: Wie spricht ein Kunde mit seinem Texter? Wie motiviert er ihn zum besseren Umgang mit der Sprache? Wie muss ein Briefing aussehen? Ich reiste zum Vater fast aller großen Texter, zu Rainer Baginski. Er gab mir eines seiner ganz, ganz seltenen Interviews. Rainer Baginski verrät uns, warum Markenartikel auch nur Menschen und Texter gar nicht bösartig sind.

Das Produkt ist der *Held meiner Arbeit.*

Wie Texter arbeiten wollen.
Interview mit *Rainer Baginski.*

Rainer Baginski,
Buchautor, Creative Director und Texter.

Armin Reins: Rainer, was unterscheidet einen guten Texter von einem schlechten?

Rainer Baginski: Der gute Texter schafft eigene Sprachstrukturen. Er braucht keine Klischees. Sein Text überrascht und ist trotzdem immer plausibel. Die Schlagzeile muss so gut sein, dass ich den Text lesen will. Der erste Satz muss so gut sein, dass ich weiterlesen will. Auch der letzte Satz muss richtig gut sein, für die Leute, die hinten anfangen. Dann gibt es noch die Seiteneinsteiger. Also sollten auch Bildunterschriften, Flaglines, Zwischen-Headlines usw. immer gut sein.

AR: Hast du ein Arbeitsprinzip?

RB: Erst mal: Ich pflege Briefings ernst zu nehmen, sehr ernst. Ich versuche immer, so eine Art von Re-Briefing zu schreiben, um zu sehen: Verstehen der Kunde und ich uns? Was geht, was nicht? Dann informiere ich mich so gut wie möglich, lese mich mit meinem Thema voll. Dann schalte ich ab, so schaffe ich in mir eine Durchlässigkeit für neue Gedanken. Ich versuche das Produkt kennen zu lernen. Ich geh' zu Händlern. Ich gucke es mir auf der Straße an, ich suche nach den Schwächen und nach den Stärken. Ich versuche alles auswendig zu behalten.

Ich lebe so ein bisschen um die Ecke herum.

Ich würde mich selbst als relativ belesen bezeichnen. Meine Tochter Laura hat mal gesagt: »Gell, Papa, wir leben in einer Bibliothek mit Küche.«

AR: Hast du beim Schreiben ein Ritual?

RB: Ich stehe in der Regel früh auf, jetzt im Sommer bin ich spätestens um vier, halb fünf hier unten. Und dann höre ich immer Musik. Ich habe bestimmte Lieblingskomponisten, und je schwieriger das ist, was ich zu tun habe, desto mehr bin ich darauf angewiesen, dass ich die Musik wirklich liebe. Und dann ist es so, dass ich gerne ein großes weißes Blatt nehme, A3, da schreibe ich Stichworte drauf, und dann versuche ich die miteinander zu verbinden. Und da kommen dann irgendwann Botschaften bei raus, wo ich sage, aha, das ist vielleicht eine Keimzelle für einen Text. Was wäre denn da eine gute Schlagzeile drüber?

AR: Woran erkennst du, dass ein Text nicht mehr verbessert werden kann?

RB: Ich glaube, das merkt der Bauch. Und der Bauch ist ziemlich präzise. Ich denke, der Bauch ist präziser als das Gehirn. Ich habe erst im Laufe meines Lebens festgestellt, was alles im Bauch beziehungsweise im Darm Platz hat und was da entschieden wird. Oben wird alles eingefüttert, und irgendwann kommt es an eine Stelle, wo es durchfallen darf. Dann fällt es durch, dann fängt man es vielleicht auf, und der Bauch sagt sich: »Ach so, hübsch!« Ich bin dann immer völlig außer mir, wenn andere Leute das nicht teilen können.

SAM SPADE, PRIVATER Schnüffler, sah einen Moment zu spät hoch. So erkannte er nicht mehr, ob dieses Mädchen ein dreiteiliges Composé aus karierter Alpakawolle, eine lavendelfarbene Crêpe-de-Chine-Bluse mit passendem Seidenschal oder ein ajourgewebtes Kleid in Crêpe-de-Chine-Jacquard mit raffiniertem Seitenschlitz oder ein Chemisekleid aus buntgewebter Seide trug. Auf jeden Fall beschloss er, ihr zu folgen.

HOMME · FEMME

Als wäre sie gerade erschienen: Die van-Laack-Kampagne von Rainer Baginski.
Gute Texte werden niemals alt.

AR: Welche Eigenschaften sollte ein guter Texter haben?

RB: Gebildet, neugierig, fleißig, nie mit sich zufrieden. Berti Vogts hat mal über Günter Netzer gesagt: »Der Günter ist 90 Prozent Genie und 10 Prozent fleißig. Ich bin eigentlich nicht begabt. Ich bin fleißig!« Ich bin da wie Berti Vogts.

AR: Sollte ein Texter immer vom Produkt ausgehen, wenn er textet?

RB: Ja, denn das Produkt ist der Held seiner Arbeit. Es gibt alle wichtigen Antworten. Wenn man die Antworten im Produkt nicht zu finden glaubt, soll man es lassen. Ich denke aber, man findet immer was Interessantes, andernfalls hat das Produkt keine Reason for being.

AR: Was ist in deinen Augen kreativ?

RB: Ich bin der Meinung, dass die Leute kreativ sind, die nicht erwachsen werden.

Das heißt, für mich ist Kreativsein auch eine Art fortdauerndes Kindsein.

Dazu gibt es auch eine wissenschaftliche Hypothese. Der Begriff, mit dem die Wissenschaftler arbeiten, heißt Neotenie. Neotenie meint, dass der Mensch sich von den anderen Primaten dadurch unterscheidet, dass er den Zeitpunkt, ab dem er nicht mehr lernen kann, beliebig nach hinten verschieben kann. Während die Primaten irgendwann nicht mehr lernen können und dann anfangen alt auszusehen, kann's dem Menschen passieren, dass er wie ein alter Affe aussieht, lang und knochig, und trotzdem ist er in der Lage, bis zum Schluss zu lernen. Neotenie ist die Grundvoraussetzung für alles, was kreativ ist. Weil es nämlich auch verhindert, dass man erwachsen wird.

Für die Wissenschaftler ist erwachsen sein gleichbedeutend mit nicht mehr lernen können. Gehen wir mal davon aus, dass es die kreativen Leute sind, die bis zuletzt extrem wach bleiben und die extrem »Kind« bleiben. Fortlaufende Kinder quasi, auch wenn sie erwachsen sind. Und gehen wir mal davon aus, dass es bei den Kunden im Allgemeinen umgekehrt ist. Kunden sind quasi erwachsene Leute, und eigentlich wollen die nur, dass ihr Produkt gut verkauft wird. Da stehen sich also zwei Welten gegenüber, die eigentlich nichts miteinander zu tun haben, aber doch was miteinander zu tun haben müssen. Meiner Meinung nach kann man da nur weiterkommen, indem die Kunden sich bewegen. Denn wenn die Kreativen erwachsen werden und nichts mehr lernen können, fällt ihnen auch nichts mehr ein. Ich denke mal: Kunden sind gut beraten, wenn sie ihren Kreativen Spielräume einräumen, in denen sie sich bewegen können. Und wo das, was dabei herauskommt, nicht immer persönlich genommen wird. Das ist ganz wichtig. Und die Kreativen können vielleicht zur Entspannung der Situation beitragen, indem sie das besondere Schicksal ihrer Kunden zumindest versuchen zu begreifen.

IM PARK VON ERMEnonville liegt der grosse Rousseau begraben. Seine Besucherinnen tragen Blusen aus Crêpe-de-Chine im Panneaudruck oder Hosenröcke aus Lambswool im klassischen Hahnentritt oder weisse Composés aus Seide und Wolle mit passendem Schal oder hauchdünne Schlupfformkleider mit Stehbund oder zarte reinseidene Jerseys mit tiefem Décolleté und sehr aufregendem Seitenschlitz. »Unvernunft, bei solch einer Witterung. Dicke Wolle tut's auch«, würde der Philosoph der Aufklärung aus der Gruft rufen, wenn er dies alles noch wahrnehmen könnte.

Lady van Laack

WAS HÄLT EINEN zielstrebigen Geschäftsmann diesen Frühling vom Pfad der Tugend ab? Eine Crêpe-de-Chine-Bluse mit weiten, tief eingesetzten Ärmeln? Ein fünfteiliges Composé in aufeinander abgestimmten Karos und Streifen? Eine Overblouse aus Cashmerewolle mit großen Brusttaschen, Seitenschlitzen und passendem Schal? Ein Chemisekleid aus buntgewebter Seide? Oder doch nur das gutsortierte Aktienpaket, achtfarbig gedruckt, im handlichen Lederkoffer?

HOMME FEMME

WÄRE ER GARY COOper, er ginge zum Showdown im buntgewebten Sporthemd in Braunbeige. Wäre er James Stewart, er würde ein feingestreiftes Popelinehemd mit weißem Kragen wählen. Er weiß, Richard Widmark käme in einem braunen Sporthemd aus feinem Cord mit Pattentaschen und Achselklappen. Und Burt Lancaster vollzöge die Abrechnung im reinseidenen Gesellschaftshemd mit Doppelmanschette und verdeckter Knopfleiste. Er selbst aber trägt ein beigefarbenes Wollhemd mit tiefer Rückenfalte und karierter Knopfleiste. Wer ist der Mann?

AR: Kunden begreifen, ist das nicht die Aufgabe der Kontakter?

RB: Ich bin ja der Meinung, ein Kontakter ist im Allgemeinen keiner, der einen Kunden wirklich gut begreift. Sondern ein Kontakter ist einer, der ein unternehmerisches Ziel hat. Das kann durch seinen eigenen Karrierewunsch definiert sein, das kann dadurch definiert sein, dass die Agenturen ein ganz bestimmtes Ziel haben. Im Allgemeinen kommt da nicht viel mehr.

Das heißt, der Kontakter als Schreckgespenst des Texters ist vermutlich real.

AR: Du meinst, der Texter muss deshalb in der Agentur mehr sein als ein Texter?

RB: Ja, unbedingt. Weil ich glaube, in dem Augenblick, wo die Kreativen nur als Kreative rumlaufen, werden sie als bunte Hunde gesehen. Kunden sind doch heute oft angstgesteuert. Diese Angst ist meines Erachtens eine grundsätzliche Lebensangst. Weil die Kunden oft nicht mehr wissen: Wie werde ich mit meinen Problemen fertig? Ich glaube, eine Möglichkeit wäre, dass man mit ihnen ihre Unternehmensprobleme auf einer höheren Ebene diskutiert. Dass man nicht nur versucht, Werbung mit ihnen zu machen, sondern wirklich wieder versucht, gemeinsam die Marke zu verstehen. Ich denke, du kannst in dem Augenblick mit einem größeren Vertrauen vom Kunden rechnen, wenn der Kunde merkt: Aha, der empfindet eine Verantwortung für mein Produkt. Denn das ist das, wo die Kunden sich oft allein gelassen fühlen. Und da kannst du als Texter gut helfen. Denn du kannst deinem Kunden zeigen: Ich spreche deine Sprache, ich verstehe dich.

AR: Das Problem, das ich sehe, ist, dass ich oft nicht weiß, wie soll ich das dem Kunden beibringen?

RB: Ja, das wird immer schwieriger und hat sicher mit der allgemeinen Beschleunigung und der Schweinebauch-Mentalität zu tun. Ich bin durchaus der Meinung, der Kunde soll kapieren, dass er von einem irgendwie anders, besonders geratenen Menschen bedient wird. Die Kunden sollen ruhig wissen, die Idee ist was Besonderes. Die kann man nicht einfach so schnell vom Tisch fegen.

AR: Wie hast du es geschafft, kreative Texte bei Kunden zu »verkaufen«? Kann man als Texter Sparringspartner für den Kunden sein?

RB: Es geht erst mal darum, einen Vertrauensbildungsprozess in Gang zu setzen. Das ist manchmal wichtiger als die Kampagne selbst. Und dann habe ich versucht, sie bei ihrer Eitelkeit zu packen. Gute Werbung fällt immer auf, also wird auch der Kunde, der sie genehmigt, bemerkt, befragt, gefilmt, fotografiert, interviewt. Wer das nicht will, soll keine Werbung machen. Ich habe zum Beispiel das Gefühl, dass bei Springer & Jacoby oder Jung von Matt Kunden zu anderen Menschen werden. Sie werden in gewisser Weise kühner. Sie lassen mehr zu und fühlen sich plötzlich als Kunden auf einem höherem Niveau. Ich glaube, in jedem besseren Kunden steckt irgendwo die geheime Sehnsucht, aus seinem Gefängnis entschwinden zu können. Bei einigen Kunden ist es mir gelungen, bei einigen überhaupt nicht. Wenn ich mir überlege, was ich alles nicht verkauft bekommen habe, dann könnte ich trübsinnig werden.

AR: Welche Ratschläge gibst du Kunden im Umgang mit Textern?

RB: Lass sie machen, auch wenn's fremdartig wirkt. Texter sind nicht bösartig. Jeder Texter ist mehr als nur eine Aufgabenlösung. Das ist ein Mensch, der denkt über etwas nach, der hat Gefühle, der ist unter Umständen in der Lage, sein Gegenüber einzuschätzen, der ist unter Umständen in der Lage, mit dir mitzufühlen, der ist unter Umständen in der Lage, Probleme vorauszusehen und dir zu sagen: Du musst auf Folgendes achten. Das ist halt ein zähes und zugleich fragiles Gebilde.

AR: Was machen Kunden beim Arbeiten mit Textern falsch?

RB: Der Kunde sagt seinem Texter am besten alles, was ihm einfällt, auch wenn es unwichtig zu sein scheint. Noch besser: Auch das, was ihm nicht einfällt.

AR: Wie wollen Texter gebrieft werden?

RB: Alle Beteiligten sind Sensibelchen. Also normal miteinander reden, auch zuhören. Mein Wahlspruch: Wer austeilt, muss auch einstecken können. Oder, wie Herbert Wehner in Bonn mal der CDU-Fraktion nachrief, als die empört über seine Beleidigungen aus dem Plenarsaal auszog: »Vergessen Sie nie, wer rausgeht, muss auch wieder reinkommen.«

AR: Was ist für dich gute Werbung?

RB: Werbung war für mich immer ein Spiel zwischen Werber und Verbraucher. Ich habe niemals nur *für* geworben, immer auch *um*. Das geschah immer mit offenem Visier. Ich habe nie versucht, die Leute zu überwältigen. Ich halte es für wichtig, dass man immer *nein* sagen kann. Gleichzeitig tue ich alles, was mir einfällt, dass niemand *nein* sagen muss. Ich glaube nicht, dass die interessanten Verbraucher hinterrücks überwältigt werden wollen. Gute Werbung kann sich immer ganz zeigen, sie muss nie etwas verbergen.

AR: Sollte Sprache wieder einen größeren Stellenwert in der Werbung bekommen?

RB: Ich bin grundsätzlich der Meinung, dass Sprache immer ein Teil von dem ist, was Persönlichkeit, Stärke oder Schwäche einer Marke ausmacht. Du kannst auf Marken immer übertragen, was du sonst vielleicht nur von Personen denkst. Ein Markenartikel ist auch nur ein Mensch. Von daher denke ich, man hat als Texter immer eine Verantwortung gegenüber der Sprache seines Kunden. Du entscheidest in der Wahl der Sprache, die du der Marke verpasst, ob die Marke künstlich getragen oder glaubhaft daherkommt. Wir Texter kleiden die Marken ein, die wir betreuen. Das macht den Wiedererkennungswert aus. Ich finde deshalb auch, dass Agenturen und vor allem Kunden ihre Marke über einen längeren Zeitraum von ein und demselben Texter betreuen lassen sollten. Texter haben Verantwortung für Marken. Man muss als Texter einem Kunden auch sagen können: Ich bin nicht der Richtige für Sie, es tut mir schrecklich Leid, wahrscheinlich brauchen Sie einen anderen. Ich hätte es gerne geschafft, ich kann es nicht. Auf Wiedersehen.

Man kann nicht zwei Puten zusammenbinden und einen Adler daraus machen. Man kann aber zwei Adler zusammenbinden und eine Pute draus machen. Das hab ich natürlich nicht oft gemacht, weil ich der Meinung bin, das sollte für einen Werber der Last Exit sein.

RAINER BAGINSKIS FAHRPLAN ZUM ERFOLG.

#1 Kunden sollten dem Texter wirklich »alles« über das Produkt erzählen.

#2 Kunden sollten Kreativen Spielräume einräumen.

#3 Kunden sollten ihren Textern das Recht zugestehen, nicht erwachsen zu werden.

#4 Kunden sollten Kritik von Textern nicht persönlich nehmen.

#5 Kunden sollten ihre Marke lange von »Ihrem« Texter betreuen lassen.

#6 Texter sollten alles über das Produkt Ihrer Kunden wissen wollen.

#7 Texter sollten kreative Spielräume nutzen.

#8 Texter sollten sich das Recht nehmen, nie erwachsen zu werden.

#9 Texter sollten Kritik an Kunden nicht zu persönlich formulieren.

#10 Texter sollten lange für Kunden arbeiten wollen.

Einer, der Rainer Baginski manchmal als sein Vorbild bezeichnet, ist Detmar Karpinski. 1998 machte er maßgeblich mit seinen Texten Gerhard Schröder zum Kanzler. Er erfand außerdem »I′m walking« für Aral und die berühmte Lada-Kampagne. Heute verantwortet er Kampagnen für Union Investment und e-plus. Mir ist aufgefallen, dass ich eine Karpinski-Kampagne unter tausenden rauslesen kann. Ich frage den »Werber des Jahres 2004«, woran das liegt.

Ich schreibe wohl, *wie ich selbst spreche.*

Detmar Karpinski
über die richtige Sprache für Marken.

Detmar Karpinski ist das zweite K in KNSK, Geschäftsführer, Creative Director und Texter.

Armin Reins: Detmar, sollte Corporate Language so wichtig sein wie Corporate Design?

Detmar Karpinski: Ich denke schon. Für das eine Unternehmen vielleicht mehr als für das andere. Wenn ein Unternehmen viele Kommunikationskanäle hat, wird Corporate Language natürlich wichtiger, als wenn es nur auf einem trommelt. Oder wenn ich so intelligente Produkte verkaufe, die ein normaler Mensch im Beratungsgespräch kaum versteht, dann macht es Sinn, darüber nachzudenken: Mit welcher Sprache muss ich sprechen, damit man mich versteht.

Generell müsste eigentlich jedes Unternehmen über Corporate Language nachdenken.

AR: Kann man die Marke stärken durch Sprache?

DK: Sie kann dadurch eindeutiger positioniert werden. Es gibt keinen Grund, die Positionierung eines Unternehmens nur anhand von klassischer Werbung sichtbar zu machen. Wenn ich in allem eine andere Sprache spreche, sorge ich natürlich beim Verbraucher für Irritation. Das einfachste Beispiel ist e-plus. Wenn ich so im Fernsehen spreche und so in den Print-Medien, habe ich ein Problem. Wenn ich dann da anrufe und frage: Können Sie mir zum Thema Handy helfen? Und jemand schreit mich an, dann wird die Positionierung, die ich vorne aufbaue, hinten mit Füßen wieder umgetreten. Die Firmensprache muss stimmig sein, muss passen, muss überall gelebt werden.

AR: Bleiben wir bei e-plus. Ihr habt die Marke auch sprachlich umpositioniert.

DK: Das war das Ziel. Es ging darum, ein Unternehmen komplett neu zu positionieren, das seit zehn Jahren am Markt ist, immer mit 100 Millionen Mark pro Jahr, das eindeutig in der Billig-Ecke für Taxifahrer und Studenten steckte. Wenn wir hingegangen wären und hätten gesagt, wir wollen ab morgen ein Technologieführer sein, dann hätte das keiner geglaubt. Es musste also ganz glaubwürdig passieren, so dass die Leute das nachvollziehen können.

AR: Spielte dabei Marktforschung eine Rolle? In Sachen: »Wie finde ich die richtige Sprache?«

DK: Absolut. Man hat damals herausgefunden: e-plus ist speziell für Business-Kunden schwer vertretbar. Wenn man denen sagte »Sie können mich über 0177 erreichen«, dann hat das Gegenüber immer gefragt: »Wie, e-plus? Sind Sie etwa pleite?« Man muss die Marke umbauen, aber es muss glaubwürdig passieren. Wir haben uns gefragt: Was sind die Stärken der Marke? Wir sind bodenständig, menschlich, wir bieten leichten Zugang. Wir versprechen nicht die Welt, aber was wir versprechen, können wir auch halten. Das gesamte Re-Positioning lief unter dem Motto: Wir wollen erfrischend anders sein.

Völlig normal. Nicht so abgehoben, wie es bei Vodafone der Fall ist. Dazu gehört am Ende auch eine sympathische Sprache. Weil man eine Marke damit am schnellsten und direktesten aufladen kann. Und das in der gesamten Markenpyramide. Das hat dazu geführt, dass die Menschen, die bei e-plus im Callcenter arbeiten, komplett ein Trainee-Programm bekommen haben, wo sie gelernt haben, auf die Leute zuzugehen, freundlicher zu sein.

»Menschlicher« ist das große Wort. Folge ist, dass bei e-plus jetzt überall grüne Äpfel rumliegen. Oder dass jeden Freitag alle nur mit grünen Polohemden rumlaufen. Auch im Winter, in diesen kurzärmeligen. Mir geht das ehrlich gesagt schon wieder zu weit.

AR: Gibt es Marktforschungsergebnisse, die zeigen, dass die Kampagne »Wir verbinden Menschen« greift?

DK: Das ist ja das Unglaubliche: Selbst wir hätten nicht gedacht, dass ein Unternehmen so schnell ein anderes Image bekommen kann. Nimm zum Beispiel die Frage: »Wird es diese Firma in zehn Jahren noch geben?« Vorher haben 75 Prozent der Leute gesagt: Nee. Jetzt ist es genau umgekehrt, 75 Prozent der Leute sagen: Ja klar gibt's die in zehn Jahren noch. Oder ein anderes Beispiel. Bisher haben die Kunden gesagt: »Ist alles schön und gut mit dem Werbefilmchen, aber die Netzqualität ist Scheiße im Vergleich zu Vodafone.« Kein Thema mehr. Keiner redet mehr über die Netzqualität.

AR: Führst du das zurück auf die veränderte Sprache? Im Vergleich zu Beckenbauers »Ja, ist denn schon Weihnachten?« ist e-plus in meinen Augen seriöser geworden.

DK: Ich führ's darauf zurück, dass die ganze Branche relativ verlogen ist. Immer viel versprochen hat und nie was gehalten hat. Die Leute haben sich verarscht gefühlt. Da wurden irre Preise versprochen, und dann steht im Kleingedruckten: Aber nur, wenn ein Elefant die Alte Rabenstraße runtergeht und eine Jungfrau nackt von links nach rechts die Fahrbahn überquert. Und jetzt kommt auf einmal ein Unternehmen daher und verspricht überhaupt nix. Das Einzige, was sie versprechen, ist, dass sie die Menschen verbinden wollen. Also das, was die Mobilfunktelefonie generisch verspricht. Nicht mehr und nicht weniger verspricht e-plus. Aber auf eine sympathische, menschliche Art und Weise. Ich glaub', das ist der Erfolg.

AR: Kommen wir zur SPD. Wie bewusst hast du 1998 für die Kanzler-Kampagne Sprache zum Thema gemacht?

DK: Wir haben uns einfach die Parteienwerbung anguckt. Da war nur Mist: »Fit für Europa! Sicher in die Zukunft.« Da kannst du die SPD drunterklatschen oder die CDU, die Grünen, im Prinzip jede Partei. Dann haben wir uns gefragt: Warum ist das so? Und haben festgestellt, dass es seit den 60er Jahren keine Entwicklung gegeben hat. Wie in vielen Branchen waren die so inzuchtmäßig drauf, dass sie sich immer gesagt haben: Da muss ein Kopf hin, dem die Leute vertrauen sollen, und da drüber eine kurze, knackige Aussage. Wir haben uns dann gefragt: Muss da wirklich ein Kopf drauf? Muss dieses Uga-Uga wirklich sein? Sind Wähler wirklich so plemplem, dass sie nichts anderes verstehen? Wir sind hingegangen und haben gesagt: Nee, glauben wir nicht. Wir glauben, dass die Leute so intelligent sind, dass sie in der Lage sind, ein oder zwei normal formulierte Sätze zu lesen, die vielleicht auch noch ein bisschen charmant daherkommen. Und das hat dann so irre gescored, wie die das noch nie erlebt hatten.

Trotz allem war's dann so, dass der Schröder durch die Städte gefahren ist, diese Plakate gesehen hat und gesagt hat: Was soll die Scheiße? Die Idioten in Hamburg wissen eben nicht, wie ich als Person score. Wieso sehe ich da Delfine und komische Kindergesichter? Speziell die Sprache hat er bis heute nicht verstanden.

AR: Mal angenommen, die FDP würde dich um eine Kampagne bitten. Würdest du aus dem Bauch heraus entscheiden, was für diese Partei die richtige Sprache ist?

DK: Ich hab' an der SPD gelernt, dass Marktforschung wichtig ist. Früher hab' ich das abgelehnt und gesagt: Die gehen mir auf den Sack. So divenhaftes Kreativgeplänkel. Aber ich hab' gelernt, wie wichtig das ist. Wenn du mit 82 Millionen Menschen redest. Du sprichst nicht mit dem intellektuellen SPIEGEL-Leser oder einem, der sich für die E-Klasse interessiert. Du redest mit allen. Da musst zu zuhören: Wie steht die Partei da; wo ist sie stark; wo schwach; welches Profil hat der Spitzenkandidat? Daraus musst du dann Dinge entwickeln.

Aus dem Bauch heraus, glaube ich, geht überhaupt nicht. Ein paar Sachen hast du auch im Bauch. Was die mit Westerwelle und seinen 18 Prozent gemacht haben; da hätte ich nicht viel Marktforschung gebraucht, um zu sagen, dass das nur nach hinten losgehen kann. Das war der primitive Versuch, das zu kupfern, was wir '98 gemacht haben; aber auf dem Klein-Fritzchen-Niveau. Aber wenn du eine Partei und eine Person – und beides verändert sich ja permanent in dem Geschäft, das ist anders als im Schokoriegel-Business – richtig positionieren willst, dann brauchst du Forscher. Wobei ich der FDP sagen würde: Sei du selbst, die Partei des Mittelstands, dann wird das schon.

AR: Fallen dir spontan Marken oder Unternehmen ein, wo du sagst, die sind in ihrer Sprache konsequent?

DK: Mercedes hat über die Jahre einen Stil entwickelt. Sowie IKEA sicher auch. Von der negativen Seite her finde ich die Deutsche Bank konsequent – in ihrer peinlichen Art. Und Siemens-Haushaltsgeräte. Da muss ich immer an einen Typen denken, der bei mir plötzlich in der Wohnung steht und sagt: »Guten Tag, ich gehör' mit zur Familie.« Dem würde ich sagen: »Raus hier, Willy, du passt hier gar nicht rein.« Den Claim finde ich total anbiedernd. Ein Riese, der sich klein machen und bei mir einschleichen will.

AR: Sich selbst treu sein – ist das das Geheimnis erfolgreicher Marken? Kommt die Sprache aus der Marke?

DK: Ja. Ich glaube, dass es unser Job ist, dass man in das Unternehmen reinhorcht, den Markenkern definiert, wie Scholz das mal genannt hat. Und den dann dem aktuellen Trend oder dem Zeitgeist anpasst. Das gilt sicher auch für die Sprache der Marken.

AR: Wenn ich neu am Markt bin, wie finde ich dann meine Sprache?

DK: Nimm unser Beispiel Otello. Wir haben die Marke ja richtig aufgebaut. Die gab's vorher gar nicht. Es gab die Telekom. Und die Privaten. Wie positionieren wir also den Vogel? Wir haben geahnt, dass ganz viele, Arcor und wie sie alle hießen, sich als Innovationsführer aufspielen würden. Wir wussten, dass die Telekom sehr unpersönlich ist und unmenschlich, weil Ex-Monopolist. Und die Tat war zu sagen: Otello ist sehr menschlich, sehr nah an den Leuten, sehr sympathisch und eben nicht abgehoben. Das ist dann via Werbung verkauft worden. Und das hat das Unternehmen auch gelebt. Der Markenkern kam quasi hinterher.

AR: Ein anderes Beispiel ist Aral – »I'm walking«. Du hast dadurch Aral ein neues Gesicht gegeben. Auch durch Sprache.

DK: Wir haben denen gesagt: Mit eurer kühlen Kacke fahrt ihr die Marke gegen die Wand. Die Leute hatten, wenn sie zu Aral kamen, gar nicht mehr das Gefühl, dass sie da tanken konnten; die dachten, die werden da operiert. Und dann hat der Kunde – auf seine Bochumer Art – mit sehr eindringlichen Worten zu uns gesagt: Gut, aber wenn se dat nich hinkriegen, gibt's 'nen Pitsch. Die Tat war also, das Ding aus dieser Apotheken-Ecke rauszuholen und ein bisschen netter und sympathischer zu machen. Das war alles.

AR: Sollte eine Agentur mehrere Sprachen sprechen können?

DK: Eine Agentur braucht bestimmte Eckpfeiler, an die alle glauben. Ich glaub' dran, dass die Leute so doof nicht sind. Die Frage ist:

Nimmt man Verbraucher ernst oder nicht?

Eine einheitliche Agentursprache finde ich nicht richtig, weil die Ausgangslagen, die Unternehmen, die Aufgabenstellungen völlig unterschiedlich sind.

AR: Wenn du weißt, wie deine Marke ist, weißt du auch, wie sie redet.

DK: Richtig. Und wenn ich jetzt so eine aufgesetzte Identity-Fibel von der Deutschen Bank in die Hand kriege, ahne ich, das kann nicht richtig sein. Dann tu ich die lieber in den Schredder.

AR: SPD, e-plus, Otello, Aral, alle symathisch, normal, menschlich – sehe ich das richtig, dass es eine Detmar-Karpinski-Corporate-Language gibt?

DK: Das ist ja der Schrecken, dass ich das gerade auch feststelle. Ich schreibe wohl, wie ich selbst spreche.

AR: Immer schon?

DK: Angefangen habe ich bei Scholz. Urkatholische Werbung. Werbung für die Masse. Da wollte ich von weg. Dann kam meine Bader-Lang-Behnken-Zeit. Ich habe viele Kampagnen für mich selbst gemacht und für den ADC, sehr intellektuell, evangelisch. Ich habe an die Intelligenz der Käufer geglaubt. Nimm die Lada-Kampagne, da war mein berühmtes Vorbild Rainer Baginski und seine Moskovskaya-Kampagne. Ich hatte zwar schon immer die Fähigkeit, mir Dinge anzutrainieren, ich glaube aber im Nachhinein: Lada, das war ich nicht. Zur BLB-Zeit hab' ich aber immer auch auf Evelyn Wenzel geguckt, die bei der BBDO die Eduscho-Filme schrieb. Die hab' ich dafür bewundert und mir gesagt: Das kann ich überhaupt nicht, widerlich, katholisch eben. Und so stelle ich jetzt gerade für mich fest, dass ich vom Katholen zum Evangelen wurde, dann wieder zum Katholen; wenn ich mir die jüngeren Beispiele vor Augen halte – Otello, jetzt e-plus. Katholisch, aber anständig katholisch, ohne dass es peinlich ist.

Ich kupfere ja in der Tat immer wieder bei mir selber ab. Ich hab' immer damit gerechnet, dass das mal irgendwie W&V schreibt. Kein Mensch ist Gott sei dank bis jetzt drauf gekommen. ∎

DETMAR KARPINSKIS FAHRPLAN ZUM ERFOLG.

#1 Sprache muss »stimmig sein«. Sie muss zum Absender passen.

#2 Versuchen Sie, »menschlich« zu schreiben.

#3 Versuchen Sie, »sympathisch« zu schreiben.

#4 Ihre Zielgruppe ist intelligenter, als Sie glauben.

#5 Eine Agentur sollte mehre »Kampagnen-Sprachen« sprechen.

Die Checklisten *der Corporate Language.*
Ziel erreicht. *Was haben Sie erfahren?*

Sprache kann Marken stärken. Sprache kann sogar Marken machen. *Corporate Language ist mindestens genauso wichtig wie Corporate Design.* Corporate Language kann Zeit und Geld sparen. *Corporate Language verkauft.* Zur Corporate Language kommt man über eine Sprachpositionierung. *Und die kommt immer aus den Markenwerten.* Corporate Language braucht eine emotionale Sprache. *Corporate Language muss von oben gewollt und von unten geliebt werden.*

Wo stehen Sie mit Ihrer Corporate Language? Finden Sie es heraus. Auf den nächsten Seiten erwarten Sie zwei Checklisten, die Ihnen bei der Analyse helfen. Wenn Sie eine professionelle Auswertung Ihrer Fragebögen wünschen, stehe ich Ihnen gerne zur Verfügung.

Checkliste 1
Wie gut ist meine Sprache in der Kommunikation?

Der CL-Best-Copy-Index.

Nehmen Sie Ihren gerade geschriebenen Text zur Hand, und geben Sie ihm 100 Punkte. Beantworten Sie ehrlich die folgenden Fragen, und fügen Sie Punkte hinzu, oder ziehen Sie Punkte ab. Wie gut Ihr Text ist, erfahren Sie am Ende des Tests.

	Frage	**Punkte**
1	**Erinnern Sie sich an Ihren Markenkern. Geben Sie ihm eine Farbe.**	
	Unterstreichen Sie die Textpassagen, die auf den Markenkern einzahlen.	
	Zahlt zum großen Teil auf den Markenkern ein	+ 40
	Zahlt einigermaßen auf den Markenkern ein	+ 20
	Zahlt wenig auf den Markenkern ein	– 20
	Zahlt so gut wie gar nicht auf den Markenkern ein	– 30
2	**Ist die Sprache Ihres Textes visuell, auditiv und kinästhetisch?**	
	Zum großen Teil	+ 20
	Einigermaßen	+ 10
	Wenig	– 5
	So gut wie gar nicht	– 15
3	**Greift sie die entscheidenden Insights der Zielgruppe auf?**	
	Zum großen Teil	+ 20
	Einigermaßen	+ 10
	Wenig	– 5
	So gut wie gar nicht	– 15
4	**Vollzieht die Sprache den Wechsel vom Wir zum Sie?**	
	Zum großen Teil	+ 15
	Einigermaßen	+ 10
	Wenig	– 5
	So gut wie gar nicht	– 10

5   Schafft Ihr Text beim Leser Freude, Nutzen, Vorsprung und Liebe?
Zum großen Teil + 20
Einigermaßen + 10
Wenig − 5
So gut wie gar nicht − 15

6   Erzeugt die Sprache genügend positive Disharmonie?
Zum großen Teil + 15
Einigermaßen + 10
Wenig − 10
So gut wie gar nicht − 15

7   Greift die Sprache relevante, aktuelle Themen auf?
Zum großen Teil + 10
Einigermaßen + 5
Wenig − 5
So gut wie gar nicht − 10

8   Arbeiten Headline und Copy perfekt zusammen?
Zum großen Teil + 15
Einigermaßen + 10
Wenig − 5
So gut wie gar nicht − 15

9   Arbeitet die Sprache mit Triggern und Cliffhangern?
Zum großen Teil + 15
Einigermaßen + 10
Wenig − 5
So gut wie gar nicht − 15

10   Ist der Text nach der AIDA-Formel geschrieben?
Zum großen Teil + 20
Einigermaßen + 10
Wenig − 5
So gut wie gar nicht − 15

11   Ist die Sprache einfach und leicht verständlich?
Zum großen Teil + 15
Einigermaßen + 5
Wenig − 5
So gut wie gar nicht − 10

12   Erzählt der Text eine Geschichte?
Zum großen Teil + 10
Einigermaßen + 5
Wenig − 5
So gut wie gar nicht − 15

13   Verwendet der Text nur eine Botschaft pro Satz?
Zum großen Teil + 15
Einigermaßen + 5
Wenig − 5
So gut wie gar nicht − 15

14   Vermeidet der Text Fachchinesisch und überflüssige englische Begriffe?
Zum großen Teil + 10
Einigermaßen + 5
Wenig − 5
So gut wie gar nicht − 10

15 Ist der Text aktiv geschrieben? Steht das Verb möglichst weit vorne?
Zum großen Teil + 10
Einigermaßen + 5
Wenig − 5
So gut wie gar nicht − 15

16 Verwendet der Text wenige Substantive pro Satz (ein bis zwei)?
Zum großen Teil + 10
Einigermaßen + 5
Wenig − 5
So gut wie gar nicht − 15

17 Vermeidet der Text negative Assoziationen?
Zum großen Teil + 10
Einigermaßen + 5
Wenig − 5
So gut wie gar nicht − 10

18 Spiegelt der Text lebensnahe Erfahrungen wider?
Zum großen Teil + 10
Einigermaßen + 5
Wenig − 5
So gut wie gar nicht − 10

19 Berücksichtigt der Text die Anforderungen der Sprach-Stilgruppen?
Zum großen Teil + 10
Einigermaßen + 5
Wenig − 5
So gut wie gar nicht − 15

20 Ist der Text nah am O-Ton der Zielgruppe?
Zum großen Teil + 15
Einigermaßen + 10
Wenig − 5
So gut wie gar nicht − 10

Auflösung

Bis 50: Wenn Sie im Marketing arbeiten: Suchen Sie sich einen neuen Texter. Wenn Sie Texter sind: Suchen Sie sich einen neuen Beruf. **50–75:** Der Text hat größere Schwächen und sollte überarbeitet werden. **80–100:** Der Text erfüllt durchschnittliche Ansprüche. **100–150:** Der Text hat ein überdurchschnittliches Niveau. **Über 150:** Wenn Sie im Marketing arbeiten: Zahlen Sie Ihrem Texter unverlangt mehr Honorar. Wenn Sie Texter sind: Erhöhen Sie Ihr Honorar.

Checkliste 2

Benötige ich eine Corporate Language?

Wenn Sie mehr als drei Fragen mit Ja beantworten, sollten Sie über eine Corporate Language nachdenken.

1. Arbeiten Sie mit mehr als einer Agentur zusammen?

2. Arbeiten auf Ihrem Etat in der Agentur mehr als zwei Texter?

3. Arbeiten Sie oft mit freien Textern, Journalisten, Redakteuren, Autoren?

4. Schreiben Sie intern in einem anderen Sprachstil als extern?

5. Ihr Unternehmen, Ihre Marke unterscheidet sich in der Sprache nicht von den Wettbewerbern?

6. Sprechen Ihre Anzeigen oft eine unterschiedliche Sprache? In Funkspots, TV-Spots, Internet-Auftritten, Werbegeschenken, Visitenkarten, Kurzmitteilungen, Angeboten, Briefings, Rundbriefen, Infos, Schwarze-Brett-Texten, Booklets, Flyern, Prospekten, Katalogen, Mailings, Messe-Einladungen, Vorträgen, Pressemitteilungen, Jubiläums-Broschüren, Rezensionen, Testberichten, Kundenzeitschriften, Packungstexten, Callcenter-Argumentationsketten, Sales Foldern, Fachhandelsanzeigen, Gebrauchsanweisungen, Garantiekarten, Lkw-Beschriftungen, Geschäftsberichten, Firmenporträts, Stellenanzeigen, Zeugnissen, Absagen, Einladungen, Rechnungen, Mahnungen, Schulungsunterlagen, POS-Materialien etc.?

7. Schreiben Sie in unterschiedlichen Sprachen? An Vorstände, Aufsichtsräte, Aktionäre, Neukunden, Bestandskunden, eigene Mitarbeiter, Azubis, potenzielle Mitarbeiter, ehemalige Mitarbeiter, Lieferanten, das Finanzamt, Journalisten, Ehegatten von Mitarbeitern, Außendienstmitarbeiter, Handelsreisende, Verkäufer, Großhändler, Einzelhändler, Testinstitute, Werbeagenturen, Marketing-Manager, Produkt-Manager, Vertrieb, Lagerverwaltung, Dekorateure, Spediteure etc.?

8   Fehlen Sprachkorridore, in denen Sie sich textlich bewegen?

9   Fehlt eine Sprachbank, die Ihnen Formulierungshilfen gibt?

10 Fehlt ein Claim, der Ihre Positionierung in einem Satz zusammenfasst?

11 Sprechen Ihre Texte in einer unterschiedlichen Tonality?

12 Mangelt es Ihren Texten an Verkaufsstärke und Response?

13 Verbringen Sie viel Zeit mit Formulierungsdiskussionen?

14 Kennen Sie die »Angst vor der leeren weißen Seite«?

15 Werden Texte bei Ihnen intern mehr als zweimal überarbeitet?

16 Arten bei Ihnen Textdiskussionen zu Positionierungsdiskussionen aus?

17 Schreiben Ihre Auslandsfilialen in einer anderen Sprache?

18 Haben Sie manchmal das Gefühl, die Sprache Ihrer Zielgruppe zu verfehlen?

19 Retten Sie sich oft in Phrasen und Wiederholungen?

20 Fehlt Ihnen oft die Freude am Schreiben?

Impressum

Herausgeber
Armin Reins

Gestaltung, Einband und Satz
Matthias Ballmann

Umschlaggestaltung
Matthias Ballmann
REINSCLASSEN

Verwendete Schriften
Sabon BQ
Avenir Next

Papier
Inhalt, VS/NS, Schutzumschlag
und Banderole: 135 g/m² Hello matt

Druck
Universitätsdruckerei H. Schmidt, Mainz

Buchbinder
Schaumann Buchbinderei GmbH
Staudingerstraße 4
64293 Darmstadt

© 2006
Verlag Hermann Schmidt Mainz
und bei den Autoren

Alle Rechte vorbehalten.
Dieses Buch oder Teile dieses Buches
dürfen nicht vervielfältigt, in Datenbanken
gespeichert oder in irgendeiner Form
übertragen werden ohne die schriftliche
Genehmigung des Verlages.

Verlag Hermann Schmidt Mainz
Robert-Koch-Straße 8
55129 Mainz
Tel. 0 61 31/50 60 30
Fax 0 61 31/50 60 80
info@typografie.de
www.typografie.de

ISBN
3-87439-669-X
ab dem 1.1.2007 978-3-387439-669-1

1. AUFLAGE 2006
Printed in Germany